いのちへの礼儀

国家・資本・家族の変容と動物たち

Ikuta Takeshi
生田武志

筑摩書房

いのちへの礼儀——国家・資本・家族の変容と動物たち

目次

後篇　301

カバー写真　野村恵子
装幀　間村俊一

いのちへの礼儀

——国家・資本・家族の変容と動物たち

自分の最終目的を自己検討してみるとき明らかになるのは、ぼくはもともと善き人間になろうともしなければ、最高法廷に従おうともせず、まったく逆に、人間と動物の全共同体を見渡すこと、その根本的な偏愛、願望、道徳理念を認識し、これを単純な規定に還元（…）することに努めてきたということです。

（カフカ『日記』一九一七年十月初旬　谷口茂訳　一部改変）

序章　震災と動物たち（Ⅰ）

二〇一六年四月一四日、九州で熊本県を震源とするマグニチュード六・五、最大震度七の地震が発生します。そして、その二八時間後の一六日、やはり熊本地方を中心に今度はマグニチュード七・三の地震が発生します。

この一連の熊本地震により、八二〇四棟の住宅が全壊し、三万三九〇棟が半壊、一三万九三二〇棟が一部破損しました（二〇一六年九月三〇日時点）。そして、倒壊した住宅の下敷きや土砂崩れなどによって、熊本県で五〇人が亡くなりました。

家が壊れて住めなくなった避難者は熊本県だけで一八万人を超え、多くの人が小学校や体育館、公民館などの避難所で生活を送り始めます。車中で避難生活を送る被災者も多く、特に被害の大きかった益城《ましき》町《まち》では、産業展示場の駐車場に数千の人々が車中泊を続けることになりました。

この結果、避難中に体調悪化などで死亡する「震災関連死」が震災後半年で五三人、翌年二月には一四〇人にのぼり、その人数は直接死を超えて増えていくことになります。

この震災の中、犬や猫などペットを連れた避難者は大きな困難を抱えることになりました。

地震直後、ペットと一緒に避難所に入った人たちは、他の避難者から「人に飲ませる水もないのに犬に飲ませるのか」「夜中に猫がうるさい」「アレルギー症状が出た」といった苦情を受けました。熊本市内のある避難所では、犬を連れた男性が別の避難者に顔を殴られたため、その避難所の居住スペースへのペット同伴が禁止されることになります。

内閣府による避難者三七七人への調査では、三五・五％の人が「避難所にペットを入れてほしくない」と回答しました。そこから、熊本市などは「避難所の居住スペースには原則としてペットの持ち込みは禁止」とします。これによって、多くのペットと飼い主が行き場を失うことになりました。処分施設からの犬たちの救出を続けてきた「ドッグレスキュー熊本」には「ペット同行で避難所に入るのを断られた」という相談が六〇〇件近く寄せられることになります。

約一五〇人が暮らした熊本市総合体育館では、エントランス付近に段ボールで仕切りをした「ペット同伴専用スペース」を設け、益城町では避難所になった町総合体育館の敷地内に、ケージを約二〇個ずつ置いたペット専用のプレハブ三棟を搬入しました。しかし、避難者とペットの多さに対応は追いつかないままでした。

熊本市は「動物愛護の街」として知られています。「熊本市動物愛護センター」は二〇〇二年に「殺処分ゼロ」を目標とし、安易な理由で犬や猫を持ちこむ飼い主に対し飼育を説得し、行政と民間が協力して保護された犬や猫の引き取り手をさがす試みを広げていきました（片野 2012）。この結果、二〇〇〇年に犬六九三頭、二〇〇三年に猫九六三匹を殺処分していた同センターは二〇一四年に殺処分ゼロを実現し、「全国初の快挙」と高く評価されています。

震災後、この熊本市動物愛護センターはペットの支援拠点となりました。職員が避難所を調査して回り、全国から届いた支援物資をペット同伴の被災者に配布し、犬や猫の保護情報や迷子の問い合わせ六八八件（五月三〇日時点）を受け付けました。しかし、支援は追いつかず、熊本市を除く県内一〇保健所と県動物管理センターが一〇月末までに収容した被災ペットは約二〇〇〇匹になります。収容数が限界を超えたため、県はついに、病気に感染した動物などに限り、それまで見送ってきた殺処分を再開することになります。

　こうした中、熊本市の「竜之介動物病院」は、震災直後から三、四階部分を「被災地唯一のペット同行避難所」として約三週間開放しました。病院には、震災後の一〇日間で約二三〇人がペット計約三〇〇匹と訪れ、震災九日後の四月二三日には約八〇人と約一〇〇匹が避難生活を送ることになります。

　二〇一三年九月に完成した四階建てビルの同病院は震度七にも耐える建物として建設され、自家発電機、容量三六トンの貯水タンク、ペットフード一カ月分の備蓄などを用意していました。徳田竜之介院長はこう言っています。

「二〇一一年一二月、私は福島、宮城両県を視察しました。出発前は行き場のない被災動物一〇〇匹を、熊本市に連れ帰るつもりでしたが、できませんでした。被災した犬や猫の多くは飼い主が分かっており、行き場がないわけではなかったからです。被災した飼い主たちは、いずれ家族みんなで暮らしたいと願い、ペットの所有権を放棄していませんでした。ただ、震災から九カ月たってなお、仮設住宅でも避難所でもペットと一緒に暮らせる望みはありません」「ペットは家族の一員なのに、社会の一員として認められていなかった。だから、飼い主にもペットにも心の傷を残し、預かったペットを世話する人も苦悩している。東日本大震災の被災地の現実は、私にいろいろなことを教えてくれました。そして、もしもに備えた建物の建設に着手。それが今回、役立ったのです」（『西日本新聞』二〇一六年九月一日）

一九九五年の阪神淡路大震災、二〇〇〇年の有珠山噴火、三宅島噴火、二〇〇四年の新潟県中越地震、二〇一一年の東日本大震災でも被災ペット問題が起きていました。阪神淡路大震災でボランティアとして活動した香取章子さんはこう言っています。「地震の直後には、被災地を犬が走り回る光景が見られました。街路樹やネットフェンスにつながれて鳴いている犬もずいぶん目にしたのですが、家族はどうなってしまったのか、胸の痛む光景でした」「災害に見舞われた時、ペットのいる人は、赤ちゃんのいる人と同じように、「災害弱者」となりかねません」「ペットは今や「家族の一員」のみならず、「社会の一員」でもあるのです」(『防災情報新聞』二〇〇九年二月二三日)。徳田竜之介院長も「「ペットは家族の一員」から「ペットは社会の一員」という認識の転換が必要」と言います(『公明新聞』二〇一六年六月九日)。一九九五年から二〇一六年の二一年を隔て、この二人の認識は一致しています。

「家族の一員」から「社会の一員」へ。これは、今後、日本各地でさまざまな災害が予想されるいま、わたしたちが動物について考えるべきテーマの一つなのかもしれません。

しかし、そこに疑問もあります。「ペットは家族の一員」と言いますが、犬や猫は本当に「家族」なのでしょうか。たとえば、ペットは「人間のこども」と同じ存在なのでしょうか。そして、それはペットに人間と同じ「権利」や「義務」を想定することを意味するのでしょうか。

そして、ペット以外の動物たちはどうなるのでしょうか。二〇一一年の東日本大震災では、避難区域の牛や豚や鶏など多くの家畜たちが放置されて行き場を失い、最後に大量に殺処分されました。家畜は、わたしたちの「社会の一員」ではなかったのでしょうか。そうだとすれば、犬や猫と、牛や豚や鶏では何が違うのでしょうか。

本書はこれから、動物がわたしたちの「社会の一員」かということを一つのテーマとして考えます。それは「わたしたちの社会」とは何かをあらためて考えることにもなるはずです。

そして、第Ⅰ章に入る前に、「熊本地震」の一〇年前に起こったある有名な動物虐待事件を取り上げます。それは、決して社会的な大事件ではありませんでした。しかし、それは日本中にさまざまな議論を起こし、大きく「炎上」しました。

その事件をめぐって交わされた多くの議論は、一〇年以上を経た現在も解決されていません。この事件は動物と人間に関わるさまざまな重要な問題を提出しました。しかし、それを最後まで考え続けようとする試みは、わずかな例外を除いてほとんど行なわれなかったのです。

炎上する「子猫殺し」

二〇〇六年八月一八日、『日本経済新聞』夕刊の連載コラム「プロムナード」のエッセイ「子猫殺し」で、当時タヒチ（仏領ポリネシア）在住だった作家、坂東眞砂子が飼い猫が産んだ子猫を崖下に放り投げて殺しているというエッセイを発表しました。

こんなことを書いたら、どんなに糾弾されるかわかっている。世の動物愛護家には、鬼畜のように罵倒《ばとう》されるだろう。動物愛護管理法に反するといわれるかもしれない。そんなこと承知で打ち明けるが、私は子猫を殺している。／家の隣の崖《がけ》の下がちょうど空地になっているので、生まれ落ちるや、そこに放り投げるのである。（…）避妊手術を、まず考えた。しかし、どうも決心がつかない。獣の雌にとっての「生」とは、盛りのついた時にセックスして、子供を産むことではないか。その本質的な生を、人間の都合で奪いとっていいものだろうか。

このエッセイは、発表直後から反響を呼びました。まず、坂東眞砂子のホームページの掲示板に批判が溢れ、ファンの一人は「もう、坂東先生の本は買いません。今まで大切にしてきた本も、すべて焼き捨てます。それが、先生に殺されてきた何の罪もない猫ちゃんたちへの、私ができるせめてものことだからです」と書き込みます。「2ちゃんねる」でこの問題が取りあげられると、「鬼畜作家」「犬猫殺し」（同連載コラムの以前の記事に、飼い犬が子犬を産んだので「生まれてすぐに始末した」とあった）などのスレッドが乱立し、「祭り」状態に突入します。

日経本社には六日間で約八〇〇件の電話やメールによる抗議が寄せられ、二四日には日経を含む全国紙五紙がこの「子猫殺し」問題を取り上げます。二五日には、環境省（動物愛護法の主管官庁）の小池百合子大臣（当時）が公式会見で「動物愛護の面で残念」と述べることになります（小池百合子は自民党どうぶつ愛護議員連盟会長で、二〇一六年には都知事として初めて「東京での殺処分ゼロ」を公約で掲げることになる）。

いくつかの週刊誌でもこの問題が取りあげられました。『週刊ポスト』（二〇〇六年九月八日号）では、自宅で四一匹の猫を飼っている左近司祥子《さこんじさちこ》（学習院大学教授　当時）が「坂東さんの論理は破綻しているといわざるをえない。例えば〈もし猫が言葉を話せるならば、避妊手術なんかされたくない、子を産みたいというだろう〉と書いていますが、であるならば〝親猫は子を殺されたくないというだろう〟という文章が続くはず」と批判します。九月一三日には、仏領ポリネシア政府が「政府はこの件について、愛玩動物に対するこうした虐待行為を断罪するとともに、この作家の発言と行為に対して遺憾の意を表する」とし、告訴を決定したと発表します。

批判に答える形で、坂東眞砂子は何度か、週刊誌などでエッセイを発表しています。新聞でも彼女は、「避妊手術には、高等な生物が、下等な生物の性を管理するという考え方がある。（…）ペットに避妊手術を施して「これこそ正義」と、晴れ晴れした顔をしている人に私は疑問を呈する」（『毎日新聞』電子版九月二三日）などと反論しました。

その後、この「子猫殺し」に関する議論は急速に沈静化していきます。その中で、小説家の笙野頼子は「このまま、作家が何も発言できなかったら、ますます世相がおかしくなると思う。私は、何か書くとしたら小説の形でやるしかないので、小説を二つ書いた」（日本文藝家協会二〇〇六年一一月理事・評議員合同会議事録『文藝家協會ニュース』No.663）と述べ、事件について繰り返し言及を続けました。

エッセイ発表から二年以上たった二〇〇九年二月、坂東眞砂子は問題となった連載コラムの初回から最終回「子猫殺し」までの二四本と、東琢磨、小林照幸、佐藤優との対談を収録した『「子猫殺し」を語る』を出版します。

（…）私が今になって、『「子猫殺し」を語る』と題する本を世に出すことにした最大の理由は、誤解を解きたい、などということではなく、「子猫殺し」を巡って起きた騒動の陳腐さを顕かにしたいということだ。この世界の多くの場所で、飢餓も戦争も内乱もテロも起りつづけている。（…）なのに、一人の小説家が、生まれて間もない子猫を殺したと書いたことで、あそこまでの非難と中傷が沸き起こったことの不思議さ、可笑しさに、騒動のはじまった当初から、私はあきれかえり、驚嘆と興奮をも覚えていた。（http://sofusha.moe-nifty.com/blog/2009/02/13-7228.html）

確かに、「子猫殺し」がこれほどまでに大きな話題になったのは、ある意味では奇妙なことでした。

*

もちろん、坂東眞砂子の行為は残虐なもので、その理由づけも納得しがたいものでした。しかし、最も奇妙だったのは、彼女が子猫を殺していることをわざわざ書いて、それを新聞に発表したことだったかもしれません。

飼い犬や飼い猫に避妊手術をせず、生まれた子猫や子犬を殺す人は今でもいるかもしれません。ただ、それは「無責任」で「残酷」と考えられ、公の場で語られることはほとんどありません。しかし、坂東眞砂子は子猫や子犬を殺したことを全国紙で発表し、「社会に対する責任として」それを正当化したのです。

通常、猫の飼い主は「社会に対する責任として」猫に避妊手術をしています。しかし、坂東眞砂子は「この問題（避妊手術）に関しては、生まれてすぐの子猫を殺しても同じことだ」と言います。おそらく彼女は、「子猫殺し」と「避妊手術」の違いは相対的だ、と言いたかったのかもしれません。つまり、彼女は「避妊手術」それ自体が動物に対する暴力だと言いたかったのかもしれません。

しかし、坂東眞砂子の発言を人間の場合で言い換えれば、「避妊手術も乳児殺しも同じだ」となります。しかし、彼女は人間に関してそう主張したり、実際に乳児を殺したりすることは絶対にないでしょう。なぜ、彼女は人間について言わないことを猫について実行できたのでしょうか。また、彼女は「ペットに避妊手術を施して「これこそ正義」と、晴れ晴れした顔をしている人に私は疑問を呈する」と書きました。しかし、手術を行なう飼い主も、必ずしもそれを「正義」と割り切れているわけではありません。動物虐待防止会代表の青島啓子はこの事件に触れ、自分の以前の文章を引用してこう言っています。「個体を傷つけ、天賦の機能を奪い去ることを、同じ生命を授かった異種の生物に強要してよいとは決して考えません。けれども、現在、仕方ないのです。生まれ出づる者全てを私は扶養しきれないのです。／かかわってしまった子たちを、手術に送り出す時、「人間の都合で、ご免なさい」と言うしかありません。」（『ＭＯＯＫ動物ジャーナル』55、二〇〇六年秋）。

坂東眞砂子はさらに、子猫殺しを「肉食」の問題と比較して反論しています。「まったく、おまえは牛肉を食べているだろう、豚肉を食べているだろう、と私も真っ先に思いましたよ。目に見えないところで獣も人も含めて殺しまくっている生活を送りながら、子猫殺しにそこまでヒステリックになること自体に、病理がある」（坂東他 2009）。

おそらく彼女は、動物の肉を食べている人間が、一方で「子猫殺し」を責めることを偽善と言いたいのです。実は、こうした意見は当時かなり出されていました。たとえば、ある文学者はこの「子猫殺し」問題にブログで触れ、「たかが子猫のことで、暖衣飽食の国のペット気違いどもが騒いでいる。飢えりゃあまず犬猫から食うんだよ。ふだんは豚や牛食べといて、犬猫となると目の色変えて騒ぎやがる」と書きました（原文ママ。後日削除）。

しかし、坂東眞砂子は猫を「食べるために」殺したのではなく、「飼えないから」殺したのです。動物を屠殺して食べることとは、野生動物も行なっている食物連鎖の一環とも言えますが、彼女の子猫殺しは飼い主としての責任の放棄でしかありません。この点で、彼女の肉食についての発言は単なる詭弁にしかなっていないのです。

しかし、一方で『「子猫殺し」を語る』は検討に値する重要な論点もいくつか提出しています。その一つは、飼い犬や飼い猫を行政に殺させる「殺処分」問題です。

坂東眞砂子が対談した一人で『ドリームボックス――殺されてゆくペットたち』(2006)などで知られるノンフィクション作家の小林照幸はこう言っています。

「日本では、責任感のない飼い主が捨てたり面倒見切れず、保健所などに持ち込まれ殺処分されている犬猫が年間四〇万匹(二〇〇四年。引用者注、犬約一五万匹、猫二五万匹)もいます。その現実がある中で、坂東さんの行為を簡単に非難できるのか。実際、保健所などの人からも、〝飼い主は責任放棄せず、自分で殺したらどうか〟という本音を聞くことがあります。こうした問題について、考え抜いた結果、自ら手を下すのが飼い主の責任を全うすることだと主張する坂東さんを、他人が安易に批判していいのでしょうか」(『週刊ポスト』二〇〇六年九月八日号)。「私は、日本人が年間四〇万匹のペットを殺しているという事実を踏まえたうえで考えれば、坂東さんを一方的に非難することはできないだろう、とコメントしたわけです」(坂東他 2009)。

小林照幸の言うように、「小犬のときにはかわいかったが、かわいくなくなった」「子どもが犬を欲しがったが、しばらくしたら飽きてしまった」「ペットが病気がちになった」「引っ越すマンションはペット厳禁だった」といった理由で、多くの飼い主が犬や猫を保健所や動物愛護センターに持ち込んでいます。犬や猫は、一週間ほど置かれた後、多くは引き取り手が見つからないまま、二酸化炭素を吸わされたのち焼却されます。「ガス処分というと、眠るように逝く安楽死に近いものをイメージする人もいるかもしれないが、使用されるのは二酸化炭素ガス(炭酸ガス)なので実際には窒息死だ。処分機に入れられた犬たちは十五分近く、もがき苦しみながら最期をむかえる」(片野 2013)。

ペットを行政によって殺させる飼い主たちと、子猫を自分で殺す坂東眞砂子のどちらが残虐なのでしょうか。もちろん、どちらも無責任で残虐なのです。しかし、行政に猫や犬を殺させる「手を汚さない」飼い主たちの方が、「殺しの痛み、悲しみを引き受けて」いない分、坂東眞砂子より無責任に見えるのも確かです。

しかも、坂東眞砂子は「鬼畜」と非難されましたが、犬猫を行政に処分させる飼い主たちは「犬猫殺し」などと非難されませんでした。また、大臣から「残念」と言われたり、政府から告訴されたりもしませんでした。坂東眞砂子に「あきれかえり、驚嘆と興奮をも覚え」る資格があるとは思いませんが、確かにこの「炎上」には奇妙な面がありました。

『「子猫殺し」を語る』で出された論点は他にもいくつかあります。たとえば、佐藤優は猫を殺すのは「愚行権」の範囲内だから容認されるとしました。

「「子猫殺し」を考えるとき、たいせつになる概念は、愚行権です。愚行権とは、「誰にも愚かなことをする権利がある。そのかわり、人が愚かなことをする権利は、その人が他者に危害をくわえないかぎり容認する」という考え方です。（…）僕は、坂東さんが子猫を殺したことに関して、愚行権の範囲内の問題であると考えます。そして、愚行権の範囲内の話であれば、ネットも含めた公共圏で弾劾すべき問題ではないと思うのです」

佐藤優によれば、日本国憲法には愚行権に関する条項があり、それは「幸福追求権」にあたります。憲法第一三条には「すべて国民は、個人として尊重される。生命、自由及び幸福追求に対する国民の権利については、公共の福祉に反しない限り、立法その他の国政の上で、最大の尊重を必要とする」とあります。佐藤優の考えでは、坂東眞砂子の「子猫殺し」は「他者に危害を加える」ものではないので容認されます。なぜなら、猫は「他者」ではないからです。

確かに、現実にはそうかもしれません。たとえば、ペットを行政に殺処分させる人間たちは、その行為を国家によって処罰されず、完全に「容認」されているのですから。

しかし、坂東眞砂子の子猫殺しや「殺処分」は、法的に容認されるのでしょうか。歴史的には、ヨーロッパでは一九世紀から「個体としての動物を不必要な苦痛から保護する」という考えから、近代的な動物保護法の制定が進められてきました。イギリスでは一八三五年に「動物虐待防止法」が制定され、フランスでは一八五〇年に「動物はたんなる財物ではなく同情に値する存在である」ことなどを根拠に「グラモン法」が制定されています[1]。

日本では、軽犯罪法（一九四八年）第一条二一項に「牛馬その他の動物を殴打し、酷使し、必要な飲食物を与えないなどの仕方で虐待した者」を罰する「動物虐待罪」がありました（「動物愛護法」の制定に伴い削除）が、それ以外、動物保護に関するまとまった法律はありませんでした。しかし、一九六九年、イギリスの大衆紙「ピープル」が日本のペット産業で犬たちが劣悪な環境で虐待されていると報道し、イギリスで日本製品の不買運動が起きたことをきっかけに、一九七三年に「動物の保護及び管理に関する法律」（動物保護法）が制定されます。ただし、「動物保護法」は全一三条の小さな法律で、そこでは動物虐待は通常「器物損壊罪」として扱われていました。

その後、一九九九年に「動物の愛護及び管理に関する法律」（動物愛護法）が制定されます。「（動物保護法）制定から三十年近くたった現在、動物、特に犬や猫などのペットを、単なる愛玩動物ではなく、家族の一員、人生のパートナーとして扱う人がふえ」た一方、「無責任な飼い主によるペットの遺棄、不適切な飼養、あるいは小動物に対する虐待等が後を絶たず、これが社会問題となるに至って」（植竹繁雄議員による国会での趣旨説明）いたことからです。

この「動物愛護法」は「動物が命あるものであることにかんがみ、何人も、動物をみだりに殺し、傷つけ、又は苦しめることのないようにする」（第二条）、「愛護動物をみだりに殺し、又は傷つけた者は、二年以下の懲役又は二百万円以下の罰金に処する」（第四四条）としています。つまり、「動物愛護法」は動物が「モノ」ではない「命あるもの」であることを明確にしており、それまでの「動物保護法」とは理念が大きく異なっています（なお、坂東眞砂子の子猫殺し現場はポリネシアなので、日本の法律は適用されません）。佐藤優の言う「愚行権」の発想は「動物を殺すことは所有者の自由である」、なぜなら「動物は、人間でも法的な主体でもなくモノである」からというものです。しかし、それは法的には一九世紀以前の発想なのです。

しかも、それは「一九世紀」以前であっても「一八世紀」以前の発想ではありません。主に一二世紀から一八世紀まで、ヨーロッパ各国、特にフランスで、動物を法的な主体として裁く「動物裁判」が多数行なわれていたからです。

（1） ここには「動物、特に猫を虐めることは、近世初期のヨーロッパに広く流行した娯楽であった」という背景があった。「たとえばコート・ドール県スミュールでは、四旬節《レント》の第一日曜日に、子供たちが猫を竿に縛りつけ、篝火のうえであぶる風習があった。またエクス・アン・プロヴァンスには、聖体の大祝日に猫を空中高く放り上げ、地面に叩きつけさせるjeu du chat（猫遊び）という遊戯が存在する。」（ダイントン 2007）

また、イギリスでは一八世紀から一九世紀にかけ、犬に牛を追いかけさせる「牛いじめ」、犬が何匹のネズミを殺せるかを競う「ネズミ掛け」、鉄の爪を装着させる「闘鶏」が民衆の間で流行しており、「動物虐待防止法」はこれらを標的の一つとしていた。一方、上流階級で広く行なわれていた「キツネ狩り」や「狩猟」は当初まったく規制されず、「この法律は金持ちのためのものだ」と批判されていた（「キツネ狩り禁止法」がイギリスで成立するのは二〇〇四年である）。

この動物裁判では、ハエ、ハチ、チョウ、ネズミ、ミミズ、モグラ、ナメクジ、バッタなどの昆虫や小動物、さらにブタ、イヌ、ネコなどが被告として裁判に出席を求められ、動物には弁護人がつけられました。その中で、弁護人が被告の動物の生存権や土地所有権、用益権を主張し、適当な土地をかれらに与えるよう要求することもありました。被疑者欠席のまま訴訟が進められることが多かったのですが（ウシやブタ一頭ならともかく、大量発生したバッタやネズミを全員召喚することは不可能であるため）、それを別にすれば、これらの動物裁判は人間の裁判と完全に同じ形式で行なわれました。

多くの場合、昆虫や動物は「有罪判決」や「破門宣告」（教会裁判所の場合）を受け、「絞首刑」「火刑」「溺殺《できさつ》」「生き埋め」「磔刑《たっけい》」などに処せられました。動物は、人間の場合と同様、武装した執達吏に従われた車に乗せられ、刑場で処刑されました（池上 1990）。このように刑罰を与えるのは、キリスト教世界にあってはすべての存在が教会を中心に序列化されるべきであり、動物たちも裁きを（したがって、罪の主体としての法的地位を）免れることはできない、ということなのかもしれません。

この「動物裁判」は、わたしたちの目には奇妙に見えます。しかし、二一世紀のわたしたちの「動物法」も相当に奇妙な面を持っています。たとえば、アメリカでは環境保護のため、動物名を原告として行政訴訟が起こされ、実際に鳥や魚などの動物に原告適格（行政訴訟を起こすことができる法的資格）があると判断した裁判例がいくつかあります。また、二〇一四年には、アルゼンチンの裁判所が三人の裁判官の全員一致で、ブエノスアイレス動物園にいるオランウータン「サンドラ」は「人間ではない人」（non-human person: person は「法人」にも使われる言葉）であり、彼女は不当な監禁から解放される権利があると結論づけました。

フランスの法学者マルゲノーは、フランス法上、動物は「法人格」をもっていると主張しています。動物を法律的な権利主体として扱うのが適当と思われるケースはありますが、動物は生物としてのヒト（human）ではありません。しかし、「法人」としてなら動物が法律的に「人」になる可能性が開けるからです。この「法人としての動物」論は、日本の法学者の間でも議論が交わされています。「「人／物」二元論にもとづいて動物を「物」とみなす法学の古い伝統にもとづく世界観が近年揺らぎ始めていることも、また確かなのである」（青木 2009）。

しかし、かりにこうして「動物の愛護」や「動物の権利」を主張するなら、それはただちに、先ほど触れた屠殺や肉食の問題に跳ね返ってきます。「子猫殺し」に対する反論として「屠殺」や「肉食」をもち出すのは詭弁だとしても、動物虐待を批判する人間がなぜ動物を殺して食べられるのか、という疑問はやはり残るからです。事実、肉食、屠殺を残虐行為と考え、肉を食べない菜食主義者（ベジタリアン／ヴィーガン）は世界に数多くいます。その人たちからすれば、家畜動物の屠畜も「子猫殺し」と同様に単に「無用な殺生《せっしょう》」でしかありません。肉食しなくても生きていけるのに、なぜわたしたちはわざわざ動物を殺すのでしょうか。「子猫殺し」について屠殺や肉食の問題を持ち出すのなら、議論はそこまで進行させる必要があったはずです。

そして、さらに疑問があります。「子猫殺し」のように動物の虐待が問題になったとき、わたしたちは時に「火がついた」ように語り続けます。そうした「炎上」に対して、ある人たちは「屠殺」「肉食」の問題を挙げて、議論についていわば「冷や水」をかけようとします。しかし、こうした問題を語るとき、「屠殺」や「肉食」のように、人類、というより肉食動物の起源とともに古い問題が語られるのは奇妙なことだったかもしれません。

動物を殺す「屠畜」は、牛はボルトピストルで眉間に鉄の棒を打ち込んで失神させる「スタンニング」、豚や鶏は炭酸ガスや電気での失神というように、二〇世紀以降、大規模化、機械化してきました。しかし、意識を失わせたあとで大動脈をかき切り血抜きするという「殺し方」そのものは、狩猟採集時代以来それほど大きな変化はありません。しかし、家畜動物の飼育、つまり「生かし方」については、二〇世紀半ばに「畜産革命」と言われる巨大な変化が全世界で起きていました。

この「革命」の一つの例は、日本にも多いブロイラー（食肉用鶏）の飼育です。一九六〇年代まで、家庭の庭先でニワトリを飼い、機会のあるたびに「つぶして」食べていた光景は日本でも身近なものでした。しかし、現在、ブロイラーは人工授精によって孵卵器から数万羽がほぼ同時に誕生し、鶏たちは仲間で密集した大規模鶏舎で飼育されます。自然の鶏は、羽ばたきや羽繕いをし、餌を探して地面をつつき、穴に入って砂を浴び、暗くなると止まり木に止まって眠りますが、日本のブロイラーの飼育面積は一羽当たり広さがA4用紙以下（一平方メートル当たり一六～一九羽・二〇一四年農林水産省）しかなく、自然な行動はほとんどできません。鶏たちは太陽も空も目にすることなく、施設内の寝床で一日中すごします。こうして育てられたブロイラーは、生後五一日から五五日程度で「若鶏」として出荷されます（自然界の鶏が成鳥になるのは四～五カ月で寿命は一〇年を超える）。鶏たちは屠畜場に運ばれ、ベルトコンベア式に足をつるされ首を切られます。

「畜産革命」は徹底した飼育のオートメーション化と管理化を特徴とし、その畜産方法は「工業畜産」、大規模飼育場は「CAFO」（concentrated animal feeding operation　大規模家畜飼養施設）あるいは「動物工場」と呼ばれています。アメリカで始まった「畜産革命」は、養鶏、養豚、肉牛、酪農に急激な変化をもたらし、世界の家畜の「生」をほぼ完全に変えてしまいました。そこでは、動物の「死」ではなく、繁殖、健康、成長といった「生」の管理が問題となっているのです。

フランスの哲学者ミシェル・フーコーは、近代以前の権力が反抗する人間を処罰（殺害）する（いわば「死」をコントロールする）ものであるのに対し、近代の権力が「生」のあり方に介入し管理するものであることを明らかにしようとしました。一七世紀以降、フランスでは学校、学寮、兵営、工場が急速に発展し、行政は住民の「繁殖や誕生、死亡率、健康の水準、寿命、長寿、そしてそれらを変化させるすべての条件」を政治経済上の問題として重要視するようになります。そこでは「君主の権力がそこに象徴されていた死に基づく古き権力は、今や身体の行政管理と生の勘定高い経営によって注意深く覆われてしまった」のです（『性の歴史Ｉ　知への意志』渡辺守章訳 1986　原書 1976）。フーコーは、住民の身体を行政的に管理し、その生を支配するこうした権力のあり方を「生権力」と名づけて注目しました（なお、これはフランスで「動物裁判」が消滅していった時期と重なります）。こうした権力は、現在、ある意味では人間以上に動物に対して露骨に行使されています。ここでは、動物を殺すこと（狩猟や殺処分や屠畜）以上に、動物に対する「生の管理」こそが焦点になっているのです。

また、同じくフランスの哲学者ジル・ドゥルーズはフーコーの議論を前提に、「生権力」が二〇世紀後半に「規律社会」から「管理社会」に移行したと指摘しました。管理社会とは「不断の管理と瞬時に成り立つコミュニケーションによって動かされている」社会のあり方で、そこでは物理的な「監禁」が「開放」へ移行しつつも、より徹底した管理が行なわれます（ドゥルーズ 1992　原書 1990）。ドゥルーズが指摘したこの時期、畜産では、ＩＤ管理による家畜の開放的な飼養、あるいは遺伝子組み換え技術による生体改造など、テクノロジーに基づく動物の新しい管理が始められていました。そこでは、家畜の生をソフトウェア的に管理する方向が強められたのです。
そして、「畜産革命」と同時期、「家族の一員」として位置づけられた犬や猫たちは「飼い犬登録」や「放し飼い禁止」などによって急速に法的に「管理」されるようになりました。また、国家は、かつて「害獣」駆除以外は放置していた野生動物について、ある種の動物を「天然記念物」などとして保護する一方、ある種の動物を「侵略的外来種」として排除するなど、多様な動物を「国の生態系」のために管理するようになりました。

二〇世紀後半の「畜産革命」は「国家」「資本」「家族」の変容と連動した革命（権力の変容）の一環だったと考えられます。ホモ・サピエンスの誕生以来続く「狩猟」、一万年前からの「家畜」、そして「畜産革命」では、同じく「肉食」「屠畜」と言ってもその意義が全く異なります。「子猫殺し」のようなペット虐待と比較するべきは、「動物の家族化」と同時に起こった「動物の産業化」、つまり二〇世紀半ばに起こった「畜産革命」なのです。「人間はそもそも残虐だ、肉食だ」といった古色蒼然とした議論は、人間と動物の間に働く「権力」の問題から目を背けさせてしまいます。動物についてわたしたちが語るべきことは、「畜産革命」をはじめとする動物たちの「生」の管理、そして、その根底にある人間と動物の関係の「国家・資本・家族」による構造的変化なのです。

わたしたちは、日常的にテレビ番組やネット配信などで「かわいいペット」「珍しい野生動物」を中心に「動物ネタ」を消費しています。そして、「子猫殺し」「矢ガモ」[2]「崖っぷち犬」[3]「たま駅長」（50頁詳細）の報道がそうだったように、動物についての語りは時として「炎上」します。

わたしたちはなぜ動物について熱心に語ろうとするのでしょうか。坂東眞砂子の言うように、矢のささったカモや崖から投げ殺された子猫は、飢餓や戦争、内乱やテロより重大な問題なのでしょうか。

おそらく、わたしたちの動物についての語りは「楕円」のように、軌道そのものというより、そこから想定される「焦点」を示し続けているのかもしれません。いわば、わたしたちは、語るべき問題をひたすら避けながら、しかし離れることはできず、動物について語り続けているのかもしれません。なぜなら、動物の問題は、わたしたちの存在の根拠に関わるものだからです。おそらく、「子猫殺し」や、屠殺と肉食の問題もその一つです。わたしたちは、動物たちの問題を二義的に扱うのでも「炎上」するのでもなく、その「焦点」に向かわなければなりません。

笙野頼子は坂東眞砂子の子猫殺しについて、前出のように「このまま、作家が何も発言できなかったら、ますます世相がおかしくなると思う。私は、何か書くとしたら小説の形でやるしかない」と言いました。この文章も、「小説」とは違う形でこの問題を問い続けるものになるはずです。

(2) 一九九三年に東京都の石神井川で、クロスボウの矢で射られた状態で発見されたオナガガモ。上野動物園で保護され、矢を摘出された。連日、ニュース番組やワイドショーが報道を続け、社会問題となった。
(3) 二〇〇六年、徳島市の高さ約七〇メートルの崖で身動きがとれなくなったところを救出された。救出のようすは朝・昼のワイドショー、夕方のニュース番組でテレビ画面に特別枠を設けて生中継された。保護後、徳島県動物愛護管理センターに保護され、マスコミが詰めかけた譲渡会の中、抽選で一般家庭に引き取られた(そのようすは映画『犬と猫と人間と』〔飯田基晴監督、書籍版『犬と猫と人間と』2010〕に収められている)。

＊「動物」という言葉・「屠殺」という言葉について

「動物」という言葉は「動く物」という意味です。この言葉は、ラテン語のanimal（呼吸をするもの）に由来する「animal」に比べてもあまりに即物的です。「動物愛護法」が動物は「物」ではない「命あるもの」であることを明確にしている中、この言葉は違和感があるのですが、すでに完全に定着しており、それに代わる言葉がありません。たとえば、「獣」は全身に毛があり四足歩行する哺乳類を指しており、「動物」にくらべて範囲が狭すぎます。かつて使われていた「生類《しょうるい》」は「動物のように感覚をもつ生物」を意味しています。「動物」よりこの「生類」が適当な文脈は多いのですが、残念ながら「死語」というより「古語」になってしまっています。

また、わたしたちは「人間と動物」という表現をよく使います。しかし、そもそも人間（ここでは「ホモ・サピエンス」の意味）も動物の一種です。そのため、動物問題の議論では、より正確な表現として「人間と人間以外の動物」という言い方がしばしば使われます。この文章でも、「動物」は「人間以外の動物」の意味で使っています。

ただ、一口に「人間以外の動物」と言っても、現実には昆虫類、両生類、鳥類、爬虫類、哺乳類など多種多様で、それをひとまとめにして考えるのは多くの場合、無理があります。この「動物たちをいっしょくたにする大雑把さ」について動物行動学者のフランス・ドゥ・ヴァールはこう言っています。「学生が「非ヒト」という用語を文書で使ったときには、私は皮肉を込めて余白に次のように指摘して訂正を求めずにはいられない。これでは中途半端だから、あなたが話題にしている動物は、非ペンギンで、非ハイエナで、という具合に、たっぷり書き添えるべきだ、と」（ドゥ・ヴァール 2017）。

そこから、「人間と動物」という言い方そのものが「人間中心主義」を反映していると言われることがあります。たとえば、「西洋と東洋」と言われることがありますが、「東洋」（the East, Orient）という概念は西洋（特にアメリカと西ヨーロッパ諸国）によって作り出されたものです。「東洋」は、狭くは中国・朝鮮・日本・インド・ミャンマー・タイ・インドネシア、広くはさらにイスラエル、イラン・イラクなどの中東、モンゴル、ウズベキスタン、カザフスタンなどの中央アジアを含みます。こうした多種多様な文明が「非西洋」＝「東洋」として「一緒くた」にされているのです。

文学理論家のエドワード・W・サイードは、西ヨーロッパが「東洋」（オリエント）を「異質」（エキゾティック）な文化とみなし、そこに憧れや好奇心などを持つ姿勢を「オリエンタリズム」と呼びました（サイード 1986 原書 1978）。この姿勢は、しばしば自らの文化に都合のいいように他の文化を利用（搾取）する「植民地主義」的な思考につながるため、サイードはそれを強く批判したのです。

たとえば、日本では「動物化」という言葉が東浩紀によって使われ、思想の領域で広く使われました（東 2001）。『動物化するポストモダン』では「人間が……をしなく（できなく）なった」ことを「動物化」と呼んでいます。「人間が動物と異なり、自己意識をもち、社会関係を作ることができるのは、まさにこのような間主体的な欲望があるからにほかならない」「したがってここで「動物になる」とは、そのような間主体的な構造が消え、各人がそれぞれ欠乏―満足の回路を閉じてしまう状態の到来を意味する」。しかし、それは「……する動物」というアリストテレス以来の「人間の定義」の裏返しです。「西洋の東洋化」という表現が意味をなさないように、「人間の動物化」も「人間中心主義」を前提にしているのです。

本書では、「国家・資本・家族」との関係による動物の分け方を重視します。「国家」＝軍用犬などの使役動物、殺処分動物、野生動物、「資本」＝産業動物（経済動物、実験動物、毛皮などの商品となる動物、私立動物園・水族館の動物）、「家族」＝愛玩動物（ペットやコンパニオン・アニマル）という分類です。

また、家畜を殺すことを一般には「屠畜」と言います。「屠殺」は、部落差別につながる差別用語だとして批判されたこともあります。しかし、本書では動物を殺して食べるという現実を指す意味で主に「屠殺」を使っています。なお、「大宮市営と畜場」で一〇年以上働いた小説家の佐川光晴は「私は「屠殺」及び「屠殺場」を新聞や雑誌でも用いるべきだと主張しているのではない」と断わりつつ、「私は自分の仕事を「屠殺」以外の言葉では考えることができない」と言っています。「「屠殺」という言葉によってこそ、その行為と、その行為の背後にある、差別的な視線などではとうてい覆いきれない、広く大きなものが感じ取れるのだ」（佐川 2009）。本書も、特に日本において、動物を屠殺する立場の人々が差別の対象とされた歴史構造を究明することになります。

前篇

I 「家族ペット」の時代

ペットの名、こどもの名

日本はこどもの数が減り続け、世界で一、二の少子国になっています。一九八〇年、日本の六五歳以上の人口に占める割合（高齢化率）は先進七カ国中最低の九・一％でしたが、二五年後の二〇〇五年には二〇・二％の「世界一の高齢国」になり、二〇一五年には二六・七％に達しました。

一方、一四歳以下のこども人口は一九八二年から減少し続け、二〇一八年には一五五三万人で、ピークの一九五四年の二九八九万人からほぼ半減し、総人口に占める割合は一二・三％になっています。世界史上でも例のないこの少子高齢化の結果、二〇〇五年に日本の人口は一九二〇年の調査開始以来、初めて減少しています。計算上、二〇〇四年の出生率、死亡率を一定とすると、二五〇〇年頃には日本人は一人もいなくなるそうです（「国立社会保障・人口問題研究所」）。

一方、日本の飼い犬と飼い猫の合計数は、二〇〇三年にこどもの数を上回り、二〇一七年には総数一八四五万匹となっています（猫九五三万匹、犬八九二万匹。「一般社団法人ペットフード協会」）。犬と猫はこどもの一・一七倍います。わたしたちにとって、ペットは人間のこどもより身近な存在なのです。

二〇一八年、犬の名前の人気ランキングは、一位からココ、モモ、マロン、ソラ、チョコ、モコ、ハナ、レオ、モカ、コタロウ、ハルとなっています。猫はレオ、ソラ、モモ、ココ、ムギ、マロン、マル、キナコ、リン、ハルです（アニコム損害保険株式会社）。見てわかるように、お菓子（チョコ、キナコ）、食べ物（ムギ、マロン、モモ）、飲み物（モカ）が多数で、その他に「花、空」（ハナ、ソラ）にちなんだ名になっています。

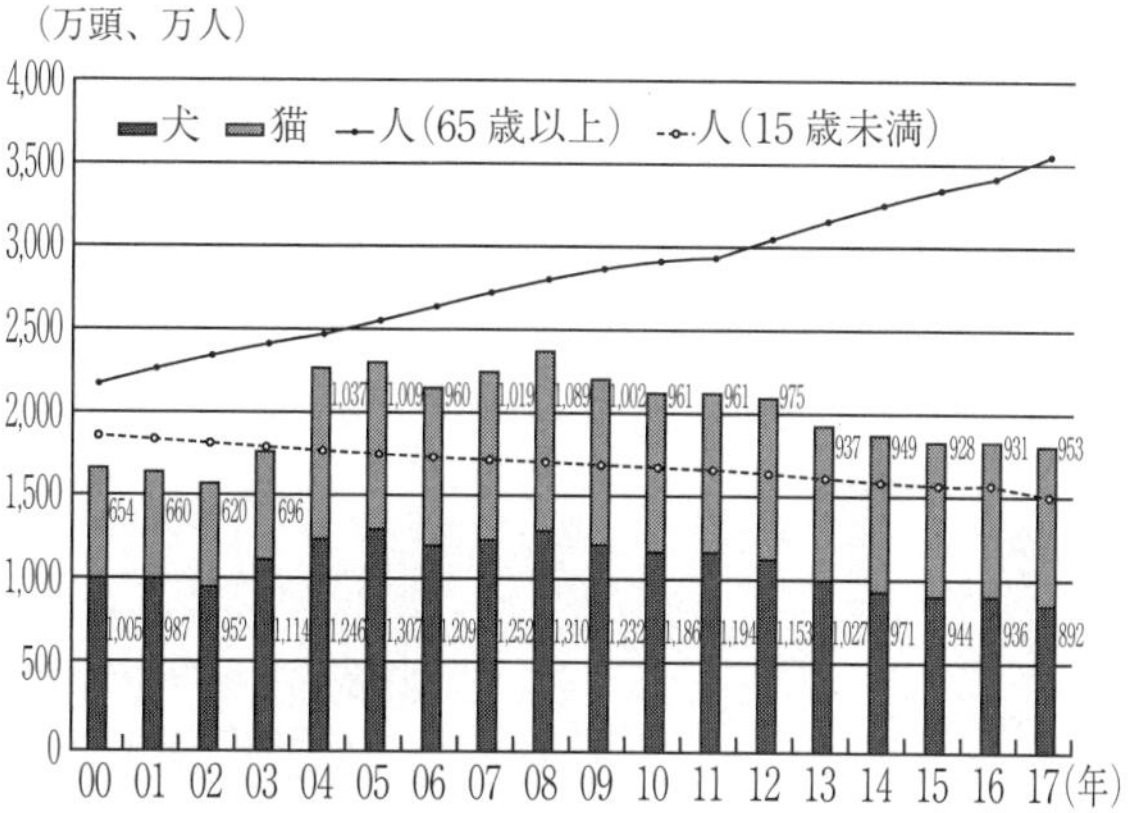

（出所）『アニコム家庭どうぶつ白書 2018』

図1　日本の犬・猫・人（65歳以上、15歳未満）の数

アニコム損害保険株式会社の二〇〇五年の調査を見ると、犬は一位からチョコ、モモ、マロン、サクラ、ハナ、ココ、リン、ナナ、ソラ、モカ、猫はモモ、レオ、ミー、サクラ、チビ、ミミ、ナナ、マロン、クロ、ココとなっています。ここでは、わずか一〇年間で猫の「ミー」「チビ」「クロ」が人気を失っていることが注目されます。これらは「猫の鳴き声」「見た目」から来た名前ですが、このような誰から見てもわかる「記号」性を持った名前が避けられつつあるのです。以前多かった猫の「ミケ」、犬の「ブチ」なども同様です。

一九九二年以前では、犬は一位からコロ、チビ、タロー、ジョン、ラッキー、リリー、モモ、ロッキー、ゴン、チロ、猫はチビ、ミー、クロ、

ミーコ、ミミ、トラ、タマ、シロ、モモ、ハナでした（石田 2009）。この時代、食べ物や自然を使った名前は上位にありませんでした。また、当時多かった犬のコロ、ゴン、猫のトラ、タマという定番の名前は近年すっかり少数派になっています。

かつて、犬の名前は「ポチ」、猫の名前は「タマ」と定番の名前がありました。体型からつけられたと思われる「タマ」は江戸時代以前からあったようですが、「ポチ」は日本の開国後、洋犬に対してつけられた名前です（語源には諸説ありますが、仁科〔2014〕によれば「patch」〔ブチの意味〕とされます）。

江戸時代には、多くの犬はクロ、アカ、シロ、ブチなど、「見た目」で誰もがわかる名前で呼ばれていました。そもそも、江戸時代に町にいた犬の多くは飼い主のない「町犬」でした（「里犬」「村犬」とも言う。いま風に言えば「地域犬」）。町犬は、住民や顔見知りの人から餌をもらい、不審者が来れば吠え、こどもたちと遊ぶ「地域の一員」でした。クロ、アカというのも、他の犬と判別するために自然発生的につけられた「記号」で、この時期、町犬に「固有名」はなかったと言えます。

しかし、明治維新とともに犬の地位は一変します。明治六（一八七三）年、東京府は「畜犬規則」を施行し、首輪と飼い主の住所氏名を書いた木札を付けていない「無札」の犬はすべて「無《む》主《しゅ》の犬」と見なし、狂犬病予防を目的として、見つけ次第撲殺するようになりました（二葉亭四迷の『平凡』〔1907〕にそのようすが描かれています）。そして、飼い主がないまま生き延びた犬は、やがて「野良犬」と呼ばれるようになりました。近代国家の成立と同時に、犬は地域の「町犬」から家庭の「飼い犬」へ変化したのです。

さらに、開国によって洋犬の導入が始まると、洋犬は「文明開化」の象徴の一つとなり、エリート階級が一種のステータスとしてこぞって飼い始めるようになりました（「最後の将軍」徳川慶喜も洋犬を飼っています）。そして、洋犬には当然のように西洋風の名前がつけられ、やがてそれが日本犬にも広まっていきます。一九一〇（明治四三）年七月二日の『東京朝日新聞』の記事「犬の名」では、一六〇余頭の調査で「ポチ」が断然トップで、ジョン、マル、クロ、アカ、シロ、ハチ、チン、タマ、カメ（英米人が犬に「come here」と呼びかけたことから）と続いています。こうして、日本の犬は「ポチ」「ジョン」といった、ある意味では異様な固有名を持ち始めたのです（仁科2014）。実は、欧米犬が現地の犬より高く評価され、イギリス風の名前をつけられる現象はインド亜大陸などの多くの植民地で起きています（スキャブランド 2009　原書 2006）。「ジョン」「ポチ」という日本の犬の名は植民地現象の一つだったのです。

動物の名づけについてよく知られているレヴィ＝ストロースの分析があります。それによると、フランス人は「犬専用の一連の名前をつけてやる。アゾール、メドール、スュルタン、フィド、ディアヌなど、それらはほとんどすべて芝居の人物の名であり、日常生活において人間がつけている名前とパラレルになった一系列を形成している。言いかえれば、それらは隠喩的な名前である」（『野生の思考』大橋保夫訳 1976　原書 1962）。ここから、レヴィ＝ストロースは「犬の名は、ふつうの人間が実際につけることはめったにないけれども形の上からは個人名に似た一群の名の全体を、潜在的には再現している」と言います。

日本では犬に「芝居の人物の名」はつけませんが、「タロー」「ジロー」のように昔話に出てくる名前、「サスケ」「ケンシロー」などマンガ・アニメのキャラクター、そして「ブチ」「クロ」「アカ」のようにその外見からつけられる「ニックネーム」に近いもの、あるいは「ジョン」「ジャッキー」など外国人の名前をつけていました。その意味では、「個人名に似た一群の名の全体を、潜在的には再現している」と言えなくもありません。しかし、そうした名づけも近年は減少し、チョコ、マロン、モカ、ココアなど「嗜好品」の一覧に近づいています。なお、フランスでも二〇〇九年の人気のある犬の名前ベスト一〇は、一位からシピ（わがままな女）、ヴァニーユ（バニラ）、キャネル（シナモン）、ティナ、スヌーピー、ベル、ユリス（オデュッセウス、ユリシーズ）、キャリーヌ、マックス、ドリーです（https://furansu-go.com/dogs-names-in-france/）。もはやレヴィ＝ストロースの言う「芝居の人物の名」ではなく、日本と同様に「シナモン」「バニラ」のように嗜好品、「スヌーピー」のようにキャラクターの名へと変化しています。

日本の二〇一八年のこどもの名前ランキングを見ると、男の子は一位からハルト、ユウト、ソウタ、ミナト、ハルキ、リク、コウキ、ユイト、ヒナタ、ソウスケ、女の子ではユイ、アカリ、ハナ、メイ、エマ、サクラ、アオイ、ホノカ、ヒマリ、コハルがトップ一〇になっています（名前ランキング二〇一八　明治安田生命）。一方、二〇一八年の猫の「女の子」名前ベスト一〇は一位からモモ、ココ、ハナ、サクラ、リン、キナコ、メイ、ルナ、ヒメ、ムギで、犬の「女の子」名前ベスト一〇はモモ、ココ、ハナ、サクラ、モコ、モカ、チョコ、マロン、リン、ナナです。人間の女の子の場合、猫の「ハナ」「サクラ」「メイ」、犬の「ハナ」「サクラ」と重なっています（人間の男の子は犬の男の子六位の「リク」と重なっている）。つまり、名前についてペットと人間のこどもは区別がなくなりつつあります。ここには、「ペットの家族化」と「こどものペット化」[4]の二つの要因が考えられます。

ある時期まで、日本人の名前は家族制度や国家政策、経済政策を反映していました。家を継ぐ長男の場合、「一郎」「純一郎」あるいは「太郎」「慎太郎」など「一」「太郎」のある名前が多かったのです。そして、次男は「次郎」「正二」、三男は「三郎」「正三」など「家督相続」の順位を示していました（たとえば、一九一二〈明治四五〉年から一九二五〈大正一四〉年までの名づけトップ一〇〈明治安田生命保険〉で、「三郎」が一位になった年が二度あります。当時、「三男」に生まれた人のほとんどが「三郎」になっていたのでしょう）。ちなみに、一九六四（昭和三九）年生まれのぼくの名前「武志」は「サムライ・スピリット」という好戦的な名前ですが、父方の祖父と父親から一字ずつ取ってつけられました。内容は二の次で「家系を継ぐ」ことが意図されたのでしょう。こうした発想の名前も多かったはずです。

男の子の名前で、戦前に最も多いのは「清」「正」で、「清」は一九一五（大正四）年から一九三七（昭和一二）年まで「二三年で一四回」ランキング一位になっています。「清く正しく」生きてほしいという願いが込められていたのでしょう。「正」あるいは「正」のつく名前は大正時代に多く、たとえば大正元年の一位が「正一」、大正二年の一位が「正二」、大正三年の一位が

（4）　こどもの「ペット」化は、親がこどもを叱れず「猫かわいがり」する子育てを意味する。しかし、それは「虐待」と表裏一体の関係にある。

「親には二タイプがある。一方は自分を満足させてくれる子どもを求めて、子どもを叱らないではいられないタイプで、虐待的関係に陥りやすい傾向にある。他の一方は、子どもに泣かれることを恐れ、子どもがいつも満足してニコニコしていないと不安になり、親として子どもから見捨てられることを恐れて全く子どもを叱れないタイプである。いずれも、子どもや社会など他者からの評価を得ることでしか安心できず、親としての自分自身は不安でいっぱいの状態にある」（家庭裁判所調査官研修所監修『重大少年事件の実証的研究』2001）。

現代のこどもたちは「猫かわいがり」と「虐待」の二極分化を被っている。それは、これから見ていくようにペットについても同様である。

「正三」、また、昭和二年の一位が「昭二」、昭和三年の一位が「昭三」でした（昭和元年は一週間しかありませんでした）。元号（天皇制）と人名が直結していたのです。

第二次世界大戦中は「勝」「勇」が、敗戦後は「博」が（「敗戦後の日本に希望を与えた」一九四九年の湯川秀樹のノーベル物理学賞の影響があるとされる）、そして、その後は経済成長を思わせる「茂」「隆」が一位を占めていきます。一九五七年から一九七八年までの二二年間は、「誠」が実に一八回も一位となり「日本人で最も多い名前」となります。一九六〇～八〇年には、「誠」の他に「修」「学」が増えています。こうしたこどもの名前は、「国家規範」「戦争」「経済成長」（企業戦士に忠「誠」は必須です）「学歴社会」という動きを反映していると考えられます。

一九七九年以降は「大輔」「翔太」「大輝」など「大きい」「太い」を含む名前が一位を占め、一九八八年からは「翔」を持つ名前がトップになります。特に「大翔」（「ダイト」「ヒロト」「ヤマト」「タイガ」「マサト」など八以上の読み方がある）は、二〇〇七～一六（平成一九～二八）年の「一〇年間で七回」一位になっています。また、二〇〇六年以降「悠真」「悠斗」など「悠」のつく名前がトップ一〇に多く入るようになります。

一方、女の子を見ると、大正時代までは「千代」「久子」「幸子」が多くつけられていました。こどもの死亡率が高い時代にあって、「生存」第一という願いが反映していたのでしょう（これは、女の子に対する親の期待値の低さを物語っています。「多くを望まない、生きていさえすれば……」）。昭和時代になると元号にちなむ「和子」が増え、昭和二（一九二七）年から昭和二七（一九五二）年まで、実に「二六年間で二三回」一位になっています。

戦後復興が進むと、豊かさを連想させる「恵子」が増え、一九五三（昭和二八）年から一九六一（昭和三六）年まで「九年間で八回」一位になります。その後、一九六〇年代から七〇年代に多いのは「智子」「陽子」「由美子」です。「智子」は「修」「学」と同様、学歴社会を反映していると考えられます。

一九七〇年代まで、「女子」を示す「〜子」という名前が圧倒的でしたが、一九六五年に「明美」が一位となり、「直美」「真由美」「由美」など「美」がつく名前が多くつけられるようになりました。かつての「生存」(あるいは出産)から「容姿」へと女性の社会的価値付けが変化したのです。八〇年代には「愛」がつく名前が、一九九〇年代以降は「さくら」「葵」「美咲」など花にちなんだ名前がつけられていきます。二〇一一〜一五(平成二三〜二七)年で最もよくつけられた名前は「陽菜」「結衣」「結愛」「葵」です(読み方は複数あります)。男の子ともども名づけは多様化していますが、男の子は「大」きく「翔」ぶ(上昇する)ことを、女の子は「花」のようであることを求められています。

このように、こどもの名づけは「国家・資本」政策と「家族」機能とをほぼそのまま反映していました。これは、犬や猫の名づけにはまったくない特徴です。しかし、現在、こどもの名前は「独特の個性」や私的な嗜好を感じさせるものに変化し、「キラキラネーム」がそうであるように、「めずらしい名前がめずらしくない」時代になりました。

命名研究家の牧野恭仁雄《くにお》は「名前にはその時代の欠乏感が反映される」と言っています(牧野2012)。こどもの死亡率が高い時代の「久子」「千代」がそうですし、「勝」「勇」も、実は太平洋戦争が終わりに近づくほど上位に来ています。「茂」「稔」は経済成長が進むとともに減っていき、「愛」は「家庭の崩壊」が語られた八〇年代に一位を占め続けました。牧野恭仁雄は、教えてもらわなければ読み方が絶対わからない「キラキラネーム」について、「常識とちがうことを成し遂げた、自分だけ思いついた」という経験がなかった親の「無力感の肩代わり」と言っています。

ここから考えると、「大翔」や「悠」（大きくゆったりしている）がよく名づけられる時代は、多くの親が「バタバタと細切れな仕事」を強いられ「階層を超える」ことが困難な社会状況を示しているのかもしれません。

いずれにしても、現在、犬や猫を「見た目」などで決める名づけは避けられ、飼い主の個人的な嗜好を示すものになっています。その結果、ペットと特に女の子の名前が「かぶる」事態になりました。

名前では「こどもとペット」を区別することができない時代がやってきたのです。

「愛玩動物ではなく、家族の一員」

かつて、ペットの犬や猫は、近所に捨てられていた子犬や子猫を拾ってきたり、知り合いのペットが産んだ子猫、子犬をもらいうけて育てるのが当たり前でした。「ペットショップ」が定着するのは一九八〇年代で、それまで犬や猫をわざわざお金を出して買うのはごく一部の人でした。そして、犬は番犬として犬小屋で暮らし、猫は放し飼いで近所を勝手に歩き回ってエサを探していました。家であげるエサも人間の残飯が当たり前で、ペットフードは一般的ではありませんでした（一九六〇年に発売されたドッグフード「ビタワン」は、販路がないため米屋で売られていました）。しかし、犬や猫へのこうした扱いは大きく変化しました。

「一九九〇年代に日本人のペットに対する意識が大きく変化した。犬登録数（純粋犬種の犬籍登録）、犬用ペットフードの流通量、ペット関連支出額のいずれもが、この時期に増加している（尾崎裕子『どうぶつと人』七号、二〇〇〇年）。動物病院の数も急激に増加している（「事業所（動物病院等）と従事者の変遷」（総務省二〇〇二、二〇〇七））。さらにペットフード需要の増加は、犬の食生活が大きく変わったことを意味する。もはや人の残飯ではなく、犬専用の栄養バランスの良いフードを食するようになったのだ。JKC（ジャパンケネルクラブ）登録数の増加は、犬をペットショップ、ブリーダーを介して入手（つまり購入）していることを反映している。つまり、捨て犬を拾って来たとか、近所に仔犬が生まれたからといったきっかけではなく、犬を飼うという明確な目的をもち、ブリーダーやペットショップを訪れ、希望する犬種を入手しているわけである」（柿沼美紀「発達心理学から見た飼い主と犬の関係」、森&奥野 2008）。

そしてこの時期、「犬小屋」や放し飼いで飼われていた犬や猫が「室内飼い」され始めました。一九八〇年代には大多数の犬猫が室外で飼われていたはずですが、二〇〇四年には犬が六〇・一%（二人以上世帯）、二〇一七年には八四・四%、猫は二〇〇四年に七二%、二〇一七年に八六%が室内飼いになっています（全国犬猫飼育実態調査）。この結果、家の中で人間とペットが常に一緒に暮らすことになり、その物理的、心理的な距離がより密接になっていきます。

わたしたちにとって、犬や猫は次第に「単なる愛玩動物ではなく、家族の一員、人生のパートナー」になっていきました。そして、ペットフードを始めペットに関わる生活用品は「ペット産業」によって生産される「商品」になりました。

ペット関連市場の規模は二〇一五年度で一兆四七二〇億円になっています（矢野経済研究所『ペットビジネスマーケティング総覧二〇一七年版』）。その内訳は、「ペットフード」四七三五億円、「ペット用品」二五〇五億円（シャンプー、猫砂、ペットシートなど）、生体・サービス分野が七四八〇億円（ペット葬儀、ペットホテル、ペットシッターなど）です。こうしたペット市場拡大の背景として、ペットの家族化に伴う高単価商材の伸長、ペット保険等新サービスが市場に受け入れられ始めていること、医療の発展に伴いペットの平均寿命が延びていることが挙げられています

(https://pedge.jp/reports/outline/)。

高齢化もあり、ペットへの医療費は高騰しています。たとえば、「前に飼っていた犬ががんにかかり、病気が発覚してから亡くなるまでのわずか半年ほどの間に、ベンツ一台が買えるくらいの医療費を支払った。診療費が高い動物病院だったこともあるが、検査や投薬で一度に五万円以上、お金が出ていくこともあった」(東京都の五二歳女性 https://dot.asahi.com/dot/2014102100075.html)。「(ケアンテリアのための)肝臓がんの手術は八〇万円、眼科は三カ月の通院で三〇万円、一日置きの点滴は一回七〇〇〇円……。毎年の健康診断も高かった。生涯医療費の総額を計算したら五〇〇万円に達していました」(京都府の山崎さん〔仮名〕。『週刊東洋経済』二〇一六年九月一〇日号)。

高騰しているのは医療費だけではありません。サンリオは三九〇万円の室内犬用ベッド(ドッグハウス)などを日本橋三越本店のイベントで販売しました(二〇〇七年)。また、犬・猫のための一〇万円近くするエルメスやルイ・ヴィトンの首輪や18金プレートに本物のダイヤをあしらった「ペットジュエリー」も販売されています。また、「神経痛や疲労回復に効果のあるペット専用の温泉」「ペット専用のホテルのＶＩＰルーム」、そして「ペット専用タクシー」も「老犬・老猫ホーム」も成立しています。以前には存在しなかった「ペットの葬儀」「ペットのしつけ教室」などはすっかり定着しました。「犬(猫)と一緒の墓に入りたい」という飼い主の希望は多く、ペットと人間の合葬墓も作られました。ペットの葬儀に加えて初七日、四十九日、百か日、一周忌、三回忌などの法要を行なうケースも増えました。それに伴い、宗教者の間では「ペットは極楽に行けるのか」が避けて通れない問題として繰り返し議論されています(鵜飼 2018)。ペットは「医・食(飾)・住」について、人間と変わらない扱いを受けるようになったのです。

しかし、ここで疑問も湧いてきます。「三九〇万円の室内犬用ベッド」や「18金プレートに本物のダイヤをあしらったペットジュエリー」は、ペットを溺愛する「お金持ち」の無益な趣味ではないでしょうか。そんなものを買うお金があるなら、たとえば貧困に苦しむ人たちのために寄付した方が「人道的」ではないでしょうか？

しかし、興味深いと言うべきか、日本で「極限の貧困」状態にある野宿の人たちの中には犬や猫を飼っている人がかなりいます。獣医のなかのまきこは、野宿の人たちが飼う動物の医療相談などを行なっており、そのようすが『野宿に生きる、人と動物』（なかの 2010）にまとめられています。そこでは、河川敷などに捨てられたウサギ、犬、猫たちを保護して大切に育てている野宿の人たちのことが語られています。その中には、たとえば荒川の河川敷で野良猫を四匹保護して不妊手術をさせたテント暮らしの人、七匹の捨て猫を飼い続け、動物病院で抗生物質を買うために必死にお金を稼ぐ人などが登場します。

ぼくは主に大阪で野宿者支援活動を行なっていますが、その中で、犬や猫を大切にかわいがる多くの野宿の人に会ってきました。その犬や猫のほとんどはもともと捨てられた犬や猫ですが、当然、食費が問題になります。日本の野宿者の平均月収は二〜三万円ですが、そのうち一万円以上をかけてペットフードを猫や犬に食べさせている人が結構います。ほとんど「身を削って」ペットに食べさせている状態で、ペットへの献身度ではどんな金持ちにも負けていません。

野宿者だけではなく、たとえば、香山リカの『イヌネコにしか心を開けない人たち』（香山 2008）には、「正社員になるとイヌと過ごす時間が減るから」という理由で内定を辞退しフリーターになった若者の例が出てきます。仕事の「格差」より、犬との時間の方がずっと大事ということです。

所得に関係なく、あらゆる地域・階層で、犬や猫を「単なる愛玩動物ではなく、家族の一員、人生のパートナーとして扱う人がふえてきて」いるのです。

「家族以上に家族らしい」動物

しかし、ペットは本当に「家族」なのでしょうか？

伝統的な家族社会学は、家族を「血縁、もしくは法的に継続した性関係に基づき生活を共同している関係や集団」として定義します。当然、この家族の定義に「動物」は含まれません。

しかし、山田昌弘は「自分が家族だと思う範囲が家族である」という「主観的家族論」を提案しています。「愛情を込めて育てているペットを家族だと思うか」というアンケートを一九八八（昭和六三）年に長野県下諏訪町で実施したところ、「そう思う」と答えた人が六五％でした。これは、「一緒に生活しているけれども、愛情がまったく感じられなくなった夫婦」（三八％）や「単身赴任して、ほとんど行き来がない夫婦」（六二％）より高い数値です（山田 2004）。

二〇〇一（平成一三）年に行なわれた内閣府「国民生活選好度調査」では、「ペットも家族の一員であると思う」人の割合は六四％でした。二〇一一年のネット調査では、ペットを「家族」とする人が全体の五八・九％、「子ども」が一四・七％でした（株式会社ネットマイル日本）。少なくとも一九八八年以来、約六割の日本人が「ペットは家族」と考えていることになります。

この「ペットは家族か」は、教科書検定で問題になりました。二〇〇四年度の教科書検定で、中学校「技術家庭」の「Aさんの家族（母、父、弟、犬）」という表現が削除され、二〇〇五年度の検定では、高校「家庭総合」の「ペットを家族の一員と考える人もいる」という表現が「家族の一員のように親密に思っている人もいる」と変更されたのです。この時期、自民党議員がペットを家族に含めることを国会でたびたび批判しており、二〇〇九年、当時の麻生太郎首相が講演でこう発言していました。「我々は教育基本法を変え、いい加減な教科書を変えた」「（教科書記述の変更について）おじいちゃん、おばあちゃんと一緒の写真。こっちは犬と子どもと一緒の写真。両方家族ですって。おばあちゃんと犬は同じか。こんなふざけた話がどこにあるんだと言って、やり合ったことがある」（『朝日新聞』二〇〇九年二月二三日）。この事件は日本の家族概念にとって非常に大きな意義があったはずですが、他の教科書検定問題とくらべ、ほとんど注目されませんでした。

「私は家族を、「代わりのきかない関係、長期的に信頼できる関係、絆」などと定義している。つまり家族とは、自分を自分として見てくれ、自分であることを識別してくれる存在である。（…）しかし、宗教や共同体が衰退する近代社会においては、自分の不可欠性の感覚は、現実の社会の中に求めていく必要がある。（…）かけがえのなさは、「家族」の専売特許となったのである。」（山田 2004）

山田昌弘によれば、自分の存在価値を保証するのは「宗教や共同体」でした。しかし、近代ではそれは「家族」になりました。

戦後、国家の目標は「戦争」から「豊かな生活」へ変わりました。その目標を実現していった高度経済成長期、日本家族の典型は「両親と一～二人のこども」というユニットでした。「会社員＋専業主婦＋こどもたち」という「標準家族」です。

この時期、大企業では「家族賃金」「終身雇用」を前提とした日本的雇用慣行が成立し、それが一九九〇年代までに広く一般化していきます。そして、「国家」は専業主婦を保護するさまざまな税制・年金政策を行ない、「会社」と「家族」の一体化を支援しました。そこでは、「勝さん」「勇さん」を始めとする父親が「会社のためになることがすべてに優先する」会社人間（企業戦士）として働き、「和子さん」を始めとする妻は、その夫を支えるため家事や育児や介護に専念します。地域社会が空洞化する中、こうして会社以外に人間関係がない夫、家庭以外に生きがいがない妻、学校（と塾）以外に居場所がない「誠くん」や「恵子」さんを始めとするこどもから成る日本独特の家族が完成しました。

こうした中、山田昌弘の言う「代わりのきかない関係、長期的に信頼できる関係、絆」は、地域との関係でも「家業」の共同作業でもなく、家族間のコミュニケーションによって担われるようになっていきます。しかし、それは現実の家族にとっては過重な負担となっていきました。

一九八〇年代、「家庭の崩壊」がさまざまな事件を通して現実化していきます。一九八〇年、浪人二年目の予備校生が就寝中の父親と母親を殺害した「金属バット事件」が大きく報道され、八三年、『金曜日の妻たちへ』（ＴＢＳ）が不倫関係をテーマにして話題を呼びます。八六年からは、母親とのすれちがいから暴走族の世界に入る母子家庭の一四歳の少女を主人公にした少女マンガ『ホットロード』が連載され、中高生から爆発的な支持を受けました。これが女の子の名前で「愛」が一位を占め続けた八〇年代です。

注目すべきことに、この時期、ペットの中の「犬」の割合が五〇・一％（一九八一年）から五九・七％（一九九〇年）へと急増しています。一方、鳥の割合は三五・七％から一七・四％へ激減し、猫は二四・八％から二六・一％と微増しました（内閣府「動物愛護に関する世論調査」）。「鑑賞用」でも「気まぐれ」でもなく「飼い主に忠実」な犬がこの時代に強く求められたのです。たとえば一九八三年、第一次南極越冬隊引き上げ（一九五八年）のさいに無人の昭和基地に置き去りにされた一五頭の樺太犬を描いた映画『南極物語』が公開され、一二〇〇万人を動員し日本映画の歴代興行成績一位（当時）を記録しました。映画のキャッチコピーは「どうして見捨てたのですか」。人間のためにひたすら犬ぞりを引き、人間の都合で南極に置き去りにされ、零下四〇度にもなる中を必死に一年間生き延び、再会すると隊員のもとに駆けつける忠実な犬に、年に八〇万頭以上の犬を殺処分していた当時の日本人は深く感動したのです（越冬隊員、北村泰一《たいいち》の『南極越冬隊　タロジロの真実』〔2007〕によれば、実際の再会のさい、生き残った二頭は「上目でじっと疑うように」隊員を見上げ、にらみあいがしばらく続いたそうですが……）。

「ペットは、自分のほうから裏切ったり、別れると言ったりしない。そこでペットの存在が、家族以上に家族らしい存在として浮かび上がってくるわけだ」（山田 2004）。つまり、家族に負わされた過重負担を乗り切るため、「家族以上に家族らしい」ペット、特に犬が必要とされたのです。こうした、「家族である」ことができなくなった機能不全家族の延命装置としての動物を石田 戢《おさむ》は「超家族[5]」と名づけています（石田他 2013）。

　こうした変化と同時期に現われた言葉として「コンパニオン・アニマル」があります。「伴侶動物」と訳されるこの言葉は、アメリカで一九七〇年代に獣医学校などの研究から登場し、日本では一九八五年頃から使われるようになりました。「ペット」という言葉は愛玩目的に飼育される動物を指しますが、「コンパニオン・アニマル」は生活を共にする伴侶を言います。

（5）　関東および関西に住むシニア世代（五八～七二歳）の既婚者七二七名を対象にした調査（株式会社「LIXIL」二〇一三年）によると、「犬と過ごす時間」と「配偶者と過ごす時間」のどちらを大切にしているかを尋ねると、男性の五六・五％が「配偶者と過ごす時間の方が大切」と回答したのに対し、女性のその回答は三一・一％だった……。

一九九〇年前後から、家庭にいる犬や猫は「ペット」から「コンパニオン・アニマル」へ、日本では「家族以上に家族らしい存在」「超家族」へ変わりました。この時期、生物学的には何の変化もないまま、犬や猫は人間に対する関係を大きく変化させたのです。

二〇一〇年代――情報資本主義と「猫の時代」

ここまで、たびたび「犬や猫」と言ってきました。しかし、同じペットでももちろん犬と猫では動物としてまったく異なり、人間との関係も異なります。

一九八〇年代にペットの中の「犬」の割合が急増しました。その後、犬の数は二〇一一年にピークを迎えますが、それからわずか六年で二五・三％も減少し、二〇一七年に猫九五三万匹、犬八九二万匹とついに猫の数が犬を上回りました。「猫の時代」の到来です。これは日本だけの傾向ではなく、アメリカでは一九九三年、イギリスでは一九九五年に飼い猫の数が飼い犬を上回っています（ロジャーズ 2018　原書 2006）。全世界では猫の数は犬の三倍になっており、その差はこれからも広がっていくと予想されています（タッカー 2017　原書 2016）。

猫の増加には都市化の影響が考えられます。庭のある一軒家では犬も猫も飼えますが、たとえばマンションで飼うのは小型犬か猫に限られます。また、共働き家庭やひとり親家庭、高齢世帯では時間や体力の余裕がなくなり、毎日の散歩（専業主婦が行なうことが多かった）が必要な犬より、室内だけで生活する猫が選ばれがちです。さらに、鳴き声も猫は発情期を別にすれば犬より小さく、近所への配慮も少なくなります。また、経済問題もあります。ペットフード協会は犬減少の一因を「犬は（動物愛護法改正による規制強化で）繁殖業者が減り、価格が高騰している」としています。

それにしても、一九八〇年代の犬の急増と二〇一〇年代の急減は劇的です。この変化には、おそらくこの時期の日本の「家族」の流動化が関わっています。

犬はオオカミを先祖とし、「アルファ犬」に忠実な群れをなす動物です。一方、猫は群れを形成せず、他の動物と距離を置いて単独生活します。「家庭の崩壊」が語られた一九八〇年代、日本人は「家族」の補強を求めていましたが、そのとき、先にも触れたように、家族という「群れの一員」となり「飼い主」に忠実な犬が求められたと考えられます。

しかし、家族の流動化が進行し、一体的な「家族」が標準ではなくなった二〇一〇年代、「群れ」の補強ではなくむしろ「ゆるやかな繋がり」、あるいは（息苦しい）家族関係からの「息抜き」として、飼い主に媚びず単独生活する猫が求められたと考えられます。これは、人間と「共生」する犬と「共存」する猫の違いです。

そして、二〇一〇年代は経済においても「猫の時代」を迎えていました。第二次安倍内閣の「アベノミクス」になぞらえ「ネコノミクス」と呼ばれる現象です。

宮本勝浩（関西大学名誉教授）によると、二〇一五年の猫による経済効果は年間二兆円を超えています。「餌代や動物病院など猫一匹の飼育にかかる費用が年間一一万一四二四円、これに猫の飼育頭数約九八七万四〇〇〇匹（ペットフード協会算出　二〇一五年）を掛けると一兆一〇〇二億円になる。これが猫の飼育に関する経済効果です。他にも、猫の写真集やグッズなど関連商品の売り上げが年間約三〇億円、観光関連効果が約四〇億円、さらに『猫カフェ』での飲食代など、もろもろの波及効果を含め、二兆三〇〇〇億円になりました」（『NEWSポストセブン』二〇一七年一二月七日）。こうした「ネコノミクス」は、二〇〇七年一月に和歌山電鐵貴志川線貴志駅長に任命された「たま駅長」から始まったとしばしば指摘されています。

三毛猫たまは、母親のミーコ、元野良のちびと、貴志駅近くの猫小屋で飼われていました。しかし、駅の敷地が公有地となったため、猫小屋は立ち退きを迫られます。三匹を世話していた駅売店・小山商店の女性が、和歌山電鐵の開業記念式典に来た小嶋光信社長に「猫小屋を置ける場所は駅しかありません。この子たちを駅に住まわせてあげてください」と訴えます。小嶋社長は「たまちゃんと目があった瞬間、ピカッとたまちゃんの駅長姿が頭にひらめき」、たまを駅長に任命します。任期は終身雇用で、報酬は年俸キャットフード一年分でした（小嶋 2016など）。

たまの駅長就任は多数のテレビニュースや新聞で取り上げられます。駅舎で制帽をかぶり、利用客を出迎えるたまの姿（かなりの時間は寝ていましたが）は人気を呼び、駅長目当ての乗客が日本各地から貴志駅を訪れるようになります。また、たまは本、ＤＶＤ、ネットなどでその姿が全世界に伝えられ、多くの海外観光客がたま目当てに貴志駅を訪れ、たまは「世界で最も有名な猫」と言われるようになります。宮本教授は、たまによる和歌山県への経済波及効果を年間一一億一〇〇〇万円としました。

就任一周年の二〇〇八年一月、たまは「スーパー駅長」（課長職相当）に昇進し、二〇一〇年には執行役員、二〇一一年には常務執行役員（社長・専務に次ぐナンバー3）、二〇一三年にはついに社長代理に就任します。二〇一四年には「ウルトラ駅長」として全ての駅長を統括し、二〇一一年には、和歌山県知事から「和歌山県観光招き大明神」の称号が贈られ「国際客招き担当役」が発令されました。

二〇一五年六月二二日、たまは心不全で現役のまま死亡します。その死は、中国、韓国のメディア、イギリスのＢＢＣ、ガーディアン、デイリー・メール、アメリカのＣＮＮ、ウォール・ストリート・ジャーナル、ニューヨーク・タイムズ、ワシントン・ポスト、フランスのリベラシオン、ドイツのディー・ツァイトなど全世界で報じられました。同月二八日、たまの社葬が貴志駅構内で営まれ、「名誉永久駅長」の称号が贈られます。和歌山電鐵は貴志駅の神社を「たま神社」と命名し銅像を設置します。二〇一六年、和歌山県はたまの功績を県として永く称えるため、創設した「和歌山殿堂」の第一号としました。

ここで興味深いのは、かつてネズミを獲って人間の経済活動に貢献していた猫が、いまや「たま駅長」のように「寝ているだけ」で莫大な経済効果を生むという現実です。ここには、おそらく資本と家族の構造的変化が反映しています。

一九七〇～八〇年代、製造業などの「工場」で流れ作業、分業作業を行なう労働者を経済的柱とした「近代家族」は、(「愛」という名のこどもが多い)家庭内では愛し愛されるコミュニケーションを求めていました。しかし、二〇〇〇年代以降、サービス業を中心としたホワイトカラーが増えると、労働者には単純作業ではなく、職場でのコミュニケーション能力や顧客へのきめ細かい対応能力が強く求められるようになります。そのとき、(「悠」のつく名のこどもが多い)「現代家族」は、濃厚なコミュニケーションではなく「息抜き」や「癒やし」を求めるようになったと考えられます。社会的にもリラクゼーションやヒーリングミュージックが受容され、「癒やしが金になる」経済の転換が起こりました。そして、地方の駅で「悠」々と寝続けるたま駅長はその流れを象徴する存在となりました。その意味で、「ネコノミクス」を創り出したたまは、おそらく「アベノミクス」を主導した安倍晋三以上に日本と世界の経済にとって重要な存在なのです。

二〇一〇年代が「猫の時代」であるもう一つの理由は、ネット空間での猫の増殖です。たとえば、イギリスでは一日に三八〇万の猫の写真がアップロードされているのに対して、人間の自撮り写真は一四〇万とされます(タッカー 2017 原書 2016)。ネット上に猫が多い理由については、室内飼いの猫が増え、ネット上でしか自分の猫を多くの人に紹介することができないという背景が指摘されています。犬の飼い主にとって道路や公園が「公共空間」だったのに対し、猫の飼い主にとってネット（二〇一〇年代ではSNSなど）が「公共空間」になったのです。

さらに、ネットのヘビーユーザーと猫のキャラクターの近さも指摘されています。「風変わりな執着心があって奇妙なことに関心を持ち、社交性の薄い不可解な引きこもりの個体（引用者注猫）」と「インターネットの前でほとんどの時間を過ごす人たちとの共通点は多い」（ジェフ・ヤン「インターネットに猫ばかり氾濫する理由」）。この代表が「2ちゃんねるの猫」と言われるアスキーアート「モナー」（正式名称「オマエモナー」）です。この、いかにも「社交性の薄い不可解な」キャラクターは、2ちゃんねるユーザーのアイコンとして印象づけられました。

群れとして生活する犬は、その生存上の必要から顔の表情を発達させ、喜怒哀楽をよく表わす動物になりました。一方、猫は単独生活をするため、表情を発達させる必要がなく、「無表情」な動物となりました。猫の可愛さは、犬のような相互のコミュニケーションではなく、時に「ツンデレ」とも見える「不可解」さによって成り立っています。

「後篇」で触れるように、日本の一九三〇年代は「戦争と「犬の時代」」でした。この時期、何頭かの「忠犬」がナショナリズムを昂揚させ人々を戦争へと扇動したように、二〇一〇年代、無表情な猫たちはネコノミクスを昂揚させ家族の流動化と資本主義の情報化を先導したのです。

ファミリアの動物・ファミリーの動物

従来の「家族」概念に対して、こどもや女性、性的少数者の立場からさまざまな問い直しが行なわれてきました。しかし、動物の立場を含めた「家族論」はほとんど展開されてこなかったように思われます。

「近代以前の社会では、生産・再生産複合体の単位はドムスであった。ドムスに住んでいる人々をファミリア familia と言うが、これを近代的な意味で「家族」と訳すのは適当でない。ファミリアとはラテン語で家内奴隷から家畜までを含む世帯単位を指していた。ドムスは通常土地を基盤としてその中で生産・再生産の自律性 autonomy が完結するような単位である」(上野 1990)。

上野千鶴子によれば、ここで言う「ドムス」には「奴隷から家畜まで」含まれます。「ドムス」という「生産・再生産の自律性 autonomy が完結するような単位」の多くは、そもそも牛、馬、豚、鶏のような家畜なしには存在しえません。その意味で、動物は「ファミリアの一員」でした(なお、漢字の「家」は「豕(豚、広くは家畜)と住む建物」を意味するともされます)。

しかし、その動物は「ペット」ではありませんでした。牛や馬や豚は「愛玩動物」ではなく、「労働する動物」(使役動物)や「卵や乳を採るための動物」「屠殺し食べるための動物」(畜産動物)でした。犬は「番犬」や「猟犬」、猫も「ネズミ獲り」を行なう役畜《えきちく》で、牛や鶏とそれほど変わらない立場でした。この動物たちは時に懲罰を受けながら「規律・訓練」を受け、人間の意思に従って労働しました。動物たちは、ファミリアでの労働(家業)を担う一員であり、人間の「僕《しもべ》」だったのです。

そして、この「ファミリアの一員」である動物を殺して食べることは「当たり前」でした。そこにいる人間にとって、家畜(家の動物)を「かわいがる」ことと「殺す」ことは対立せず、当たり前に同居していました。「農夫は自分の豚をかわいがり、そしてその肉を喜んで塩漬けにする。ここで重要であり、そして都会に住む異邦人に理解し難いのは、この文が〈しかし〉という言葉ではなく〈そして〉という言葉によって結ばれていることである」(バージャー 2005　原書

1980)。

日本でも、農家が牛や馬を農作業に使い、庭先で数羽の鶏を飼って家族自ら屠殺する習慣が、ある時期まで続いていました。たとえば、一九四六（昭和二一）年に長野県茅野市で生まれた建築史家の藤森照信は「たいていの家でニワトリを飼っていた」と言います。

ニワトリをつぶすのは、正月とかお盆とか法事とかの特別の日だった。大人がやるのを見て、子供たちはおいしい肉の入手の仕方を覚える。まず生命を断つ方法が大事で、首をひねったりせず、木の幹に逆《さか》さに吊るし、幹を台がわりにしてナタで一気に首を切り、血をしたたらせて、血抜きをよくする。（…）手羽先《てばさき》や肛門《こうもん》のまわりに残る太くて短い羽根を手でむしりとったあと、長い首と脚を落とす。まわりで見ている少年たちの楽しみは、鶏脚のほうで、争うようにもらい受け、左手で〝軸〟の部分を握り、右手で切断面からのぞいている白い筋を引っ張る。すると、三本の指先がクイックイッとものをつかむように曲がるのである。試しに小石をつかんでみようと、力を込めて引っ張っても、そこまでうまく曲がってくれない。それでも、生物の体の動きの仕組みがよくわかっておもしろい。（…）腹を割り、内臓を引きずり出し、イ（胆嚢《たんのう》）を除いたあと、水洗いするのは子供の仕事になる。（…）肉、内臓、皮、ガラ、そして骨団子、すべては野菜といっしょにナベにぶち込まれ、その日ただ一品の肉類としてふるまわれるのだった。テルボ（引用者注　藤森照信の呼び名）が自らつぶしたのは二羽くらいと記憶している。（…）農作業はすべて手作業。全国どこでも田舎の暮らしは、高度成長の前までは、そんなもんだった。（藤森 2000）

「全国どこでも」と言っても、もちろん地域差はあります。たとえば沖縄では、ニワトリだけでなく山羊や豚も自分の家でつぶして食べる習慣が続けられていました。名護市教育委員会の島袋正敏さん（一九四三年生まれ）はこう言っています。「各家庭一頭をつぶすのであるから部落中に豚の大合唱がこだました。豚の鳴き声は「もう正月だよう」の合図であり、子供たちもその日ばかりは夜が明けやらぬうちから起き出して手伝った。子供たちにとって正月とはまさに「豚肉を食べる」ことに尽きるのであり、血をとる時のガヮエー、ガヮエーと鳴き叫ぶその声は食欲をそそり、久しぶりの豚の屠殺解体を手伝いながら豚肉料理が目の前にちらつき、落ち着かない[(6)]」（内澤 2007）。

豚や山羊だけではありません。島袋さんによると、「犬はね、当時（一九五〇年代）だいたい当たり前に食べていたんですよ。もちろん名前をつけてかわいがって。豚やヤギには名前をつけませんでしたね。どこの家庭でも豚やヤギも、二、三頭は飼ってました。それから猫も薬としてだれかの具合が悪くなると食べていましたよ。名前はねえ、みんなタマだった。／家畜をかわいがることと食べること、これは対立するものではないんですね。ぼくらは子どもの頃に仔犬をかわ

（6）「と畜場法」（一九五三年）によれば、第一三条「何人も、と畜場以外の場所において、食用に供する目的で獣畜をとさつしてはならない」とあり、鶏、猪などを農家が屠殺することは合法だが、「獣畜」である「牛、馬、豚、めん羊及び山羊」を家庭でつぶすことはできない。
　ただし、「食肉販売業その他食肉を取り扱う営業で厚生労働省令で定めるものを営む者以外の者が、あらかじめ、厚生労働省令で定めるところにより、都道府県知事に届け出て、主として自己及びその同居者の食用に供する目的で、獣畜（生後一年以上の牛及び馬を除く。）をとさつする場合」（第一三条一項）は、牛や羊も家庭で処理することができる。

いがって一生懸命育てます。で、ある日突然、夜の鍋になって。それは当たり前のことなんです。ぼくは泣かなかったですね。いろいろですよ」(内澤 2007)。

同じように、名護博物館の久志常春さんがこう言っています。「ヤギも豚も犬も、子どものときからいろんな行事でやってきているから、私もつぶせますよ。なにもおかしいことはない。食べるために生きてるんだもん」「犬を食べる文化は東アジア全般にあるんだよ。(…)ただし、つぶすのはちょっとむずかしいね。子どもたちが学校に行っている間につぶしたりと、各家庭で工夫しますよ。それでもわかると(子どもは)一カ月も泣くさ、はっはっはっ」(7)(内澤 2007)。

島袋さんは「豚やヤギには名前をつけませんでしたね」と言います。おそらく、島袋さんも久志さんも、名護で「土地を基盤としてその中で生産・再生産の自律性 autonomy が完結するような」ファミリアで生活しており、そこにいる豚や山羊も、そして「名前はみんなタマだった」という猫も「ファミリアの一員」である家畜でした。その中で、「名前をつけてかわいがって」いた犬は、「家畜」と「ペット」の中間にいたのかもしれません。

しかし、犬を食べたことがわかると一カ月泣いたという久志さんのこどもにとって、犬は「家畜」ではなく「ペット」(あるいは家族)として存在していたのでしょう。こどもにとって、山羊や豚は「家畜」として殺して食べることに抵抗はなくても、犬は「ペット」であって、食べることができません。その意味で、「かわいがることと食べること」は、久志さんとこどもの世代間で分化し、「家畜」と「ペット」になったのです。そして、この変化は「ファミリア」から「ファミリー」(近代家族)への変化と対応しています。

牛や豚や鶏は、犬や猫と較べて「能力が低い」から食用になるのではありません。たとえば、豚は「お手」や「お座り」などを簡単に憶え、麻薬捜査にも使われる頭のいい動物です(イルカや三歳児より頭が良いのではないかとも言われています）。コーネル大学とジャクソン研究所で家畜動物の迷路実験をしましたが、「犬は高得点を上げている。鶏と馬はそれより時間がかかり、羊は右往左往して迷路から抜け出せない。猫はまるきり参加拒否だ。／しかし豚は毎回成績トップ。なぜなら「自主的にものを考え、自分で問題を解決できる」からである」（ワトソン 2009）。さらに、ブタは解剖学的にも生理学的にもヒトに非常に近いため、その皮膚組織や心臓弁は人間への移植に使われています。毛のない皮膚、分厚い皮下脂肪、明るい色の目、毛量の多いまつ毛など、見た目でも人間とブタは共通した特徴を持っています。「三びきの子ぶた」、アーノルド・ローベルの『どろんこ こぶた』（1971 原書 1969）、宮崎駿の『紅の豚』など、ブタは無数の絵本や昔話やアニメーションに愛されキャラとして登場しますが、それは、人間との見た目の近さと、その「自主的にものを考え、自分で問題を解決できる」キャラクターが反映しているのかもしれません。

（7） 地理学者のフレデリック・J・シムーンズによれば、犬食《けんしょく》の分布は旧世界では「熱帯の西・中央アフリカ（のちに北アフリカも追加）」と「東南・東アジアと太平洋の島々」であり、犬肉を忌むのは牧畜民、食べるのは農耕民という傾向があるとされる。また、新世界では、古く中米で多くの犬が祭りなどで食べられていた。

日本では、遺跡調査などから本格的な犬食は狩猟採集が終わった弥生時代から始まったと考えられるが、「（犬食の）資料が比較的多く残っているのは南九州から南西諸島で、沖縄では一九五〇年ごろまで犬肉が広く食べられていた」とされる。現在も、東南アジアから朝鮮半島にかけて犬食文化が残っている（山田 2017）。

江戸時代初めまでは、本土（ヤマト）でも犬が広く食べられていた。一五六二年に日本に来たポルトガル人の宣教師、フロイスによれば「彼らは牛を食べず、家庭薬として見事に犬を食べる」（フロイス 1991）。

しかし、多くの豚は、伝統的に「家畜」として殺され食べられてきました。それは生物学や心理学の問題ではなく、その動物が「ファミリア」の一員か、近代家族である「ファミリー」の一員かという違いに求められます。「ファミリー」の一員である犬や猫は、決して殺して食べることができません。これは、ペットとして飼われるブタやニワトリなどについても同様です。

「近代家族」とはどういうものでしょうか。落合恵美子は『21世紀家族へ』(第三版 2004)の中で、近代家族の特徴として「家内領域と公共領域との分離」「家族構成員相互の強い情緒的関係」「子ども中心主義」「男は公共領域・女は家内領域という性別分業」「家族の集団性の強化」「社交の衰退とプライバシーの成立」「非親族の排除」「核家族」を挙げています。

この「近代家族」の特徴づけに「動物」は含まれていません。おそらく、一九五八年生まれの落合恵美子にとって、ペットは「家族の一員」ではなく、「近所で拾ったり、しばらくすると行方不明になってしまったりする存在」という前提があるからなのでしょう。しかし、そうした前提は一九九〇年代に消滅してしまいました。その点で、『21世紀家族へ』の内容は一九九〇年代以降の家族の現実に対応していないのです。一九四八年生まれの上野千鶴子の『家父長制と資本制』(1990)の家族の分析でも、ペットの問題は欠落しています。しかし、二一世紀にいるわたしたちは、「動物」抜きに「家族」を考えることができない状況を生きています。

現代の「ペット」のあり方を考えてみると、動物のために人間が「労働」し、「住居」と「食事」そして「医療サービス」まで手厚く提供しています。しかも、動物から人間への物質的な見返りは何もありません。動物とのこのような関係は「ファミリア」では考えられません。ここでは、まるで人間が動物のために「家畜」を演じているかのようです。

たとえばここに、高価な毛なみのいいネコを「心からかわいがり、なによりも大切にしていた」エス氏がいます。ネコはどんな食べ物が好きなのかを研究し、毎日、それをつくって食べさせていました。ちょっとでもネコが元気をなくすと、あわてて医者を呼びよせました。

ある夜、そとで聞きなれないひびきがしたあと、玄関のドアにノックの音がし、宇宙人が現われます。エス氏は宇宙人を見て気絶します。宇宙人はエス氏の飼いネコと会話を始めました。

「じつは、わたしはカード星の調査員でございます。（…）あなたが、この星を支配なさっている種族でしたか。わたしはてっきり、そこに倒れている二本足の生物のほうが、支配者だろうと、思いこんでいました。失礼いたしました。で、この二本足は……」

「自分たちのことを、人間とよんでいるわ。あたしたちのドレイの役をする生物よ。まじめによく働いてくれるわ」

「どんなぐあいにでしょう」

「そうね。ぜんぶ話すのはめんどうくさいけど、たとえばこの家よ。人間が作ってくれたわ。それから牛という動物をかい、ミルクをしぼって、あたしたちに毎日、はこんでくれるわ」

「なかなか利口な生物ではありませんか。そのうち、ドレイの地位に不満を感じて、反逆しはじめるかもしれないでしょう。大じょうぶなのですか」

「そんなこと、心配したこともないわ。そこまでの知恵はない生物よ」

宇宙人は、調査を正確にするためウソ発見器を使いましたが、ネコの話は全部ほんとうでした（星 1966）。

自分を「支配者」と確信しているエス氏のネコのように、ペットは労働もせず食料も生産せず、手間だけかかっています。こういう存在を、かつては「穀潰《ごくつぶ》し」と言っていました。同じようでも、多くのこどもはやがて働き手として役立つでしょうが、犬やネコはほとんどの場合、役立たずなままです。このような「役立たず」な動物を愛するのは、ある種の「倒錯」ではないでしょうか？　しかし、エス氏や他の多くの人たちは、こうした動物を「目に入れても痛くない」（＝自分の一部の）ように大事に育てています。

こうした動物が「家族」の一員だとすれば、わたしたちの「家族」は「ファミリア」でも「近代家族」でもありません。わたしたち現代家族は、異種間の感情的なつながりを優先した、人類史上例のない共同体なのです。

Ⅱ 「生体商品」としてのペット

しかし、現実の犬や猫は、本当は「家族」ではないし、もちろんエス氏のネコが思い込んでいるような「支配者」でもありません。「自分のほうから裏切ったり、別れると言ったりしない」ペットたちは時に簡単に捨てられ、殺されているからです。

犬の祖先はオオカミ、ネコの祖先はリビアヤマネコで、数千年をかけて人間の手で家畜化され、生物として作り変えられてきました。特に一八世紀以来、犬は過激な生体改造が行なわれ、生物として急激な変化を被ってきました。

チワワ、ダックスフント、ブルドッグ、ドーベルマンなどの「犬種」は、生物学的には（オオカミの亜種である）イエイヌの「変種」です。こうした犬種は、手近な図鑑にあるものだけでも五〇〇種近くありますが、それらは自然に発生したのではなく、近親交配など人為的方法によって作り出されてきました。

たとえば、わたしたちがよく知るイングリッシュ・ブルドッグは、一八世紀ごろ、イギリスで流行した「牛（ブル）いじめ」という見世物で牛と闘う犬として開発された、筋肉質な普通の犬でした。しかし、一八三五年に「動物虐待防止法」が成立し、「牛いじめ」などが禁止されると、ブルドッグは番犬や愛玩犬として飼われるようになります。ブルドッグの身体的特徴を強調するとケネルクラブやドックショーで珍重されるため、人為的交配によって今日見られる形のブルドッグが作り出されていきました。

しかし、この独特の外観は、ブルドッグの健康に大きな問題をもたらすことになりました。まず、ブルドッグはあまりに頭が大きいため母親の産道を通ることができず、出産はふつう、人の手による帝王切開になります。また、鼻先が短すぎるのでうまく呼吸ができず、生涯にわたって睡眠時無呼吸など酸素不足に悩まされます。このため体温調節も難しく、呼吸不全や心不全で若死にしやすくなっています。「もしもブルドッグが遺伝子組み換えの産物だったなら、西欧世界全域で抗議デモが巻き起こっていたことだろう。まちがいない。ところが実際には人の都合に合わせた交配によって作られたので、その障害は見過ごされているばかりか、場所によっては称賛されてさえいる」（ペンシルベニア大学「動物と社会の相互作用に関するセンター」所長ジェームズ・サーペルの発言。アンテス 2016　原書 2013）。

また、もともと猟犬だったダックスフントは、あまりに胴体が長いためヘルニアなどの関節疾患にかかりやすく、垂れ耳のためダニの寄生や細菌による外耳炎になりやすくなっています。イギリス王室の愛玩犬だったキャバリア・キング・チャールズ・スパニエルはドーム形の頭をもつよう選択的に繁殖されてきたため脳に対して頭蓋骨が小さすぎ、その多くが脊髄の問題、脳の障害、慢性の痛みに苦しんでいます。猫も、現在知られている四一〜八〇種の大半（少なくとも八五％以上）がここ七五年間に人為的に作り出された「促成栽培品種」（三浦 2018）です。ヒマラヤンなど「短頭」の猫は呼吸困難、眼病、涙管奇形になりやすい上に死産の確率が高く、スコティッシュ・フォールドなどに特徴的な折れ耳をもたらす遺伝子を持つ猫は軟骨に奇形があり、若い時から重い関節痛を発症しがちです（ブラッドショー 2014）。

このような「人の都合に合わせた」生体改造は今も続いています。たとえば、ある科学者グループは、犬にイソギンチャクの遺伝子を導入して、紫外線を当てると「赤く光るビーグル犬」を作り出しました。「犬を赤く光らせて何の意味があるのか」と思ってしまいますが、では、ブルドッグのように犬の頭を大きくしたり鼻先を短くしたり、ダックスフントのように胴体を長くすることには何の意味があるのでしょうか。

また、バイオテクノロジーの進展により、猫のクローンは二〇〇一年に、犬のクローンは二〇〇五年に誕生し、「ペットのクローン販売」としてアメリカで商業化されました。「ペットの死を前にして悲嘆に暮れる心配は無用となりました。今、DNAを保存しておけば、クローンを作成して、あなたのペットのいのちを、新しいからだに吹き込むという選択も可能になります」(アニマル・クローニング・サイエンス社)。

史上初のクローン動物、ヒツジの「ドリー」は一九九六年にスコットランドで作り出され、その後、牛などのクローン家畜の生産はアメリカや中国で産業化されました。人間の場合、クローンは技術的・倫理的理由からタブーとされていますが、家畜とペットについては問題とされていません(クローン動物は価格が高く、母体の影響などでまったく同じ外観にはなりにくいことから、クローンペット産業はあまり広まっていませんが)。

そして、ペットについての人間の身勝手さの典型が「殺処分」問題と言えます。

日本の犬猫の殺処分数は、二〇一六年度で五万五九九八匹(犬一万四二四匹、猫四万五五七四匹、一日平均一五三匹の殺処分)。二〇一七年度は四万三二一七匹(犬八三六二匹、猫三万四八六五匹)でした。犬猫の殺処分数は、一九七四年には実に一二二万一〇〇〇匹(犬一一五万九〇〇〇匹、猫六万三〇〇〇匹、一日平均約三三四八匹）、一九八四年にも一一一万頭以上（犬八六万九〇〇〇匹、猫二四万四〇〇〇匹、一日平均で約三〇四九匹）でした。しかし、その後、行政やボランティアの努力などによってその数は年々減少しています。

ただし、犬の殺処分が減少した一方、猫の殺処分数は「ほぼ横ばい」を続けています。犬の殺処分数は「野良犬が減った」「去勢手術を行なう飼い主が増えた」「首輪、鑑札や迷子札などを付けるようになった」ことから減りましたが、猫は「野良猫などによる屋外での繁殖が多い」「去勢手術を行なわない飼い主が多い」ため減らないと考えられます。近年でも、引き取られて多くが殺処分される猫のうち、六三％が野良（飼い主不明）の子猫、二二％が野良の成猫です[8]（環境省自然環境局総務課動物愛護管理室　二〇一六年）。そのため、野良猫に避妊去勢手術を行なって繁殖を制限し、時間を決めてエサを与えて片づけも行ない、猫用トイレなどを設置し、その一代限りを地域で育てる「地域猫」活動がさまざまな地域で行なわれています（Trap〔捕獲〕、Neuter・〔不妊手術〕、Return〔猫を元の場所に戻す〕、から「ＴＮＲ」と呼ばれる。映画『黒澤泰＆飯田基晴の地域猫活動のすすめ』〔2018〕が、この活動のようすを、問題点も含めて生き生きと伝えています）。

さらに、猫は東京都だけで一年間に約二万四〇〇〇頭が交通事故死で収容され（一九九七年度・東京都「飼い主のいない猫との共生モデルプラン」）、沖縄本島の国道と県道では年間二六八四頭（二〇一五年度）が交通事故死しています（沖縄タイムス二〇一六年四月一二日）。大分市は交通事故などで路上死した猫の回収数を公開していますが、その数は二五八五頭（二〇一一年度）、二七五七頭（二〇一二年度）、二六三一頭（二〇一三年度）で、同市の猫の殺処分数の三倍ほどでした。おそらく、全国でも猫の交通事故死は殺処分より数倍多いのでしょう。

避妊手術やつなぎ飼い、室内飼いの普及によって犬猫の殺処分が減ったことは大きな改善と言えます。しかし、短いひもでつながれて行動範囲を限定された犬は、逃げ場がないために心理的なプレッシャーを強く受けるとされています。事実、アメリカのいくつかの州や市では、犬を係留して飼育することを動物虐待とみなして法的に規制しています。しかし、日本の住宅事情では「つなぎ飼い」が現実的とされ、市町村など多くの自治体や保健所は「犬はつないで飼いましょう」と推奨しています。

避妊手術についても、坂東眞砂子の「子猫殺し」について青島啓子が言ったように「個体を傷つけ、天賦の機能を奪い去ることを、同じ生命を授かった異種の生物に強要してよいとは決して考え」られません。多摩川の猫の保護活動を行なっている小西美智子さんもこう言います。「不妊手術って、人間の、(命に対する)冒瀆《ぼうとく》だと思うんです。(…)〝かわいそうな猫を増やさないためにしかたがない〟という考え方はあるかもしれませんが、それもなにもかも、人間の都合ですからね」(飯田2010)。しかし、殺処分を減らすため、避妊手術と同様に、つなぎ飼いや室内飼いもやはり「現在、仕方ない」のかもしれません。

殺処分される、あるいは交通事故に遭う犬や猫は、もとをたどれば人間の飼い主がいたはずです。「ところが、迷子にさせてしまったり、いなくなっても捜さなかったり、子犬や子ネコを無

(8) 日本の野良猫の総数は、ペットフード工業会の二〇〇三年度の推計によれば、日本にいる飼い猫六九六万三〇〇〇匹に対して野良猫一一二万四〇〇〇匹(一〇〇対一六・一の比率)、千葉県の二〇〇九年の調査では、千葉県の飼い猫四六五〇五五匹に対し、飼育されていない屋外猫が一七万四七五七匹とされている(一〇〇対三七・六)(https://www.pref.chiba.lg.jp/eishi/toukeidata/koyou/documents/shiyoujittai_kekka.pdf)。近年の猫の飼育数は全国で約一〇〇〇万匹なので、おそらく数百万匹の野良猫がいると考えられる。ただし、野良猫はほとんど子ネコのうちに死亡し、成長した場合でも平均四~五年しか生きられない。

計画に生ませてしまったり、捨てたり……飼い主の身勝手さが多くの命を奪っていることになります」（環境省・自然環境局総務課動物愛護管理室『捨てないで　迷い子にしないで』二〇〇七年）。坂東眞砂子のように直接手を下さないだけで、こうした殺処分は人間の身勝手さを「子猫殺し」と同じように示しています。

なお、「イギリス、ドイツ、アメリカなど多くの先進諸国では犬や猫の殺処分はほとんどなく、日本は遅れている」とよく言われますが、これは都市伝説です。たとえば、アメリカでは動物保護施設に入る年間六〇〇～八〇〇万頭の犬猫の約四割、つまり年間約二七〇万頭の健康な犬猫が殺処分されています（二〇一一～一三年）。アメリカでは一九七〇年代に年間一二〇〇～二〇〇〇万頭の犬猫が施設で殺処分されていたので、それでも大きく改善していることになります（遠藤2014）。

ドイツでは、連邦狩猟法が狩猟動物を保護する目的での野良犬・猫の駆除を認めており、狩猟者は合法的に野良犬・猫を殺すことができます。ドイツ全体の駆除頭数の公的統計はありませんが、動物保護団体は「年間猫四〇万頭、犬六万五〇〇〇頭」（！）が殺されていると指摘しています（遠藤2014）。また、ドイツでは警察官が市中で犬などを安全上射殺することを「職務権限」として定めており、警察官による動物の射殺は二〇一四年に一万〇一五七頭、二〇一五年に一万一九〇一頭となっています。

イギリスの動物保護団体を対象とした二〇一〇年の調査では、動物保護施設での捨て犬・猫等の年間受入頭数が犬九～一三万頭、猫一三～一六万頭で、そのうち犬一万～一万三〇〇〇頭、猫一万七〇〇〇頭～二万頭が施設で殺処分されたと推定されています。さらに、全英の自治体が扱った野良犬の数は年間約一一万二〇〇〇頭（動物保護団体の推計　二〇一二年度）で、その八％にあたる約九〇〇〇頭が自治体によって殺処分されています（遠藤 2014）。また、カナダでは二〇〇万頭の野良犬がいて、毎年少なくとも六〇万頭が安楽死させられているとされます[9]。

日本の犬猫の殺処分は一九八〇年代後半から徐々に減少してきました。しかし、それと同時期、ペットをめぐる新たな問題が現われました。「ペット産業」の拡大です。多くの日本人がブリーダーやペットショップを訪れ、希望する犬種を入手するようになったこの時期、犬や猫の「大量生産・大量販売」がビジネスとして定着し、新たな問題を生み始めたのです。

ペット産業について詳しく調査した本に太田匡彦《まさひこ》の『犬を殺すのは誰か』（2013）があります。それによれば、日本の犬の流通システムは「ブリーダー（生産業者）→ペットオークション（競り市）→ペットショップ（小売業者）」という流れが軸になっており、これは「日本独特の流通形態」とされます。こうしたペット流通のシステムが成立したのは一九八〇年代後半で、それまでペットの卸しはブリーダーとペットショップが相対《あいたい》方式で直接取引していました。しかし、この時期から、ペットをペットショップで購入する人が増え、純血種の子犬を大量に仕入れ店頭で展示・販売する「ペットショップ」が各地で起業し始め、これに対応して、大量の純血種の子犬を繁殖させる「パピーミル」（子犬繁殖工場）が作られるようになります。こうして犬の流通量が増えた結果、相対方式が限界に達し、ペットオークション（競り市）が整備されていったとされます。

（9）「さんかくの野良猫餌やり被害報告」（http://eggmeg.blog.fc2.com/）から、英語・ドイツ語ニュースによる各国の殺処分やペット産業の問題などについて多くを学んだ。英文記事については原文をあたったが、ドイツ語文献は同ブログの翻訳に拠っている。

二〇〇〇年以降、「パピーミル」と呼ばれるブリーダー（繁殖業者）とペットショップが飼育放棄（ネグレクト）、殺処分、放棄など深刻な事件をたびたび起こすようになりました。

二〇〇九年、埼玉県のオークションに犬や猫を出品していた茨城県のブリーダーが二度にわたり茨城県動物指導センターに合計二〇匹の犬を捨てに来ました。問題を感じた動物団体のメンバーが業者を訪ねると、糞や尿が放置されたケージの中に、プードルやミニチュアダックスフントなど、ペットショップで人気の小型犬およそ一〇〇頭が飼育されていました。「ブリーダーは、ドッグフードに水を加えて、一日に一回だけ与えていましたが、三〇度を超す暑さの中で、完全に腐敗していました」「異様に伸びきった爪は、ケージに閉じ込められたまま、運動も手入れもされていないせいでしょうか。片目が潰れたまま放置されたチワワの子供、さらに足先が欠損している子犬もいます」。犬たちが子犬を産めなくなると、ブリーダーは「一〇匹くらいまとめて動物愛護センターに捨てた」といいます（二〇〇九年九月二二日放送『フジテレビ・ニュースＪＡＰＡＮ』「時代のカルテ」）。

二〇一二年には、自宅にいた犬約一六〇匹の世話を怠ったとして、大阪府和泉市の元ブリーダーが動物愛護法違反（虐待）と狂犬病予防法違反（予防注射の未接種など）の疑いで逮捕されています。ブリーダーは登録申請をせずに木造二階建ての自宅で放し飼いにして約一六〇匹の犬を飼育し、ネット販売していました。室内は雨戸を締め切られ、一畳あたり五匹の密集状態で、家宅捜索では、餓死や病死とみられる死骸一七匹が発見されました。悪臭などに悩む近隣住民は「犬屋敷」と呼び、苦情を受けた府が立ち入り調査を五七回繰り返しましたが、改善されませんでした。二〇一八年には、福井県坂井市の繁殖業者が、約四〇〇匹の犬猫を狭いケージに入れたり、コンクリートブロックのマス内に五〇匹以上の過密状態で入れて従業員二人だけで管理していたとして刑事告発されています。この業者は餌を一日一回しか与えず、狂犬病の予防注射も受けさせず、病気やケガをしていても処置を行なっていませんでした。

以前から、ペット関連業者による飼育放棄、動物放棄、ネット販売などがあったことから、二〇一三年に施行された改正「動物愛護法」は、「動物取扱業者は、販売が困難となった犬や猫についても終生飼養を図らなければならない」（第二二条の四）、「犬猫を販売する際には現物確認と対面販売をしなければならない」（第二一条の四）（要約）とし、保健所はペット業者からの引き取り依頼を拒否できるようになりました。しかし、二〇一三年の改正法施行以降、犬の放棄はむしろ増えました。二〇一四年には、群馬一一匹、埼玉四六匹、山梨三九匹、栃木八〇匹、長崎七匹、佐賀三〇匹などの犬の不法投棄が各地で発覚し、全国で少なくとも約二二〇匹の犬が山中などに放置されていたと報道されています。行政施設に棄てられなくなったブリーダーやペットショップが、売れ残った犬や猫を山や川に不法に棄てるようになったと考えられます。

この背景には、販売業者数が高止まりしている中、ペットを「大量生産」しても「大量販売」できず、多くの犬猫が売れ残っているという現実があります。雑貨や家具なら売れ残っても「損失」で済みますが、「生体商品」である犬や猫はどうなるのでしょうか。

『犬を殺すのは誰か』には、東京の大手ペットショップの店長が研修で入った専門学校の生徒に言った言葉が紹介されています。店長は、生後約六カ月のビーグルの子犬をポリ袋に入れ、こう言いました。「このコはもう売れないから、そこの冷蔵庫（ペットフードなどを入れる大型冷蔵庫）に入れておいて。死んだら、明日のゴミと一緒に出すから」「（生後）半年も経ったらもうアウトだ。えさ代はかかるし、新しい子犬を入れられるはずのスペースがもったいない。ペットショップというのは、絶えず新しい子犬がいるから活気があって、お客さんが来てくれる。これができないなら、ペットショップなんてできない。仕事だと思って、やるんだ」。

成長して見た目が可愛くなくなった犬や猫は売れにくくなるため、多くのペットショップは、子犬や子猫を次から次へと回転させて陳列・販売しています。売れ残った犬や猫はえさ代や陳列スペースをムダにするため、最悪の場合、このショップのように殺して「生ゴミ」として処理するのです。

このため、ペットショップは子猫や子犬の「衝動買い」を促しがちです。ペットショップには「抱っこさせたら勝ち」という格言があります。「例えば、東京や大阪など大都市の繁華街で深夜まで営業しているペットショップチェーンでは、「目が合ったら抱っこして相性を確かめてみませんか?」などと来店者に呼びかけ、子犬を手に取らせる。「抱っこさせたら勝ち」の典型だ」(大手ペットショップチェーン幹部の発言　太田〔2013〕)。多くのペットショップにとって、動物は売れ残ると「お荷物」になるため、こうした強引な「衝動買い」を促すのです。

そもそも、「家族の一員」であるペットをこうして「大量生産＝大量販売」の商品として扱うことには無理があるのかもしれません。イギリス、アメリカ、ドイツなどでも、やはりパピーミル、ペットショップでの大量生産・大量販売、ペットのネット販売などの問題が起こっています。しかし、ドイツでは二〇〇一年に「動物保護――犬に関する命令」が施行され、家庭、ペットショップでの犬の飼育について「散歩をしなければならない」「長時間の留守番をさせてはならない」「屋外で飼う場合は小屋の床に断熱材を使用しなければならない」「檻で飼うなら一匹あたり最低六平方メートル以上の広さを確保しなければならない」などと定めました。この結果、多くのペットショップで現実的に犬猫を展示できなくなり、犬猫が店頭販売されなくなりました。

また、アメリカのロサンゼルス市では、二〇一六年に飼い主から捨てられるなどして施設で保護された動物以外のペット販売を永久に禁止しました。カリフォルニア州でも、アニマルシェルターなどの保護動物（犬、猫、ウサギ）しかペットショップに置けないという法律が成立し、二〇一九年から施行されています。これによって、ペットショップはパピーミルやブリーダーから仕入れた動物を販売することができなくなりました。一方、日本では、ペット産業に対してこうした規制はほとんど行なわれていません。

かつて「地域共同体の一員」だった犬や猫は、一九九〇年代以降、「家族の一員」であると同時に、ペット産業によって生死を管理される「商品」＝「資本の一員」になりました。しかし、その「大量生産」「大量消費」の中で、ペットたちは過去に例のない虐待を受けるようになりました。

震災のさい、犬や猫は「社会の一員」として扱われず、行き場のない状態が大きな問題となりました。しかし、「生体商品」になった犬や猫たちも、やはり必ずしも生命や健康を尊重される「社会の一員」としては扱われなかったのです。

Ⅲ　動物虐待――暴力の連鎖

　ここまで見てきたように、犬や猫はペット産業の中でたびたび大量虐殺を受けています。しかし、犬や猫への人間の暴力は別の形でより明白に現われます。それは、坂東眞砂子の「子猫殺し」がそうだった「動物虐待」事件です。

　小西修の『多摩川猫物語』（小西 2013）は、多摩川河川敷で起こったさまざまな猫への虐待を記録しています。

　一九九三年、野宿者のFさんは、四〇代の夫婦が捨てようとした子猫を「捨てるくらいなら俺が面倒を見るよ」と引き取りました。しかし、一〇年後の「〇三年三月一六日夕方、それまで平穏に暮らしていたアカに事件が起きた。何者かによって、背中から臀部《でんぶ》にかけて刃物で深く大きく切りつけられ、全身血だらけになってFさんのテント小屋に帰ってきたのである。アカは主《あるじ》の枕元で全く動くことができずにいたが、二日目の夜一〇時頃、突然Fさんの頰をペロペロと舐め、そして夜の河川敷に姿を消した。「死ぬのは分かっていたが、どうすることも……。せめて死体は自分の手で埋めてやりたい」と、Fさんは二週間にわたり周辺を捜したものの、アカの亡骸《なきがら》は見つからなかった」。

　二〇〇五年四月一七日、前年五月に多摩川で生まれ、野宿者のKさんと暮らしていたサツキは殴り殺されました。「心ない人間が金属のような硬いものを用いてサツキを撲殺してしまったのである。両眼球は飛び出し、口から大量の血を吐いて浅瀬の水の中に投げ込まれていた。異変を察した飼い主のKさんが犯人を追ったところ、二〇代前半の男が慌ててバイクで逃走したという」。

毒殺も行なわれています。「〇六年三月二四日の夜、事件が起きた。二〇代のカップルによってレンマを含む九匹の猫が毒殺されたのである。翌未明にかけて次々と口から泡を吹き、痙攣《けいれん》しながら死んでいった」。

動物虐待事件は時折報道されますが、近年も猫数十匹以上が殺された大量虐殺事件がいくつも伝えられています。

二〇〇八年二月ごろから、那覇市古波蔵《こはぐら》の漫湖公園内で、虐待を受けて殺されたとみられる野良猫の死骸が相次いで発見されました。「死骸は鋭利な物で首元を刺されていたり、頭部がないものや、妊娠中の猫が腹を引き裂かれて体内から子猫が取り出されるなど、異常な状態で見つかっている」（『琉球新報』二〇〇九年七月一一日）。「〇八年は一一匹、〇九年は（一二月）二三日までに二七匹の野良猫が腹を切り裂かれて内臓を引きずり出されたり、後頭部の皮をはがれるなど無残な姿で発見されている」（『琉球新報』二〇〇九年一二月二五日）。

広島県呉市では、二〇一二年三月から二〇一三年四月まで一年以上にわたり、二五匹の猫が虐殺されました。発見されたのは「頭のない猫」「腹部を刃物で切り取られた猫」「上半身のみの猫」「切断された猫の頭部」「内臓の一部が無い猫」「左半身のない猫」などでした。

二〇一四年には、東京都大田区で猫を地面にたたきつけて傷つけたとして、三三歳の会社員が動物愛護法違反容疑で逮捕されました。同区大森や蒲田では四月以降、半径約五〇〇メートル内で計四五匹の猫が死に、区がパトロールするなど警戒していました。容疑者は一連の変死事件についても関与を認め、「ストレスのはけ口と、野良猫への餌やりに憤慨してやった」と供述しています（『毎日新聞』電子版九月一八日）

二〇一七年八月、熱湯をかけるなどして猫を殺したとして、警視庁はさいたま市の税理士の五二歳の男を動物愛護法違反の疑いで逮捕しました。深谷市の廃屋周辺で、二〇一六年四月から一八年四月にかけて計三回、少なくとも一三匹の猫を捕獲器に閉じ込め、熱湯を浴びせたり、ガスバーナーで焼いたりして殺していました。男はその様子を録画し、匿名のファイル共有サイトに投稿していました（『朝日新聞』二〇一七年八月二九日）。

なお、警察庁によると二〇一七年は動物愛護法違反で六八件（猫が四六件、犬が一六件、ウサギや鶏などが六件）摘発され、二〇一〇年以降、最多を更新しています。

このような残虐な動物虐待は、どのような人物が行なっているのでしょうか？

深刻な動物虐待は、よく言われるように人間への暴力的犯罪と相関しています。一五二人の成人男性を対象にした調査（一九八五年。ケラート&フェルサス）によると、暴力的な受刑囚男性は、小児期に動物を五回以上虐待した「重度動物虐待」の比率が二五%でしたが、受刑囚のうち「ほどほどに攻撃的なグループ」では五・六%、「攻撃的ではない」グループでは五・八%、非犯罪男性の対照グループでは〇%でした（アシオーン 2006）。「暴力的犯罪」で受刑している女性の調査では、全体の三六%が動物虐待を報告している一方、「攻撃的でない」女性受刑囚では〇%でした（フェルサス&ユドヴィッツ）。「総合すると、これらの研究が示唆するものは、暴力的な成人犯罪者において、四人に一人から約三人に二人が、動物虐待を発育歴の特徴としている。これは犯罪を犯していない成人の一般的な母集団のなかで見つかるであろう割合に比べて、あきらかに大幅に高いものである」（アシオーン 同前）。

しかし、この主張には反論もあります。一般の人々を対象に調査すると、動物虐待が多くの人によって日常的に行なわれている現実が浮かびあがるからです。

極度に暴力的な男性（連続殺人犯、性的虐待犯、学校での銃乱射犯、強姦犯やその他の殺人犯）と、暴力歴のない男性（大学生、ティーンエイジャー、ふつうの成人）二四件の調査報告書の分析があります。それによると、暴力犯罪者の三五％が幼少期に動物を虐待した一方で、暴力犯罪歴のない男性の場合、虐待の割合は、暴力犯罪者を上まわる三七％でした（ハーツォグ 2011）。また、アメリカの一般の大学生対象の調査によると、男子学生の六六％と女子学生の四〇％が動物を虐待したことがあると認めました。ここから、研究者は「ある過激な考えに達した。つまり、動物虐待は多くの子どもたちにとってごくふつうの成長の一過程にすぎないのだ、と」（ハーツォグ同前）。

おそらく、ここでのポイントは、動物虐待が「こどもの時期に動物を五回以上虐待した」というような「重度」のものかどうかです。動物虐待そのものは、おそらく多くのこどもたちが「ごくふつう」に行なっています。しかし、特に深刻な動物虐待を行なうこどもの場合、のちの人間への暴力的犯罪の前兆となると考えられるのです。

動物虐待はさらに深刻な問題を持っています。動物虐待は「家庭内暴力」（ＤＶなど）や「児童虐待」と関連するということです。

虐待されてシェルターに入所した女性一〇一人対象の調査があります。それによると、女性たちの五四％のパートナーがペットを傷つけたり殺したりしていました（一般の女性では五％）。さらに、こどものいるシェルター入所の女性の約三人に一人が「自分の子どもの少なくとも一人が動物を虐待した」と答えました（アシオーン 2006）。他のいくつかの実証研究からも、ＤＶ家庭でのこどもによる動物虐待の確率が明らかに高いことが確かめられています（佐藤 2016）。

ＤＶ加害者が家族だけでなく動物も虐待するのはわかりやすいと言えます。しかし、ＤＶのある家庭のこどもが動物を虐待するのはなぜでしょうか。

ＤＶ家庭にいるこどもは、父親が母親に（あるいは母親が父親に）暴行する場面をたびたび目撃しています。それ自体がこどもにとって精神的な虐待になりうるのですが、それがこどもの動物虐待の引きがねとなると考えられています。精神科病院に収容された四〜一六歳の男児三九五人の調査（一九八六）によれば、「虐待されたか、虐待とネグレクトの両方をされた」こどもの一七％が動物虐待をしていましたが、「ネグレクトだけ」のこどもは四％、「虐待されていない」こどもでは九％でした。また、虐待されていないこどもでは（時々あるいは頻回の）動物虐待の報告は五％以下でしたが、性的虐待を受けた男の子では三四・八％、性的虐待を受けた女の子では二七・五％に動物虐待が見られました（アシオーン 2006）。二〇〇三年の調査でも、性的虐待を受けたこどもはそうでないこどもと比較して五倍多く動物を虐待していると報告されています（佐藤 2016）。これらの研究は、「性的虐待の犠牲者であるということは、一部の子どもの動物虐待を含む行動障害のリスクをあきらかに高くする」（アシオーン 同前）ということを示しています。

アシオーンは、その要因として「攻撃者との同一化」を挙げています。こどもが傷つけられ虐待されている人を目の当たりにしたとき、もしくは子ども自身が犠牲者になったとき、子どもは主導権を握っている人物の行動を真似する場合があります。「虐待者の行動とよく似た行動を誇示し始める子どもがいる」のです。また、「序列」攻撃が出現することもあります。「つまり、身体的に虐待されている子どもは、さらに弱い犠牲者に対して自分の怒りや痛みを「発散する」のである。その犠牲者は友人、弟や妹、そして動物である。加害者となることで、その子どもが犠牲者となったときに経験した非力さや恥ずかしさの感覚が和らげられる」(アシオーン同前)。これによって、自身が虐待を受けたこどもの一部が、のちに暴力を行なうという「暴力の連鎖」が発生します。

大人の場合も、被虐待から動物虐待への「暴力の連鎖」に至ったある男性の例が報道されています。

二〇〇五年末、カメラマンの仕事をするために地方から上京した男性は、二〇〇六年七月、勤務していたテレビ制作会社の同僚から仕事上の注意を受け、一方的に顔面を殴られました。歯が折れるなど、全治一カ月の重傷を負い、首と背中に痛みが残りました。二〇〇七年二月には、取材中のトラブルで激高した取材相手から重さ四・二キログラムの鉄板を腰にたたきつけられ、腰がしびれて動けなくなり、シャベルを何度もたたきつけられました。一緒に取材に行ったクルーは一目散に逃げ出し、遠くから男性が暴行を受けている様子を撮影していました。この事件で、彼は約一カ月入院し、退院後も心療内科でPTSDの治療を受けることになります。

彼はケガのために重たいものを担げなくなり、カメラマンとしての仕事ができなくなりました。その時の思いを彼は「非常に悔しく、砂を噛む思いです」と言っています。この事件の後、彼は「暗い砂漠の中でシャベルが空から降ってきて、左腕がなくなり、それを求めて探す夢」を繰り返し見るようになりました。この後、彼は猫を拾っては殺すようになります。

弁護人「なぜ猫を拾ったのですか？」
被告「心のよりどころにするつもりだった」。（…）
弁護人「では、なぜ殺したのですか？」
被告「夜眠れず、やらなければ自分が殺されるという思いにとらわれてやった。苦しい思いを猫に代わってほしかった」
（『産経新聞』電子版二〇〇八年一月二三日）

弁護人「結局また殺しましたね。二匹目三匹目をやめようとは思わなかったのですか？」
被告「はい。どうしても悪夢にシャベルが出てきてやらなければ自分が殺されると思ってやめることができなかった」
弁護人「（なぜ）浴槽に叩きつける方法をとったのか？」
被告「自分が受けた暴行と同じ暴行を受けさせたいと思った」
弁護人「殺した後にも首の骨などを折ったのはなぜですか？」
被告「自分と同じ思いをさせて、自分の痛みの身代わりになってもらいたいと思った」
（裁判傍聴　目白猫連続虐殺事件　https://cathuman.exblog.jp/20272699）

こうした証言から、動物虐待の背景に「自分が受けた暴行と同じ暴行を受けさせたい」という「攻撃者との同一化」があることがわかります。それは、「やらなければ自分が殺される」＝「自分が生きるなら殺さなければならない」という、自分の意志では抑えられないような強力なメカニズムとなるものでした。また、そこには、アシオーンの言う「序列」攻撃、無力な動物を暴力で支配することで自分の有能感を一時的に高めるという背景もあったのかもしれません。

彼には、「心のよりどころにするつもりだった」と言うように、猫への愛情があったはずです。しかし、それは「自分の痛みの身代わりになってもらいたい」とあるように、「愛憎」と言うべきものへ変化します。「なぜ自分（だけ）がこれほど苦しまなくてはならないのか」という疑問が「（自分の愛する）他の存在も苦しむべきだ」という命題に行き着くのです。

ここまで見てきたように、深刻な動物虐待の一部は、虐待経験やＰＴＳＤを持つ人が行なうという傾向があります。しかし、先に触れたように「動物虐待は多くの子どもたちにとってごくふつうの成長の一過程にすぎ」ません。つまり、動物虐待は決して「精神的な問題を持つ一部の人」が行なう特異な行為ではありません。

たとえば、小林照幸は坂東眞砂子の子猫殺しについて「日本人が年間四〇万匹のペットを殺しているという事実を踏まえたうえで考えれば、坂東さんを一方的に非難することはできない」（坂東他 2009）と言いました。ふりかえってみれば、わたしたちの社会は、「生体商品」として動物を扱い、「飼えなくなった」という理由で犬や猫を捨て、結果として毎年数万頭の犬や猫を殺処分しています。そして、それは深刻な虐待経験やＰＴＳＤを持たない「普通」の人々が行なうのです。

若者によって水死させられた野宿者襲撃事件についてのシンポジウムを大阪で行なったことがあります。そのとき、ある野宿者が手を挙げ、「石を投げるのはこどもたちかもしれない。けれども、大人は直接手を下さないだけで実際には同じことをやっている」と発言しました。

事実、野宿の人たちは病気になってもお金がないので通院すらできず、生活保護を申請しても「住所がないと生活保護は受けられません」「若いと生活保護は受けられません」と役所から不法に追い返されていました。この結果、多くの野宿者が病死、凍死、餓死で路上死していました（当時、大阪市だけでも一年で数百人の野宿者が路上死していました）。

こうした状態は、「襲撃」よりはるかに深刻な「構造的暴力」でした。確かに、社会は「直接手を下さないだけで」、少年たちよりも激しい暴力を構造的に行なっていたのです。

その意味で、わたしたちは、今まで見てきたような動物虐待を「一方的に非難することはできき」ません。犬や猫を虐待するのは一部の人かもしれませんが、社会全体では、直接手を下さないとしても、動物への「構造的暴力」を行なっているからです。

そして、ここでさらに問題があります。今まで挙げた動物虐待、たとえば猫の腹を切り裂いて内臓を引きずり出す、皮を剝がす、刃物で解体して体をバラバラにするという行為は、記録を見るだけでも耐えがたい残酷なものです。こうした虐待行為が、普通の人にできるとはまったく考えられません。

しかし、藤森照信は先に見たように少年時代、家で飼っていた鶏を生きたまま「木の幹に逆さに吊るし、幹を台がわりにしてナタで一気に首を切」っていました。そして、鶏をバラバラに解体し、その脚の筋を引っ張り、「三本の指先がクイックイッとものをつかむように曲」げて感心していました。

たとえば、いま、日本の小学生が自分の飼い猫を生きたまま「木の幹に逆さに吊るし」「ナタで一気に首を切」り、その足の腱を引っ張って遊び、最後にその肉を食べたとすれば、おそらく、その「異常な残虐性」が社会に衝撃を与えるにちがいありません。しかし、こうした屠殺は、藤森照信も言うように一九六〇年代まで多くの家庭で普通に行なわれていました。当時の日本人は異常に残虐だったのでしょうか。

しかし、野生動物や家畜動物を殺して食べる「屠畜」「肉食」は、ホモ・サピエンスが発生して以来、日々行なわれていました。ほとんどの人が屠殺にまったく関わらない現代の日本社会こそ、むしろきわめて例外的な状況だとさえ言えます。

かつて、家の動物を「かわいがることと食べること」は一体のものでした。しかし、それはいま「かわいがる」＝「家庭動物」と「食べる（屠殺する）」＝「経済動物」へと分化しました。「家族の一員」であるペットを傷つけることが「犯罪」とみなされるようになった一方、「食べる」家畜について、わたしたちはその屠畜やその生に「無関心」になったのです。

日本では、一日に三一五〇頭の牛、四万四三九二頭の豚、二〇七万三二八八羽の鶏が屠殺されています（二〇一四年度・厚生労働省）。当然、これは犬や猫の殺処分数をはるかに超えます。ベジタリアンがそうであるように、肉食しなくても生きていくことができるのに、なぜわたしたちは「動物殺し」を行なうのでしょうか。動物虐待事件が起きると「命の大切さ」が常に言われますが、それほど動物の「命が大事」なら、家畜を殺して食べることはどのような理由で許されるのでしょうか。

ここで、わたしたちは人間と動物の歴史、特に「肉食の歴史」をたどる必要があります。それは、わたしたちと動物の関係を考える上で欠かせない基礎となるからです。

それは、身近でありながらほとんど知られていない、興味に満ちた歴史なのです。

Ⅳ　屠畜と肉食の歴史

ホモ・サピエンスの食生活の起源

わたしたちホモ・サピエンス種が現われたのは、二〇万年以上前と考えられています。人類（ヒト属）とチンパンジーの共通祖先が分岐した約四〇〇万〜一〇〇〇万年前以来、ホモ・ハビリス、ホモ・ルドルフエンシス、ホモ・エレクトゥス、デニソワ人、ネアンデルタール人などさまざまな人類が現われました。しかし、現在、ホモ・サピエンスを除いてすべて絶滅しています。先行し絶滅したヒト属を「旧人類」、ホモ・サピエンスを「現生人類」と呼んで区別することがあります。

ジャングルに住む初期の人類は草食でしたが、サバンナに進出した後、二五〇万年ほど前から少量の肉を食べ始め、二〇〇万年前には肉食が定着したようです。以降、人類はおもに果実を食べ、草や種子、根や地下茎や塊茎、昆虫（アリやシロアリ）、トカゲなどの小型の脊椎動物などを食べていました。二五〇万年前から二〇〇万年前のオーストラロピテクスの化石骨の分析では、食性の七〇％が植物性、三〇％以下が動物性となっています。そもそも、人類の大きく平たい切歯と臼歯という特徴は、「肉食」動物でも「草食」動物でも「雑食」動物でもなく「果実食」であることを示しています（三浦 2018）。

人類は石器や槍、石刀を付けた槍などで狩りを行なっていましたが、集団で狩猟道具を自在に操れるようになるまで大がかりな狩りは不可能でした。むしろ、人類は「狩人」であると同時に他の動物たちの「食べもの」でした。

一般に、体重が一五〇キログラムより軽い動物は捕食されやすく、それ以上の体重の動物（スイギュウ、サイ、カバなど）はほとんど捕食されないことが知られています（タンザニアのセレンゲティ国立公園での四〇年間の調査による）。人類はほとんど生得の武器のない生き物です。ライオンやヒョウのように時速七〇キロメートルで走れず、鋭い牙もかぎ爪もありません。チンパンジーは鋭い犬歯があり、握力も約三〇〇キログラムあり、ゴリラも一五〇キログラムの体重で握力は五〇〇キログラム程度あるとされますが、それでも現在の野生の霊長類は年間「四匹中一匹」が捕食されているのですから（ハート&サスマン 2007 原書 2005）、人類もそれに近い程度食べられていたと考えられます（事実、動物に食べられた跡の残るホモ・サピエンスの骨格が各地で発掘されています）。わたしたちは、大型肉食獣にとって、見つけたら簡単に食べられる「食べもの」だったはずです。わたしたちがこどもの時に「鬼ごっこ」を夢中でするのは、鬼のように「牙、角、鋭い爪がある生物」から逃れ切ることが、種の存続のため最重要の能力だったからかもしれません。

ただ、人類は持久走の能力は他の動物以上でした。体毛のある哺乳類は体温を下げることが難しいため長距離を走り続けることができませんが、「毛のないサル」となった初期人類は、発汗作用によって体温を下げることで長距離走が可能となりました。そこで、ハゲワシが上空を旋回するのを見て襲われた死骸を探す「腐肉漁り」や、ライオンやハイエナが食べ残した肉や骨から得られる「骨髄」喰い、さらに、時には三〇キロもの距離を追い続けて獲物が疲れるのを待つ

「持久狩猟」などによって肉食していたと考えられます（リーバーマン 2015　原書 2013）。その意味で、マラソンはとても「人間的」なスポーツです（長時間、数人で走ると「ランナーズハイ」が起こりやすいのはここに由来するのでしょう）。

ライオンやオオカミは、鋭い歯や爪で皮膚や肉を引き裂いて獲物を食べます。しかし、わたしたちは自分の爪と歯でそんなことはできません。また、チンパンジーなどの類人猿と比べ、人類の消化器官は、口、顎、歯、大腸、小腸などがすべて小さいため、生肉を食べて生き続けることができません。

現在、食材に火を通さないで食べる「生食主義者」（ローフーディスト）の人々がいますが、ドイツで行なった調査によると、純粋な生食主義者の三分の一が慢性的なエネルギー欠乏の体重で、純粋な生食主義者の女性の約五〇％が無月経、さらに約一〇％が月経不規則で妊娠が見込めない状態でした（ランガム 2010　原書 2009）。生食はダイエットには効果的でしょうが、サバンナで生き延び子孫を殖やしていくためには不適当です。人類は「火で料理しなければ生きていけない」例外的な動物なのです。

火を使って肉を多く食べるようになった最古の人類は、ホモ・エレクトゥスとされています。ホモ・エレクトゥスは祖先に比べて細長い体型をしており、咀嚼力は弱く、消化管も小さくなっていたと推測されます（ハリス 2016　原書 2015）。一方、人類の脳は、ホモ・エレクトゥスが出現した約一八〇万年前から大幅に大きくなっています。つまり、火を使った料理によって咀嚼や消化が大幅に容易になり、そのエネルギーが脳に回されて大型化していったとも考えられます。その意味で、「料理が人間を作った」のです。

ホモ・サピエンスは水辺で貝類、甲殻類などを採集していましたが、当初から、採集を過剰に行なって大型魚貝を絶滅させる傾向を持っていたようです。「南アフリカの海岸では、カサガイの直径を測るだけで、ホモ・サピエンスが出現したかどうかを推定できる。ホモ・サピエンスが採集を始めると、カサガイの直径は小さくなる。ホモ・サピエンスはすぐに食物対象の生物を過剰に採集するので、カサガイのような成長の速いものさえ追いつかなくなるのである」（島 2016）。これは、「ホモ・サピエンスの特徴であるオーバー・キル（資源の回復不能なまでの利用）」と言われ、「ホモ・サピエンスがきりもなく、その生息地を拡大しなくてはならない理由」となっていきます。

約七万～三万年前、ホモ・サピエンスは舟、弓矢、針などを発明し、芸術を創造し始めました。中でも、とりわけ「飛び道具」の発明は革命的なテクノロジーでした。たとえば、「投擲具《とうてき》」は先端に石の刃を付けた槍を木の棒のフックに引っかけて投げる狩猟道具で、実に五〇メートル先の獲物に命中させることができます。投擲具の他、弓矢、吹き矢、銛《もり》、釣針などさまざまな狩猟具が発明され、この発明によってホモ・サピエンスは明確に狩猟種として「食物連鎖の頂点」に立つことになります。そして、それと同時にさまざまな種の絶滅が頻発し始めました。

ホモ・サピエンスは、約六万年前とされる「出アフリカ」を果たし、ユーラシア大陸、オーストラリア大陸、アメリカ大陸と世界中に拡散していきます。そして、同時にその地の大型哺乳類が次々と絶滅していきました。

オーストラリア大陸には、体重約二・五トンで現在のサイほどの大きさの有袋類ディプロトドン、水辺に生息するカバに似たズィゴマトゥラスなど大型動物が二二属いましたが、四万年前までにこれら大型動物たちの一九属、つまり八六％が人類の到来の時期に絶滅しました。また、アメリカ大陸にはマンモスや全長六～八メートルの巨大ナマケモノのメガテリウムなど一〇三属の大型動物がいましたが、そのうち七九属、七七%が絶滅しました。その後も、マダガスカル島、ニュージーランド、ソロモン諸島、フィジー諸島、ニューカレドニア島、ニュージーランドなどで、ホモ・サピエンスの到来の前後に多くの動物が絶滅していきます。こうした「大量絶滅」の原因として、人類による「オーバーキル」が有力視されています。絶滅の要因には、他にも「気候変動説」「植生変化説」などが挙げられており、たとえば三浦慎悟は絶滅が「人類のオーバーキルではなく、環境の激変とそのなかで展開された草原や植生の大規模な変化と入れ替わり」に起因するとしています。しかし、いずれにしても、アフリカ大陸以外の多くの動物たちにとって、人類とのファーストコンタクトが絶滅の一因となったことは間違いありません。

約一万年前、それまで狩猟採集生活を送っていた人類は、世界各地で穀類や根菜類を栽培して食糧を生産するようになります。これは人類最大の変革の一つとされ、「新石器革命」「農業革命」「定住革命」などと呼ばれています。そしてこの時期、人類は動物の「家畜」化を発明します。これは、人間と動物の関係を徹底的に変化させる革命でした。自然の中で生まれ、育ち、死んでいく動物ではなく、人間によって生殖・生育・屠殺がコントロールされる、野生とは全く異なる動物種が誕生したのです。

最初に家畜化された動物は、数万年前の犬とされます。犬と共同生活を始めて以来、人間はさまざまな動物を家畜化してきました。全世界に、家畜化可能と思われる大型哺乳類は一四八種います。そのうち二〇世紀までに家畜化されたのはラマ、ロバ、トナカイ、牛、羊、山羊、豚、馬などわずか一四種でした。

家畜化はかなり困難な過程です。家畜になる動物は「群居性が強く、順位制で群れの秩序を守ること」(順位制をもっていればボスの位置にヒトがつくことで群れを管理することができる)、「一夫一婦制ではないこと」（遺伝管理のため）、「臆病でなく、人に馴れやすいこと」、「草食性または雑食性で、なんでも食べる性質であること」、「環境への適応性が高いこと」、「性質が温和で、行動がゆっくりしていること」といった条件が必要ですが、そうした条件を満たす種は稀だったためです。

家畜化は、人類に劇的な変化をもたらしました。家畜は、肉や乳製品といった食料を提供し、農業に必要な肥料や陸上での輸送運搬、物作りに使える皮類、さらに軍事力などを提供します。また、農耕動物として働き、織物のための毛も提供します。中でも、牛は農耕や運搬、糞による肥料、肉や乳による食糧、皮革による衣料を提供し、「牛の家畜化は人類にとって蒸気機関や原子力の発明に匹敵する」（松川正「ウシ〔肉牛〕」正田編 2010所収）と言われるほどの変革をもたらしました。

そして、こうした家畜化の過程で、人間は家畜を引き具や引き綱につないで、その自由を拘束するようになりました。また、飼い慣らすためにオスを去勢し、さらに鞭や突き棒でその行動を強制的に訓練するようになりました。焼きごてで烙印をつけることも、完全に定着した家畜管理の一つです。動物を死に至るまで囲いに閉じ込めて管理し、農作業、運搬、食糧用として徹底して使い尽くす方法が始まったのです。

ウシ、ヤギ、ヒツジは、子の授乳期間にだけ乳を出します。そこで、生まれた直後に子を奪い、母親から搾れるだけ乳を搾り、それからまた強制的に妊娠させるという方法が広く行なわれるようになりました。たとえば、死んだ仔の皮を剝ぎ、その皮にわらや草を詰めて、母親のところに持っていくことで乳を出させるという方法も考え出されました（パターソン 2007　原書 2002）。

こうした家畜への暴力は、以降一万年、全世界でさまざまな形で行なわれることになります。

日本の食生活の起源

人間と動物の歴史を振り返るとき、日本は一二〇〇年もの間続けられた「肉食禁止令」と、空前の動物保護政策である「生類憐れみの令」で際立っています。このような国家は世界史上、他にないのです。

日本に人類が現われたのは三万年以上前とされます。この時期は更新世時代の氷河期で、日本列島に収穫できる木の実や野草は少なく、人類は、ナウマンゾウやオオツノジカ、オオヤマネコやイノシシ、ノウサギやノネズミ、そして魚介類を主な食糧にしていました。

縄文時代（約一万年前〜紀元前三世紀）に氷河期が終わって温暖化が進み、植生の変化によってナウマンゾウ、トナカイなどの草食性の野生大型動物が姿を消し、ニホンシカ、イノシシが狩猟の主な獲物になっていきます（石毛 2015）。狩猟のための犬は縄文早期から飼われ、弓や釣り針、漁網によって漁業も盛んに行なわれるようになりました。

縄文時代の貝塚や遺跡からは、シカ、イノシシの他、クマ、キツネ、サル、ウサギ、タヌキ、ムササビ、カモシカ、クジラ、オットセイ、アザラシなど六〇種以上の哺乳動物の食べられた跡が発見されています（九割はシカ、イノシシ）。東北地方から九州までの縄文時代の食料は、貝類三五三種、魚類七一種、鳥類三五種、哺乳類七〇種、植物二七種です（島 2016）。縄文時代の人々は、現在のわたしたちよりはるかに多種多様な動物を食べていました。

弥生時代（紀元前三世紀〜三世紀）に入る頃、日本各地で農業が始まります（稲作は縄文時代晩期かそれ以前に伝来し、弥生時代前期に本州全土に伝播したとされる）。米は、温暖で雨量の多い気候に適合した作物でした。モンスーン・アジア地域で栽培される穀物の中で、イネは単位面積あたり収量が最大である上、栄養の面でも非常に優れています。一方、日本では食用家畜は大規模には広まりませんでした。一つには、モンスーン・アジアでの主要な食用動物はブタとニワトリですが、いずれも群れとして飼育することは困難だったからです。そこで、米を大量に食べて、炭水化物と蛋白質の大部分を米から摂取する方向へ向かいました。「ビタミンやミネラルなどの微量栄養素をべつとすると、米だけ食べていても、人体を維持するのに必要なカロリーと蛋白質が得られる。そこで、じゅうぶんな量の米さえ確保できれば、食料問題の大半が解決できる。米が特別な食べものとみなされたゆえんである」（石毛 2015）。なお、ここで言う米は、玄米を杵である程度精白したもの（半搗き米）で、白米よりビタミン・ミネラル・食物繊維を豊富に含んだものです（玄米から糠と胚芽を取り除き、胚乳だけにしたものが白米）。

たとえば、宮澤賢治は「雨ニモマケズ」（1931）で「一日ニ玄米四合ト味噌ト少シノ野菜ヲタベ」と言います（米四合はご飯八杯分）。米さえたくさん食べられれば、あとは「味噌ト少シノ野菜」で、生きられるということです（味噌の原料の大豆と米を合わせると、三大栄養素の炭水化物、タンパク質、脂質をバランスよく摂取できる）。事実、日本の歴史上、多くの農民の食生活は、「一汁一菜」（味噌汁とおかず一品）と言われるように、稗《ひえ》、粟《あわ》、芋、麦などと米を混ぜたものに味噌汁と少しの野菜によるものでした。弥生時代以降、米に全面的に依存するこうした食生活は、一九六〇年代まで実に二〇〇〇年以上にわたって続くことになります。「それは、日本人の食の歴史における、最大の出来事であった。／以後、日本人が食物についていだく価値観の中心に、米が位置するようになる」（石毛 2015）。現在でも、「ご飯」という言葉が「米」と「食べ物」の両方を意味します。日本人にとって米は「食べ物」そのものになったのです。

四〜五世紀（古墳時代）に大陸から牛と馬が渡来し、農耕用に使われるようになります。平安時代には、貴族を中心に乳製品が食され、牛車が使われていました。鶏は紀元前三世紀に朝鮮半島から日本に伝えられ、その後、平安時代から江戸初期にかけて中国や東南アジアから次々と新種の鶏が入り改良が重ねられ、日本独特の鶏、日本鶏《にほんけい》がつくられていきます。

イノシシは日本に古来からいましたが、イノシシを家畜化した動物であるブタは大陸から移ってきたと考えられています。日本の飛鳥時代、六六〇年に滅亡した百済《くだら》から多数渡来した移住者により養豚技術と豚がもち込まれたとされます（大阪市の「猪飼野《いかいの》」は、ブタ〔猪〕を飼う技術を持っていた百済からの渡来人が多かったことがその名前の由来とされる）。また、猫は、奈良時代ごろにネズミを退治する目的で中国から輸入されたと言われます。

こうして、米食の拡がりと同時に、牛、豚、鶏などの家畜動物が日本に移入され、ある程度まで食用にされていきました。当時、日本人は肉、魚と米などの植物を食べる「雑食」民族だったのです。

肉食禁止令――「歴史のなかの米と肉」

飛鳥時代の六七五年、最初の肉食禁止令が発布されます。以降、一八七一（明治四）年までの実に一二〇〇年間、日本は国家として肉食を禁じ続けることになります。

ただ、六七五年の天武天皇による肉食禁止令は、狩猟や漁の方法に制限をかけ、農耕期間である四月から九月まで「牛、馬、犬、猿、鶏」を食べてはならないというものでした。この五種が指定されたのは、牛、馬、犬は農耕などのために必要で、鶏は時を知らせ、猿は人間に似ているからだとされます。しかも、ここでは当時よく食べられていたシカとイノシシは禁止されていません。

しかし、奈良時代の七三〇年には聖武天皇が「仕掛けを用いて多くの禽獣を捕獲することは先の帝が禁止しているが、国々では猪や鹿を殺害している者がいる。これらは生命を損なうだけでなく法にも違反しているので禁止する」と述べます。七五二年には、孝謙天皇が日本国中ですべての生き物を殺すことを一年間禁じ、そのために生計を失う漁民にたいして生活に困らない量の米を支給するとします。七五八年には、それまで天皇へ献上されていた狩猟民からの猪と鹿肉を永久に停止します。

一般に、肉食禁止令は、仏教を国家宗教とした日本が「殺生」を避けるために行なった政策とされています。しかし、同じく仏教の影響を受けた中国、朝鮮では、肉食禁止が続けられることはありませんでした(10)。たとえば、大和政権の令は唐の令を引き写したものが多いのですが、大宝律令（七〇一年）の一つ「神祇《じんぎ》令《りょう》」で禁忌とされた六つのうち「食宍」（食肉）だけが独自の規定でした（中澤 2018）。これは、おそらく日本に古くから肉食忌避の習俗があったことを示しています。

ある種の動物を食べることを禁じるタブーは世界各地にあります。たとえば、ヒンドゥー社会

(10)「高麗王朝（九一八～一三九二年）のもとで、仏教は隆盛をきわめ、一般の民衆も動物の肉を食べなくなり、屠畜もおこなわれなくなった。（…）一三世紀になると朝鮮半島に元朝が侵入し、高麗はその属国となった。朝鮮半島に駐在したモンゴル人たちが、牧場を開発し、牛馬を大量に飼育しはじめた。モンゴル人からハンマーをもちいてウシを屠畜する方法を習い、これを職業とする人びとが出現したが、この集団はのちに、いわばカーストとして差別されるようになる。／一時忘れ去られていた肉料理も、元の支配下で復活した」（石毛 2015）

日本も元に征服されていれば、高麗と同様、ある程度まで肉食社会になっていたかもしれない。

では牛は神聖なものであるとされ、ほとんどのヒンドゥー教徒は牛肉を食べません。イスラム教徒は豚を「穢れた存在」として食べることを禁じ、ユダヤ教徒はレビ記一一章の「地上のあらゆる動物のうちで、あなたたちの食べてよい生き物は、ひづめが分かれ、完全に割れており、しかも反すうするものである」（新共同訳）という規定により、豚や馬を食べません。こうした特定の動物の肉食禁止について、人類学者のマーヴィン・ハリスは「食糧資源の生産と配分をとりまく現実の諸事情の具体的なあらわれ」としています。

たとえば、紀元前一〇〇〇年期の北インドは半牧畜生活を送っており、牛肉がもっともよく食べられる肉でした。しかし、人口増加にともない、酪農と小麦など作物栽培を中心にすることで、食糧生産を上げる必要に迫られました。牛は人間と土地をとりあうようになり、やがて牛の肉はコストがあまりに高くつくものになったのです（ハリス 1988　原書 1985）。

一方、豚は草を食べる牛とちがい、人間が食べる穀物などを与える必要があります。したがって、イスラエル民族のように長い年月放浪の生活をしていた遊牧民族にとって、水や食糧の支給も大きな負担になる豚飼育は問題外でした。豚肉を忌み嫌う伝統は、こうした歴史的経験から作られていったと考えられます。ハリスは「ヒンドゥー教の牛保護の歴史がしめしているように、宗教は、既存の有益な習慣にそった決定をひとびとがするよううながすばあいに力を獲得する」と述べます。これは、おそらく日本の肉食禁止令についてもあてはまります。

大和朝廷は、稲作政策を国家の最重要課題の一つとしました。『古事記』『日本書紀』では日本の美称として「豊葦原瑞穂国《とよあしはらのみずほのくに》」が使われます（瑞穂とはみずみずしい稲穂のこと）。大和政権は「稲作」を国の中心とし、水利・土木工事を次々に行ない、水田を中心とした「米社会」を目指しました。

西欧では家畜の糞尿による堆肥で畑や牧場の土を肥やし、そこで育った草や果樹を家畜が食べるというサイクルの創出によって農耕と牧畜を一体化させました。しかし、稲作水田では家畜の堆肥は必要とされない「水耕稲作と畜産業の相性の悪さ」があります。また、湿潤温暖気候の日本では、農業に必要な植物性肥料は「あとは野となれ山となれ」と言われるように、放っておいても生い茂ります。こうして、家畜の飼育、つまり畜産業は稲作中心の日本では必要とされなくなりました。

この場合、肉を食べる主な方法は狩猟になります。しかし、日本の人口は膨張し続け、奈良時代の人口は推定四五〇万人に達していました。これは、二〇〇〇年代のニュージーランド（北海道を除いた日本の面積とほぼ同じ）の四〇三万人よりも多い人口です。「現在のニュージーランドの人々が、肉を野生動物だけに求めたら、野生動物はあっという間に絶滅してしまうだろう。飛鳥時代の日本もそのような状態にあったと考えられる」（川島 2010）。

しかも、当時、農業の発展によって耕地面積が拡大し、野生動物は平野部から姿を消していました。さらに、燃料として大量の草木が刈られた上、飛鳥時代から平安時代初期にかけて都の造営や寺院の建立が続き、奈良時代末には近畿地方の都市に近い巨木は建築用材としてほとんど伐採し尽くされ、山地の一部が基盤岩が露出して「禿げ山」化していきました。これは、その後一三〇〇年以上にわたって続く「稲作農耕民族の日本人がその国土で生き抜くうえで、必然の結果であったと思われる山地・森林の荒廃」（太田猛彦 2012）の始まりです。人口増加と水田の膨張、森林の荒廃による野生動物の減少によって、民族として肉食を続けることが割に合わない、つまり不合理な条件が作られていったのです。

大和政権は天皇を中心とした祭政一致を基礎としましたが、その重要な例が、飛鳥時代の皇極天皇（在位六四二〜六四五）が始め、現在も毎年宮中で行なわれている「新嘗祭《にいなめさい》」です。「神話の上で、稲をはじめとする農耕の祭祀権が、自らに属することを確認させた天皇は、神々を統轄する最高神に供物を捧げ、神人共食を行なうことによって際限なく神に近い存在となる」祭儀です（原田 1993）。現在でも「お米一粒に七人の神が宿る」と言われますが、米は天皇と神を繋ぐ「清く尊い食べ物」、農作物の中で「聖域」にあるものとして別格扱いされるようになったのです。そして、それと反比例するように、肉食は「罪」や「穢れ」という意味を持たされるようになっていきました。

八世紀半ば（奈良時代）には、公的な場から獣肉を排除する法令が集中して発布され、平安時代には、それまで天皇や貴族が行なっていた狩猟も公的に行なわれなくなりました。また、奈良時代以降に仏教と神道は「神仏習合」によって一体となり、ともに肉食を「罪」「穢れ」として忌避していくようになります。原田信男が言うように「神道は、その理論化に当たって仏教思想を一つの拠り所とし、肉食の禁忌を殺生戒と結び付けた。それゆえ仏教では罪と判断された肉食が、神道において穢れと見なされるようになったのである」（原田 同前）。

そして、この仏教による殺生の罪と、神道における肉食の穢れの意識から、鎌倉後期頃から、狩猟や屠畜に関わる人たちを社会的に差別する意識が作られていきます。特に、農業に常用される牛馬の解体処理に関わり、牛馬の肉を食べる人々が厳しい差別を受けることになりました。この不条理な差別は、被差別部落の人々が多く従事していた食肉処理場（屠畜場）への職業差別などの形で現在にまで残存し続けることになります。

ジャック・デリダは、ユダヤ＝キリスト教文化圏での「殺すなかれ」という主体の尊重が動物を犠牲に献げる「肉食的供儀」と切り離せないという理解から、主体の概念を「肉食」中心主義と結びつけて論じました。デリダは、西欧文化の主体を象徴的な「男性」や「現前性の形而上学」と結びつけて批判しており、これを「肉食＝男根《ファロス》＝ロゴス中心主義」と呼びました（ナンシー 1996　原書 1989）。しかし、日本の場合、その地理的条件から「肉」ではなく「米」が政治的・経済的・宗教的な焦点に存在する象徴的な「主食」となりました。そして、一方でそれが「肉食」＝動物の殺生をタブー視する意識と結びつきました。この事態は、現在に至るまでの一二〇〇年以上、日本の食文化を規定し続けることになります。

また、日本が米社会となった結果、人口の大多数は水田で稲作を行なう農民となりました。隣の水田から順番に流れる灌漑用水の管理も村が共同で行なうため、近隣との不和は生存に直結するタブーとなります。そこでは争いは徹底して避けられ、村社会の利益を最優先する精神が否応なく育まれました。

日本では、個の「主体」ではなく「共同体」（世間）が、「ロゴス」（理論）ではなく「自然」（責任の主体が曖昧な体制）が文化の基盤にあるとしばしば言われます。天皇も、絶対的君主であるというより、その時々の権力者の口実として使われる「象徴」として存在し、その結果として日本は意思決定の責任が不明確な文化を持つことになりました。日本ではデリダの言う「肉食＝男根《ファロス》＝ロゴス中心主義」ではなく、いわば「米食＝ムラ社会＝天皇制中心主義」が成立したのです。

一方、水田の適合地が少なく、稲作があまり進まなかった北海道と琉球では肉食が禁じられることはなく、したがって動物の解体に関わる人々が差別されることもなかったようです。そもそも、一四世紀後半に和人《わじん》（アイヌに対する日本人の自称）が移住を進め、一六〇〇年前後に松前藩が支配を固めるまで北海道はアイヌの土地で、一六〇九年の島津氏の琉球侵攻まで沖縄は独立した「琉球王国」でした。明治時代までのアイヌの食生活は狩猟採集と粟・稗・小麦など雑穀類の農耕が主で、とりわけサケ、マスなどの魚、アザラシ、オットセイ、エゾシカやヒグマが食べられていました。日本本土では食事に占める炭水化物の割合が非常に高いのに対し、アイヌの食事では魚、肉の蛋白質と脂肪が多いことが特色とされます。このため、北海道、沖縄では肉食禁止が定着せず、特に沖縄は山羊や豚を食べる中国や東南アジアに近い家畜文化、肉食文化が続けられます。

しかし、日本本土では、中世には肉食のタブーが社会に定着していました。一方、同じ動物でも魚は罪や穢れが少ないものとされ、この結果「米と魚」が日本料理に不可欠な食材として定着していきます。

ただし、江戸時代までの漁業は手こぎの舟によるもので、使われる網も小さく粗末なものでした。このため、漁獲量は限られており、しかも冷蔵技術がない以上、海辺や湖畔、川沿い以外の人々が魚を食べることは困難でした。人口の大部分を成す農民にとって、池や田畑でフナやコイ、ドジョウなどを養殖する程度で、魚は日常的に食べられるものではありませんでした。この状態は、二〇世紀半ばまで日本の農村で続くことになります[11]。

海の漁獲物の中でも、鯨《くじら》はウシ、カバ、イノシシなどとともに「鯨偶蹄目《ぐうていもく》」に分類される哺乳類ですが、一般には「最大の魚」とみなされ、肉食禁止令の対象にはされませんでした。

鯨は、弥生時代あるいは縄文時代から時おり食べられていました。戦国時代後期、初めて専業の捕鯨集団「鯨組《くじらぐみ》」が各地で組織され、特に西日本で鯨肉が広く流通するようになります（和歌山県太地《たいじ》で捕鯨組織が成立した一六〇六年が日本の「捕鯨元年」とされる）。網でクジラを拘束し、銛や剣を使って捕獲する捕鯨法は一七世紀半ばに全盛期を迎えます。ただし、当時は、灯油や（江戸時代中期以降に）害虫駆除の農薬として使われた「鯨油」の生産が主な目的だったため、肉、内臓、骨は大部分を捨てていたようです（中園 2006）。

鎌倉時代以降、天皇、貴族に代わって武士が政治権力を握ります。もともと貴族の付き人だった武士は馬を使った狩猟を得意とし、肉食を含む食事をしていました。また、甲冑《かっちゅう》や馬具をつくるためには多くの牛皮が必要でした。しかし、政権を執った上層武家は、次第に伝統文化を引き継ぎ、肉食を避け、水田＝米の支配者として稲作増産に力を注ぐようになります。特に、室町幕府は天皇による殺生禁断令を明確に継承し、三代将軍足利義満はそれまでの将軍たちが好んで行なっていた鹿の狩猟を取りやめ、殺生を嫌った六代将軍義教《よしのり》は自身の邸宅に鯉を放つ「放生池《ほうじょうち》」を作らせています。

それでも、多くの庶民はシカ、イノシシを中心に時おり肉を食べていました。八～一九世紀の間、記録に残るものだけでも数百回の飢饉が日本で発生しています。一度に数十万人が餓死する飢饉が起こり、人肉まで食べた記録が残る中、民衆は、餓死するぐらいなら牛でも犬でも何でも食べていたはずです。港町である広島県福山市の草戸千軒町の遺跡のゴミ捨て場には、鎌倉時代から南北朝時代にかけて人が食べた動物の骨として、犬が最も多く、牛、馬、鹿の骨も大量に出

（11）「私は、一九五〇年代から一九六〇年代にかけて大学に入るまでの時期を長野県の純農村で過ごした。農家出身だから食事に困ったことはないが、魚肉類が食卓にあがることはめったになかった。幼少期の食事に関して思い起こすのは、（…）冬場や野菜の端境期には毎日のように芋と大根ばかりが登場したこと、ズイキや大根の葉を乾燥させたものを具としたみそ汁をよく食べたことなどである。（…）こうした食生活は、この当時の農村であればさほど大きな違いがあったとは思えない」（池上他 2008）

ています。イノシシ、タヌキ、アナグマ、野ウサギ、オオカミ、イルカ、鯨、アシカなどの骨も出土しましたが、そのほとんどは食用だったと考えられています（河野真知郎の研究　原田1993）。日本の歴史上、肉食に対する禁忌意識が最も強まったのは江戸時代、元禄期です。それは同時に、日本が「米社会」として完成した時期でもありました。「その基本となったのが石高《こくだか》制と呼ばれるシステムで、米を国家経済の基礎におく、という世界でも類例をみない社会体制が確立した」（原田2010）。

江戸時代の中でも、五代将軍徳川綱吉による「生類憐れみの令」は、日本古代以来の肉食禁止令の極限と位置づけられます。この、世界史上でもきわめて稀な、国家による「動物愛護令」についても詳しく触れる必要があります。

生類憐れみの令——「史上最大の悪政」

徳川幕府五代将軍、徳川綱吉（一六四六〜一七〇九）の発布した「生類憐れみの令」は、日本では「知らない者はない」法令です。しかし、それは「悪名高い」と言うべきで、繰り返し「史上最大の悪政の一つ」「世界の封建史上でも最大の悪法」などと嘲笑されてきました。

たとえば、三上参次（一八九九年から東京帝国大学教授）による講義録『江戸時代史』では、生類憐れみの令は古今東西に例をみない弊政・虐政と批判されています。戦後の一九八〇年代の教科書でも、徳川綱吉について「生類憐みの令を出して犬や鳥獣の保護を命じ、それをきびしく励行させたため、庶民の不満をつのらせた」などと記述されました。ぼくは一九八〇年代前半に高校生でしたが、日本史の授業で先生が「犬は「お犬様」と呼ばれ、人間より犬の方が大切にされ、犬を傷つけただけで死刑になるなど、庶民はひどく苦しめられました」と半分笑い話のように話していたことを憶えています(12)。

しかし、「生類憐れみの令」の評価は近年、変わりました。一九八〇年代以降、歴史学で徳川綱吉と「生類憐れみの令」の評価の転換が始まり、二〇一〇年代の教科書の記述も「犬を大切に扱ったことから、野犬が横行する殺伐とした状態は消えた」などと変わりました。しかし、「生類憐れみの令」が具体的にどのような政策だったかは、今もよく知られていません。

(12) こうした「動物を人間より大事にしている」という批判や嘲笑は、三〇〇年後の一九七〇年代以降の「動物の解放」運動の際に同じように繰り返された。動物解放運動についてはあとで触れるが、動物に関する運動が起きるとそのたび、その評価を貶めようとする「からかい」が学界、論壇、マスコミによって行なわれている。

女性学研究者の江原由美子は「からかい」の言動を分析し、それが差別に対して声を挙げた人々の社会的評価を落とし孤立化させる「強い政治的効果を持つ」としている。「七〇年代初頭において、ウーマンリブ運動が登場して以来、それに対するマスコミのとりあげ方は一貫して「からかい」や「嘲笑」に満ちていた」(江原 1985)。

江原由美子は、マスコミの「からかい」の対応は多くの女性を運動から「心理的にひきはなすのに非常に大きな効果をおよぼした」とする。「生類憐れみの令」に対する学界、論壇の「からかい」も、この政策の意義を正当に評価することから人々を「心理的にひきはなすのに非常に大きな効果を」与えた。江原由美子が言うように、「われわれは、通常、無意識的に様々な「差別」を行なってしまう。しかし、そのことを問題化する差別反対運動が生じると、無意識的に行なっていた「差別」を意識し、自己変革をせまられるはずである。しかし、女性解放運動に対しては、このような態度の変更は顕著ではなかった」。これは、「生類憐れみの令」や動物解放運動についてもあてはまる。

おそらく、「生類憐れみの令」は、人間と動物の関係にある「態度の変更」を迫るものだった。しかし、多くの人々はそれを「からかい」の対象とすることで無力化しようとした。

たとえば、徳川綱吉は「犬公方」と呼ばれ、「生類憐れみの令」も犬の愛護を目的とした政策と思われています。しかし、発令回数一三五程度の令のうち犬については三三で（馬一七、鳥四〇）、その一部でしかありません。

犬についての最初の「生類憐れみの令」は、一六八五（貞享二）年七月の「今後は御成（将軍など貴人の外出）の道筋に犬や猫が出てきてもかまわない」というものでした（従来、「御成の道筋に犬や猫を出すな」という令が出されていた）。この後、犬に関するお触れが次々と出されていきます。「大八車《だいはちぐるま》や牛車で犬などを引っかけないようにすること」「無主犬（野良犬というより「地域犬」にあたる）に食事を与えること」「犬が死んだあとには検死を受けること」「犬に芸を仕込んで見世物にしてはならないこと」「子犬が成長するまでは小屋に入れ人馬に踏ませないようにすること」「犬がかみ合いをしていたら水をかけて引き分け傷つかないようにせよ」「江戸の町にいる飼い犬を調査し、毛色まで調べて登録すること」などです。

野犬が多かった当時、江戸では犬が広く食べられていました。江戸時代の軍学者、大道寺《だいどうじ》友山《ゆうざん》（一六三九年生）によれば、「我らが若きころまでは、ご当地（江戸）の町方には、犬と申すものをほとんど見かけなかったのは、武家、町方ともに、下々の食べ物で犬に勝るものはないようなものでありまして、冬になりますと、見かけ次第打ち殺し、賞玩《しょうがん》してしまうからなのであります」（仁科 2016）。「生類憐れみの令」以降、このような犬の扱いは考えられないものになっていきます。

しかし、不妊手術など存在しないこの時代、動物を「保護」だけすれば、とめどもなく繁殖してしまいます。幕府は、一六九二（元禄五）年頃、武蔵国多摩郡喜多見村（現在の世田谷区あたり）の幕府の御用屋敷に病犬、子犬のための「介抱所」「看病所」「寝所」を建造しました。ここには年間で総数一万三八七八匹の犬が収容され、犬が病気になると犬医者を呼び寄せて対応しました。この犬たちのために生魚、干魚、鰹節、塩、味噌、薪、ロウソク、筵などが購入され、その作業に年間述べ五七二八人の人足が使われました。

その後、一六九五（元禄八）年頃から、幕府は大久保、四谷、中野に犬小屋（犬保護施設）を新設していきます。犬小屋が完成すると、幕府はまず江戸中の雌犬すべてを捕らえ収容を開始します（明らかに繁殖を抑えるため）。町民手製の「犬駕籠」に犬を乗せ、「御用犬」と書いた幟を立て、町内の責任者が付き添って犬小屋に運び続け、収容された犬は一〇万匹（！）に及びました。その後、犬小屋は中野に一本化されて拡張され、一六九七（元禄一〇）年には二九万坪に達します。この中野の犬小屋には毎日三〇匹から五〇匹の犬が収容され、雄犬と雌犬が別の小屋に住み、餌の白米のために一日五〇俵が必要とされたといいます。こうした犬小屋は、江戸の他、京都でも設置されました。

犬以外では、一六八五（貞享二）年、馬に背負わせる輸送荷物について、規定の重量を遵守するよう大名や旗本に申し渡しています。さらに、重病の「生類」を生きているうちに捨てることを禁じ、違反があった場合には密告を奨励しています。

一六八七年、幕府は町人が食用目的に魚や鳥を飼うことを禁じ、翌年にはほとんどの鳥類、さらに亀の飼育を禁じました（ただし、鶏やアヒルなどは、野山に放置すれば生きていけないので飼育を認めた）。

また、江戸の町ではキリギリス、松虫、玉虫、蛍、鈴虫、蟬などが観賞用として販売されていましたが、それらの飼育売買も禁止されました。一七〇〇年には、鰻やドジョウの売買が禁止されています。こうして、江戸を中心に、食用目的の「屠畜」、鑑賞用の「ペット飼育」のかなりが禁止されたのです（ただし、猟師や漁師の仕事は一貫して認められ、猪などの害獣には将軍の鉄砲隊が出動して退治していました）。

幕府はさらに、生類の「解き放し」事業を行ないます。一六八六（貞享三）年頃から、江戸の周辺で鶴の放し飼いが行なわれ、幕府の鷹部屋で飼養していた鷹も山中に放しました。さらに、江戸とその周辺で集められた鳶や烏の伊豆諸島などへの放鳥も一六九一（元禄四）年頃に始まります。その年の記録では、鳶と烏九五〇羽が捕獲され、籠に入れて船に乗せ、役人がつきそって伊豆大島で放たれています。この放鳥は、綱吉の死までおよそ二〇年間続けられました。

一六九四（元禄七）年には、江戸の町人が飼っている金魚や銀魚の数を書き付けて提出することを命じ、そのすべてを相模国（神奈川県）藤沢の清浄光寺の庭の池に放つように申し渡しました。しかし、この池に放たれた金魚などが鵜や鼬の餌食になっていることがわかると、その横に池を造成し（！）、そこに魚を移すことを命じています。他にも、鼬、鷲、鳩、蛇、鴨、鶏、狐、鹿、猫を捕獲した上で、指定された場へ放しています。

このように、「生類憐れみの令」は動物の虐待やネグレクトを禁止し、動物の「生体商品」化を禁止し、「動物の解放」（解き放し）を国家として行なうという、世界に類例のない動物政策だったのです。

生類（捨て子、行路病人、貧困者、囚人）への憐れみ

こうした「生類憐れみの令」によって、どれだけの人々が処罰されることになったのでしょうか。

山室恭子は、各種史料から「生類憐れみの令」違反で処罰された事例を拾い上げています。総

数は六九件で（年平均三件弱、ただし初期の三年間に集中）、そのうち四六件が下級武士で、町人一五件、百姓六件、量刑を見ると「死刑」一三件、「流刑」一二件などでした。

死罪になったケースは、「忌日に吹き矢で燕を射た侍が死罪」「嚙みついてきた犬を切り殺した侍が切腹」「鶏を殺して商売した町人が品川にて獄門」「埋めてあった猪の死骸を掘り出した非人三名が死罪」「子犬を捨てた辻番が江戸引き回しの上、浅草にて斬罪・獄門」「犬を切り殺して死骸を捨てた町人が磔《はりつけ》」などです（山室 1998）。

もちろん、犬を傷つけた、子犬を捨てた、埋めてあった猪の死骸を掘り出したという理由で「切腹」「死罪」にされるのは、現在の眼で見れば行きすぎた「厳罰」です。しかし、この時代の幕府は、殺人や放火はもちろん、密通や詐欺についても容赦なく死罪にしていました。そこから考えると、「生類憐れみの令」が特に「厳罰」だとは言えません。そして、「人間よりも犬を大切にした」と言われる「生類憐れみの令」の「生類」には人間が含まれており、そこには捨て子、行路病人、貧困者などへの救済政策が含まれていました。

一七世紀初めにイエズス会宣教師が作った『日葡辞書』には、「生類《しょうるい》」は「たとえば動物のように感覚をもつ生物」と説明されています。「本来、ひとと感情を通じあうことができる生き物、すなわちひとを中心として、ひとに近い感覚でむかえられる諸生物が、生類概念の内容であったと理解さるべきであろう」（塚本 1983）。

たとえば、「生類憐れみの令」初期の一六八六（貞享三）年、幕府は千駄木林で被差別階級である非人に施行米を支給しています。また、一六九二（元禄五）年、家綱十三回忌の法事の際に、感応寺裏の門前で非人四三二九人と各地からやってきた乞丐《きっかい》（乞食）一〇三七人に施行米五〇〇俵を支給しています。これについて、根崎《ねさき》光男は「おそらく法事が営まれる上野の寛永寺周辺から非人や乞丐を引き離そうとした意図があったのではないかと思われる」（根崎 2006）としていますが、そこには貧困層の救援という意味もあったはずです。現代日本でも、サミットやオリンピックなどがある度に野宿者排除が行なわれますが、追い出すだけで「米五〇〇俵」などが支給されるわけではありません。

一六八七年の幕令では、病牛馬を捨てることと同時に、病人を捨てることも禁じました。全国に公布された幕令の第一条では、捨て子がみつかった場合にはそのところの者がまず捨て子が死なないように養育し、養親がみつかった場合には引き取らせることを優先させています。一六九〇（元禄三）年の幕令では、捨て子を禁止し、その養育が困難な場合、奉公人はその主人、幕領は代官手代、私領はその村の名主・五人組、町方も名主・五人組に届け出るように命じました。それまで、多くの捨て子が放置されたまま餓死したり犬に食べられていたのですが、その悲惨な状態の改善が目指されたと考えられます。

さらに、一六八八年の通達では、囚人の牢死が多いことから、受刑者に対する待遇改善が命じられました。牢屋環境を改善するため牢屋内を風が吹き抜けるように格子戸を設けること、囚人には毎月五度ずつ行水をさせること、住所不定の囚人には雑紙《ぞうし》を与えること、毎年秋に綿衣の支給が一つだったのを今後は二つ支給することなどが申し渡されています。

同年、行路病人に対する対策も講じられました。この年、東海道の宿場に宛てた廻状《かいじょう》は、道中で旅人が病気になり、旅の続行が不可能な場合、病人には薬を与えて療養させ、その者の国元や親類・縁者を聞き出して道中奉行に届け出、指図を受けるように申し渡しています。「C・N・ヴァポリスは、日本の街道についての詳細な研究書の中で、旅人が「援助もなく孤独に」路上で死なされることはなく、当局は即座に町医者を派遣して病気の旅人の治療にあたらせたと述べている。これは江戸時代後期のことであり、綱吉による前例のない法令のおかげを、少なからず蒙っていることになる」（ボダルト＝ベイリー 2015　原書 2006）。

根崎光男は、「この政権は、世の中の弱者に冷徹な社会の変革をも意図していたのである」と言います（根崎 2006）。動物への配慮、行路病人や捨て子、貧困者、さらに受刑者（獄中者）に対する待遇改善を命ずる多種多様な法令の集合が「生類憐れみ政策」でした。少なくともその一部は、世界に先駆けた社会福祉政策だった可能性があります。

徳川綱吉がこのような歴史上異例な政策を実行したことには、いくつかの理由が考えられます。

「戦後」政策としての生類憐れみ

初代将軍徳川家康から三代将軍徳川家光までは「武断政治」と言われ、江戸幕府の基盤を固めるため、大名の改易、減封の処置が繰り返されました。そのため、牢人（主家を失い俸禄を失った者で、後に浪人と呼ばれる）は増え続け、徳川家光の晩年にはその数は五〇万人に達しました。各地で牢人による盗賊や追剝などが横行し、武士が些細な理由で平民を斬りつける「辻斬り」も横行していました。幕府に対して反感を持つ者も多く、そうした浪人の支持を集めた由井正雪が一六五一年に幕府転覆計画（慶安の変）を起こすなど、世情は不安定でした。

武士の「辻斬り」について、水戸光圀が晩年に侍医に話したエピソードがあります（『玄桐筆記《げんとうひっき》』）。光圀が若いとき（つまり、一八歳年下の綱吉が生まれた時期）、浅草の御堂で休んでいると、連れの一人が「この縁の下に非人どもが寝ておるぞ。引き出して刀の試しにしよう」と言い始めました。光圀は「どうして罪なき者を斬れようか」と拒否しましたが、連れから「臆病者」と嘲られ、「そうまで言われては是非もない」と縁の下へ入ると、そこには非人が四〜五人ほどいました。彼らは「私どもはこんなありさまになっても命は惜しいのに、どうしてかような情けないことをなさるのです」と逃げ出しましたが、光圀は「私もそう思うが、連れが無理を言うのでやむをえんのだ。前世の宿業とあきらめよ」と、一人を引っぱり出して斬り殺しました（山室1998）。黄門様が「臆病者」と言われただけのことで人を斬り殺していた！　しかし、当時の武士にとって、こうした殺人は「珍しくないこと」だったのです。

四代将軍の徳川家綱の治世以降、戦国時代のこうした空気を刷新するため、「文治政治」への転換が行なわれます。それは、「パクス・トクガワーナ」に入り、存在意義のなくなった「軍人」をすべて「官僚」に転身させるという大胆な国家政策でした（江戸の人口は綱吉の治世時に一〇〇〇万人に達しますが、その半分近くが武士とその関係者でした）。そのためには、強力なリーダーシップをもった支配者が必要でしたが、徳川家綱は「左様せい様」とも言われる、政治に消極的な主君でした。徳川綱吉は「文治政治」への転換を初めて断行した将軍となります。

綱吉は、戦国期の織田信長、豊臣秀吉、そして徳川三代将軍が好んで行なっていた狩猟を完全に停止します。そして、苛烈な大名処分を繰り返し、その一方で新たな家系を大名に取り立てる政策を採ります。また、職務をまっとうしない代官を数多く流罪、死罪などに処していきました。これは、将軍専制によって大名を将軍家の「官吏」へ変え、土地の有力者による世襲が多かった代官を政府の忠実な「官僚」へ変えていく改革でした。

また、綱吉政権は「鉄砲改め」を全国化します。一七世紀末、猪などの害獣を追い払う名目で農民などが所有する鉄砲の数は実に武士層が持つ以上の規模で、当時の日本は世界最大の鉄砲保有国だったとする推定があります。さらに、鉄砲で武装した牢人などによる集団強盗も横行していました（現代の「銃社会」アメリカのような状況でしょうか）。

こうした状況に対し、鉄砲を認可登録制にし、それ以外の銃を領主・代官が取り上げる「鉄砲改め」が関東で始まり、その政策が綱吉政権下で「諸国鉄砲改め」として全国化されます。塚本学はこの「諸国鉄砲改め」が有力大名に対し「生類憐れみ」を根拠として徹底されたことを示しています。「諸国鉄砲改め令は、したがってまたこれを一環とする生類憐れみ政策は、徳川政権による人民武装解除策という意味をもった」（塚本 1983）。綱吉は、「もはや戦後ではない」ことを「武装解除」や「社会的弱者への社会福祉政策」によって示したのです。この意味で、「生類憐れみの令」は、ポスト戦国時代の「文治政治」化という時代の要請に応えるものでした。

しかし、この政策は、飢えたこどもや収監者や動物などに対する「憐れみ」を国家政策として謳いましたが、構造的な差別を解決するものではありませんでした。事実、綱吉の時代、動物の死体処理に関わる人々への差別が各地で強まりましたが、それは「生類憐れみ」政策と表裏一体のものだったと考えられます。「動物の皮や肉を利用しながら、その殺害や死体処理は汚れたこととして、卑賤視《ひせんし》した身分に担当させる体制のなかで、猟師を卑賤なものとして、いやしい身分だから獣肉皮の処理をさせるという考えであった。（…）綱吉の時代に、えた呼称の一般化とともに、えた身分への差別が各地で強化されるのも偶然ではない」（塚本 1998）。

そして、興味深いことに、徳川綱吉は廃れていた朝廷儀式の復活に力を入れ、一六八七年、「大嘗祭《だいじょうさい》」（天皇が即位の礼の後で初めて行なう新嘗祭）を実に二二一年ぶりに復活させています。また、綱吉は御料（皇室領）を一万石から三万石に増額し、六六の御陵を幕府の支出によって修復させ、のちに「綱吉の勤王」と言われるほど天皇家を尊重しました。米を「天皇と神を繋ぐ清く尊い食べ物」とする新嘗祭は、奈良時代以降に肉食を「罪」「穢れ」として忌避していく流れとともにあったのですが、その両者は綱吉によって復活、強化させられたのです。

なお、水田開発は江戸時代に入って急速に大規模化し、一六〇〇年から一七二〇年頃にかけて耕地面積は一・五倍になりました。江戸周辺だけでも一五九八年の三〇八万石が綱吉治世中の一七〇二（元禄一五）年に四六六万石となります（武井 2015）。管啓次郎が詠うように、「平野の多くの部分が湿原であり／その湿原を水田に転換してきたのが／日本列島の歴史だったのだ／恐ろしくなるほどの米の単一耕作／稲以外の草をすべて排除した光景を／美しいと思う感受性が／さくらが一斉に咲き一斉に散ることも／美しいと思うのか」（「流域論」『数と夕方』2017）。水田が一面に広がる「日本の原風景」が各地に出現したこの新田開発は、「日本列島の大改造」（武井 同前）と言われています。

一方、人口の増加にともない、都市建設、街や村の発展によって九州南部から蝦夷地にまで巨木の伐採が拡がり、森林の劣化、荒廃が急激に進んでいました。太田猛彦が指摘するように、広重など当時の絵画に描かれた山の多くは、木々がまばらで岩が露わな「はげ山」です（太田 2012）。当然、シカやイノシシなどの野生動物も、増え続ける人口に対して相対的に激減しており、民衆が肉食できるような状況は全くなくなっていました。

こうして、綱吉の時代、「生類憐れみの令」が中央集権的「文治政治」への転換とともに推し進められ、日本の「米中心社会」と「肉食の忌避」が一つの完成形に達しました。綱吉の統治した元禄時代は、井原西鶴、松尾芭蕉、近松門左衛門、尾形光琳、菱川師宣などが現われ、「元禄文化」は日本古典芸術の頂点とみなされるようになりました。一方、徳川綱吉の治世はのちに「悪政」という評価が定説化しました。

しかし、「水田開発」「尊皇」を始めとする綱吉の政治は、良くも悪くも、現在にまで影響する「日本の原風景」、「米食＝ムラ社会＝天皇制中心主義」を完成させるものでした。ある意味では、わたしたちは綱吉政権下の延長にいるのです。

生類憐れみの最終解決

「生類憐れみの令」の性質は、一六九三（元禄六）年頃から変容したと、しばしば指摘されます。この時期、道ばたに犬二匹を磔にする、犬の首を切り落として台の上に載せておく、犬を切り殺すなどの虐殺事件が起こり、「今以って犬を傷つける者がいる」として違反者を召し捕ると告げられていきます。これが犬愛護令に威嚇文言が加えられた最初で、以後「生類憐れみの令」はこうした威嚇を強化していきます。

翌年四月、犬を傷つける者を見逃しにすれば処罰すると告げ、五月、今後傷ついた犬がいたら町中の落ち度とするとしました。しかし、このような厳罰化は、人間と犬の関係を悪化させていくことになります。

同時代の歌学者・戸田茂睡《もすい》の『御当代記』はこう記述しています。「犬が死にでもしたら厄介な詮索が近所の町人にまで及ぶので犬を飼うものはなく、無主犬に餌を与えると家に居着くのを恐れて仏事や振舞いの残り物をやろうともしなくなったので、犬は飢えてここかしこの隙間をくぐり壁を掘って盗みをし、「人にくらいつき捨子を食い殺す事、江戸中にておびただしき事なり」」「不思議なことに、犬が子を産むことはあったはずだが、町には犬の子をみなかった。犬の子が生まれるとすぐこっそり殺して埋めるのが、隣近所の互いに了解しあった慣習になっていたからで、ご慈悲の趣旨は、諸人の迷惑困窮をもたらしてかえって無慈悲な御仕置《おしおき》となった」（塚本 1998）。犬への虐待が厳罰化されるにつれ、「犬と関わること」自体が危険であると人々に認識されたのです。「死の脅かしは、犬殺しを減らすことはできたが、動物を積極的に思いやるよう人々を説得することはできなかった。むしろ逆であった。お腹を空かせた野良犬に餌をやる気になった人がいた場合、その犬は餌を恵んでくれた恩人にしつこくつきまとうようになり、その者は、その犬の飼い主と見なされてしまうという問題に直面することとなった」（ボダルト＝ベイリー 2015）。

徳川綱吉は「令」による罰によって、動物への「憐れみ」を日本に根付かせようとしました。綱吉治世の三〇年間、そのようにして「慈悲の心を権力によって強制する」事態が続いたのですが、しかし、それは大きな反作用を生みました。

飢えたこどもを思いやり、動物をいたわること、当然、それは賞賛すべきことです。しかし、多くの人々が実行できないような厳しい倫理を強権的に命令することは、人々の反感を募らせる結果となりました。

先に触れたように、一六九二（元禄五）年頃から、幕府の犬収容と犬小屋の建設が始まります。それは、犬保護政策の「最終解決」と言うべき集団隔離政策でした。さらに、江戸などで集められた鳶や烏の伊豆諸島などへの放鳥、江戸の町人が飼っている金魚や銀魚の池への解き放ちなど、「生類憐れみの令」は、人間と動物を引き離す傾向が見られるようになります。「生類憐れみの令」は、最終的には、人間と動物を「隔離」する方向でしか機能しなくなったのです。

なお、中野の犬小屋について、「犬小屋が出来て一年の間に、その数半分とまではいかないが、病犬、死犬の数はおびただしかった」「小屋に詰められ、山野を走ることもなく、人間と同じように白米ばかり食べているせいだ」とされています（江戸中期の農政家、田中丘隅《きゅうぐ》の吉宗政権への報告〔仁科 2016〕）。犬たちは白米（一日三合）の他、味噌汁、干鰯を与えられたのですが、白米中心の食事による栄養不足、運動不足や閉じ込めによるストレスなどのため、次々と死んでいったと考えられます。現代の眼から見れば重大な「動物虐待」で、犬たちにとっても、こうした施設に収容されるより「町犬」として町を走り回っていた方がはるかに幸せだったはずです。

綱吉は死の間際、次代将軍の徳川家宣《いえのぶ》に「百年たってもこの方針だけは変えないことが何よりの孝行と心得よ」と命じます（『徳川実紀』）。しかし、将軍となった家宣は、ただちに中野の犬小屋の廃止などを決定し、動物に関する「生類憐れみの令」の多くを事実上撤廃していきました。そして、徳川綱吉はのちの歴史家たちから「暗君」と評され、「史上最大の悪政」と嘲笑されることになります。

しかし「生類憐れみの令」は、動物保護政策に関する世界に例を見ない史上最大の試みとして、その意味があらためて再検証されるべきものと思われます。

「生類憐れみの令」以後

徳川綱吉の死後、「生類憐れみの令」の事実上の撤廃とともに、肉食への禁忌が次第に緩んでいきます。

たとえば、彦根藩では毎年将軍や親藩に牛肉の味噌漬けを贈答しており、ここだけは公然と牛の屠殺が認められていました。彦根藩の（年間の）平均屠殺頭数は一〇〇〇頭、多い年には三〇〇〇頭にもなっています（正田他 2010）。また、鳥、兎も肉食禁止の例外とされ、毎年元旦、将軍家から御三家、重臣に兎の吸物が贈られていました（兎を「一羽、二羽」と数えるのは「獣」でなく「鳥」として扱うという建前から、とする説がある）。薩摩藩は統治していた琉球の影響で豚を飼っており、江戸の薩摩藩屋敷跡からも豚の骨が出土しています。たとえば、「最後の将軍」徳川慶喜は豚肉好きで、ひそかに「豚一殿《ぶたいちどの》」（豚食いの一橋慶喜）と呼ばれていました。

また、都市部では「薬喰《くすりぐ》い」として肉食が行なわれていました。幕末の儒学者・寺門静軒の『江戸繁昌記　初篇』（一八三一年・天保二）によると、イノシシ・シカ・クマ・ウサギなどの肉鍋を扱う薬喰いの店が、江戸の中期には数えきれないほどになったとあります（鹿肉を「紅葉」、猪肉を「牡丹」、馬肉を「桜」と呼ぶのは、肉食禁止から来る「隠語」だったとされる）。

こうしたことから、「日本でも肉食は途絶えることなく続けられていた」と言われることがあります。しかし、そうした一部の例の強調は「肉食禁止令により畜産業が存在しなかった」「開発による森林荒廃のため野生動物が人口に対して相対的に減少していた」という一二〇〇年に及ぶ日本の特異性を無視することになります。食用家畜が存在せず、野生動物の絶対数が少ない以上、日本人の大多数にとって肉食は「きわめて稀れ」だったはずです。

江戸時代を通じて、公的に獣肉は忌避され続けていました。たとえば、一八六九（明治二）年、八丈島で牛一頭を屠殺し食べたとして、一〇人が島追放、他一〇人が科料、三人にお叱りの刑が下されています。その処罰理由は、農耕上必要な牛を屠殺することは地域社会に「穢れ」を招き不幸を呼ぶというものでした。

このように、明治に至っても、日本には役牛や馬を屠殺して食べる習慣が成立しませんでした。たとえば、明治政府の招きで一八六八（明治元）年来日したイギリス人リチャード・H・ブラントンは、紀伊の大島で荷役に使われている牛を一頭購入しましたが、食用にされると知った島民は売却を拒否しました。「彼らが言うには、牛が自然死するまで待つのであれば売ってよいが、屠殺するなら売らないというのであった」。また、一八七八（明治一一）年に日本を旅行したイザベラ・バードによると、「馬は打たれたり蹴られたりしないし、なだめるような声で話しかけられる。概して馬のほうが主人よりよい暮らしをしている」「馬に荷物をのせすぎたり、虐待するのを見たことがない。……荒々しい声でおどされることもない。馬が死ぬとりっぱに葬られ、その墓の上に墓石が置かれる」（渡辺 1998）。

これについて、渡辺京二は「馬は家族の一員であったのだ」と言います。馬や牛を、この意味でともに家業を担う「家族の一員」とする心性は、その後も日本の農家に長く引き継がれました。一二〇〇年の間、日本本土では食用に家畜を飼育する「畜産業」は成立しませんでした。日本の特異性は、「働く」家畜（役畜）は存在しても殺して「食べる」家畜がまったく存在しなかったことにあります。日本では、「かわいがることと食べること、これは対立するものではない」という家畜との関係は存在しませんでした。乳製品も、平安時代に貴族に食された以外はほぼ使われず、鶏卵を食べる習慣も根付きませんでした。

また、日本は「魚食民族」とされ、大坂や江戸を中心に魚の市場が作られ、寿司を代表にさまざまな魚料理が発達しましたが、漁獲量が少なく冷蔵技術もないことから、漁村や湖畔以外で魚を食べる機会はそれほどありませんでした。動物の肉、卵、乳製品を食べない立場の人を「ヴィーガン」と言いますが、この時期の多くの日本人は、人生のほとんどをそれに近い食生活で送っていたはずです。

日本のいくつかの地域で獲られていた鯨も、弘化年間（一八四四〜四八）頃から鯨の慢性的な不漁となり、各地の鯨組が再起不能になっていきました。この不漁の原因は、アメリカを中心とする欧米各国の捕鯨母船が日本近海で盛んに操業したことによって、沿岸に接近する鯨の数が激減したためと考えられます（中園 2006）。

たとえば、日本に開国を迫ったマシュー・ペリー総督の目的の一つは、アメリカ捕鯨母船への物資補給の要請でした。事実、黒船来航四年後の一八五七年には、函館に入港する捕鯨母船は年間三〇〇隻に達しています。福本和夫が言うように、「鎖国日本を開国させたのは、アメリカの捕鯨業であった」のです（福本 1960）。

日本近代料理の起源――肉食政策と「洋食」の発明

一八六八（明治元）年、東京で最初の牛鍋屋「中川」が開店します。翌年、東京に同様の牛鍋店が次々と開店していきます。

早い時期から牛肉を食べていた福沢諭吉は一八七〇（明治三）年に「肉食之説」を書き、「数千百年の久しき、一国の風俗を成し、肉食を穢たるもの、如く云いなし、妄に之を嫌う者多し。畢竟人の天性を知らず人身の窮理を弁へざる無学文盲の空論なり」としています。

一八七一（明治四）年、宮中は「食肉の禁は其の謂なしを以て」「肉食の禁」を解禁します。ここから明治政府による国民への本格的な肉食奨励が始まります。明治天皇、皇后は一八七二年から牛乳を飲み始め、牛肉、羊肉を常食とするようになりました。翌年、明治天皇による肉食解禁が一般に報道されます。一八七二年、文部省は肉食を奨励するために国学者・近藤芳樹の著書『牛乳考屠畜考』を刊行し、肉・牛乳が日本古代から食されていたもので穢れることはないという見解を示します。

一八七一年、仮名垣魯文は『安愚楽鍋』で「士農工商老若男女賢愚貧福おしなべて牛鍋食はねば開化不進奴《ひらけぬやつ》」と書いています。「牛鍋を食わないのは時代遅れだ」という風潮が作られ、一八七五（明治八）年には東京で牛鍋屋が一〇〇軒、一八七七（明治一〇）年には五五〇軒を超え、牛鍋屋は全国へと広がっていきました。「攘夷」から「開国」への転換と同様、「手のひらを返した」ような肉食文化への転換が進んだのです。なお、ここで言う「牛鍋」は和風鍋で味噌やネギとともに牛肉を煮込んだ料理で、この調理法は明治一〇年代に味噌から醤油・砂糖になり、明治二〇年代にはネギの他に白滝、豆腐も煮込み、現在の「すき焼き」に近づいていきます（「牛鍋」は関東の呼び名で、あらかじめ味噌などの割下を入れて肉などの具を煮る料理、「すき焼き」は関西の呼び名で、肉を焼いてから砂糖や醤油や酒を入れ、野菜などの具を入れる料理）。

ここでは、「文明開化」の象徴とされた牛肉料理が「鍋で味噌やネギと」煮込む和風料理だったことが注目されます。肉は、バターやワインではなく味噌や醤油で味付けされた「和風」料理として受け容れられたのです。「もしも、本格的な西洋料理の導入だけにこだわったならば、魚介や野菜を好んできた日本人は、今日もなお肉食を拒否し続けていたかもしれない」（岡田 2000）。

この牛鍋では、牛肉は薄くスライスされていました。これは、当時入手可能だった牛肉が農耕用に使われていた硬い老廃牛肉で、スライスでしか食べられなかったためと考えられます。しかし、日本では今も「すき焼き用」として薄いスライス肉が売られています。鮮度が低下しやすいこうした薄切り肉の陳列は外国では見られない「珍光景」ですが、これは、牛肉の歯ごたえをなくして魚のようにする「魚肉化」と言うこともできます（岡田 2000）。

国民的な肉食の拡がりは、畜産業がなければ成立しません。一八六八（明治元）年に牛馬売買の条規指定があり、一八六九（明治二）年、のちに総理大臣となる黒田清隆がアメリカなどの牧牛業を視察して家畜や農機を持ち帰り、その後、官営の牛馬商社が設立されます。一八七一（明治四）年には上目黒駒場野に牧畜試験場が開かれ、同年に屠畜に関する布達が行なわれます。こうして、畜産業は西洋の近代畜産業をモデルにした「国策」として進められていきます。一二〇〇年の間、地理的条件によって畜産が成立しえなかった日本は、近代的な畜産テクノロジーを導入することで「肉食」を定着させる道を選んだのです。

一八七三（明治六）年、官令で牛肉商規則が制定され、四年後には警視庁が浅草に直轄の屠牛場を開設しています。一八七三～七五（明治六～八）年には地方都市にも屠牛所が作られ、一八八四～八五（明治一七～一八）年には兵庫、滋賀、三重、山口、愛媛で牛の肥育が始まりました。また、一八八七（明治二〇）年に、今日の牛丼の元となる「牛飯屋」（牛のコマ切れにネギを入れて煮込み、丼飯にかけたもの）が現われ、一八九九（明治三二）年に「吉野屋」（現在の「吉野家」）が開業します。

こうして肉食、特に牛肉食が普及する一方、地方の人々にとって、肉食は依然として抵抗の強いものでした。長岡藩家老だった家に生まれた女性が八歳の時（明治一五年頃）、家で初めて牛肉を食べた日の思い出を語っています。彼女の祖母は女中たちに仏壇の扉に和紙で目張りさせ、「世の中が変われば、こんなにまで変わった出来ごとにあわねばならぬかと、祖母君のなげきは大きく遂にその日は夕食の席には姿を見せなかったという」（小菅 1994）。

牛乳も民営の乳牛飼育と牛乳販売が始まり、各家庭への「牛乳配達」が行なわれるようになりました。伊藤左千夫のよく知られた短歌「牛飼《うしかひ》が歌詠《よ》む時に世の中の新しき歌大《おほ》いに起《おこ》る」は、一八八七（明治二〇）年に「乳牛改良社」を開業した自身の経験から歌われています。当時、「牛飼」は先進的なベンチャー企業だったのです。一九〇〇年頃から、「ミルクホール」と名づけられた飲食店が街中に多数作られ、多くの若者が集まる人気の場となっていきます。

一九〇一（明治三四）年、国木田独歩が「牛肉と馬鈴薯《じゃがいも》」を発表します。そこでは、登場人物が「だってねエ、理想は喰べられませんものを！」「ハ、、、ビフテキじゃアあるまいし！」「否《いや》ビフテキです、実際はビフテキです、スチューです」「オムレツかね！」と会話しています。この時期、「牛肉」（ビーフステーキ）が料理の一つの「理想」と考えられていたことがわかります。

一八九四（明治二七）年、日清戦争が起こります。これによって、兵士向けの肉食需要が急速に拡大し始めました。軍医たちは、肉食こそが富国強兵の鍵だとする肉食奨励論を医学雑誌に載せます。朝鮮牛の輸入も増加し、日本内地では農家副業として家畜業が奨励され、さらには、蔑視の対象だった食肉・畜産業が退役軍人のための廃兵事業として奨励されるようになりました。「総じて近代日本にとって肉食とは、近代国民国家の形成過程抜きにはありえなかった近代の産物とも考えられる」（真嶋《まじま》 2002）。たとえば、現在では「家庭の味」とされる「肉じゃが」は海軍の定番料理で、やがてそれが一般家庭に普及したものです。

一方、陸軍の対応は海軍とは異なりました。維新以来、軍隊の食事は精白米が基本で、多くの兵士がビタミンB_1不足による脚気《かっけ》を患っていました。脚気は発病すると足がだるくなり、全身倦怠感に襲われ、食欲がなくなり、知覚異常、歩行困難となり、最後に呼吸困難や心臓マヒで死亡します。日本人の悲願だった「白米」中心の生活は「脚気」の蔓延と一体だったのです（歴代の徳川将軍数人も脚気で死亡しています）。

海軍軍医で、「ビタミンの父」「疫学の父」とも言われる高木兼寛《たかきかねひろ》は、脚気の原因を栄養の不均衡と考え、白米中心の食事を麦、肉、牛乳、野菜などの食事に切り替えることで、海軍兵士の脚気の克服に成功します。しかし、陸軍軍医の森林太郎は、「脚気伝染病説」を採り、米飯・魚・豆腐・味噌の組み合わせによる日本食は栄養的に問題ないと主張します（「日本兵食論大意」一八八五年）。その結果、海軍では脚気による死亡患者がほとんど出なかったのに対し、陸軍では膨大な死亡者を出すことになります。

陸軍医務局の公式記録によると、日清戦争の脚気入院患者は四万一四三一人で、銃砲の傷による入院患者の約一一倍、脚気による死亡者は四〇六四人で戦死者九七七人の実に四倍以上でした。

日露戦争（一九〇四～〇五年）では、戦病死者三万七〇〇〇人のうち脚気によるものは二万八〇〇〇人とされています（畑中 2017）。「その後の歴史の跡を振りかえると、陸軍が海軍と同じような西洋食を採用していたなら、第二次世界大戦は異なった展開になったはずだとする説もあるのである。「日本兵食論大意」が、日本の兵食に与えた影響は、きわめて大きくはかりしれない」（岡田 2000）。

歴史上、日本人がもっとも多く米を食べていたのは明治後期から昭和初期です。一人当たりの年間消費量は玄米で一五〇キログラム、白米で一二〇～一三〇キログラムで、成人男性は一日五、六合を食べていたようです（米五合でご飯一〇杯分以上）。夏目漱石の『道草』（一九一五（大正四）年）の主人公（大学教員）は風邪をひき、朝食を「いつもは規定として三膳食べるところを、その日は一膳ですました」とあります（『道草』は自伝的小説で、漱石は胃潰瘍だった）。当時、胃弱の人でも、朝から米を「三膳」食べるのは当たり前だったのです。それだけの量を日本だけでは自給することができず、米は東南アジアなどから大量に輸入されていました。同じく夏目漱石の『坑夫』（一九〇八（明治四一）年）には、主人公が炭坑で出された輸入米を食べ、その「壁土」のような「変な味」にとまどっていると、まわりの坑夫たちから「御《お》祭日《さいじつ》でもねえのに、銀《ぎん》米《まい》の気でいやがらあ」「南京米《ナンキンめえ》の味も知らねえで、坑夫になろうなんて、頭っから料簡違《りょうけんちげえ》だ」とからかわれています（南京米は細長いインディカ米）。「銀米」は貧困層にとっては祭日にしか食べられないものだったのです。

この時期、米価高騰による騒動が各地でたびたび起こり、一八九〇年には一〇以上の県で騒動が起こり、新潟県佐渡の紛争では鉱夫たち二〇〇〇人以上が蜂起し軍隊が鎮圧に出動する事態になっています。一九一八（大正七）年には、政府のシベリア出兵を受けて米が買い占められ、第一次世界大戦によって外国産米の輸入が不安定になったことから日本米が急激に値上がりし、「米騒動」が全国約五〇〇カ所で起こりました。この騒動には約七〇万人が参加し、米商人や大商人などを襲い、「近代日本が経験した初めての大規模な大衆闘争」とされました。「米を食べられない」ことは日本社会の根幹に関わる大問題だったのです。

明治後期になると、さまざまな料理学校が各地に誕生し、日本料理とともに西洋料理が教えられるようになりました。一九〇八（明治四一）年にはじめて文部省検定教科書『割烹教科書』が出されていますが、そこにはスープ、ビーフステーキ、ビーフコロッケ、ビーフカレー、チキンカレー、タンシチューなどが扱われています（江原 2012）。

この時期以降、トンカツ、コロッケ、ハンバーグといった日本風にアレンジされた肉料理が発明され、肉食が日本に一気に定着していきます。「西洋料理」とは異なり、ご飯に合い、主に箸で食べるこうした「西洋風」日本料理は一般に「洋食」と呼ばれています（洋食にはロールキャベツ、エビフライ、オムライス、イギリス経由のカレーライスなどがある）。中華料理も、白米を土台にした「中華丼」や「天津飯」は中国料理に存在しない日本独特の料理です[13]。一方、「日本料理」という言葉は、西洋料理と対比するために石井治兵衛の『日本料理法大全』（一八九八（明治三一）年）で使われ始めたとされます（「和食」という言葉が使われ始めるのはさらに後）。これは、美術において、「西洋画」の導入に対応して、それまで日本にあったさまざまな絵画の特徴を集めて「日本画」という概念が創り出された歴史と並行しています（なお、美術家の会田誠は「洋食〔ジャパニーズ・ウェスタン・フード〕（…）に、僕の洋画〔ジャパニーズ・ウェスタン・ペインティング〕に対するアンビバレントな愛憎を託し」たという油絵「近所の洋食屋さん」を描いています（会田2007））。

中国や朝鮮半島でも西洋料理が広まりましたが、日本のような「洋食」は誕生していないようです。文学、美術、音楽などで、海外のさまざまな文化（小林秀雄の言う「様々なる意匠」）を輸入しながら、それを日本風にアレンジすることに近代日本の特徴があると言われますが、これは料理について最も典型的にあてはまります。そして、洋食の隆盛の中でも、米は「主食」としての位置を失うことはありませんでした。これは食における「和魂洋才」、いわば「米魂肉食」あるいは「米魂肉菜」と言えます。

米を主食とする他の国々では、米の麺にスープをはり肉や野菜を乗せたフォーやビーフン、米に味付けしたカレー、焼きめし料理のナシゴレン、チャーハンなど、米をあくまで「素材の一つ」として使った料理が多く、日本のように「白い米の味」に対するこだわりはあまりありません。日本の「和食」は白米を美味しく食べることを最優先に作られるため、副食の味付けが濃くなりがちです。たとえば、ぶり大根、てんぷら、さばの味噌煮、納豆、梅干し、佃煮、漬け物などは、白米なしで食べるのは難しいかもしれません。日本人の誰もが一度は言うように、「白いご飯が欲しくなる」のです。事実、多くの日本人は、米とおかずを口の中で混ぜながら食べる「口中調味」を意識することなく行なっています。おかずだけでは味が濃すぎるので口の中で米と混ぜて「調味」しているのですが、これは世界的に例が少ない「珍慣習」とされています。「最後に塩で味を調える」のは海外ではあまりない和食の特徴ですが、塩を中心にした和食の濃い味付けは白米とセットになっているのです。

日清、日露戦争が起こると、軍の食料として豚肉の需要が急速に高まり、養豚産業が活性化し、一九〇〇（明治三三）年に、農商務省はアメリカ、イギリスから種豚《しゅとん》を輸入し、本格的な養豚事業を開始します。一九一七（大正六）年には、海軍がハム（豚の腿肉の塩漬け）を兵食として採用したことから、ハムは次第に民間でも食されるようになっていきます。宮澤賢治は、食肉用に研究される農学校の豚が屠殺されるまでの苦しみを描いた「フランドン農学校の豚」を書いています。宮澤賢治は一九二一（大正一〇）年から五年間、岩手県立花巻農学校で教員をしており、そこでの見聞が作品に反映しているはずです。

「洋食」の中でも「とんかつ」は「日本人の肉食への関心を高め、普及させた最高の功労者」（『岡田 2000）と言われています。一九二九（昭和四）年、宮内省（当時）のコックだった島田信二郎が、厚いブタ肉に塩・コショウをして小麦粉・卵・パン粉をつけて揚げる「とんかつ」を初めて東京で売り出すと、それから数年でとんかつ料理店が林立する「とんかつ時代」が到来します。さらに、ここからカツカレー、カツ丼、串カツなど多種多様な肉料理が次々と生み出されていきました。「「とんかつの誕生」は、「明治洋食事始め」以来六〇年の歳月の末に、日本の庶民が「肉食」を正面から受けいれたことを証した[14]」（岡田 同前）。

（13）「米と合う」ための中国料理の変形の例に、戦後に広く食べられ始めた餃子がある。
餃子の発祥は中国北部で、現地の餃子の皮は厚く、一品で炭水化物と肉と野菜が摂れる完結した料理となっている。そのため、お腹にもたれないよう、焼き餃子でなく水餃子や蒸し餃子が主流となる。「一方、日本の主食は米である。米と合わせるには、油の香ばしさが加わった焼き餃子のほうがより適している。つまり焼き餃子は、ごはんに合うおかずとして、日本人に受け容れられたのである。／このほかにも中国と日本との餃子の違いはある。中国では、具材にニラは用いるが、ニンニクは使わない。タレとして酢もしくは醤油、あるいはその両方をつけて食べるが、日本のようにラー油を足すことはない。こうした日本独自の工夫はすべて、「いかにごはんが進むか」を物差しに、より食欲をそそるものとして進化していった結果といえよう。（…）日本が外来の食文化を受け容れるにあたって、いかに「米に合う」ことが重要視されていたかを痛感する」（澁川 2017）

牛、豚の他に重要な家畜に鶏がいます。鶏は、明治維新以後、外国からの種鶏《しゆけい》と技術の輸入が始まり、民間、国や県の種畜《しゆちく》牧場でさまざまな品種の改良が行なわれました。しかし、戦前まで、鶏肉は牛肉や豚肉と比べて生産量が少なく、「しゃも鍋」などの高級な料理として使われていました。現在とちがい、鶏肉は肉の中の最高級品とされ、一般に食されることはなかったのです。

また、明治以降から大正期までに漁業は近代化しましたが、漁獲物の多くはニシンとイワシで、水産物の半分近くが魚粉など飼料利用に回されていたため、一般向けの水産物はそれほど多くありませんでした。日本人の魚などの水産物の年間消費量は、一九一一～一五（明治四四～大正四）年の平均で三・七キログラムで、これは「日本人の魚離れ」が言われた二〇一一年の二八・六キログラムの八分の一ほどです（農林水産省「食料需給表」）。昭和前半まで、日本人はそれほど魚を食べていなかったのです。

幕末以降、再起不能の不漁に陥っていた捕鯨業は、一九〇〇（明治三三）年頃からノルウェー式砲殺捕鯨法（先端に炸裂弾を装着したロープ付きの銛を大砲で発射し、鯨の体内で爆発させ、四本の鉄銛を体内に食い込ませる）を導入し、漁場を朝鮮海域、北海道、千島列島まで広げていきました。近代捕鯨は収益をあげ、各地で捕鯨会社が乱立し、近海、さらには北洋、南氷洋の鯨を大量捕獲するようになります。

そして、この時期の捕鯨も、ロウソクや石鹼、グリセリンの原料として使われる鯨油をヨーロッパに輸出することが主な目的で、第一次世界大戦まで、鯨肉、特に赤肉はあまり食べられていませんでした。鯨肉が食べられるようになるのは、第一次世界大戦後、とりわけ第二次大戦後のことです。

戦後――畜産の大規模化と工業化

第二次世界大戦中、日本の食糧生産は壊滅的な状態に陥りました。戦後のハイパーインフレと凶作で米価も高騰し、一九四六年五月から各地で「米よこせ運動」が拡がります。五月一九日の「飯米《はんまい》獲得人民大会」(通称「食糧メーデー」)では皇居前広場に二五万人が集まり、その後のデモ行進では集団の一つが皇居内に突入し、天皇への面会を要求しています。民衆による天皇への糾弾行動は、近代日本の歴史で空前絶後のことです。「米を食べられない」ことは、それほど日本にとって社会の根幹に関わる問題だったのです。

食糧難に対応するため、GHQは一九四六年八月に日本船団の南極海への出漁を許可します。肉類全体に占める鯨肉の割合は一九三〇年代まで一〇%台程度でしたが、南極海への出漁以降の一九四七年に四六%に急上昇しています。「肉と言えば鯨肉」という時代で、この時期、鯨カツ、鯨ステーキ、鯨カレーなどの料理が広く食べられました。しかし、その後、畜産業が復興すると、一九五〇年には鯨肉の売れ行き不振がはじまり、余った鯨肉は学校給食などに安く提供されるようになります。

食糧難の中、日本は国策として漁業を推進し、魚の消費量が急激に上がり始めます。さらに、一九五〇年代後半から、テレビ、洗濯機とならぶ「三種の神器」である冷蔵庫が普及し、これに

(14) 子牛や羊肉の骨付きの切身に塩・コショウをし、小麦粉・卵黄・パン粉を付けてバターで両面を焼いたフランス語のコートレット(英語のカットレット)が、てんぷらのように油で揚げて作る「カツレツ」となり、ポークカツレツがアレンジされた料理が「とんかつ」と呼ばれるようになった。
　薄い肉を揚げたものをナイフとフォークで食べるのがポークカツ、分厚い肉を揚げたものを適当な大きさに切って箸で食べるのがトンカツ。

よって、漁村以外の家庭で初めて魚が日常的に食べられるようになりました。こうして魚介類の消費は増加し続け、二〇〇一年にピークに達します。

一九五〇年、アメリカの小麦粉を日本で消費させる狙いもあり、八大都市の小学生児童を対象にパンを含む「給食」が開始されます。学校給食は、パンや乳製品をこどもたちに馴染ませ、その後の日本人の食生活を大きく変える一因になっていきます。

農業は一九四七年の農地解放と自作農創設を経て食糧増産期に向かいます。この時期、牛の力を耕耘や運搬に、糞尿を肥料に、最後は食用として利用する「有畜農業」が大きな働きをし、一九五七（昭和三二）年には役肉用牛が二七二万頭の史上最高の頭数を記録します。一九六〇年には全国の農家の三戸に一戸（二〇三万戸）が平均一・二頭の牛を飼っていました。しかし、耕運機と化学肥料の登場によって役牛は役目を失っていきます。それに代わって、一九五九～六〇年に空前の肥育ブームが起こり、肉牛の専業化と規模拡大が進行しました。三〇年経ち、牛肉の輸入自由化が始まる直前の九〇年には、飼養頭数は一戸あたり一一・六頭と規模拡大が進み、その一方で肉牛農家は九分の一まで減少しました。二〇一五年、肉用牛の飼養戸数は五万四〇〇〇戸となり、一戸あたり飼養頭数は四五・八頭に増加しています（図2）（飼養頭数は二〇〇九年の二九二万三〇〇〇頭をピークに毎年減りつつある。牛も豚も輸入食肉に圧倒され、飼育数は頭打ちになっている。食肉の規模は、国産三二八万四〇〇〇トンに対し、輸入二六三万五〇〇〇トン〔二〇一三年農林水産省 食料需給表〕。つまり、日本は国産の八〇％程度の肉を輸入している）。

養豚も同様です。一九五〇年、一戸当たりの養豚は平均一・三頭で、豚は農家の副業として庭の小屋で一～二頭が飼育され、人間の残飯を食べ、その糞尿は肥料にされていました。「豚は小さな肥料工場である」と言われた時代です。

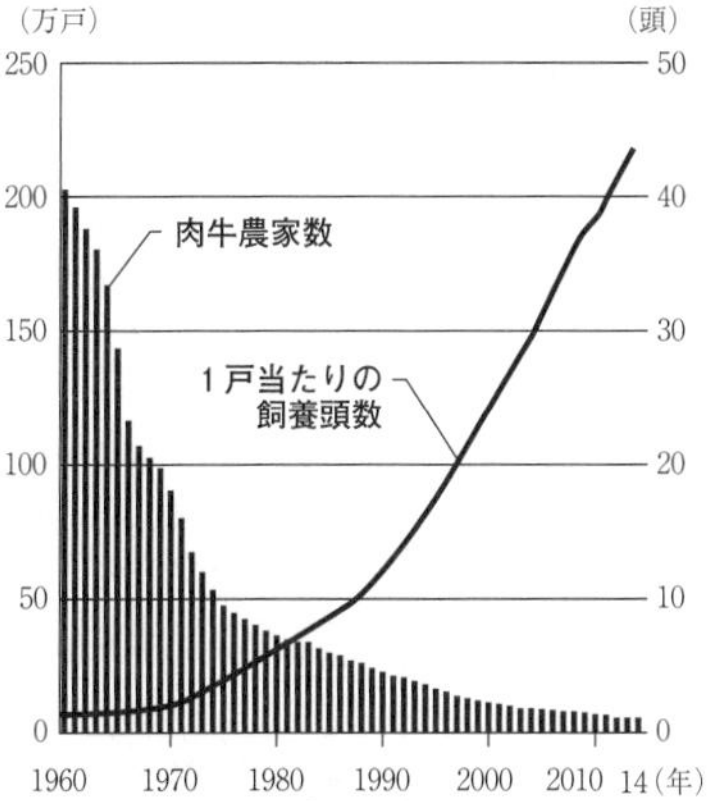

（出所）　八木宏典監修『図解　知識ゼロからの畜産入門』

図2　肉牛農家数と1戸当たりの飼養頭数

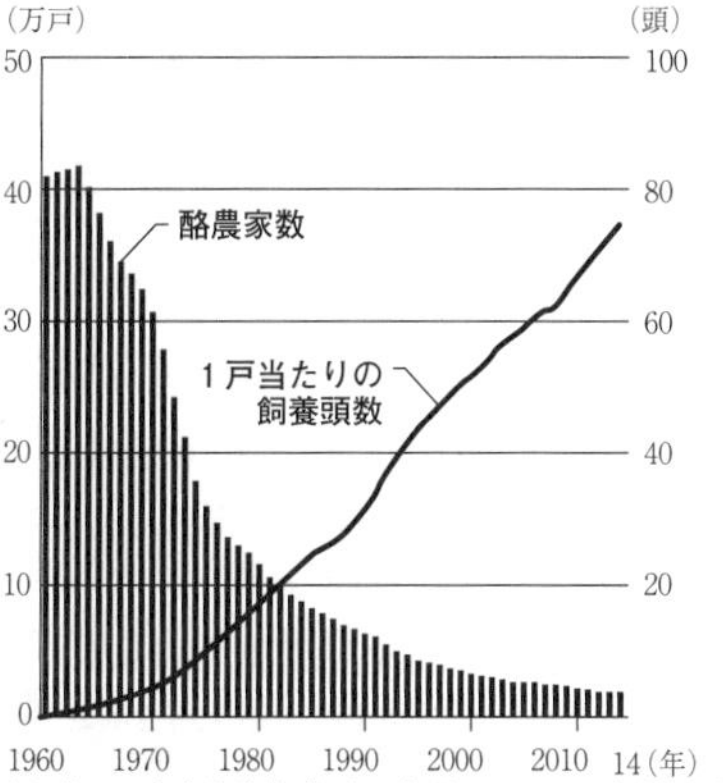

（出所）　八木宏典監修『図解　知識ゼロからの畜産入門』

図3　酪農家数と1戸当たりの飼養頭数

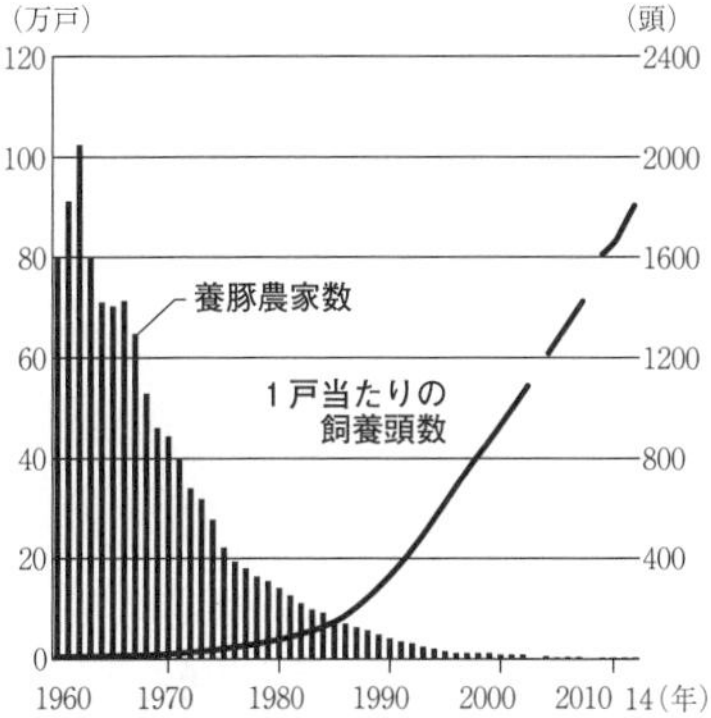

注：グラフが途切れている年は調査結果なし
資料：農林水産省「畜産統計」をもとに作成
（出所）　八木宏典監修『図解　知識ゼロからの畜産入門』

図4　養豚農家数と1戸当たりの飼養頭数

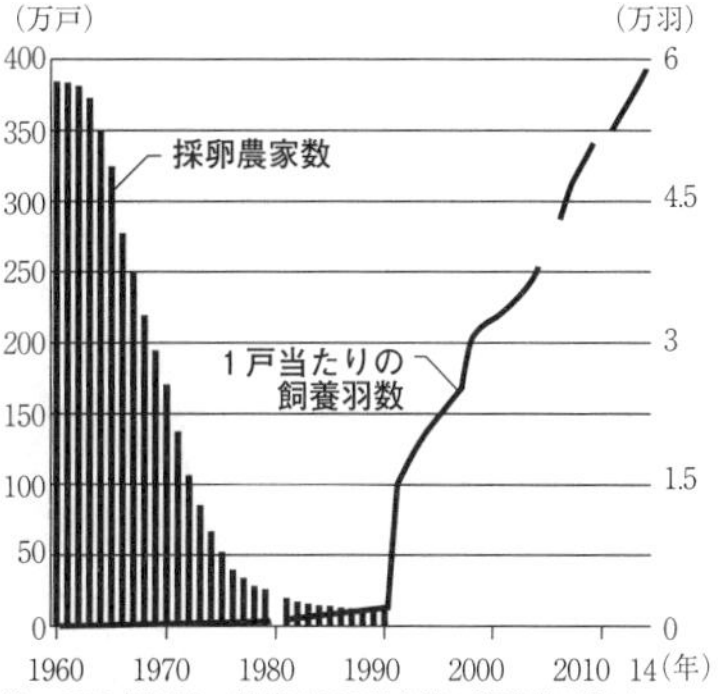

注：1991年以降の数値は300羽未満の飼養者は除く
資料：農林水産省「畜産統計」をもとに作成
（出所）　八木宏典監修『図解　知識ゼロからの畜産入門』

図5　採卵農家数と1戸当たりの飼養羽数

豚肉の輸入自由化が始まった一九七一年頃から、海外から輸入された大型で体の長い「ベーコンタイプ」と呼ばれる品種が盛んに飼育されるようになり、飼料もフスマ（小麦粉を採取した残りの小麦の皮）、米糠、残飯などから、飼料メーカーが供給する配合飼料に替わっていきました。一九六二年に養豚農家は一〇三万戸で、一戸平均四頭飼育していました。それが、二〇一四年には五二七〇戸に激減し、平均飼養頭数は一八一〇頭に増えました（図4）（飼養頭数は一九八九年の一一八六万六〇〇〇頭をピークに減少しつつある）。こうして、名護市の島袋さんが描いたような豚の飼育や屠殺の光景は、一般の人から遠いものになっていきました。

畜産の中で、もっとも大規模化が進んだのが採卵用鶏です。かつては、農家が庭先で飼う鶏の卵を業者が買い集めるという流通が主流でした。しかし、アメリカから紹介されたケージ飼育による産業養鶏が本格化し、エンジンやバッテリーで走る自走式の配餌車が導入され、一戸当たりの配餌管理が三万羽を超える大規模化が進められていきます。一九六〇年に全国で三八四万戸近かった採卵農家は一九七五年に五一万戸に、二〇一四年には二五六〇戸へ激減していきます。全国の採卵鶏の総羽数は二〇一四年で一億七〇〇〇万羽になり、採卵農家一戸当たり飼養羽数は五万羽となりました（図5）。

肉用鶏も、一九五〇年代からアメリカで生まれたブロイラー（肉用若鶏）が日本で主流になっていきます。一戸当たりの飼養羽数は増加し、年間出荷羽数が五〇万羽を超える大規模経営が多くなりました。一九四六年に一万七七〇〇戸が平均三六〇〇羽飼養していた肉用鶏の飼農家は、二〇一四年に二三八〇戸で、平均飼養羽数五万七〇〇〇羽になっています。農家のたいていの家で数羽のニワトリを飼い、藤森照信のようにこどもが自分の手で鶏を屠殺した光景は過去のものになったのです。

「昭和三〇年代までは、我々日本人の生活においても家畜はごく近しい存在であった。大都市化しつつあった東京や大阪を除き、農村ばかりでなく地方都市でさえ、ニワトリやブタは生活の近辺にいる動物であった。農家でなくとも庭先でニワトリを飼い何かの折りにはつぶして食べた。給食の残りは近郊の養豚施設へ運び込まれることが多かった。また、西日本では和牛が荷車や鋤を引き、東日本では馬が働いていた。こういった風景は地方によっては昭和四〇年代まで続いていたかも知れない」（近藤誠司「家畜」 林他 2002所収）。

しかし、この光景は一九七〇年代以降、急速に遠のきました。明治まで食用家畜が存在しなかった日本は、明治中期から歴史上初めて、多くの農家が「有畜農業」などによる畜産を始めました。しかし、畜産は一九七〇年代以降急速に工業化と集約化に向かい、家畜たちは「動物工場」と言われる大規模飼育場で飼われるようになりました。日本で屠殺される畜産動物の数は一年で八億三七〇〇万頭以上ですが（総務省統計局畜産統計調査 二〇一三年）、わたしたちがその生きた姿を見ることはほとんどありません。

大家族がニワトリやブタとともに生活し、飼育も屠殺も庭先で行なっていた光景は「人間と家畜が共存する牧歌的な光景」と思われています。しかし、日本については、それは明治以降に初めて現われた「近代の光景」なのです。しかも、その光景もわずか数十年で消えました。つまり、わたしたち（和人・ヤマトンチュ）は家畜の「屠殺」を歴史上ほとんど経験しなかった、世界でもきわめて例外的な民族です。

このことは、わたしたちと家畜動物との関係にある特異性を、いわば「歪み」をもたらしています。

大学で食文化論を講じている私は、とにかく近隣のアジア各国や遠くアメリカ、北欧などを回り歩いて食事文化をつぶさに見てきたのだけれども、やはりどの国も日本ほど急激な変化を遂げてはいなかった

（小泉武夫 http://www.mizuho-s.com/annahanasi/ak23.html）

二〇〇〇年代以降――「象徴」としての主食と家畜の不在

変われば変わるほど変わらない

（フランスの諺）

一九五五（昭和三〇）年と二〇一〇（平成二二）年を比べると、日本人の消費は肉類が約七倍に、卵類が約三倍に、乳類が約八倍に増えました（国民健康・栄養調査）。日本人の食生活の変化について「草食動物が肉食動物になったようなもの」と言われることがありますが、「肉食禁止令」以来の歴史を考えれば、ほぼその通りです（それでも日本の食肉消費量は他の先進国の四分の一～三分の一程度です）。その一方、日本人の摂取エネルギーは減少しつつあります。一九六五（昭和四〇）年から米の消費が減り続けているからです。

日本人にとって、白米を毎日食べることは有史以来の「悲願」でした。しかし、従来の日本の水田は小さなサイズが分散している状態で、機械化や大規模化が不可能でした。農業土木学者の上野英三郎は一九〇五（明治三八）年の『耕地整理講義』で近代的な水田の区画計画を主張しましたが、それは当時の地主制のもとでは実現不可能でした。

しかし、農地解放以降、一九六〇年代初めに上野英三郎の区画デザインが採用されて水田の標準となり、それと同時に、肥料やトラクター、コンバインなど生産技術が進歩し、米の生産性が

高まっていきます。さらに政府は「食糧管理法」（一九四二）のもと、農家の米をすべて買い上げ、高い米価を維持する稲作保護政策を続けました。これによって、一九六五年以降、日本の米の完全自給という悲願がついに実現します。しかし、皮肉なことに、それとほぼ同時に日本人の「米離れ」が始まりました。

日本人の米の消費量は、戦後のピークの一人当たり年間一四〇キログラムから二〇一四（平成二六）年の六〇キログラムへと、五〇年で実に半分以下に落ちました。高度経済成長期以降の日本人は、肉や卵、乳製品などを食べるようになった分、米を食べなくなったのです。このため、政府は一九七〇（昭和四五）年に新規の開田禁止など「減反政策」と呼ばれる米の生産調整を開始します。これは、日本の歴史上、最大級の「折り返し点」と言えます。

この一九七〇年は「日本外食元年」と呼ばれ、ファミリーレストランの「すかいらーく」一号店、テイクアウト専門の寿司店の「小僧寿し」一号店がオープンしています。翌一九七一年には「ロイヤルホスト」一号店、「マクドナルド」一号店がオープンし、一九七三年には「吉野家」がフランチャイズ事業を開始し、七六年に「ほっかほっか亭」一号店がオープンします。また、七三年には「ファミリーマート」、七四年に「セブン‐イレブン」、七五年に「ローソン」とコンビニチェーンが次々とオープンし、流通の主役はデパートからスーパー、そしてコンビニへ交代していきます。コンビニの多くは二〇〇〇年代以降にテイクアウト食品の質の向上に力を入れ、「コンビニ弁当」「コンビニおにぎり」は単身者の食事の定番となりました。

この中でも、マクドナルドハンバーガーは、栄養の偏り、添加物の多さ、カロリーと脂質の多さ、環境破壊などで批判されながらも、全世界一二〇カ国以上に展開し「食のグローバル・スタンダード」の一つになりました。『ユダヤの商法——世界経済を動かす』（1972）、『頭の悪い奴は損をする――ユダヤ流・金戦の哲学』(1974)などで日本人離れした鋭利なマーケティング感覚を示した日本マクドナルド創業者の藤田田は、一九七一年に銀座でマクドナルド一号店をオープンします。マクドナルドは「ハンバーガーは日本人の口に合わない」という大方の予想を覆して若者を中心に爆発的に受け容れられ、ハンバーガーは日本の食文化の一つとして定着していきます。そもそも、一九五〇年に始まった給食のパンで「食育」された世代にとって、ハンバーガーはすでに受け容れやすい食品でした。さらに、本来「ハンバーグ」とは呼べないようなマクドナルドの薄い牛肉パテは、牛肉を薄くスライスし「魚肉化」する日本独自の肉食法に結果として近かったと言えます。

もう一つの代表的な外食産業が「吉野家」です。牛丼は低価格化戦略によって一九九〇年代に「サラリーマンの昼食」の定番、いわば「国民食」となりました。考えてみれば、牛丼は、薄くスライスした牛肉を煮込んだ開国当時の「牛鍋」を白米にかけたものに近い料理です。また、外食産業の中心であるファミリーレストランや洋食店のメニューの多くは、白米にトンカツ、ビフカツ、エビフライ、カレーなどがつけられた「洋食」です(ナイフとフォークを使い、パンで食べる「西洋料理」ではありません)。つまり、牛丼やコンビニ弁当を含め、二〇〇〇年代以降の多くの外食・中食《なかしょく》産業は明治維新以来の「和魂洋才」=「米魂洋菜」の延長にあります。

米の消費が減り続ける中、一九七六年に文部科学省は学校給食に米飯を正式に導入しました。その後も、国として「子供が伝統的な食生活の根幹である米飯に関する望ましい食習慣を身に付ける」ために米食を推進し、二〇一四年以降、週当たり三・四回にまで米飯を増やしました。

そうした中、二〇一一年に二人以上世帯の家計支出で、日本人のパンの消費額が米を越えました(総務省「家計調査統計」)。また、魚の消費量は常に肉を上回っていましたが、二〇〇六〜〇七年に肉が魚を上回りました（消費額では二〇一三年に逆転）。二〇一〇年代、日本人の食生活は「米と魚」から「パンと肉」へ交代したのです。事実、一人当たり米消費量を見ると、世界一位はバングラデシュ（一日で四七三グラム＝コンビニおにぎり一〇・五個分）、二位以下はラオス、カンボジア、ベトナム、インドネシアで、日本は世界五〇位です（一一九グラム）（FAO2011）。世界的に見て、日本はもはや「米食」の国とは言えません。

しかし、わたしたちの意識では、依然として米が「主食」です。ぼくもそうでしたが、朝食と給食でパンを食べていても、晩ご飯が米である限り「米が主食」という意識があります。いわば、米は「現実」としての主食ではなくても「象徴」としての主食なのです。

振り返ってみれば、有史以来、日本人は現在ほどにも米を食べていませんでした。多くの農民は、麦、稗、芋、粟などを米と混ぜて食べ、白米（銀シャリ）は「ハレ」の日にだけ食べるものでした。その意味で、米は有史以来から「象徴としての主食」だったのです。

そして、米は現在も「聖域」の食べ物です。一九九四年のウルグアイラウンド合意以降、国内農業市場の開放などが国際公約となり、稲作保護を目的とした「食糧管理法」も一九九五年に廃止されましたが、その後の「ＴＰＰ」交渉でも「コメは聖域の本命」とされ、輸入米には並外れて高い関税（精米で七七八％）がかけられ、国内米は「国策」として保護され続けてきました。

池上甲一は、米食を悲願とした近代日本は「米食共同体」、第二次世界大戦前後の日本人にあった日本米への意識は「日本米イデオロギー」であり、その第一の特徴は「日本米と日本人の心性が密接に関係すると捉えていること。日本精神や大和魂の土台こそ日本のコメなのだ、という主張に端的に表れている」と言います（池上他 2008）。これは、米が天皇と神を繋ぐ「清く尊い食べ物」とされた一四〇〇年前の「新嘗祭」以来浸透させられてきた「米食＝ムラ社会＝天皇制中心主義」の帰結なのかもしれません。この「日本米イデオロギー」は、日常ではあまり意識されることはありません。しかし、「米が食べられない」事態が起きるとき、それは日本全体を揺るがす形で噴出します。

その一つの例が一九九三（平成五）年の「米騒動」です。この年、記録的な冷夏によって一〇〇〇万トンの需要に対して収穫量が八〇〇万トンを下回る米不足となり、その騒ぎから米価が上がり続け、米屋の店頭から米が消えました。政府はタイ、中国、アメリカから二六〇万トンの米の緊急輸入を決定しますが、日本米への愛着のため、翌年の年明けには米屋の前に行列が延々と続く社会現象が起こります。一方、タイ国内では、米の大量輸出によって米価格が高騰し、貧困層に餓死者が出るなどの混乱が生じました。しかし、日本では、騒動の終息以降にタイ米が大量に不法投棄され、家畜の飼料にされたり産業廃棄物にされるなどの社会問題となりました。その事態が報道されたタイでは、日本への強い不信感が募ったとされます。

この時期、たとえ日本米が二割減になっても食べるには十分な食糧があったにもかかわらず、日本人は「米不足」という知らせに一九一八（大正七）年の「米騒動」に似た国民的ヒステリー状態に陥ったのです。これは、日本人にとって米が「現実（栄養）としての主食」ではなく、それなしには精神不安定に陥る「象徴としての主食」であることを示しています。

飛鳥時代以来一二〇〇年続いた「肉食禁止令」から手のひらを返したような明治維新後の「肉食」推進は富国強兵政策によって進行し、そこで必要とされる畜産業は国策によって「近代産業」として展開されました。そして、日本人は日本独特の「洋食」「中華料理」「和食」を発明し、「和魂洋才」＝「米魂肉食」によって肉食の量を増やしていきました。しかし、肉食に本来伴っていたはずの「愛情をもって家畜を育て、自らの手で屠殺し、家庭や地域で食べる」という動物との関係は、沖縄を除いて日本ではほとんど成立しませんでした。家庭や小規模農家で数匹の鶏や豚を飼い自ら屠畜するという「ファミリア」の畜産が存在したのは、歴史上わずか「数十年」でしかなかったのです。

いま半ば「肉食動物」となった日本人は旺盛に肉を食べ続けています。しかし、米中心社会に不可欠とされた「肉食禁止令」＝「動物の屠殺」のタブー視は、依然として日本人の意識下に存続しています。つまり、わたしたちは動物を屠殺させて食べながら、家畜の存在を「ない」ものと（いわば「見て見ぬ振り」を）しているのです。

日本は動物の屠殺に関わる人々を差別する社会構造を長年にわたって維持し続けてきました。その差別が今も続く中、わたしたちの社会は、「生き物」として存在する家畜への非情なまでの無関心という「構造的暴力」とともに存続しているのです。

V　畜産革命――工業畜産と動物工場

ます。

「いのちの食べかた」

オーストリアのニコラウス・ゲイハルター監督のドキュメンタリー映画『いのちの食べかた』（2005　日本公開は2007）は、肉や野菜、果実、塩などさまざまな食材の生産過程を映し出しています。

この映画は、岩塩の採掘、大量生産されるリンゴ、パプリカ、キャベツの収穫、山々で大規模栽培されるアーモンドの収穫などを次々と映し出します。そして、牛や豚、鶏などの人工授精、「動物工場」での大量飼育、さらに異例なことに屠殺の過程を映し出しています（撮影許可がなかなか出ず、ゲイハルターは屠畜場をいくつも回ったそうです）。

映画の中では、数万個の卵を収容できる孵卵器《ふらん》から鶏のヒナが一斉に生まれ、ベルトコンベアで運ばれワクチン処理されていきます。数万羽のヒヨコたちは、機械による餌やり、卵の収集が行なわれる養鶏場のケージ内で飼育されます。やがて、鶏たちは養鶏場から屠場へ輸送され、逆さ吊りにされ、首を切られて解体されます。

豚や牛も、最後に屠場へ輸送され、逆さ吊りで運ばれ、首を刃物で切って血抜きされ、ジェット噴射機などで体内を洗浄され、食肉へ解体されていきます。

映画は「牛の種付け」のようすも映し出しています。雄牛は直接雌牛と交配することはなく、人工授精用に精子を採取されます。「一般に「横取り採取法」と呼ばれるこの採取法は、発情した雌牛に乗駕しようとした雄牛の陰茎の角度、下に向かって約三〇度に合わせて人工膣をあてがって行われる。射精は瞬間的に終わる」(『いのちの食べかた』DVDガイドブック)。動物の自然な営みからかけ離れたこのような人為的方法に、観客は居心地の悪さを感じざるをえなくなります。

この映画にはナレーションも音楽もありません。映し出されるのは、無機質でシンメトリカルで美しくさえある工場で、流れ作業によって屠殺され解体される膨大な牛たちや豚たちや鶏たちです。そして、屠殺の作業を行なう労働者は、それを時に気だるそうにこなしています。

この映画を見て、観客は、ふだん決して見ることのない屠殺の光景にとりわけショックを受けます。あふれ出る生々しい血と内臓と、屠殺が行なわれる工場の機能美、そしてそこで働く労働者の日常的な姿はそれぞれまったく異質で、それを見ていて感情の収まりがつかなくなっていきます。観客の一人が言うように、「自分が何に衝撃を受けているのか途中でよく分からなくなる程、いろんな感情が掻き立てられました。不自由なく食べ物を供給するためにどれだけの機械化、効率化が必要なのか。安さの裏側にあるもの。大量生産の違和感。信じていたかった牧歌的な食糧生産の光景。まったく食べ物を生み出していない自分」(三二歳ベビーシッター。『いのちの食べかた』DVDガイドブック)

しかし、こうした生産は、わたしたちが日々行なう「食事」のために行なわれています。『いのちの食べかた』の原題は、『われらの日々の糧』(『新約聖書』の「主の祈り」の一節)です。映画には、食材を作り出す労働者の食事のシーンが何度か映されますが、それは、消費者としてのわたしたちの日々の姿でもあります。映像を前に、わたしたちは自分がこの食品生産システムの末端であることを意識せざるをえなくなります。『いのちの食べかた』はドイツを始めヨーロッパ諸国で撮影されましたが、食糧生産のかたちは、日本でもアメリカでも程度の差はあれ先進諸国であまり変わりません。『いのちの食べかた』で映し出されるのは「食糧生産のグローバリズム」です。この映画でわたしたちが見ているものは、いま、わたしたち自身がその中にいる畜産と食糧生産における「革命」の姿です。

かつて野生動物と「食べつ食べられつ」の関係にあったホモ・サピエンスは、一万年ほど前、誕生から成長、生殖、屠殺を自らの手でコントロールする「家畜」を発明しました。これは、人間と動物との関係に起きた最大の変化でしたが、それに続く最大の変化が二〇世紀後半に起こった「畜産革命」でした。

ある意味では、「畜産革命」は「産業革命」の家畜バージョンと言えます。事実、「畜産革命」後の畜産は「工業畜産」と呼ばれます。しかし、それは同時にポスト工業化社会、ドゥルーズ〔1992〕の言う「管理社会」において初めて出現した様式で、その徹底した管理システムは家畜たちの「生」を一新しました。

「工業畜産」、特に「動物工場」の内部は企業の厳しい報道規制のために一般の眼に触れることはほとんどありません。しかし、わたしたちは、「われらの日々の糧」がどのように作り出されているのか知る必要があります。それは、二〇世紀後半以降のホモ・サピエンスがどのような存在になったのかを赤裸々に示すものだからです。

そして、予告しますが、それは現代社会で他に匹敵するものを探すことが難しいような「地獄巡り」となるはずです。

トウモロコシを食べる牛

人をつくるのはその食べもの、というのはよく聞かれる言葉だが、これはもちろん話の断片でしかない。人をつくるのは、その食べものの食べるものでもあるのだ。

（マイケル・ポーラン「肥育牛の一生」ダニエル・インホフ編『動物工場』）

約一万年前、畜産を始めた人類は、畑の作物や牧草、果樹、人間の残飯で家畜を育ててきました。そして、その家畜の出した糞尿で畑や牧場の土を肥やし、そこで育った草や果樹を再び家畜が食べる、というサイクルを作り出しました。

ここでのポイントは、植物が「動物の排泄物」を草や作物など「動物が食べられるもの」に変え、さらに動物が（牛が草を食べて肉や牛乳に変えるように）「人間が食べられないもの」を「人間が食べられるもの」に変えるということです。これは、自然界の食物連鎖を人為的に再現したものとも言えます。しかし、「畜産革命」はこの植物―家畜―人間によるエネルギーサイクルを壊しました。その革命の起点は、わたしたちがよく知るトウモロコシです。

マイケル・ポーランの『雑食動物のジレンマ――ある4つの食事の自然史』（2009　原書2006）は、飼料から家畜、屠殺、狩猟など食物に関する様々な現状を追ったルポルタージュです。この本は、一九七〇年代にアメリカで栽培の集約化・大規模化と品種改良によって安価なトウモロコシの大量生産が可能になり、そのトウモロコシの大半が牛や鶏や豚、さらに養殖のサケやナマズなどの飼料になった変化をたどっています（本来は肉食のサケも、トウモロコシを食べるように養殖業界が遺伝子操作を行なっています）。

もちろん、本来、牛は牧草を食べ、トウモロコシのような穀物を食べない動物です。にもかかわらず牛にトウモロコシを食べさせるのは、トウモロコシが抜群の費用対効果で動物を成長させるからです。しかし、それは、牛の健康に大きな問題を引き起こしました。「肥育場の牛のほとんど――私が話した何人かの動物学者によると事実上すべて――は、病んでいるのだ」（ポーラン 2009）。

牛がトウモロコシを食べることで起きる最も深刻な事態は鼓脹症です。デンプン質が多すぎることで、牛は反芻ができなくなり、第一胃が風船のように膨張します。食道に管を突っ込んでガス抜きをしなければ牛の肺は圧迫され呼吸困難に陥ります。

牛はトウモロコシが濃厚に入った飼料を食べ続けると、酸毒症（アシドーシス）になります。酸毒症にかかった牛は飼料を食べなくなり、息切れと唾液の過剰分泌を起こし、腹をかきむしり土を食べます。「獣医も「このような飼料を与え続ければ、牛は肝臓を破裂させて死んでしまうだろう」という。酸が第一胃の胃壁を溶かし、細菌が血液内に入る。次に細菌は肝臓に入って膿《のう》瘍《よう》を形成し、肝機能障害を起こすのだ」（ポーラン 同前）。

現在、日本人が食べている牛肉の六割（重量ベース）は輸入肉で、そのうちオーストラリア産が五六%、アメリカ産が三三%です（二〇一六年度）。そして、日本の家畜の飼料は、粗飼料（稲わらや乾草など）が二〇%（そのうち八二%が国産）、濃厚飼料（トウモロコシや魚粉など）が七九%（そのうち八七%が輸入）です（二〇一四年度。カロリーベースに近いTDNベースによる。農林水産省「飼料をめぐる情勢」二〇一六年）。なお、日本は世界最大のトウモロコシ輸入国で（輸入が一〇〇%）、日本国内で消費されるトウモロコシの七五%は家畜飼料にされています。マイケル・ポーランが描く牛の状態は、程度の差はあれ日本にもあてはまります。

トウモロコシは効率的に動物を成長させますが、一般に、家畜の体重を一ポンド（四五三グラム）増やすために必要な飼料は、牛で六・八ポンド、ブロイラーで一・七ポンド、豚で二・九ポンドとされます（https://www.nationalgeographic.com/foodfeatures/aquaculture/）。つまり、トウモロコシなど穀物を家畜に食べさせるより、その穀物を人間が直接食べる方がはるかに効率的なはずです。しかし、いま全世界の穀物の三分の一は家畜の餌になっており、毎年、日本の三分の一に相当する面積の途上国の森林などが飼料用の畑や牧場に作り変えられています（リンベリー&オークショット 2015　原書 2014）。

また、多くの家畜は、飼料添加物として抗生物質を与えられています。大規模畜産で飼養される動物たちは、不自然な餌、密集飼育によるストレスと運動不足、不衛生な環境などから病気にかかりやすい環境にいるため、病気予防のために抗生物質が与えられるのです。さらに、抗生物質を与えると少ない餌でも家畜を太らせることが知られています[15]。そのため、病気予防と発育促進の一石二鳥を目的に抗生物質が家畜に投与されているのです。「二〇世紀末に、世界で生産された抗生剤のおよそ半分は食用動物向けだった。ある調査によると、米国で使用される抗生剤の八〇パーセントは農場で使用され、その七〇パーセントが病気の治療ではなく、予防や発育促進のために使われている」（リンベリー&オークショット　同前）。

（15）「抗生物質が肥満を促進する正確な理由について、結論はまだ出されていない。いまのところ納得できる仮説は、抗生物質が動物の腸内フローラを変えてしまい、カロリー抽出のエキスパートである微生物のコロニーが優勢になるような腸内環境をつくりだしているというものだ。これが、抗生物質が、複数の胃を持つウシだけでなく、胃腸管のつくりがヒトと似ているブタやニワトリも太らせる理由だと考えられている」（ホロウィッツ&バウアーズ 2014　原書 2012）

この状況は日本も同様です。人間の病院で用いられる抗生物質一〇〇トンに対し、家畜用に使われる量は（飼料添加物と医薬品を合わせて）九〇〇トンで養殖魚用が二〇〇トンとされます（インホフ2016　訳注）。人間への抗生物質の使用については、「薬剤耐性菌」を作り出す懸念から投与の抑制が求められています。当然、動物についても同じ問題があるため、欧州医薬品庁（EMA）は家畜の発育促進のための抗生剤使用を原則禁止しました。日本でも、二〇一六年に薬剤耐性に関する「アクションプラン」が策定・公表されましたが、ヨーロッパ諸国と比べその動きは遅れています。

そして、こうした「動物工場」で出る家畜の糞尿は膨大な量となります。アメリカ合衆国農務省（USDA）の試算によると、動物工場が出す糞尿は全米国民の排泄物の三倍を超え（！）、年間五億トン以上にのぼります。それらは、本来は堆肥となって畑や牧場や果樹の土の「肥やし」となるはずでした。しかし、「工場畜産」による糞尿はあまりに大量であるため、大きな肥溜め池に溜めるか、乾燥させて山積みにされ放置されています。しかし、こうした糞尿は何度か大規模な流出事故を起こし、環境破壊や人的被害をもたらしています。

畜産革命によって「牧歌的な食糧生産の光景」は完全に過去のものになったのです。

「産卵鶏という名の機械」

ナンシー関の「記憶スケッチ」（「通販生活」連載）は、お題をもとに読者が記憶で描いた絵を投稿し、それをナンシー関が講評するコーナーです。その二〇〇〇年春号のお題は「にわとり」でした。老若男女からさまざまな作品が投稿されましたが、そのうち約二割が「四本足のニワトリ」でした。「この驚くべき数字を日本政府はどう受け止めるのでしょうか」（『ナンシー関の記憶スケッチアカデミーⅡ』2007)。

近畿大学九州短期大学の保育科一年の学生を対象にニワトリを記憶で描かせた調査（一九九四～二〇〇五年）があります。そこで「四本足のニワトリ」を描いた学生の割合は、一九九八年までは一〇％前後でしたが、一九九九年以降は一五％前後、二〇〇五年は二〇％前後と次第に増加しました。日本人の二割が、鶏を牛や豚と同じ「四本足の動物」と思っているのです。

実は、「四本足のニワトリ」は一九七〇年代後半から話題になっていました。つまり、その頃から、鶏は日本人にとって「見慣れない動物」になっていたのです（もともと「ニワトリ」は「庭鳥」で、家の庭にいる動物だったのですが）。

一方、鶏卵はスーパーに大量に置かれ、「物価の優等生」と言われるほどに安く提供されています。外食産業では「唐揚げ」「フライドチキン」「親子丼」などが定番商品になっています。

要するに、わたしたちにとって、鶏は「生き物」ではなく「食べ物」なのです。では、生き物としての鶏は、いまどのように生活しているのでしょうか？

四本足のニワトリ

（出所）　林幸治「「自然とかかわる保育」の実践的保育指導力の男女差について（その２）」『近畿大学九州短期大学研究紀要』第37号、2007年

日本の産卵鶏の多くは単冠白色レグホーン種です。

一九五〇年頃、産卵鶏は「一週間に一度」卵を産んでいました（鶏の原種のセキショクヤケイが産むのは年に六個ぐらい）。しかし、現在の雌鶏は、食べた飼料の約半分を卵に変え、一個六〇グラムの卵を年間三〇〇個ほど産んでいます。人間による選択、淘汰によって、驚異的な効率で卵を産む品種に作り上げられているのです。

しかし、自分の子孫になるわけでもない無精卵を毎日産むのは、動物にとってどう考えても不合理なことです。また、野生の鶏は就巣性（巣を作って卵を抱く性質）や雛を育てる本能がありますす。しかし、産卵鶏は就巣性や子育ての能力を除くよう人間によって選抜され続け、「毎日ひたすら卵を産み続ける」不自然な生物として作り上げられました。「彼女たちは卵を産むことだけに専念して、子孫を残すという繁殖にはけっして供されない。つまり懸命に卵を産むだけで一生を終える鶏である。この鶏の性能の詳細を探ってみると、考えつくあらゆる項目に対する人間の要求は極めて厳しく、相反する性質を巧みに取り入れることを強要されて、よくもこのような鶏がうまくできあがったものだと感心してしまうほど傑作の生き物である。まさに機械といっても差し支えない」（伊藤 2001）。

それでも、たまに「就巣」を思い出す産卵鶏がいて、孵《かえ》らない卵を一カ月ほどひたすら抱き続けます（餌もほとんど食べずに箱などにこもるために「巣ごもり」と言われます）。本能を取り戻したこうした鶏は養鶏業では不要であるため、隔離されたり廃鶏にされてしまいます。

卵の孵化は三週間かかる作業で、その間、母鶏は一日に三回から五回、卵を回転させながら卵を温め続けます。しかし、これでは鶏を大量繁殖させることができません。そこで、人工孵卵器で卵を孵化させ、雌鶏には卵を次々と産ませる方法が古代エジプトや古代中国で発明され、一九世紀ヨーロッパでその大規模化、機械化が始められました。

第一次世界大戦時、食糧生産拡大の必要からアメリカで人工孵化が急速に広がります。当時の農家は、ヒヨコを母鶏から引き離す人工孵化は「倫理に反する」と反対していました。しかし、陸軍省の要請で人工孵化が工業化され、その方法が世界中に広まっていきます（ロウラー 2016）。「倫理に反する」鶏生産の始まりです。

日本の場合、多くの養鶏場は専門業者から雛を群れで購入しています。本来、雛は母親と過ごして生活スキルを学びますが、一斉孵化によって生まれてくる雛たちは、自分の母親を一度も見ることがありません。

産卵鶏で生まれる雛の約半数は、当然オスです。しかし、産卵鶏のオスは育つのが遅く肉質もよくないため、性別がわかるとただちに殺処分されます。日本では一年間に産卵鶏のメスが約一億出荷されているので（日本卵業協会 二〇一四年）、殺処分されるオスの雛も年間一億羽程度と考えられます（かつて縁日などで売られていたヒヨコは産卵鶏のオスの生き残りです）。

オスの雛は、ビニール袋にいれて圧死・窒息死、あるいはシュレッダー状の機械で生きたまま処分されます。イスラエルの動物権利団体によって撮影された映像には、オスの雛がベルトコンベアで運ばれ、機械で体ごとすり潰されるようすが映し出されています。それは、思わず息を呑む光景です（http://www.hopeforanimals.org/animals/tamago/00/id = 429）。処理された雛は、食材として他の動物に与えられます。

こうした産卵鶏のオスの殺処分は、多くの国の養鶏業界で慣行となっており、アメリカでは毎年数億羽が、ドイツでは毎年四五〇〇万羽のヒヨコが破砕機で殺処分されています。こうした殺処分はドイツのノルトライン・ヴェストファーレン州で問題とされ、二〇一三年、州政府は殺処分を禁じる条例を制定しました。しかし、それはドイツ憲法で保障された「企業の権利」を侵害しているとして、のちに撤回されました。

二〇一六年、アメリカ鶏卵生産者団体（ＵＥＰ）は、二〇二〇年までにオスの雛の殺処分撤廃を目標にすると発表しています（アメリカの卵の九五%をUEPが生産している）。今後はオスが産まれてから殺処分するのではなく、卵がかえる前の性別検査により、オスなら卵のうちに処分することになっています。しかし、日本ではこのような動きは見られません。

それでは、生かされた産卵鶏のメンドリはどのように生きるのでしょうか？　動物科学者のテンプル・グランディンによれば、「産卵鶏は、すべての家畜の中で、もっともみじめな暮らしをしている」（グランディン&ジョンソン 2011）。

鶏には、生後一〇日から二週齢ごろ、つつき合いによるけがや過食の防止のため、嘴《くちばし》の一部を切り取るデビーク（断嘴《だんし》）が行なわれます。くちばしは神経が集まる部位で、しかもデビークは麻酔なしで行なわれるので、ヒヨコに大きな苦痛があるとされます。事実、デビークされたヒヨコは痛みでしばらく食欲を失います。動物福祉の観点から、イギリス、オランダ、ベルギー、スカンジナビア諸国などは、デビーク自体を完全禁止にする方向で議論を進めています。しかし、日本ではそのような動きはなく、二〇一四年時点で採卵鶏の八三・七%がデビークされています（アニマルライツセンター「日本のアニマルウェルフェアは向上したのか？」）。

鶏舎は、ケージ（鳥かご）飼育と平飼いに大別されます。特に普及したのが「バタリーケージ」で、ワイヤーでできたケージ（間口二五センチメートル、奥行四〇センチメートル、高さ四五センチメートル程度）の中にニワトリを二羽ずつ（日本の一般的な収容数）入れ、それを何段かに重ねて飼育する方式です。このバタリーケージはアメリカで開発され、一九五〇年代から日本でも普及しました。バタリーケージの使用率は、日本では九二%です（二〇一四年）。

このケージ飼育は「集約畜産の究極のシステム」と言われています。ケージの中には止まり木も砂場も巣もありません。自然のニワトリは、羽ばたきや羽繕いをし、餌を探して地面をつつき、爪を砥ぎ、穴に入って砂を浴び、暗くなると止まり木に止まって眠ります。しかし、ケージ飼育では羽がつかえて羽ばたきもできず、砂がないので羽はきれいにはなりません。「ニワトリは被食種だ。巣ごもっているときに身を隠す本能がある。四、五羽が詰めこまれたワイヤ製のバタリーケージでは、一羽きりになって巣ごもることも、隠れることもできないので、無防備に感じる」「産卵鶏は、おそらく生きているあいだもずっと、多大な「恐怖」に苦しんでいるだろう」(グランディン&ジョンソン 同前)。運動不足のため骨軟化症や骨粗鬆症が多発し、ケージ飼育では、出荷のとき三〇%のニワトリが骨折しています(佐藤 2005)。

ＥＵでは、動物福祉の観点から二〇一二年から従来型の採卵のためのバタリーケージを禁止し、ケージの中には止まり木、砂、巣箱を設置しなければならないとしました(三五〇羽未満の飼養農家、採卵鶏の繁殖農家は適用除外)。この一〇年以上前、スイスはケージ飼育を禁止し、スイスの産卵鶏は放し飼い、あるいは平飼いのみになっています。オランダも二〇〇八年にケージ飼育を禁止し、ほぼ一〇〇%ケージ飼育が廃止されました。しかし、世界の産卵鶏の六〇%は金網だけのケージで飼育されており(リンベリー&オークショット 2015)、日本の卵用鶏は、ケージ飼いが九六・二%、鶏舎での平飼い三・一%、放し飼い〇・七%と報告されています(国際卵業協会二〇一三年会議)。

産卵鶏は、一五〇日齢頃から産卵を始めます。産卵を始めて約一年すると、卵質や産卵率が低下していきます。この時点で屠殺される場合もありますが、日本の場合、六六%(二〇一四年)で「強制換羽」が行なわれます。「とんでもない習慣が、根絶できないほどはびこってしまった例がひとつある。強制換羽だ」(グランディン&ジョンソン 2011)。

強制換羽は、鶏に二週間程度、絶食・絶水などの給餌制限をし栄養不足にさせることで、新しい羽に強制的に抜け変わらせるという方法です。この「ショック療法」ともいえる強制換羽で死ぬ鶏もいますが、生き残った鶏はまた市場に出せる質の良い卵を生むことができます。「しかし、この方法はとても残酷だ。メンドリは死亡率が二倍に跳ねあがり、攻撃的になり、つついたり、行ったり来たりする常同行動を始める。「感覚のあるほかの種《しゅ》に、ここまで餌をやらずにいたら、たいていの州で動物虐待禁止法に引っかかるだろう」とイアン・ダンカン博士は述べている」（グランディン&ジョンソン 同前）。しかし、日本では強制換羽の割合は近年むしろ増加しています。

卵の殻はカルシウムで作られるので、日々卵を生み続ける産卵鶏は、若くして重度の骨粗鬆症になっていきます。そこで、農家は一七〜一八カ月齢になると鶏を殺処分して肉用にし（本来、鶏の寿命は一〇年を超えます）、次の世代の雛を導入します。鶏は、一斉に集団「廃鶏」されるのです。「廃鶏」の肉は硬いので、肉だんごやハンバーグなどの加工用に利用されるか、埋められて肥料となります。

日本では、産卵鶏が一億七四八〇万羽飼育されています（農水省二〇一四年）。

なお、世界の卵の国別消費量（二〇一四年）年は、メキシコ、マレーシアに次いで日本が三位で、一人あたり年間三二九個を食べています（ＩＥＣ〔国際鶏卵委員会〕年次統計）。

「食べるために作られたブロイラー」

産卵鶏に対し、肉用鶏はどのように生きているのでしょうか？

日本で飼育されている肉用鶏の大部分はブロイラーです（他に「地鶏《じどり》」がいます）。ブロイラーは鶏の品種ではなく、ブロイル（broil、焼く、あぶる）専用の、大量生産される肉用若鶏を意味します。産卵鶏と同様、ブロイラーも徹底した品種改良によって作られました。

ブロイラーも、人工授精によって数万の卵を収容できる超大型の孵卵器からほぼ同時に誕生します。ブロイラーも産卵鶏と同じく、親と会うことは一度もありません。

一九二五年頃には、体重一・一キログラムの鶏を飼育するのに四カ月必要でした。二〇一〇年代の日本では、体重二・五〜三・〇キログラムのブロイラーが生後五一〜五五日で出荷されています。第二次大戦期以降、肉用鶏の品種改良が進み、エサが少なくても速く成長する品種になっているのです。

しかし、ブロイラーはこのあまりに急激な体の成長についていけません。不自然に大きくなった胸が肢にねじれの力をかけ、歩行困難、脚の断裂、肢のねじれ症を起こすのです。

「ひな鳥は、太陽も空も目にすることがない。ブロイラーは重心が高く不安定なので、たいていは排泄物で汚れた寝床に横たわった状態で、ほとんど一日じゅうすごしている。その結果、多くが胸部水腫、飛節皮膚炎、肢部びらんを発症する。養鶏小屋《グロウアウト・ハウス》は、縦一八〇メートル、横一八メートルで三万羽を収容できる。内部は湿度が高く、堆積した数万羽のふん尿を微生物が分解して生み出したアンモニアが、空気中に混ざっている。これは肺を焼き、眼に炎症を起こし、慢性呼吸疾患の原因にもなる」。こうしたブロイラーの生活環境は「ダンテの『地獄篇』の世界さながら」と言われています（ハーツォグ 2011）。

ブロイラーは密集した鶏舎にいるため、成長とともに鶏舎内の熱が問題になってきます。夏場、室内温度が三〇度を超すと、熱が放散されずに体温が上昇し、熱射によって死を招くことがあります（伊藤 2001）。

これは、鶏（と飼育する人間）にとって大きな問題です。そこで、イスラエルの研究チームは品種改良によってなんと「羽のない鶏」を開発しました。「それなら、熱帯のように暑くても平気だろうし、余計な上着を着ていないぶん、スペースの倹約になる。さらに都合のいいことに、さばく時に、羽をむしる手間が省けるではないか。（…）二〇〇二年にそのプロトタイプを作ったイスラエルの遺伝学者は、この鶏は温暖化が進む地球の未来を握っていると考えている」（リンベリー&オークショット 2015）。

さらに、ミシガン州立大学の農業倫理学者ポール・トンプソンは、密飼いする鶏たちを「倫理的に」救うため、遺伝子組み換えによって盲目の鶏を造ることを提案しました（インホフ編 2016）。盲目なら狭くてもストレスを感じなくてすむだろうという「人間らしい」思いやりです。なお、ＥＵはブロイラー保護指令で鶏舎飼育で一一～一三羽／㎡を指定していますが、日本のブロイラーの飼育面積は一六～一九羽／㎡（農水省　二〇一四年）で、二〇〇八年の一五～一八羽／㎡から密集度がさらに増加しています。

成長したブロイラーは、トラックなどで屠畜場に連れて行かれ、ベルトコンベア式に足をつるされ首を切られます。日本の場合、ブロイラーは五一日から五五日程度で「若鶏」として出荷されます。自然界で鶏が成鳥になるのは四～五カ月で、寿命は一〇年を超えます。つまり、わたしたちは鶏を「寿命の六〇分の一」程度で屠殺して食べています。人間で単純計算すれば、一歳半に満たない超肥満体の赤ちゃんのようなものです。「鶏の屠殺施設を訪れた人々は、この鳥たちが大きな体でありながら、ひよこのようなピヨピヨ声で鳴いていたと語るが、かれらは実際まだ赤ん坊なのである」（コーブ 2017　原書 2013）。

日本で飼育されているブロイラーは約一億三五七四万羽（農水省　二〇一四年）、日本の一年間の屠畜数は鶏七億五六七五万羽です（厚生労働省　二〇一四年度）。なお、鶏肉は国産一四五万九〇〇〇トンに対し輸入七一万七〇〇〇トンです。

霜降り肉を作る牛

牛は家畜としての歴史が鶏よりも古く、日本では一〇〇〇年以上役牛《えきぎゅう》として使われてきました。いま、牛はどのように生活しているのでしょうか？

日本では肉牛も乳牛も交尾による自然繁殖はほぼ行なわれず、前出の『いのちの食べかた』で映されるように、雄牛の精液を雌牛の生殖器に注入する人工授精で産まれています。現在では、人工授精で誕生する牛の性別制御も行なわれています。酪農で必要とされるのは乳を出す雌牛だけなので、雄は必要ないからです。

日本では、乳牛の雌牛が約二〇〇万頭いるのに対し、種オスは約二〇〇頭しかいません（雌牛一万頭に雄牛一頭！）。これらのオスは「家畜改良センター」で一週間に何度も精液を採取され、それが全国の農場のメスの子宮に注入されます。肉牛も、たとえば黒毛和牛の一頭「平茂勝《ひらしげかつ》」の精液は実に三〇万頭の子牛を作り出しました。盛岡市や那覇市の住民全員が一人の父親から生まれたようなものです。研究者は、五三万頭と推定される黒毛和牛の「有効集団サイズ」（大きいほど集団の遺伝的多様性が高い）が一七・二頭だと確認しました。海外のホルスタイン種も含め、「家畜ウシの実質的な個体数は、見かけのそれよりもはるかに少なく、存続のおぼつかないサイズ、保全生物学的にはきわめて危険なレベル、『絶滅危惧（危機）種』なのである」（三浦 2018）。

現在、日本人が食べている牛肉の七割近くはオーストラリアやアメリカからの輸入で、三六％が国内産です（農林水産省　食料需給表二〇一七年度）。国産牛肉のうち和牛（明治以前から日本で飼われていた牛を改良したもので黒毛和牛など）が四五％で、残りは乳用種（ホルスタイン種の去勢雄牛）やホルスタインと和牛の交雑種などです。肉牛の改良を進めるため、和牛には一頭ずつ、名前や血統、生産地、誕生日などが明記された証明書が作られ、データベースで管理されています。

和牛は、田んぼや畑を耕すための使役家畜でしたが、明治時代以降、外国産の品種と交配し、肉用牛として改良されました。和牛の「黒毛和種」の肉には「サシ」とよばれる筋肉内に脂肪が蓄積する性質があります。これは、飢饉など厳しい日本の環境のなかで作られた性質ではないかと考えられています。

霜降り肉を作り出すには、黒毛和種に高エネルギー飼料を与え、さらに人為的にビタミンAを欠乏させて長期間肥育します。ビタミンAに脂肪細胞の増殖を抑える働きがあるためなのですが、ビタミンAが慢性的に欠乏すると光の情報を視神経に伝えるロドプシンが機能しなくなり、失明に至る場合があります（http://www.hopeforanimals.org/cattle/268）。

食肉用の雄牛は、生後二〜三カ月の間に去勢します。去勢をすることによって性質が穏やかになり、肉質が改善し、精肉の歩留《ぶどまり》（食用にできる肉の部分の割合）が向上するためです。

黒毛和種の場合、子牛は三カ月ほどで離乳し、一〇カ月齢ごろまで牧草など繊維質の多い粗《そ》飼《しり》料《よう》を中心に育て、それ以降は肉に脂肪を入れ込む時期として飼料をトウモロコシなどで極端に濃厚にしていきます。生後一年以上の肥育牛の約九〇％は、放牧場や運動場に放されることなく（二〇〇九年畜産技術協会調査）、出荷されるまでの期間を牛舎内で過ごします。

また、黒毛和種以外の肉用牛も、狭い牛舎で密集飼育し、できるだけ運動させずに肥らせます。そのため、牛は自由な行動や遊びができなくなってストレスがたまり、仲間の乳首や陰嚢をしゃぶる、舌遊び、犬座姿勢などの異常行動が現われます。応用動物行動学者の佐藤衆介によれば、

「舌遊び行動」の出現は種雄牛に関しては黒毛和種で一〇〇%、肥育牛に関しては黒毛和種去勢牛で七六%でした（佐藤 2005）。

肉牛には、飼育者が怪我をするのを防ぐ目的で、角の切断である「断角」か、角を根元から焼切る「除角」が広く行なわれています。角の中には神経と血管が通っていて、断角・除角は牛に大きな痛みを与え、苦痛で失神してしまう牛もいるそうです。二〇一四年、除角は肉牛の五九・五%に実施され（二〇〇九年は四七%）、そのうち八割は麻酔なしで行なわれています。また、乳牛の除角も二〇一四年で八五・五%（二〇〇八年は九三・九%）となっています（二〇一四年畜産技術協会調査）。

和牛去勢牛は、二九カ月齢ごろ、約六五〇キログラムになった時点で出荷されます。牛の寿命は二〇年ほどですが、黒毛和種は三〇カ月齢前後、和牛とホルスタイン種の交雑種は二五カ月齢前後、成長の早いホルスタイン種は二〇カ月齢前後で出荷されます。こうして作り出される日本の枝肉《えだにく》重量（屠殺後に頭・皮・内臓・尾・肢端《したん》を除いた骨と肉からなる）は平均四〇〇キログラム以上で、世界平均の約二倍にもなります。

こうして日本で飼育されている肉牛は約二四九万頭（農水省二〇一五年。一九九四年の二九七万一〇〇〇頭をピークに減少しつつある）、一日に屠殺される肉牛は三一五〇頭（二〇一二年）です。

「人間のためのミルク製造機」

乳牛はどのように生きているのでしょうか。

世界の乳牛のほとんどはホルスタイン種で、日本の乳牛も九九%がホルスタイン種です。品種改良の結果、一九七五年に乳量五八二六キログラムだった日本のホルスタイン種は、二〇〇〇年に八七九四キロに増えました。しかし、この極端な乳量増加は、時には摂食した栄養分以上の泌《ひつ》乳《にゅう》となり、代謝障害や不妊を引き起こしています。

乳牛は年中、乳を出しているようなイメージがありますが、当然、乳牛も人間と同様に出産しなければ乳を出しません。そこで、乳を出させるために牛に人工授精が繰り返し施されます。雌牛は八〜九カ月齢で最初の発情を迎え、一八カ月齢前後で人工授精を行ないます。妊娠期間は二八〇日ほどで、生後二七カ月前後で初産をします。出産すると乳を出す泌乳期に入り、数週間で乳量はピークに達し、一日二回程度の搾乳で四〇キログラム台にまでなります。一〇カ月間ほど搾乳し、それから次の出産のための人工授精を行ないます。こうしたサイクルを繰り返し、牛乳を延々と搾り続けるのです。

生まれたばかりの乳牛の子牛には、「初乳」という免疫物質を多量に含んだ乳を数日間与えます。その後、粉乳のような代用乳に切り換え、大部分の乳は商用に販売します。本来、自分の子どもに与えるべき母乳が、ほとんど人間に取られているわけです。「乳牛は今や人間のためのミルク製造機になってしまったと考えられるほどである」(伊藤 2001)。

子牛はその後、代用乳と穀類や大豆粕、カルシウムなどの離乳期用の飼料を四〇日間ほど食べて育ちます。当然、乳牛として育てられるのは雌牛だけで、雄は肉牛にするために肥育農家に引き渡され、約二〇カ月齢、六八〇キログラムほどになったところで出荷され屠殺されます。

乳量と、乳に含まれる脂肪分を高めるため、全国のほとんどの酪農家が放牧飼育をやめ、牛舎に閉じ込めて運動をさせず、高カロリーの飼料を食べさせて高脂肪乳を生産するようになっていますます(近年では、消費者のダイエット指向から、人工的に脂肪分を取り除いた低脂肪乳が販売されていますが……)。

乳牛の多くは、一頭ずつ区切られたコンクリートの上で、つながれたまま寝起きします。搾乳牛の「つなぎ飼い」率は二〇〇八年で七三・九％、二〇一四年で七二・九％です（畜産技術協会平成二七年・乳用牛の飼養実態アンケート調査報告書）。「牛には草を食む権利がある」として放牧を義務付けている国もありますが、日本にはそのような動きはあまりありません。

乳牛は、乳量や乳質の低下などで生産性が下がると「お役ご免」になります。牛の寿命は自然界では二〇年ほどですが、日本の乳牛の多くは六〜七歳で食用にされます。「乳という栄養価の高い飲み物を生命のある間に作り、命を終えて肉という美味しい食材を提供する牛という動物を、人類は実に巧妙に手に入れたものと感心せざるを得ない」（伊藤 2001）。

乳牛の飼養頭数は一九八五年の二一一万一〇〇〇頭をピークとして減少しつつあり、二〇一五年で一三七万一〇〇〇頭です。

「肉を生産する機械」

家畜としてなじみ深い豚は、どのように生きているのでしょうか？

母豚から一回に生まれる子豚は一〇頭前後で、出産から三週間ほど、母豚は子豚に乳を与えます。そして、離乳から五日程度で、次のお産のため交配をさせます。豚も従来は自然繁殖が一般的でしたが、次第に人工授精が増えています。日本の場合、一般に母豚は平均して一年に二〜三回、生涯で八〜一〇回ほど出産し、その後は食用にされます。

産まれた子豚は、貧血防止のための鉄分注射と犬歯の切除が行なわれます。犬歯の切除は母豚の乳房や兄弟の子豚を傷つけないようにするためで、ニッパーや電動ヤスリが使われています。しかし、これは麻酔無しで行なわれ、当然痛みます。屋外で放牧飼育すると、子豚の犬歯を切除しなくても母豚の乳房は傷つかないし、兄弟子豚の傷も表面だけですむことが知られています。EU指令「豚の保護のための最低基準」は「歯の切断は、日常的に行うのではなく、母豚の乳首や他の豚の耳や尾の傷害が発生したという証拠があるときにのみ行うべきである」とし、デンマーク、ノルウェー、スイスなどでは禁止されています。しかし、日本では豚の歯の切断が六三・六%の割合で行なわれています（畜産技術協会　平成二六年度・豚の飼養実態アンケート調査報告書）。

生まれた子豚が雄の場合、生後三日目くらいに去勢（物理的に睾丸を除去）します。カミソリで陰嚢を切開し、睾丸を取り出し、一気に引き抜いて切り取ります。この処置後には、腹膜炎を起こして死亡したり、（人間で考えれば当然ですが）ストレスから発育や免疫力が落ちることもあります。

去勢をするのは肉の「雄臭《おすしゅう》」を防ぐためですが、外科的去勢でなく免疫去勢製剤（ワクチン）で同等の効果をあげる方法があり、EUでは二〇一八年から自主的に外科的去勢を原則として終了するとしています（ブリュッセル宣言）。しかし、日本ではこのワクチンは普及しておらず、ほとんどの養豚業者が麻酔無しの去勢を行なっています。

子豚は三週齢程度で離乳させ、メスの場合、八カ月齢くらいで繁殖させますが、そのときにはストール飼育が一般的です。妊娠豚用檻（ストール）は二〇一三年からEUで禁止され、アメリカのいくつかの州でも禁止されていますが、日本の繁殖用に飼育されている雌豚八八万五〇〇〇頭のうち八八・六%が妊娠ストールにいます（農林水産省二〇一四年）。雌豚用ストールは〇・六～〇・七×二・〇～二・一メートルの枠で、前に餌槽と飲水器があります。後半部の床はスノコになって、排泄をそこで行なわせるため、向き換えができないように幅を狭めています。繁殖用のメスの豚は、一生のほとんどの時間をこの檻の中で過ごします。

日本の一般的な養豚場では、豚はコンクリートの床で、一坪当たり二〜三頭という成長するとほとんど身動きができないスペースで飼われています。さらに、七一キログラム以上の肥育豚一頭当たりの飼養面積は、〇・六五平方メートル未満の割合が二％（二〇〇七年）から二〇％（二〇一四年）となり、過密飼育が増えつつあります（豚の飼養実態アンケート調査報告書）。

自然に近い環境では、豚は、日中の大半の時間を鼻であちこち掘り返したり、草や根や昆虫、ミミズを探して食べたり、木に体をこすり付けて汚れを落としたり、仲間とじゃれあったりして過ごします。しかし、日本では、放牧養豚はほとんど行なわれておらず、豚の多くは屠殺されるまでの一生を豚舎のなかで過ごしています。このように、家畜を飼育場で常時つなぎ飼いし、飼料の提供や糞尿処理を人間が行なうやり方を「介護畜産」（！）と言います。これは動物にとってストレスが大きい上、人間にとっても肉体的な負担が大きく、生産者から違和感がたびたび語られていますが、日本の畜産業では完全に定着しています。

肥育豚（肉豚）の多くは、密飼いによるストレスや濃厚飼料（トウモロコシなどのタンパク質が多い飼料）が多く粗飼料（生草、乾草、わらなど）が少ないため、多かれ少なかれ胃潰瘍を患っているとされています。日本全国で二〇一四年度に屠殺された豚は一六〇四万七八二頭で、そのうち九七〇万七三六九頭が一部廃棄（残りの部分は市場に出される）、全部廃棄は一万八三四〇頭でした。六一％の豚が病気などで一部廃棄され、残りの肉が市場に出されていることになります（厚生労働者　食肉検査等情報還元調査）。

豚の寿命は一五年程度と言われますが、日本では生後約二〇〇日で食肉にされています。実際には、豚は飼育を続ければ成長し続けていきますが、費用対効果と肉質の衰えから（人間で単純計算すると三〜四歳の）幼い状態で出荷されるのです。

では、豚を屠殺せず、育て続けるとどうなるのでしょうか。アメリカには、農場で虐待されていた動物を救出して収容し、天寿を全うするまで良好な環境で生活させる「ファーム・サンクチュアリ」（動物たちの楽園農場）があります。

「豚舎の隣に小屋があって、そこにもなにかがいるのを発見した。薄ピンク色をした巨大ななにか。近づいてみると、それもやはりブタだった。ただあまりに大きすぎてブタに見えなかっただけなのだ。それが何頭もより集まって、全体が巨大な肉塊のように見える。「うちで一番おじいさんのブタなのよ。肉がつきやすいタイプの品種で、本来肉の生産のために解体される年齢をすぎても太り続けてもう動けないの……ほかの連中と一緒にしておくわけにもいかなくて、こっちにいてもらっているわけ」。肉塊の表面が小刻みに波打っている。それぞれの個体の境界が曖昧になって、どこからどこまでが一頭のブタなのかよくわからない。これはもはやブタではない。人間の遺伝子操作が作りだした肉を生産する機械だ」（川端 2000）。

豚肉は国産一三一万一〇〇〇トンに対し輸入一一一万三〇〇〇トンで（農林水産省 食料需給表二〇一三年）、日本は世界最大の豚肉輸入国です。

養殖魚――限られた資源のきわめて非効率的な利用

いま世界で「工業畜産」として急成長しているものに養殖魚があります。

一九八〇年以来、養殖業は世界全体で約一四倍に成長し、養殖魚介類の生産量は二〇一二年に六六〇〇万トンに達し、牛肉の生産量を上回りました（ナショナルジオグラフィック 2016）。二〇一三年には、世界の市場に供給される魚の五一％が養殖魚になっています（国連食糧農業機関

（FAO））。世界全体では毎年約一兆匹の養殖魚が生産され、アジアがその九〇％を占めています。日本も、一九七〇年代以降の水産政策のキャッチフレーズが「とる漁業からつくり育てる漁業へ」でした。

ケージにいる鶏やストールにいる豚に比べ、海にいる養殖魚は比較的自由な生活をしているのではないでしょうか？　しかし、必ずしもそうではありません。

サーモンの場合、最大五万匹が一つの檻で飼われています。これは「体長七五センチの魚が一人用の浴槽で飼われているようなものだ」「群れで海を泳ぐのが本性であるサケたちは、動物園の動物がいらいらと檻の中を行ったり来たりするように、ケージの中でも群れを成してぐるぐる回り続ける。仲間の体やケージの側面と擦れあって、ヒレや尾がぼろぼろになる。（…）過密と閉じ込められているストレスのせいで、病気への抵抗力が衰える。近年、サーモンの養殖では、何度も病気が大発生し、数百万匹が死んだ。養殖サーモンの死亡率は驚くほど高く、平均で一〇～三〇パーセントにもなる。家畜の死亡率がそこまで高ければ、警鐘が鳴らされるはずだが、人間は、魚の福利にはあまり関心がないらしい」（リンベリー＆オークショット 2015）。

養殖業が急速に発展した背景には、漁業の乱獲によって天然魚が危機的に減少したという背景があります。しかし、養魚業が天然魚を保護しているのかというと、そうではありません。

ブリ、マダイ、サケ、マグロなど日本の養殖魚はほとんど「魚食魚」で、その餌になる雑魚の切り身や魚粉飼料は天然魚から作られています。しかし、養殖のブリは天然魚を四キログラム食べて一キログラム、養殖のマグロは天然魚を一四キログラム食べて一キログラムしか成長しません。たとえば、出荷標準サイズの五〇キログラムの養殖マグロ一匹を生産するため、約七〇〇キログラムの魚が海から消える計算になります。つまり、「養殖魚が増えると海の魚が減る」ので

す（佐藤秀一・東京海洋大学教授　https://www.recruit-lifestyle.co.jp/lifeshift/ls18135_20160608）。

世界的にも、水揚げされた魚の実に三分の一は、養殖魚やほかの家畜の餌にされています。「『投入する魚』対『得られる魚』という大ざっぱな比率で見ても、養殖漁業が限られた資源のきわめて非効率的な利用法であるのは確かだ」（リンベリー＆オークショット 2015）。魚の養殖も、牛や豚の穀物による飼育と同様の「非効率」問題があるのです。

日本の国内魚介類の生産量のうち二三％（二〇一二年）は養殖で、ウナギはほぼ全量、マダイは八割、クロマグロは七割近くが養殖になっています（農林水産省「漁業・養殖業生産統計」）。また、二〇一四年の日本の魚介類の自給率（重量ベース）は六〇％で、日本は世界二位の魚介・水産物輸入国です（国連食糧農業機関〔ＦＡＯ〕）。

わたしたちは、ここまで牛、豚、鶏、そして魚たちの「畜産革命」のあり方を振り返ってきました。わたしたちは、かつて人類と動物が経験したことのない「生の変容」に立ち会っているのです。

「死の工場」から「生の企業」へ

工業畜産での動物たちのこうした扱いは、「ホロコースト」に喩えられることがあります（「ホロコースト」は動物を焼いて神前に供えるユダヤ教の「燔祭《はんさい》」を意味するギリシャ語）。

アイザック・Ｂ・シンガーの小説「手紙を書く人」（2016　原書1968）で、登場人物は「他の生き物は皆、食べ物や衣服を人間に与えるために創造され、いじめられ、絶滅させられるために生まれてきた。動物の目から見れば、人間なんてみんなナチスだ。動物にとって、この世は永遠のトレブリンカだ」と言います（トレブリンカはポーランドの絶滅収容所。約一四カ月間にユダヤ人七三万人以上が殺害されたとされる)。チャールズ・パターソンはこの言葉をタイトルとした『永遠のトレブリンカ——われわれの動物の扱いとホロコースト』(パターソン 2007)で、人間による動物の扱いと強制収容所での大量虐殺の連続性を示そうとしました。工業畜産や屠殺で動物が大量に殺される事態は、強制収容所でのユダヤ人や障がい者などの大量虐殺と重なるということです(ただし、こうした比較はユダヤ人から「ホロコーストを矮小化するもの」とたびたび批判されています)。

トレブリンカなどの強制収容所では、脱衣室で裸にさせた人々に有刺鉄線のフェンスで囲われた「チューブ」を通らせ、シャワー室のように見える天井のパイプから一酸化炭素を放出するガス室で殺害していました。一方、多くの屠畜場(食肉センター)は、通路から家畜を追い立て、豚や鶏は炭酸ガスや電気ショックで失神させ、その後に動脈を切って屠殺しています。こうした動物の工業的屠畜が、強制収容所での尊厳を剝奪された大量殺害の「死の工場」と比較されるのです。

そして、屠畜場と工場と強制収容所には産業史上の繫がりがありました。一九一三年頃、フォード自動車は機械部品の規格化とコンベヤーによる流れ作業(分業化)を結びつけた大量生産方式「フォードシステム」を開始します。このシステムは飛躍的な生産能率の向上と原価引き下げを実現し、「二〇世紀の工場」の方向性を決定づけました。そして、その創業者ヘンリー・フォードはこのアイデアをシカゴの屠畜場の天井トロリーコンベヤーから得たと言っています(『私の生涯と仕事』)。彼は、屠畜場での動物解体の流れ作業と分業をいわば逆向きにして自動車の組み立てに応用したのです。こうして、屠畜場は二〇世紀の資本主義の一つの原点となりました。

そして、フォードは世界的企業家であると同時に世界的に有名な反ユダヤ主義者でした。彼は反ユダヤ主義パンフレットをいくつか出版し、その文章を集成した『国際ユダヤ人』はヨーロッパのほとんどの言語に翻訳され大きな影響を与えました。ヒトラーは自宅の居間やナチス党本部の執務室にフォードの写真を飾り、来訪者には『国際ユダヤ人』を贈呈し、フォードから受けた財政的支援を自慢していました。

ヒトラーは「フォードこそはアメリカにおけるファシズム運動育成の指導者である」（『シカゴ・トリビューン』）「フォードの理論をドイツで実践するため最善を尽くしたい」と語ります。こうして、シカゴの屠畜場は、フォードのシステムと彼の反ユダヤ主義を経由して、ある意味では「フォードの理論をドイツで実践」したと言える強制収容所＝「死の工場」に結実したのです。

この屠畜の「工場」化は動物たちにとってどのような意味を持ったのでしょうか。一日に二万一〇〇〇頭の豚を処理する（そのうち年間約六〇万頭分の豚肉が日本に送られる）シーボードフーズ工場（ミズーリ州）を見学した青沼陽一郎がこう書いています。


窓のない巨大な空間を、白い電灯の光が照らしている。

そこで、豚たちが順番を待っていた。

その鼻先には、まるで大型の機材運搬用エレベーターのような箱形の機械が置かれている。

（…）

やがて扉が開き、背後の壁がゆっくりと迫《せ》り出してくると、前に進むしかない豚は目の前の箱形装置の中に吸い込まれ、扉が閉じられた。

そのまましばらくすると、今度は反対側の扉が開いた。すると、さっきまで自力で歩いていた豚たちが「ゴロン！」と、コンベアの上に転がり落ちる。装置の中では、一時的に二酸化炭素が充満され、それによって豚たちは瞬時に意識を失う。失神して大きな物体のようになった豚は、それぞれの後ろ足をチェーンで括《くく》られ、やがて一列になって天井から吊《つる》されていく。

それからしばらく行ったところで、演壇のような場所にひとりの作業員が待ち構えていて、逆さになっている豚の喉元を、特殊な器具で刺していく。一頭一頭、正確に同じ場所に。そこから吊された豚の血が抜かれ、やがて静かに絶命する。（青沼 2017）

ここでの屠畜はオートメーション化され、その死から痛みや苦しみはほとんど消し去られています。日本の屠畜場を見学した動物政策学者の打越綾子もこう言っています。「実際に一連の流れを三六〇度の空間で実感した立場として断言したいのは、天寿を全うする動物と比しても、牛や豚の最期の苦しみは少ないということである」「動物のストレスは最小限に抑えられ、実際、見事な技で数秒のうちに絶命させる」（打越 2016）。

この見解は、屠殺の瞬間については正当かもしれません。屠殺の工業化と専門家の「見事な技」によって（そもそも、動物が苦しむと肉が硬くなって血が抜きにくくなりますし、苦しんだ牛や豚が大暴れするようでは「産業」として成り立ちません）「動物のストレスは最小限に抑えられ」、死の苦しみは最小化されています。

しかし、今まで見てきたように、工業畜産の問題は「死の苦しみ」以上に「生の苦しみ」にあります。「畜産革命」は「死の苦しみ」を最小化する一方、動物たちの「生の苦しみ」と「尊厳の剥奪」を極大化したのです。

工業化によって動物の「生」を革命的に変化させた一九七〇年代以降の「畜産革命」はホロコ

ーストというより、むしろフーコーの言う「生権力」の問題を示しています。フーコーは、死刑を始めとする刑罰によって治安を維持し、戦争で住民に対する大量殺戮を行なう「死を支配する権力」だった体制が、一八世紀以降に「生命に対して積極的に働きかける権力、生命を経営・管理し、増大させ、増殖させ、生命に対して厳密な管理統制と全体的な調整とを及ぼそうと企てる権力」へ移行したと言いました（フーコー 1986）。そのように、農家の庭や畑で飼われて牧草や人間の残飯を食べるかつての状態から、家畜たちは動物工場の徹底した「身体の行政管理と生の勘定高い経営」によってその全生涯を支配されるようになったのです。

さらに、ドゥルーズはフーコーの議論を前提に、「生権力」が二〇世紀後半に「規律社会」から「管理社会」に移行したと指摘しました。管理社会とは「監禁によって機能するのではなく、不断の管理と瞬時に成り立つコミュニケーションによって動かされ」、物理的な「監禁」から「開放」へ移行しつつ、より徹底した管理が行なわれる社会です（ドゥルーズ 1992）。

たとえば、従来の動物工場のような超過密で不衛生な飼育状況では、家畜の病気やケガが無視できない経済的損失となることが知られています。そのため、個々の家畜のデータを把握する技術によって、より「家畜の健康に配慮した」開放的な飼養が始められています。たとえば、家畜にブレスレット、ベルト、ＩＤタグなどのウェアラブル端末を取り付け、位置情報や生体情報をＧＰＳで追跡・管理することにより、放牧される個々の家畜の位置や体温、飲食と歩行の量、気候のデータを農家のコンピューターに送信し、最適な飼育環境を可能にする方法です（https://wired.jp/2017/07/12/wearables-farm-animals/）。日本では、豚舎のカメラ、マイク、センサーで豚の鳴き声や運動量、餌の消費量をデータ化し、それをＡＩによって解析する試みが二〇一八年から始まっています。ドゥルーズが言うように「群れのほうもサンプルかデータ、あるいはマーケットか「データバンク」に化けてしまう」のです。こうした「開放的」管理は、犬や猫などのペットや、あとで見る野生動物に対しても広く適用されています。

ドゥルーズは「管理社会になると、今度は企業が工場にとってかわる」と言います。より正確に言うと、マイクロソフトやグーグルなどＩＴ「企業」が国内や発展途上国のハードウェア「工場」を不可欠とするように、企業は工場を前提とし、それを管理（オペレート）するのです。それと同様に、現代畜産も「動物工場」を前提として、品種改良や開放的飼養を、「ゲノム編集技術」などの遺伝子操作やＩＤ管理がそうであるように、ソフトウェア的に管理しようとしています。こうして、かつての「屠畜場」＝「フォードシステム」＝「強制収容所」という「死の工場」は、その世界史上の位置を一九九〇年代以降「畜産革命」＝ソフトウェア社会＝「管理社会」という「生の企業」へと交代したのです。

その意味で、屠畜場が二〇世紀の「工場」と「収容所」の一つの原点となったように、現代畜産は二一世紀の「企業」と「管理社会」の原点となりえるのです。

「絶滅《ホロコースト》よりも悪い運命」

「畜産革命」により、畜産業は世界規模で爆発的に拡大しました。言い換えれば、畜産革命は家畜動物たちをかつてない規模で「繁栄」させました。

人類が畜産を開始した紀元前一万年ごろ、犬以外に家畜動物はほとんど存在せず、野生のイノシシ、牛、野鶏《ヤケイ》がそれぞれ数百万頭ほど生息しているだけでした。しかし、現在、世界には家畜としてブタ一〇億頭、牛一五億頭（ＦＡＯ 2015）、ニワトリは五〇〇億羽以上（三浦 2018）飼育されています。一万年前のバイオマス（生物の量）の九九％は野生動物でしたが、現在、人間と食用動物が九八％になっています（Smil 2011）。毎年一万〜四万の野生種が絶滅しつつある「第六絶滅期」のいまも、人類と家畜は増大し続けています。しかし、この人間の手による「繁栄」は動物たちにとって何を意味したのでしょうか。

たとえば、家畜化され子育ての能力を失った鶏は、いま「毎日ひたすら卵を産み続ける」「産卵鶏という名の機械」となりケージの中で「多大な恐怖」の中で暮らしています。ブロイラーは、生後五十数日で食べられるまで、太陽も空も目にすることがない「ダンテの『地獄篇』の世界さながら」の状態を生きています。

一方、ニワトリの原種、セキショクヤケイは「飼い慣らせないヒョウのよう」に「常に集中して、耳を澄ませ」て、いまも南アジアの森林で「王者らしい気取った歩きぶり」で暮らしています（ロウラー 2016）。セキショクヤケイの調査にラオスに行った動物学者の遠藤秀紀は、その「宗教の極楽物語や信仰の安らぎすら醸し出すほどの羽ばたき」と「耳を貫くような異質の金属音」に驚き魅了されたと言います（遠藤 2010）。

家禽保護団体のカレン・デイヴィスはこう言います。「ニワトリの運命はもう定まっています。絶滅する運命ではなくて、増殖する運命に。私が思うに、それは絶滅よりも悪い運命です」（ロウラー同前）。家畜となり「この星でもっとも繁栄している鳥類」（遠藤 同前）となったニワトリは、「絶滅」（ホロコースト）ではなく「増殖」（生の管理）に向かいました。しかし、それはニワトリにとって「ホロコースト」以上の「恐怖」と「地獄」をもたらすものになりました。

日本の「動物の愛護及び管理に関する法律」第六章「罰則」四四条は、「愛護動物に対し、みだりに、給餌若しくは給水をやめ、酷使し、又はその健康及び安全を保持することが困難な場所に拘束することにより衰弱させること、自己の飼養し、又は保管する愛護動物であって疾病にかかり、又は負傷したものの適切な保護を行わないこと、排せつ物の堆積した施設又は他の愛護動物の死体が放置された施設であって自己の管理するものにおいて飼養し、又は保管することその他の虐待を行った者は、百万円以下の罰金に処する」としています（ここで言う「愛護動物」は「牛、馬、豚、めん羊、山羊、犬、猫、いえうさぎ、鶏、いえばと及びあひる」と「人が占有している動物で哺乳類、鳥類又は爬虫類に属するもの」を指す）。

しかし、今まで見た「産卵鶏オスの殺処分」「鶏のケージ飼育」「強制換羽」「排泄物で汚れた寝床に横たわった状態で過ごすブロイラーや豚」「豚の麻酔なし去勢」はどうでしょうか。たとえば、わたしたちがペットの犬や猫を「オスが産まれたらただちに殺処分する」「方向転換できない狭いケージの中で死ぬまで飼う」「二週間程度、絶食・絶水して栄養不足にさせる」「排泄物まみれの寝床で飼い続ける」「去勢手術を獣医師でない者が麻酔なしに行なう」としたら、飼い主であれペット業者であれ、重大な動物虐待として厳しく批判されるにちがいありません。

しかし、牛や豚や鶏へのこうした行為は問題にされません。なぜなら、牛、豚、羊、鶏は「愛護動物」（家族の一員）ではなく「経済動物」（資本の一員）だからです。事実、こうした家畜たちは、人間の食糧になると同時にペットの「エサ」にもなります。キャットフードの「原材料」表示にある主原料には「鶏、牛、豚、サーモン」がよく書かれています。国産のキャットフードは、主に食品製造段階で出る人間の食用以外の部位が原料にされているからです。阪神淡路大震災、東日本大震災、熊本地震を通して、ペットについて「家族の一員」から「社会の一員」への転換の必要性が言われました。しかし、家畜動物はその意味での「社会の一員」とはみなされていません。

その背景の一つには、日本には「働く」家畜（役畜）は存在しても「食べる」家畜が存在しなかったという歴史的特異性があります。世界の多くの人にとって、肉食は「大事に育てた動物を、自分の手で屠殺して家庭や地域で食べる」というものとして文字通り血肉化していました。しかし、一二〇〇年の間、日本には「食べるための家畜をかわいがる（尊重する）」という関係は存在しませんでした。近代以降の日本人にとって、肉食は最初から「近代産業」として、家畜は単なる「食材」として捉えられたのです。おそらく、この歴史的特異性が現在の日本の「薄情」と言うべき経済動物への無関心をもたらしています。

しかし、日本以外のいくつかの国では、畜産革命が始まるとほぼ同時に、それに対する「対抗運動」が始まっていました。

Ⅵ　動物の福祉（Animal welfare）・動物の解放（Animal Liberation）

「ブタもパンのみに生きるにあらず」――アニマルウェルフェア

応用動物行動学者の佐藤衆介は「野生生活で出現する全行動を、豚舎内で発現させること」を飼育方式としたイギリス・エジンバラのシステムを見学した体験について書いています。

もっとも衝撃的だったことは、ブタがじつにいきいきし、ヒトに慣れていることであった。私が豚舎のなかに入っても気にかけることなくそのまま行動し、ときには近づきにおいを嗅ぎ、なでてやるとおとなしくそれを受け入れた。皮膚はピンク色に輝き、活動的で、いかにも健康そうな様子に感動したのである。それまでのブタに対するイメージは、キーキーと神経質そうに鳴き、一目散に逃げ、ときには噛みつくというとてもかわいくない動物というものであった。そのイメージがまったく異なることに驚き、そこでみたブタの様子にカルチャーショックを受け、思わず頭に浮かんだ言葉が「ブタもパンのみに生きるにあらず」であった。（佐藤 2005）

こうした「動物の福祉」に配慮した飼育は「代替飼育法」と呼ばれます。たとえば、採卵鶏については止まり木、巣箱、砂浴び場を設置したケージ、繁殖雌豚については、床材を掘り返す行動や仲間との行動への欲求を満たすため、ワラやオガクズなどの床材を敷き群れで飼育する「深床式群飼システム」などが開発されています。

コストを抑えて食品を生産する工業畜産の中で、家畜たちが虐待状態に置かれているのではないか。そうした反省から、「動物の福祉」の動きが一九六四年から始まりました。

一九六〇年代初め、イギリスのルース・ハリソンが食用子牛についてのパンフレットを読んだことから家畜問題に関心を持ち、一九六四年に『アニマル・マシーン――新しい工場畜産』を出版します。この本は、先進国で始まっていた「工業畜産」の実態を描き出し、イギリスで大きな反響を呼びました（日本語訳は一九七九年に出ましたが、ほとんど反響がありませんでした）。

イギリスは、科学者による技術諮問委員会（ブランベル委員会）に、家畜の飼育と福祉に関する調査を委嘱します。そこで出された報告は、イギリスの農用アニマルウェルフェア委員会（FAWC）が一九九二年に提案した「五つの自由」へ発展します。現在、この「五つの自由」はアニマルウェルフェアを考える際の国際基準とされています。

一、飢えと渇きからの自由：完全な健康と元気を保つために新鮮な水と餌が確保されること。
二、不快からの自由：避難場所と快適な休息場所を含む適切な環境が確保されていること。
三、痛み、傷害、病気からの自由：予防と迅速な診断および処置がなされること。
四、正常な行動を表出する自由：十分なスペース、適切な施設、および同種動物の仲間が確保されること。
五、恐怖と苦悩からの自由：精神的苦痛を回避するための条件および対策の確保。

（上野&武田編著 2015）

一九六八年以降、欧州評議会（COE）は家畜動物の保護に関する協約を策定し、一九七八年以降、EUは法的拘束力がある「指令」を施行し、採卵鶏のバタリーケージ飼育の禁止、ブタの妊娠ストール禁止などを規定していきます。

アメリカでは一九六六年に「動物福祉法」（Animal Welfare Act）が制定されましたが、農用動物は規制対象外でした。しかし、二〇〇〇年代に入り、農用動物を対象とした規制がカリフォルニア州での住民投票、オレゴン州での州議会によって立法化され、子牛と繁殖豚のストール飼育、採卵鶏のバタリーケージ飼育、乳牛の断尾などが規制されていきます。

もちろん、動物の飼育・輸送・屠殺方法を法的に規制すると畜産物の生産コストは上昇します。しかし、EUは「アムステルダム条約」（一九九九年発効）で、「家畜は単なる農畜産物ではなく、感受性のある生命存在（Sentient Beings）」と定義し、法的拘束力を持つ「動物の保護および福祉」議定書を採択しました。これを実現するため、EUは農業共通政策としてアニマルウェルフェア法の遵守農家に対し、年間一家畜単位当たり最高五〇〇ユーロ（六万五〇〇〇円程度。ただし農家あたりの上限を規定）の補助金を決定しました。この議定書は現在のEUの家畜福祉政策の基本理念となっており、「EUの畜産革命といえるほどの政策転換」と言われています。

こうした補助金があっても、動物福祉に沿った畜産物は従来の商品よりも高くなります。しかし、欧米のマーケットは、アニマルウェルフェア商品を選択する方法を広めてきました。たとえばイギリスでは、卵一個一個に消費期限と生産者番号、そして「有機卵は〇、放牧卵は一、平飼卵は二、ケージ卵は三」という数字表示がされる「ライオン品質」マークをスタンプしています

（「英国鶏卵産業協会」が一九九八年に開発し、イギリスで販売される卵の八五％〔二〇一五年〕にこのマークがスタンプされている）。

動物福祉団体が改善に最も力を入れたのが「ケージ卵」です。通常のケージ卵に対し、放牧卵は二倍近く高く、有機卵はさらにその二倍前後となります。それでも、二〇一〇年にはイギリスで販売されている卵の五〇％以上は放牧卵になりました。また、アメリカではウォルマート（アメリカのすべての食料品の売上の二五％を占めている）が二〇二五年までに販売の一〇〇％をケージフリー卵にすると発表しています（二〇一六年）。

こうした中、多くのＥＵの消費者はアニマルウェルフェアを消費基準の一つにするようになりました。二〇〇七年の調査では、イギリス、フランスの消費者の約四分の三、ハンガリーとスウェーデンの八三％、ノルウェーの八四％、イタリアの八七％の消費者が「アニマルウェルフェアは消費にあたって重要な要素だ」とみなしています（Attitudes of Consumers, Retailers and Producers to Farm Animal Welfare）。二〇一六年には、ユーロ市民の九四％が家畜の福祉を守ることが重要と考え、五九％が動物に優しい商品のためには五％以上の値上げにも応じるとしています（Eurobarometer）。

一方、日本では農林水産省が公益社団法人「畜産技術協会」に委託してアニマルウェルフェアのガイドラインの検討が行われ、二〇一一年に畜種ごとの「アニマルウェルフェアの考え方に対応した家畜の飼養管理指針」が公表されました。しかし、そこではアニマルウェルフェアは「快適性に配慮した家畜の飼養管理」と定義されました。「快適性とは英語では comfort であり、生産性向上を目的とした飼育技術の用語に依拠しているなど、アニマルウェルフェア概念の根本的な目標とは異なる」（松木 2016）。二〇一六年にはブロイラー、肉用牛、乳用牛についての同指針がＯＩＥ（国際獣疫事務局）の基準に対応するものに改訂されます。

日本の畜産業者も、肉用牛、豚、ブロイラー、採卵鶏を飼育している農家の約六割、乳用牛を飼育している農家の約七割が「アニマルウェルフェアを検討する必要がある」と回答しています（畜産技術協会「家畜飼養実態アンケート調査」二〇一五年）。二〇一六年には「会員がＡＷ畜産を実践する事で、健康な家畜から安全で品質のよい食品を供給する事業を実現する」ことを活動目標とする「ＡＷＦＣ・ＪＡＰＡＮ」（Animal Welfare Food Community Japan）と一般社団法人「アニマルウェルフェア畜産協会」が設立されています（一定基準を満たした家畜の飼い方をしている生産者を協会として認証するマークを作成している）。

しかし、日本ではアニマルウェルフェアは一般に知られていません。また、ＥＵのアニマルウェルフェア予算が年間一四〇億円であるのに対し、日本は二〇〇〇万円です（二〇一五年）。松木洋一が言うように「日本の現実全体をみると、まさに畜産後進国として、欧米の畜産革命の波を被っていないかの様相である」（松木 2016）。

日本でアニマルウェルフェアが定着しない背景として、欧米との動物に対する倫理観のちがいが指摘されることがあります。研究者の竹田謙一は「アニマルウェルフェア思想が農用動物の生産現場から発生したにもかかわらず、最終的に屠殺される動物に対して、「福祉」という言葉が持つ印象が合致しないと日本人に受け取られたことが影響した」と言います（上野&武田 2015）。確かに、家畜の福祉について考えるとき否応なく浮かぶのは、「いずれ殺して食べてしまう動物について、飢えや渇きや行動の自由をあれこれ言うのは偽善ではないか」という疑問かもしれません。最終的に殺して食べてしまう動物に、生きている間だけ多少配慮して「苦痛」や「苦悩」を減らしても、単なる人間の自己満足ではないか、という疑問です。

しかし、たとえば末期ガンの患者について「どうせ死ぬのだから」緩和ケアなど必要ないと考える人はいません。また、死刑囚について「どうせ殺すのだからどんな虐待をしてもよい」とは誰も考えません。家畜についても、屠畜（殺すこと）と飼育（生かすこと）とは別に考えなければならないのです。

しかし、もしアニマルウェルフェアを「偽善」と考えるなら、それはおそらく二つの方向に行き着きます。「家畜にはどういう扱いをしても構わない」と考えるか、動物を「決してたんに手段として用いるのみならず、つねに同時に目的として用いるように行為せよ」（カント『実践理性批判』）と考えるか（カント自身は「動物は自分自身を意識していないがゆえに、すべての動物はたんに手段としてだけ存在し、それ自身のために存在するのでないのに対し、人間は目的である」（カント「コリンズ道徳哲学」）としていました）。

家畜の福祉に無関心な日本の多くの消費者は事実上、前者です。そして、後者は「動物の解放」（アニマルリベレーション）あるいは「動物の権利」（アニマルライツ）の立場です。

動物の解放・動物の権利

動物解放運動は一九七〇年代に欧米で始まり、世界各国に広がりました。それは、人間による動物への搾取と「人間中心主義」そのものを否定することにより、世界に大きな衝撃を与えました。わたしたちの社会が、たとえば奴隷を「より人道的に扱う」のではなく「奴隷制をなくすべきだ」としたように、動物を「より人道的に扱う」（たとえば、鶏が運動できるようにケージを広くする）のではなく、屠殺や工業畜産そのものを廃止しようとしたのです。トム・レーガン（一九三八〜二〇一七）が言うように「われわれは「ケージを大きくする」のではなく「ケージを空にしろ」と主張するのだ」（Regan 2004）。

動物解放運動は、哲学者のピーター・シンガーが一九七五年（邦訳は1988年刊）に出版した『動物の解放』をきっかけに世界に広まりました。ここから、シンガーは「動物解放の父」と言われます。

シンガーは、人類が人種差別主義（racism）や性差別主義（sexism）を克服しようとしてきたように、種差別主義（speciesism）を克服すべきだとします。道徳的な配慮を「人間」だけにするのは「種差別」であって、「感覚ある存在」すべてに行なわなければならない、ということです。シンガーは『動物の解放』で、「種差別」の代表的ケースとして動物実験と工業畜産を詳細に告発し、その全廃を訴えました。そして『動物の解放』出版後、動物解放運動の進展とともに、動物実験と工業畜産は世界各国で様々な批判を浴び、法的規制を受け始めました。哲学者の著作が社会運動を主導するということはめったにありません。二〇世紀後半、ハイデガーやフーコー、デリダなどの「人間中心主義」批判が哲学に大きな影響を与えましたが、シンガーの「人間中心主義」批判は、それをはるかに超える直接的衝撃を社会に与えました。「『動物の解放』を読めば、読者は自分の生き方の弁明に走るか、生き方を変えるかのどちらかしかないだろう。この本はそんな希少な一冊だ。シンガーの論法はあまりにも優れているため、生き方を変える読者も多いだろう。この本は数え切れないほどの人々を菜食主義に改宗させた」（ポーラン 2009）。シンガーが「存命する哲学者のなかで最も影響力のある人物」（『ザ・ニューヨーカー』）に選ばれたのはこのためです。

『動物の解放』のシンガーの哲学は「功利主義」に基づいています。功利主義は、「ある行為で影響を受ける関係者全員の幸福を最大化する」こと（最大多数の最大幸福）を基本原理とします。

普通、この「関係者」は人間に限られます。しかし、功利主義の創始者であるベンサム自身はこう言っていました。「人間以外の動物が（…）権利を手に入れる日が来るかもしれない。（…）問題は、彼ら（動物）が理性的かでも、話せるかでもなく、苦痛を感じることができる（can suffer）かなのだ」（ベンサム 1979 原書 1789）。シンガーはベンサムのこの発言を文字通りに受け取り、功利主義で考慮すべき「関係者」を「感覚をもつ存在（sentient being）」としたのです。

一九八三年には「動物の権利」をテーマとするトム・レーガンの『The case for animal rights』（未邦訳）が出版され、動物解放運動に大きな影響力を与えます。レーガンは、「権利を持つ主体は人間に限られる」という常識を否定し、一部の動物は「生の主体（subject of life）」であり固有の権利を持つとしました。この「動物の権利」論は、シンガーの理論とともに動物解放運動の大きな流れを形成していきます。

動物の「権利」と言うと奇異に感じられるかもしれません。しかし、「人間には動物を尊重する義務がある」という表現にはあまり違和感はないはずです。現実的に内容が同じであれば、「動物の権利」と言うのか「人間の義務」と言うのかは言葉の問題と言えます。そして、「人間の義務」ではなく「動物の権利」という言葉こそが、社会に大きなインパクトを与えたのです(16)。

動物解放思想の特性を示すエピソードが『動物の解放』の序文にあります。シンガー夫妻は「動物に大変興味をもっている」女性からお茶に招待されました。お茶の席には「動物に関する本」を書いた人が同席していて、彼女はハムサンドイッチを食べながら、シンガーに「どんなペットを飼っているのですか」とたずねました。シンガーがペットを飼っていないと知ると、夫妻を招待した女性は「でもあなたは動物に興味をもっていらっしゃるんじゃないんですか？」と言いました。

私たちは苦しみと悲惨（suffering and misery）の防止に関心をもっているのだということ

(16)　倫理学では、ある主体が義務を持つと他者にそれに対応する権利がある場合を「完全義務」と言い、対応する権利がない場合を「不完全義務」と言う。たとえば、「約束を果たす義務」は約束をした相手の権利となるので「完全義務」、慈善行為のように相手に権利が発生しない場合は「不完全義務」とされる。したがって「動物を尊重する人間の義務」が完全義務であれば「動物の権利」と同値である。

では、動物の尊重は「完全義務」だろうか。倫理学者の加藤尚武は「正義が完全義務で、慈善が不完全義務という伝統的な枠組みが、ずっと長く影響力をもってきた。しかし現代世界の一つの特徴は、不完全義務の完全義務への移行と呼んでもいいように思われる」と言う（加藤 1997）。

そこでは、例として開発途上国援助や自然保護などが挙げられているが、それらの社会問題と同様、動物の尊重も「慈善」から「正義」へ、つまり「不完全義務」から「完全義務」に転換しつつあると考えられる。たとえば、完全義務は「それを果たさなければ罰されるもの」と考えられることがある。日本の「動物愛護法」は「愛護動物」の殺傷について懲役あるいは罰金を定めているので、「愛護動物の権利」はその意味では日本で成立しつつあると言える。

なお、シンガーの功利主義は「帰結主義」（行為の結果が重要視される）の一つで、それは「主体の権利」を最優先する「権利論」とは理論的に対立する。たとえば、動物実験の場合、動物が実験で受ける苦痛とそれによって人間が受ける恩恵（幸福）を比較したとき、幸福の量が大きければ、功利主義では動物実験は肯定される。一方、権利論では、人間について行なわないような実験は、その有用性に関わらず（ある種の）動物については否定すべきとされる。

しかし、シンガーは動物実験について、それが正当化される条件を満たす場合はまれであるとして、事実上の全廃を求めた。肉食の廃止についても、シンガーとレーガンはほぼ一致する。二つの立場は理論としては異なるが、現実の運動ではあまり対立しないとされている。

を説明しようとした。私たちは恣意的な差別に反対しているのであり、ヒト以外の生物に対してであっても不必要な苦しみを与えるのはまちがっていると考えているということ、そして私たちは動物たちが人類によって、無慈悲で残酷なやり方で搾取されていると信じており、このような状況を変えたいと思っていることを話した。他の点では私たちは動物たちにとりたてて「興味をもって」いるわけではないのだ、と説明した。私たち夫婦はどちらも、多くの人たちがするようなやり方で、犬や猫や馬を溺愛したことはなかった。われわれは動物たちを「愛して」いたのではない。私たちはただ彼らがあるがままの独立した感覚をもつ存在として扱われることをのぞんでいたのだ。つまり、屠殺されて、肉を私たちを招いた女性のサンドイッチの原材料に提供された豚のように、人間の目的の手段として扱われることはのぞんでいなかったのである。

（シンガー 1988）

たとえば、人種差別に反対する人は他の人種の人々を「愛護」しているのではありません。人間を感情的に「愛する」ことと「尊重する」ことが異なるように、動物「愛護」と動物「解放」は全く異なります。「動物の扱いに関心をもっている人は「動物愛好者（animal-lovers）」にちがいないという想定そのものが、人間に適用されている道徳規準を他の動物にも広げようという気持ちが少しもないことを示しているのだ。虐待されている少数民族の平等の権利に関心をもつ人は、その少数民族を愛しているにちがいないとか、彼がかわいいと思っているにちがいない、などと主張するのは、意見のちがう相手に「黒ん坊愛好者（nigger-lovers）」のレッテルをはる人種主義者だけだろう」（シンガー 同前）。

ぼくも、動物問題の本や資料を読んでいると「動物が好きなの？」と聞かれることがあります。

それは、フェミニズムの本を読んでいる男性に「女が好きなの？」と聞くようなものだと思いますが、そういう時は「というより、人間と動物の関係に関心があるんです」と答えています。

ここから、シンガー夫妻が食べようとしなかった「ハムサンドイッチ」の問題が浮上します。「歴史上存在した中でもっとも広範な他の動物種の搾取に私たちが直接触れるのは、食卓や近所のスーパーマーケットや肉屋さんにおいてなのだ」（シンガー同前）。犬や猫をかわいがりながら、牛や豚や鶏を食べる、あるいは、ペットの猫に鶏などが原料のキャットフードを食べさせるという矛盾がここから問題にされます。

シンガー自身、菜食主義者として生活しています。動物への社会的な搾取・虐待に反対するなら、「動物を殺して食べる」肉食の検討は避けられません。子猫殺しについて、坂東眞砂子は「まったく、おまえは牛肉を食べているだろう、豚肉を食べているだろう、と私も真っ先に思いましたよ」と言いましたが、動物解放運動から言えばまさにその通りなのです（彼女自身は肉食していましたが）。

ウーマン・リブやフェミニズムは、従来「個人的なこと」としてしか扱われなかった「家族生活」や「性生活」に存在する差別を可視化し、「個人的なことは政治的である」と言いました。それと同様、「食べることは政治的（倫理的）である」と言わなければなりません。

マージナルケース——シンガー事件

シンガーは『動物の解放』で「利害への平等な配慮という基本的な倫理原則の適用範囲はヒトのみに限られるべきではない」と言いました。「感覚（sentience）をもつということは、その生きものの利益を考慮するかどうかについての、唯一の妥当な判断基準である」。

動物は、多くの人間よりも（一般的な意味での）知的能力において劣っています。けれども、たとえば知的能力の高い人間が知的能力の低い人間を奴隷にしたり暴行したりすることは許されません。だとすれば、「どうして人間が同じ目的で他の動物を搾取することが許されるだろうか？」「救いがたいスピシーシズムとよべる唯一の立場は、生存権の境界を正確に種の境界と一致させようとする立場である」。

ここで「能力が低い」という議論に参照として挙げられるのは、いわゆる「マージナルケース」です。

「たとえば、チンパンジーや犬や豚は、深刻な知的障害をもっている乳児や老衰がすすんだ人よりも高度の自意識をもち、他者と意味のある関係を結ぶ点ではより高い能力をもっているであろう。だからもし私たちが生存権をこれらの特質によって根拠づけるならば、これらの動物にも、知的障害のある人間や老衰した人間と同じ程度の、あるいはそれ以上の生存権をみとめなければならない」。

シンガーは『実践の倫理』（1991　原書 1979）で「ホモ・サピエンスという種の構成員」としての「人間」（human）と、「理性的で自己意識のある存在」（「自己意識、自己制御、未来の感覚、過去の感覚、他人と関わる能力、他人への配慮、意志伝達、好奇心」を持つ存在）としての「人格」（person）を区別し、このように言います。「たとえばチンパンジーを殺すのは、生まれつきの知的障害のために、人格ではないし、決して人格でありえない人間を殺すのに比べて、より悪いように思われる」。シンガーは『実践の倫理』などの中で安楽死の問題について議論を行ない、重度の障害を持つ新生児などについては安楽死が正当化されると主張しました。

これは、シンガー自身が言うように「両刃の剣（cut both ways）」でした。それは「深刻な精神障害のある人や絶望的に老衰した人は生存権をもっておらず、われわれが今それでもって動物を殺しているような、取るに足りぬ理由で殺してもよいのだと解釈することもできる」（シンガー 1988）からです。事実、シンガーの意見はたびたびそのように解釈され、深刻な反響を呼びました。

たとえば、シンガーが一九八九年に旧西ドイツに講演に招かれたとき、会場では講演を阻止するホイッスルや怒号が湧き起こり、何人かが抗議の理由を述べました。そこで、ある抗議者は「人間がいま動物を扱っているのと同じやり方で、障害をもつ人間を扱うべきだと、シンガーが主張している」と批判しました。しかし、「人間と人間以外の動物を比べることは、私にとって、人間は今より少ない配慮をもって扱われるべきだということではなく、動物の方が今より多くの配慮をもって扱われるべきであるという主張なのだ」（シンガー 1991）。これ以降、シンガーに対し、障がい者団体を中心とした抗議運動が繰り広げられます。これらは「シンガー事件」と呼ばれます(17)。

シンガーが言うように、もし障がい者の立場を悪化させず動物をより尊重するのなら、彼の哲学は現実には障がい者の立場からも問題はないはずです。しかし、シンガーの議論には、おそらく障がい者を「健常者」や「感覚をもつ」動物に対して「劣る」存在と考えさせる面があり、それが「事件」を引き起こすことになったのです。

シンガーの議論に対して、このような反論が考えられます。シンガーは（種としての）「人間」と（理性的で自己意識のある存在としての）「人格」を区別し、「人格」を持つチンパンジーを殺すことは「人格」ではない人間を殺すより「悪い」としました。それは従来、考えるまでもなく自明とされていた「人間中心主義」を否定するほとんど革命的な転換でした。しかし、それは「人間中心主義」から「人格中心主義」へ、つまり「理性的で自己意識がある」ことを価値基準にした新たな差別体系でしかないのではないかとも考えられます。それは、従来の「人間でなければ殺してもいい」を「人格でなければ殺してもいい」へ変えただけではないでしょうか。

しかし、「人格中心主義」が新たな「差別」だとしても、それに対するシンガーの回答は、「人間中心主義」と比べれば「人格中心主義」の方がはるかに妥当だ、ということかもしれません。現実に、動物解放運動によって障がい者が殺されることはなく、一方で多くの動物の扱いが改善されています。かりに「人格中心主義も差別だ」と批判するなら、わたしたちは、より差別の少ない（あるいは差別が全くない）別の提案を出す必要があります。少なくとも、「どちらも差別だから「人間中心主義」のままでいい」と主張することは不可能なのです。

シンガーの動物解放論は、さまざまな反響を起こしながら世界各国に巨大なインパクトを与えていきました。このとき以降、わたしたちの動物に対する視線は「後戻り不可能」な地点に達したのです。

動物解放運動の進展――動物実験

シンガーは、人間による動物への不当な扱いとして特に「肉食・工業畜産」と「動物実験」を糾弾しました。

シンガーは『動物の解放』の中で、心理学、毒性学、医学、軍事などで行なわれているさまざまな動物実験の例を挙げ、その残忍性と無意味さを告発しています。中でも、特に問題とされたのは「ドレーズテスト」と「ＬＤ$_{50}$」でした。

一九四〇年代にドレーズによって開発された「ドレーズテスト」は、ウサギがまばたきできないように片目のまぶたを取りのぞいて頭部を固定し、化粧品やシャンプーなどの原料を入れ、目の腫れ、潰瘍、感染、出血などを調べるテストです。ウサギは涙腺が発達しておらず、異物を眼に入れられても涙で洗い流すことができないために被験動物として選ばれました。多くの「ドレーズテスト」は化粧品開発のために行なわれ、ウサギの目を失明させてきました。一九八三年、アメリカでは毒性試験に五万五七八五羽、化学企業によって二万二〇三四羽のウサギが使われま

(17)　この「事件」についての日本の反応はどうだったのか。
「シンガーが旧西ドイツで言論弾圧の迫害を受けた一九八九年頃、わが国の倫理学者たちがシンガーの生命倫理説を非難したことがあった。当時シンガーには世界中の先進国から賛否両論、質問や支援、抗議の手紙が集まったという(筆者が直接シンガーに訊いたところ日本からは一通しかなかった)。ところが奇妙なことに日本人の批判は訳者の一人にすぎない私のところにきた。私はシンガー説とは違う考えを持っていたが、対話・論争を愛する哲学者として、挑発にのってシンガー擁護を買って出た。ところがその結果、論争はおこらず、私はシンガー攻撃者たちから黙殺されただけだった」(シンガー〔2005〕『グローバリゼーションの倫理学』監訳者解説)。

日本では、シンガー事件は「起こりもしなかった」のかもしれない。

なお、シンガーは、一九八〇年に壱岐の漁民が捕獲したイルカを活動家のデクスター・ケイトが網を切って逃がした事件の裁判に弁護側証人として出廷した。しかし、その主張は当時の日本人にはまったく理解されず、「三五歳のシンガー教授は、法廷では奇怪な思想を主張する変人として受け止められた」(伴野2015)(裁判官はシンガーに「イルカが賢いのなら、イルカが学校に行くのか?」と尋ねた……)。

「その主張は当時の日本では唐突すぎた。「エコロジー」の言葉すら、通訳は訳すのに苦労したのである」「議論は結局、噛み合うことはなかった。八〇年代の長崎の法廷で、一笑に付されたシンガーやケイトの発言を読み解くためには、動物をめぐる思想史の変遷をふまえなくてはいけない」(佐々木2012)。

したが、その多くがドレーズテストだったと考えられています。

「LD_{50}」（五〇％致死量）は、一回の投与で一群の動物の半数が死ぬ量を出すことを目的とする実験です。毒性があるとされる物質を動物に強制投与し、半数、たとえば一〇〇〇匹のうち五〇〇匹が死ぬまで投与量を増やしていきます（一般に、一つの化学物質の安全性を評価するために一〇〇〇匹以上の動物を使う）。もちろん、物質を投与されて生き残った動物たちも最終的にはすべて死亡させます。

しかし、「ドレーズテスト」は、ウサギの目と人間の目の構造に違いがあるため、その有効性がそもそも疑わしいという問題がありました。「LD_{50}」も、かりに実験動物の半数が死亡する値が判明するとしても、それ自体が人間の役に立つかどうか不確かでした。

実は、こうした問題は多くの動物実験にあてはまります。たとえば、アルツハイマー病の研究で動物実験を通過した一七二種類以上の治験薬は人間の臨床試験ですべて失格になり、マウスの敗血症に効いた一五〇種類近くの薬剤もすべて臨床試験で失敗に終わりました。また、抗体治験薬TGN1412は、ラット、マウス、ウサギ、サルを使い、人間の五〇〇倍量が投与されても副作用がないことから人間への臨床試験を行ないましたが、被験者全員が嘔吐や呼吸困難を来たし、多臓器不全で集中治療室に送られました（スラッシャー 2017 訳者あとがき）。「生物医学研究における動物実験の失敗率は、何と九二パーセントに達するという（二〇一三年のデータでは九六％）。産業、教育、基礎研究など、他のどんな活動分野でも、九二パーセントの失敗率などは到底認められない。ただ動物実験にかぎってのみ、この信じがたい失敗率が「研究に伴う代償」として見過ごされている」（スラッシャー 同前）。

一方、多くの科学者は動物実験を必要不可欠なものと考えています。動物実験の基礎を作った

『実験医学序説』（1865）のクロード・ベルナール以来、ガン、成人病、感染症、臓器移植などさまざまな分野で動物実験が医学の進歩に重要な役割を果たしたとされます（ベルナールの妻と娘は、彼が無麻酔で犬の実験を繰り返し行なっていたことに心を痛め、彼の死後、動物実験反対運動を始めています）。しかし、「LD_{50}」と「ドレーズテスト」がそうであるように、その意義に比べて動物実験があまりに非効率で残酷すぎるのではないかという問題提起は多くの人が同感できるものでした。しかも、動物実験の目的が「医療の進歩」でなく「新しい化粧品やシャンプーの開発」だとすれば、動物たちに苦痛を強いて犠牲にする意味があるのか、当然、疑わしくなってきます。

一九七四年、シンガーの講義に出席していたヘンリー・スピラが、猫の脳の一部を破壊する動物実験を行なっていたアメリカ自然史博物館で一年半ピケやデモを続け、一九七七年に動物実験研究室を閉鎖させます。さらに彼は、新聞の全面広告やデモによって「ドレーズテスト」と「LD_{50}」反対キャンペーンに取り組みました。やがて、アメリカで四〇〇の動物福祉団体が化粧品の動物実験に反対するネットワークを作り、業界最大手のエイボンやレブロン社に対する商品のボイコット行動を起こしました。こうした運動の結果、一九八九年にエイボン社は「今後、化粧品の開発実験に動物を使うことは一切やめる」と発表し、レブロンなどの大手メーカーも動物実験に代わる代替法の開発に切り換えていくことを宣言しました。イギリスでも「残酷さのない美」キャンペーンが起こり、消費者が動物実験をしていない商品を買うボイコット運動が広がります。

一九八〇年、「『動物の解放』が私の人生を変えた」と言うイングリッド・ニューカークとアレックス・パチェコが「ＰＥＴＡ」（People for the Ethical Treatment of Animals　動物の倫理的扱いを求める人々の会）を設立します。ＰＥＴＡは「動物は、食べ物、衣類、実験、娯楽、いかなる虐待のためにも存在しているわけではない」をスローガンとし、工業畜産、毛皮工場、動物実験、動物を使った娯楽に対する反対運動を展開し始めました。ＰＥＴＡは大阪・梅田のケンタッキーフライドチキン前で「フライドチキンを買わないで」と英語で抗議し、東京・銀座のバーバリー付近で「ありのままの真実：バーバリーはうさぎの虐殺者」と書かれた横断幕を掲示する抗議活動を行なっています（二〇〇七年）。

一九九一年、ヨーロッパ各国で、化粧品の動物実験反対の署名が二〇〇〇万人におよび、ＥＣ議会の環境・衛生・消費者保護委員会は三年後に化粧品の動物実験を廃止することを決議しました。二〇一〇年、ＥＵ議会は薬品開発など科学実験での動物の使用を厳しく制限する法案を可決し、二〇一三年にはＥＵ内で動物実験を用いて開発された化粧品の販売が例外なく全面禁止となりました。欧州委員会は、この全面禁止措置は「『化粧品開発は動物実験を行う正当な理由とはならない』という、多くの欧州市民の固い信念に沿ったものだ」としています。

動物解放運動の拡がりとともに、動物実験は大きく制限されるようになりました。シンガーが『動物の解放』二〇〇九年版で言うように、「過去十年のあいだに（…）、私たちは製品試験において動物実験への代替法探しにつぎ込まれる努力の量の大きな増大をすでにみてきた。科学者たちが突然動物にもっと配慮するようになったからではなく、動物解放論者の激しいキャンペーンの成果としてである」。

動物解放運動と日本——動物実験

動物実験の問題は、日本ではほとんど一般に知られていません。この問題が、日本のマスコミではほとんど取り上げられないからです。

しかし、キッコーマン、伊藤園、資生堂など日本企業の動物実験は世界各国でたびたび批判されてきました。また、日本の研究機関での動物実験は、世界的に見て問題があると指摘されています。ある国立大学医学部教授が言うように、「欧米の製薬会社が最近日本に研究機関を設立しているのは、自国では法規制が厳しく動物実験が難しいからという面も確かにある。日本は動物実験天国といわれた時代があったのは事実だ」(http://www.ava-net.net/animalresearch/kenbunki/kenbunki-5.htm)。

世界的な動物実験の基準理念として、一九五九年に提唱された「3Rの原則」があります。「Replacement(代替):できる限り動物を供する方法に代わり得るものを利用すること」「Reduction(削減):できる限りその利用に供される動物の数を少なくすること」「Refinement(改善):できる限り動物に苦痛を与えないこと」。日本には動物実験に対する直接的な法規制がまったくありませんでした。二〇〇六年施行の改正「動物愛護法」第四一条には、この「3Rの原則」の理念が盛り込まれましたが、具体的な基準はなく「配慮するもの」としか規定されませんでした。

二〇一二年に成立した改正「動物愛護法」では、動物実験施設の届け出制、使用数の削減と代替法活用の義務化などが盛り込まれるはずでしたが、動物実験関係者から「自主規制で足りる」という意見が強く、改正なしで見送られます。当時、与党だった民主党の動物愛護対策ワーキングチームが法案骨子を議論した際、医師系議員らの強固な反対で動物実験の項目はすべて削除されたと報道されています。

そもそも、日本で動物実験はどれほどの規模で行なわれているのでしょうか?

二〇〇四年に日本実験動物学会と日本実験動物協会が行なったアンケートから、日本の実験動物は一〇〇〇万匹を超えると推測されています（実験動物の多くはラットで、他にサルなどの霊長類、犬猫、ウサギ、豚などの哺乳類も相当数が使用されていると考えられる）。一方、ＥＵでもトップクラスのイギリスでもその数は一九〇万匹（二〇〇五年）で、二〇〇五年のＥＵ全体の使用数が一二〇〇万匹です。さらに、ＥＵや諸外国では実験種別ごとの統計もありますが、日本ではそれらのデータがありません（動物実験の法制度改善を求めるネットワーク）。

一九八六年、数十頭の生きたサルをはりつけコンクリートに激突させるという筑波の日本自動車研究所と東京大学、東京慈恵会医科大学、東京女子医大の七年間の共同研究実験が報道されました（『朝日新聞』一一月一四日）。これに対し、国際霊長類保護連盟とＮＰＯ法人「動物実験の廃止を求める会（ＪＡＶＡ）」が動物虐待として抗議をしたのですが、この記事は、日本で初めて動物実験を社会問題として伝えたものとされます。

二〇一〇年代に入ると、日本の食品会社、化粧品会社の動物実験が次々と問題にされるようになります。たとえば、キッコーマンは、食材の健康効果を証明するため次のような動物実験を行なっていました。「ラットの喉にチューブを通し、そこから発酵豆乳を強制的に繰り返し投与する」「肥満体に育成したマウスにシトラスエキスを与えたのち殺処分し、筋肉を切り取る」「心疾患を引き起こすために、ウサギにコレステロール値の高い餌を与え、のちに殺処分する」「外科的に通したチューブからマウスの胃に醤油を強制的に投与したのちに断頭し脳を摘出する」（一九九九年から二〇一五年発表の研究論文　http://www.java-animal.org/kikkoman/）

ＰＥＴＡはキッコーマンに対し、人道的で科学的に有効な代替法への転換を求めて申し入れを行ない、日本のＪＡＶＡも対話の場を設けるよう働きかけましたが、キッコーマンは対応しませんでした。二〇一五年、PETAはキッコーマンに対して動物実験代替法への切り替えを求めるオンライン署名運動を開始します。この運動に賛同者が一〇万人以上集まり、SNS上でも「動物実験を行っていないサンジルシ（海外では、San-J として有名）の醤油を使おう」など商品ボイコットの呼びかけが行なわれました。この結果、二〇一六年一月、キッコーマンとグループ会社は、基礎研究も含めすべての動物実験を廃止すると決定しました。

飲料大手の伊藤園も、緑茶に含まれるカテキンの有効性の検証に主に実験でラットを用いていました。しかし、人の細胞などの代替法を使うとして、二〇一〇年に動物実験を廃止しています（ただし、日本の特定保健用食品の許可には動物実験が求められており、将来どうしても必要な時は外部に依頼するとした）。

化粧品開発の動物実験も問題となりました。薬事法（現・医薬品医療機器等法）上、薬用化粧品は医薬部外品であり、新しい成分や添加物を配合した商品の販売承認を得るには、厚生労働省に「安全性確認のための動物実験のデータ」を提出する必要があります。このため、化粧品会社は「シャンプーの原料をウサギの目に注入」「リップカラーの材料をマウスの口から強制的に投与」「日焼け止め成分を背中に塗ったモルモットをアルミホイルで覆いUVランプを照射」など、さまざまな動物実験を行なってきました（http://alternas.jp/joy/fashion/62323/2）。

JAVAは、二〇〇九年に資生堂をターゲットにしたキャンペーンを始め、動物実験の廃止を求める署名活動（約四万六〇〇〇筆）、二〇一〇年には大阪でのデモ行進、株主総会会場付近で動物実験廃止を訴えるデモンストレーションなどを行ないました。

さきに触れたように、EUは一九九〇年代から化粧品の動物実験を廃止し始め、二〇一三年には動物実験を用いて開発された化粧品の販売が全面禁止となっています（インドやイスラエル、台湾でも同様の法律が成立している)。当然、この法律は、その国に輸入される日本製化粧品にも適用されます。この影響もあり、日本の多くの化粧品会社は二〇一〇年代から動物実験の方針を転換していくことになります。

資生堂は、二〇一〇年に「化粧品における動物実験廃止を目指す」宣言をし、以来五回、有識者・学術関係者・JAVAメンバーが参加する円卓会議を開催しました。二〇一一年には自社研究所での動物実験を廃止し、二〇一三年には開発に着手する化粧品・医薬部外品における社内外での動物実験を廃止しました。同年には、化粧品メーカー、マンダムも「今後、動物実験を行わない」と発表します。

二〇一三年、ARC(アニマルライツセンター)、JAVA、PEACE(Put an End to Animal Cruelty and Exploitation)が「美しさに犠牲はいらないキャンペーン実行委員会」(Cruelty Free Beauty)を立ち上げ、運動を開始します。この実行委員会は、コーセーに動物実験の廃止を求めて署名サイトを開き、そこに二万四九三七票が集まります。二〇一四年、コーセーは化粧品の動物実験の廃止を発表し、その後、日本の大手化粧品メーカーとして、ポーラ・オルビスホールディングス、日本メナード化粧品、ノエビアホールディングス、花王グループ、富士フイルム、ロート製薬が次々と動物実験廃止を表明していきました。

一九七〇年代に始まった動物解放運動による「動物実験」への問いは、二〇一〇年代に入り、ようやくその波が日本に打ち寄せてきたと言えます。

動物解放運動と日本――イルカ・クジラ問題

しかし、日本人にとって、動物問題についてのマスコミ報道は、「動物実験」問題よりも「イルカ漁」や「捕鯨」問題に関して見聞きする機会が多いはずです（なお、クジラとイルカに生物分類上の差はなく、一般に三～四メートル以下をイルカ、それより上をクジラと呼ぶ）。

動物解放運動の拡がりの中で、実力行使をいとわない「動物解放戦線」など「エコ・テロリズム」と呼ばれる団体が現われます。FBIは、その起源をポール・ワトソンによる一九七七年の「シー・シェパード」結成としています。[18]

海洋保全活動のグループ、シー・シェパードは、一九八〇年代以降、アイスランドやノルウェーの捕鯨船を体当たりで何隻か沈没させ、アイスランドの鯨加工工場を爆破し、「本気」の団体として世界的に知られるようになりました。シー・シェパードは、日本では調査捕鯨船への体当たりや和歌山県太地町《たいじちょう》でのイルカ追い込み漁への抗議行動でよく知られています。

太地のイルカ漁は、二〇〇九年公開（日本での公開は二〇一〇年）のルイ・シホヨス監督のドキュメンタリー映画『ザ・コーヴ（入り江）』によって世界的にクローズアップされました。イルカの解放活動家、リック・オバリーを主人公に太地のイルカ漁を描いたこの映画は、入り江に追い込んだイルカを漁師たちが銛で突いて捕殺し、海が血で紅く染まるシーンを映し出し、観客に大きなインパクトを与えました。『ザ・コーヴ』はアカデミー賞長編ドキュメンタリー映画賞、

(18) シー・シェパードは二〇一三年にアメリカ連邦高裁から「海賊」（海上武装勢力）の認定を受ける一方で、さまざまな著名人や企業から支持を得ている。たとえば『冒険野郎マクガイバー』で知られるリチャード・ディーン・アンダーソンはシー・シェパードの理事に就任し、ブリジッド・バルドーはシー・シェパード抗議船の名前になることを承認し、『スプラッシュ』や『キル・ビル』で知られるダリル・ハンナは日本の調査捕鯨への抗議のため自らシー・シェパードの抗議船に乗り組んでいる。

ロサンゼルス映画批評家協会賞最優秀ドキュメンタリー賞など世界で二四の賞を受けます。しかし一方、「事実誤認が多い」「関係のない映像を繋げるなどの印象操作が目立つ」という批判を受け、日本での上映が抗議活動によってたびたび中止になるなど、多くの議論を引き起こしました。

こうしたシー・シェパードなどのイルカ・クジラ漁に対する抗議運動について、日本人からは「日本の伝統、食文化であるイルカ漁やクジラ漁は欧米の基準で批判されるべきものではない」「欧米人は牛や豚を食べているのに、日本人がイルカやクジラを食べることを批判するのは矛盾だ」「イルカ漁批判の根底には欧米人の日本人への差別意識がある。彼らのイルカ・クジラ漁批判は文化帝国主義だ」としばしば批判されています。

しかし、シー・シェパードは日本人メンバーもいる国際的な組織で、必ずしも「欧米人の意識」を代表してはいません。また、シー・シェパードはアイスランドやノルウェーの他、カナダやナミビアのアザラシ猟への抗議など世界各地で活動しており、日本だけをターゲットにしているわけではありません（ポール・ワトソン自身は宮本武蔵を尊敬し、ある年の反捕鯨キャンペーンを「オペレーション・ムサシ」と命名している）。そして動物解放団体のメンバーの多くは肉食そのものを否定しており、シー・シェパードの抗議船は卵、牛乳、乳製品を摂らないヴィーガン生活を原則としています。その意味で、「牛や豚は食べてよくてイルカやクジラはダメなのか」という批判は的外れです。

イルカ・クジラ漁へのシー・シェパードの抗議は海洋生物と棲息地を守る「海洋保全」を目的としていますが、ヴィーガン生活を原則とするように、「動物の解放」の思想が大きく影響しています。しかし、多くの日本人はその点にほとんど無理解です。また、それと同時に、佐々木正明の『シー・シェパードの正体』（2010）、『恐怖の環境テロリスト』（2012）に詳しいように、シー・シェパードの時に過激で強引な活動姿勢に対する反発もあり、イルカ・クジラ漁に関する論争は結論の出ない「言い合い」になりがちです。

シー・シェパードが太地町のイルカ漁を特に問題にするのは、日本で小型捕鯨基地がある和歌山県太地町、千葉県南房総市（和田）、宮城県石巻市（鮎川）・北海道網走市の四カ所のうち（いずれも、二〇一八年までは国際捕鯨委員会〔IWC〕で管理されていない小型鯨類を数を制限した上で捕獲している）、太地町が唯一、イルカの追い込み漁を行なっているからです。追い込み漁は、イルカの群れを船団が扇状になって囲み、鉄管を木槌で叩いた音でイルカを入り江などに追い込んで一網打尽にして捕殺する漁です。この漁法は、偶発的には古くから行なわれていたようですが、本格的には一九七二年以降に行なわれるようになりました。シー・シェパードは、この方法は追い込まれるイルカに苦痛を与え、特に捕殺の方法が残酷だとして批判してきました。

作家のC・W・ニコルは、一九七九年の太地町のイルカ追い込み漁についてこう言っています。「私が見た猟師たちは、銛は使わなかった。ロープが取り付けられた粗雑な槍を用いていた。パニックに陥ったイルカを槍で突いて傷つけるが、銛を打ち込んでイルカの苦痛を終わらせ、その体を確保するということをしない。私は、岩に激突したイルカが四五分間も苦しみながら死んでいったのを見た。これは恥ずべきことだ。アザラシやクジラ、セイウチを狩る真の猟師なら、頭部への一発で仕留め、その体が海に沈んでしまう前に回収するものである。あるいは、こちらの方がはるかに上手いやり方だが、銛で獲物を確保してから、頭を撃つか、すばやい致命的な一突きで動物が死ぬように最善を尽くすものだ。一九七九年当時、太地町のイルカ猟師たちを説得しようと試みたが、彼らは聞く耳を持たなかった。(…) 私は、このようなイルカ猟に対しては反対であると書き、発言もしてきた。食用としてイルカを捕ることに反対しているのではなく、殺し方が粗暴で残虐だからだ」(「捕鯨をめぐる世界の人々の感情」http://icfcs.kanagawa-u.ac.jp/publication/ovubsq0000012h5-att/report_02_004.pdf 二〇一〇)。二〇〇三年の状況について、リック・オバリーは「極端な、極端に残酷な行為だ。漁師から逃れようとして何頭かのイルカがジャンプして海岸の岩に頭をぶつけて血が流れていた。赤ん坊もお構いなしで」と言います(伴野 2015)。『ザ・コーヴ』はこうしたイルカの捕殺の光景を映画のクライマックスとして配置したのです。

太地町漁協組合長の脊古《せこ》輝人は、当時の捕殺方法について「まあ情けない。ぼくらもあの映像見たらね、わあこんなことやっとったんかって反省しています。本当に反省しています」と言います(伴野 同前)。事実、二〇〇〇年から太地町の漁師は捕殺方法の改善を試み、二〇〇八年一二月以降、刃先がダイヤ型のナイフで延髄を切断する方法に改めました。この方法では、イルカの傷口も大幅に小さくなり、出血もほとんどなくなり、捕殺時間も(九五%以上短縮され)一〇秒前後になっています。

こうして、イルカの捕殺方法は『ザ・コーヴ』公開以前に漁師によって自主的に変更されました。つまり、いくつかの問題点について、団体と漁師の間で妥協点を見いだすことは原理的には可能だったはずなのです。もし、一九七九年にC・W・ニコルが、あるいは二〇〇三年以降にシー・シェパードが漁師と建設的な話し合いをできていれば、太地町のイルカ漁が『ザ・コーヴ』のような形で問題にされることはなかったかもしれません。しかし、積み重なった対立により、話し合いによる解決は見いだせませんでした。

太地町の漁師にしてみれば、他の地域の漁師と同様、昔からのやり方で魚やイルカを捕獲して何が悪いのか、という思いがあるはずです。しかし、数十万年の歴史を持つ毛皮、そして闘牛、象牙(二〇一八年現在、日本を除くほとんどの国で取引が禁止されている)製品などの文化も、「動物の福祉」「動物の解放」の観点から批判が向けられる現実があります。さらに、一九七〇年代以降、生息数が減少していたイルカ・クジラが動物保護・環境保護のシンボルとして扱われるという動きがありました。地元漁師の意思とは関係なく、太地町は国際社会に対しイルカ・クジラ問題での日本の立場を代表する場の一つになってしまったのです。

南極海での「調査捕鯨」も、シー・シェパードから実力行使による激しい抗議を受けてきました。シー・シェパードの抗議の理由の一つは、よく言われる「クジラは賢い動物だから」というより、苦痛を与えずにクジラを捕獲することが不可能であり、かつての太地町のイルカ追い込み漁と同じく、屠殺方法に問題があるとしているからです。二〇一〇年、日本の監視船、第二昭南丸に侵入したシー・シェパードのピーター・ベスーン（その後、脱退）が言うように「クジラは野蛮な方法で殺されていく。多くの西洋人、そしてほとんどの日本人は、捕鯨銛を撃たれ、ゆっくりと血を流して苦しみながら命絶えていくクジラを自分の目で見たら、ショックを受けるはずだ」（佐々木 2010）。ここでも、個々の動物の「痛み」「苦しみ」が問題とされているのです。

シー・シェパードが調査捕鯨に抗議するもう一つの理由は、日本の南極海捕鯨が国際捕鯨委員会（IWC）の「国際捕鯨取締条約」に違反しているという見解です（一方、IWCは加盟国全会一致でシー・シェパードへ非難決議を出している）。一九六〇年代以降、世界的に「捕鯨オリンピック」と言われるクジラの乱獲が進行し、一九八二年にIWCが鯨類保護のために商業捕鯨モラトリアム（一時停止）を採択します。日本はそれに異議を申し立てますが、排他的経済水域での日本漁船の漁獲割り合て削減を示唆するアメリカからの強い圧力によって受け入れに至ります。その一方、日本は一九八七年から南極海で、一九九四年から北西太平洋で、国から年間数十億円の補助金を受けた「事実上の国営」と言われる「調査捕鯨」を開始します（年間約六三〇頭を捕獲し、鯨肉はＩＷＣの条約に基づいて日本国内で販売される)。

この調査捕鯨は、公海を漁場としている上、「調査」の科学性そのものに疑問があるとして、各国から批判を受けてきました。二〇一〇年、オーストラリアは日本の「調査捕鯨」が現実には「商業捕鯨」であり国際捕鯨取締条約に違反するとして訴えを起こしました。これは、日本が国際司法裁判所の紛争当事国となる初めてのケースでした。

二〇一四年、国際司法裁判所は調査捕鯨はおおむね科学的調査と言えるが、クジラを殺す必要性とその標本数に合理性がないとして中止を命じます。この判決を受け、日本は捕獲数を削減して二〇一五年に調査捕鯨を再開しますが、各国からの批判は大きく、二〇一七年、ＥＵとアルゼンチン、オーストラリアなど一二カ国が南極海の調査捕鯨への非難声明を出しています。

こうした中、日本人の六〇％は調査捕鯨に賛成しています(『朝日新聞』二〇一四年四月二二日)。その理由について、関係者は「白人から言われたら、なにくそと、これは日本人の文化だ、私は食べないけれど、日本のどこかが食べる文化を持っているのだと。だから彼らのためにイルカ漁には賛成するのです」と指摘しています(佐々木 2017)。確かに、こうした「白人」「欧米」に対する感情的な反発はイルカ・クジラ問題の中で常に現われます。

しかし、「反捕鯨」は「欧米」「白人」の意見ではありません(捕鯨国のノルウェー、アイスランドはヨーロッパです)。にもかかわらず、イルカ・クジラ問題については、「白人(欧米)が日本を不当に批判している」という意識がなぜか強く現われます。「国民の代表」である国会議員も「捕鯨の伝統と食文化を守る会」に多くが参加し、二〇〇八年の会合では自民、公明、民主、共産、社民の議員が鯨料理の会食を行ない、二〇一七年には調査捕鯨を「国の責務」とする法案(民進党が骨子を作成)を超党派で国会に提出、成立させています。この問題については、「党派に垣根のない」状態です。

確かに、日本人は縄文時代からクジラを食べていました。しかし、全国的、日常的に鯨肉を食べたのは第二次世界大戦後の食糧難の時期で、それ以外の時期、「鯨肉食」は一般的ではありませんでした。そもそも、冷蔵技術が普及する戦後まで、魚ですら漁民以外には日常的には食べられていなかったのですから、クジラを食べる機会がきわめて「稀」だったのは当然です。

もちろん、食べる機会が稀でも「伝統」でありえます（たとえば、雅楽はごく一部の人にしか聴かれていませんでしたが、日本の素晴らしい伝統音楽です）。しかし、弥生時代から江戸時代まで（地域によっては戦後まで）多くの日本人が食べていたのはクジラではなく犬でした。すでに引用したように、「彼らは牛を食べず、家庭薬として見事に犬を食べる」（フロイス 1991）、「江戸では、冬になると犬を見かけ次第打ち殺し賞玩していた」（大道寺友山）。捕鯨を日本の「伝統と食文化」と言うのなら、「犬を食べるのは日本の伝統文化だ」と言わなければ筋が通りません。

現在、日本の捕鯨業は、鯨肉の需要低下による売り上げ減少、船の老朽化、漁師の高齢化により衰退し続けています。かつて南極で商業捕鯨を行なっていたマルハニチロホールディングス、日本水産、極洋は、かりに商業捕鯨が許可されたとしても参入しないと宣言しています。理由の一つは、巨大な投資をして南極などでクジラを大量に捕っても日本では消費しきれないからです（二〇一一年に初めて鯨肉を入札した際、四分の三が売れ残っている）。南極捕鯨は「国策」としてしか成立しない非経済的な漁業なのです。

さらに、調査捕鯨はいま禁止されているミンククジラなどの沿岸捕鯨再開の足かせとなっているという批判もありました。ＩＷＣ年次会議やアメリカは、日本が南極海での調査捕鯨を止めれば沿岸捕鯨の再開をＩＷＣで支援すると提案していました。鮎川や太地町など「地域に根付く鯨類の食文化」を守るため、「反捕鯨派を刺激する南極海などでの捕鯨をあきらめ、見返りに沿岸の捕獲枠獲得をめざす戦略への転換も、考えられる」（『日本経済新聞』二〇一五年一二月六日社説）のですが、日本政府は提案を拒否し続けてきました。つまり、調査捕鯨は経済にも地域文化にも資さない、いわば「国益に資さない国策」なのです。

映画監督の佐々木芽生《めぐみ》は「捕鯨に反対する海外の活動家と日本の捕鯨推進派は、実は奇妙な共存関係にあるのかもしれない」と言います。「海外の活動家にとって、クジラ、イルカ問題は効率良く活動資金を集めるための材料だ。クジラ、イルカ以外の動物を使って、同じ規模の資金を集めるのは難しいだろう。だから、やめられない。一方、日本の捕鯨推進派にとって、シーシェパードなど海外の活動団体は、日本の文化や伝統を攻撃する「敵」である。「敵と戦う」という理由で日本の世論を簡単に味方につけられる」（佐々木 2017）。ここでは、捕鯨は「欧米」「白人」に対する日本のナショナリズムの一つの象徴になっています。捕鯨は、経済的利益や地域文化を二の次にしてでも守らなければならない、「白人」「欧米」という仮想敵に対する日本の「仮想伝統」なのです。

振り返れば、日本に開国を迫ったペリーは捕鯨母船への物資補給を目的の一つとしており、「鎖国日本を開国させたのは、アメリカの捕鯨業」（福本 1960）でした。そして、戦後の食糧難に対応するため南極海への捕鯨を許可し、やがて日本を世界最大の捕鯨国にしたのは「第二のペリー」マッカーサーでした。そして、その日本に商業捕鯨モラトリアムの受け入れを有無を言わせず強いたのもアメリカでした。捕鯨は常に、日本とアメリカとの軋轢の焦点となる問題でした。

一八五三（嘉永六）年のペリーの黒船来航に始まり、アメリカやイギリスの圧倒的な軍事力に抵抗できずに強いられた開国は、日本に「不平等条約」下の植民地に近い状態をもたらしました。

それは日本にとって屈辱的な「傷」となり、「尊皇攘夷」と「開国」のような激しい分裂をもたらします。心理学者・岸田秀の言う「外国を忌避し憎悪する誇大妄想的な内的自己と、外国を崇拝し模範とし屈従する卑屈な外的自己」の分裂です（岸田 2016）。もちろん、この種の分裂は多くの後進国に起こりますが、地理的条件から二〇〇〇年以上他国による占領がなく、三〇〇年の鎖国状態にあった日本にとって、それは回復困難な根深い「外傷」となりました。

しかし、「攘夷」から手のひらを返したような「文明開化」と「富国強兵」の結果、多くの植民地を持った大日本帝国は、国際連盟を脱退して世界的に孤立し、「米英撃つべし」という国民の圧倒的な支持のもと、アメリカとの開戦に踏み切ります。しかし、国力の不足と軍の誇大妄想的な現実感覚の不全によって悲惨な敗戦に至ります[19]。

敗戦後、日本は再び手のひらを返したような対米追従外交に終始します。しかし、クジラ問題についてだけは、日本は経済的にも文化的にも非合理に見える「徹底抗戦」を続けています。国際司法裁判所による二〇一四年の「南極における調査捕鯨」中止判決の際、それまで楽観的な見

(19)「日本では捕鯨問題の議論といえば、ほとんどすべてが反捕鯨派に対する口撃や、反捕鯨派の対策だけの議論となってしまっているように思う。また、詳細な検証もせずに、反捕鯨団体や反捕鯨国が主張することはすべて、反捕鯨を実現するためのごまかしや嘘であり、逆に日本政府のいっていることはすべて真実であると捉えられていることも非常に多い。日本政府が実施している捕鯨活動を批判すると、何をいっても反捕鯨のレッテルが貼られてしまうことがある」（石井&真田〔2015〕『クジラコンプレックス』）。こうした心性は戦時中の日本を思い出させる。『クジラコンプレックス』は、この捕鯨問題の背後には、官僚、業界、政府研究機関など利権団体が一体となった「原子力ムラ」同様の構図があると指摘している。

通しを語っていた政府関係者は「完敗はあり得ないとなめていた」（『朝日新聞』二〇一四年四月三日）と述べ、IWC日本代表は外国人記者クラブの会見で、調査捕鯨への批判を「環境帝国主義」と呼び、調査捕鯨が科学的調査と認められたという点で今回の裁判は「勝訴」だと述べます。こうした姿勢は、太平洋戦争における日本の誇大妄想的な現実感覚の不全を不気味なほど思い出させます。日本にとって捕鯨問題は、そこに触れられると過剰な反応を引き起こす「地雷」なのです。

そして、二〇一八年のIWC総会で日本の「商業捕鯨の一部再開」の提案が否決されると、日本政府はIWC脱退を表明し、二〇一九年から日本の領海と排他的経済水域で商業捕鯨を再開すると宣言しました（調査捕鯨は停止）。日本の国際機関からの離脱は極めて異例です。この脱退は各種報道で戦前の国際連盟脱退と比較され、「反捕鯨国の猛反発が予想され、そのとばっちりを沿岸捕鯨が受けてしまうことが危惧される」（毎日新聞）「日本食品の不買運動などにつながる可能性さえ否定できない」（日本経済新聞）と懸念が語られました。外務省関係者の一人も「今後、外交的に厳しくなる。そこまでしてクジラを食べる必要があるのか」（時事通信）と言います。そもそも、調査捕鯨を中止する代わりに小規模な商業捕鯨を行なう妥協案はIWCの中で議論されてきたものでした。脱退ではなく、IWCでの合意を目指す戦略は不可能ではなかったはずなのです。

佐々木芽生は二〇一〇年に太地町で行なわれた町民とシー・シェパードのメンバーなどによる初の対話集会に参加して、「交わることのない考え方や価値観の違い」に「戦争とは、こうして始まるのかもしれないと思う」と言います（佐々木 同前）。おそらく、それは大げさな表現ではありません。現実的な交渉が成立せず、「欧米」に対する全面追従か感情的反発で方向が左右される日本の対外感覚は、かつてと同様、国民の圧倒的な支持のもと、無謀な「賭け」に至る可能性を常にはらんでいます。イルカ漁でも捕鯨問題でも、他国との軋轢が感情的な反発を煽り、建設的な対話が不可能になっていく事態があるのです。

動物解放論とベジタリアニズム

動物解放運動が、人間による動物への不当な扱いとして特に問題化したのは「動物実験」とともに「肉食・工業畜産」でした。動物を感覚ある存在として尊重するなら、「動物を殺して食べる」肉食の検討は避けられません。シンガーは『動物の解放』で肉食を動物に対する虐待と考え、自らも菜食主義者として自身の理論と生活を一致させようとしました。

ベジタリアン・菜食主義者にはその思想に応じていくつかのタイプがあります[20]。シンガー自身、『動物の解放』で「食べることが許される境界」を示しています。彼によれば、工業畜産で生産される牛や豚、鶏などの肉は当然、食べるべきではありません。また、伝統的な畜産も「去勢、母と子の引き離し、畜群の解体、烙印、屠場への輸送、そして最後に屠殺そのもの」があるため、その肉を食べるべきではありません。魚、さらにロブスター、カニ、エビなどの甲殻類も「痛みを感じる可能性」があり食べるべきではありません。シンガーは結論として「もし線引きをするとすれば、小えびとカキのあいだのどこかで線をひくのが一番妥当であろう」と提案しました[21]。

卵について、シンガーは「放し飼いの鶏の卵の生産には反対しない」けれども、工業畜産の卵には反対しています。牛乳やチーズ、ヨーグルトのような乳製品も、産まれて数日での母親と子牛の引き離し、乳牛の生涯続く強制妊娠と搾乳、雄牛の二〇カ月での屠殺など、酪農が牛に与えるさまざまな問題を考慮すると食べるべきではないとしました。「肉とバタリーケージの卵をやめてその代わりにチーズの消費量をふやすだけでは、動物にとって得られるものはほとんどない」。

そして、シンガーは「理想的なものではないにしても、合理的で実際的な戦略」として三つの提案を行ないました。「家畜の肉を植物製品で置き換える」「工業畜産の卵を、もし入手できるなら放し飼いの卵に置き換える。それが無理なら卵を食べるのをやめる」「あなたが買う牛乳とチーズを豆乳、豆腐、その他の植物性食品で置き換える」。

そして、シンガーはこう呼びかけます。「ここで私が支持する戦略を採用する人々は、動物の搾取に反対する運動に明らかに公然と参加したことになるのだ。動物解放運動の一番緊急の課題は、できるだけ多くの人にこの参加をするように説得して、ボイコットが拡がり、社会の注目をあびるようにすることである」。この「動物の搾取に反対する」呼びかけは世界に拡がり、数え切れないほどの人々を菜食主義に変えていきました。

ここで、例として動物問題への意識から長い間ベジタリアンであるアーティストをあげます（その何人かは、動物解放運動と関わりなく、こどもの頃から自分の考えで肉食を止めています）。

たとえばナタリー・ポートマンは「九歳の時に見た鶏のレーザー手術のドキュメンタリーを観て以来、肉も魚も口にしていない。ただ動物が好きだから価値観に従うまでです」と言っています。『レオン』（1994年公開）でマチルダを演じたとき、彼女は数年来のベジタリアンだったわけです（彼女はヴィーガンになりましたが、妊娠してからは卵や乳製品なども食べる「ラクト・オボ・ベジタリアン」に変えました）。

『アナと雪の女王』（『Frozen』2013年公開）でアナの声を演じたクリスティン・ベルも一一歳からのベジタリアンです。彼女は「ハンバーガーと愛犬を切り離して考えることがどうしてもできなかった」「犬は食べないのに、牛は食べられるという理屈が理解できなかった。動物はみんな同じなのに」と言っています。

ポール・マッカートニーは一九七〇年代はじめからベジタリアンとして知られています。「きっかけはある日曜日、ランチをしていた時のことだった。僕らはキッチンの窓の外で幸せそうに遊んでいる仔羊達を見たんだ。そして、ふと今まで食事をしていた皿を見下ろしたとき僕らは気が付いたんだ。自分たちが食べていたのは、動物の、つい最近まで野原で遊んでいたであろう彼らの脚だったってことに！　僕らはお互いに顔を見合わせ、こう言ったんだ。「ちょっと待って。僕らはみんな、あの優しい羊たちが大好きだよね。それなのにどうして僕らは彼らを食べてい

(20)　欧米のベジタリアンの大半は植物性食品と牛乳やチーズなどの乳製品と卵を食べる立場で、厳密には「ラクト（乳）・オボ（卵）・ベジタリアン」（Lacto-Ovo-Vegetarian）と呼ばれる。

肉と卵は食べずに乳・乳製品などを食べる立場は「ラクト・ベジタリアン」、動物の肉（鳥肉・魚肉・その他の魚介類）に加え、卵も乳製品も食べない立場は「ヴィーガン（Vegan）」と呼ばれる。ヴィーガンで、さらに植物を殺さない食品だけ食べる立場は「フルータリアン（Fruitarian）」と呼ばれる（リンゴを収穫してもリンゴの木は死なないが、ニンジンの場合は死んでしまう）。

ベジタリアンの多様性は、その思想を反映している。「動物を殺して食べるべきではない」という立場の場合、肉は食べずに卵や乳製品は食べる「ラクト・オボ・ベジタリアン」になることが多い。一方、屠殺という動物の「殺し方」ではなく「工業畜産」の「生かし方」を問題にする場合、アニマルウェルフェアに基づいた畜産物は食べても工業畜産で生産された肉・卵・乳は食べないという立場になるかもしれない。「動物も植物も殺すべきではない」という立場はフルータリアンになる（また、「宗教の戒律」「健康」「環境」「飢餓問題」などの理由でベジタリアンになる場合、それに応じた制限を行なうことになる）。

なお、ベジタリアンという言葉は「健全な、新鮮な、元気のある」という意味のラテン語「vegetus」に由来している。

るんだろう?」。それ以来、僕らは肉を食べるのをやめたんだ」。

元ザ・スミスのモリッシーはアルバム『ミート・イズ・マーダー』(1985)で、「正当な理由のない屠殺は殺人だ」「動物たちが泣き叫ぶとき、それを誰が聞く?」と歌っています。彼は「動物の権利」(アニマルライツ)の活動家として知られ、二〇一二年の日本ライブの「ミート・イズ・マーダー」演奏の間、ステージのスクリーンに工業畜産の動物虐待の映像を映し出し、会場内では「JAVA」による動物実験についてのブース展示を行ないました。二〇一六年の日本ライブでも「ミート・イズ・マーダー」の間に家畜の屠殺を映像で流し、「あなたはどう言い訳しますか? 肉は殺人です」と日本語メッセージを映し出しています。

プリンスも長年のヴィーガン(あるいは、乳製品と卵を摂るラクト・オボ・ベジタリアン)として知られていました。彼は「アニマル・ライツの日を作るべきだ」と発言し、一九九九年の「PETA」二〇周年パーティーに「Animal Kingdom」を贈っています。その歌詞は「動物世界のメンバーはこれまで私に何もしなかった それが私が赤身の肉や白身魚を食べない理由だ 私にブルーチーズを出さないでくれ 私たちは、動物世界のメンバーだ 海の中にいる兄弟姉妹をそっとしておこう」とあります。

日本では、一九七九年から「Merzbow」名で作品を発表し、ノイズ・ミュージックの先駆者として世界的に知られる秋田昌美がベジタリアンとして知られています。彼は、二〇〇三年頃からアニマルライツの観点からヴィーガンとなり、PETA主催のケンタッキーフライドチキンの鶏虐待に反対する「KFC Cruelty」デモ(二〇〇三年、渋谷のケンタッキーフライドチキン前)、毛皮反対キャンペーンデモ(二〇〇五年、原宿GAP前)などに参加しています。また、「捕鯨反対」「イルカ漁反対」「毛皮反対」等をテーマに作品を制作し、二〇〇五年には著作『わたしの菜食生活』を出しました。「わたしは昔から動物が好きなのですが、一方で肉も食べていました。動物が好きなのに、その肉を平気で食べるというのは、おかしな話です。どうしたらこの矛盾を解決できるか　と考えて決断したのが、ベジタリアンになることでした。」（秋田 2005）。

なお、ベジタリアンについては健康が不安視されることがありますが、アスリートにもベジタリアンはいて、陸上競技選手のカール・ルイスが現役時代にヴィーガンに切り替えたことはよく知られています。

こうした厳密なベジタリアンの他、「肉食を減らす」運動もあります。ポール・マッカートニーが二〇〇九年にキャンペーンを開始した、週に一日肉食を止める「ミート・フリー・マンデ

（21）『動物の解放』二〇〇九年版では「私は他のあらゆる点でベジタリアンになってからしばらくのあいだ、ときどきカキ、ほたて貝、イガイを食べ続けた。しかし何らかの確信をもってこれらの生物が痛みを感じると言うことはできないが、同様に、彼らが痛みを感じないと言うことにもほとんど確信をもてない」ことから「いまではそれらを食べないほうがいいと思う」としている。

シンガーにインタビューしたマルタ・ザラスカによれば、「シンガーは「フレキシブル・ビーガン」を名乗っている。動物性食品を避けようとはしているが、状況によってあまりにも困難な場合には（友人宅を訪問したり旅行中だったり）、チーズや卵が入っているからというだけで、つねに料理を断るわけではない」（ザラスカ 2017　原書 2016）。

なお、スイスでは、甲殻類が痛みを感じる可能性がある高度な神経系を保持しているという研究結果を踏まえ、エビやカニなどの甲殻類を生きたままゆでることを禁じ、事前に気絶させることを義務づけ、輸送する際も甲殻類を氷詰めの状態や氷水に入れたりして運ぶことも禁止している（二〇一八年の動物保護法改正による）。スイスのこの法改正は、日本では「フランスのぶどう園でＵＦＯを止めたり着陸させるのは禁止」などとともに「珍法」として報道された（ＴＢＳテレビ・二〇一八年一月一七日）。

ー」(ベジーマンデー)などです。日本でも、筑波大学、北里大学、一橋大学で「ミート・フリー」キャンペーンが行なわれ、東京大学、京都大学などではベジタリアンメニューを提供しています。完全なベジタリアンではなく、パーティや外出先などでは肉類も食べる人を、「フレキシブルなベジタリアン」という意味で「フレキシタリアン」(Flexitarian)と言います。週に一度以上肉を食べない人はドイツで人口の六八%、アメリカでは三七%とされます(Innova-Market-Insights-at-IFT-New-data-on-the-flexitarian-trend)。

ぼく自身は、幼稚園か小学校低学年のとき、デパートの地下食料品売り場でブロイラーが丸焼きされ、頭をはずされ「屍体」そのものでぐるぐる回転しているのを見て、それから数年、鶏を食べられなくなりました。その後、ある程度食べられるようになりましたが、「鶏の唐揚げ」などを食べるのにはかなり抵抗を感じていました。ナタリー・ポートマンやクリスティン・ベルのように肉食を止めはしませんでしたが、その感覚はよくわかります。

そして、工業畜産のあり方を調べ続けていると、肉体的な反応として肉食が難しくなりました。肉料理や卵を見ると、「すべての家畜の中でも、もっともみじめな暮らしをしている」産卵鶏、太陽も空も目にすることがないケージ飼育、「たいていは排泄物で汚れた寝床に横たわった状態で、ほとんど一日じゅうすごしている」ブロイラーなど、本来の寿命の一〇分の一程度で屠畜される動物を考えて食べる気がなくなってきます。

現在、ぼくは、チーズやヨーグルトなどの乳製品は食べますが、家では肉(魚)と卵は食べません(貝類は食べます)。外食の場合、「トンカツ」「焼き鳥」「焼き肉」「ステーキ」などの肉がメインの料理は食べません。

ただ、外食の場合、肉食、まして卵や牛乳を避けるのは困難です。事実、ベジタリアンになろうとしても止める人が多い理由の一つは外食での不便さです。「だし」（鰹節や昆布を煮る）や「コンソメ」（牛肉・鶏肉・魚などを煮て、肉や野菜を加えて煮立てる）は多くの料理に普通に使われ、「野菜サンド」を買ってもハムが入っていて、「野菜炒め」にも豚肉が入っています。

ぼくは、外食で頼んだメニューに少し肉が入っていても、それだけ残したりせず食べています。ベジタリアンでもなんでもなく、中途半端なフレキシタリアンですが、これが継続可能な食生活になっています。

「しんでくれた」――ベジタリアニズムのＦＡＱ

さきに紹介したように、ナタリー・ポートマンは九歳、クリスティン・ベルは一一歳のときに「動物を殺して食べるのは残酷だ」と考えてベジタリアンになりました。当然、日本のこどもも同じように考えることがあります。

二〇一二年、「Yahoo! 知恵袋」でこのような質問が寄せられました。

「小学生の息子が急にお肉を食べたくないと言い出しました。理由を聞いてみると「牛さんや豚さんが可哀想だから」だと言っています。一体何と言えば納得して食べてくれるのでしょうか。（…）今は夫と色々調べて家では野菜だけでしっかり栄養が取れる料理を作っていますが、学校でも給食を残しているらしく、（…）だれか子どもでも理解出来てしっかり納得できる説明のし方を教えてください。」（「Yahoo! 知恵袋」 sou******* さん）。

「よみうり子育て応援団　しゃべるーむ」でも同様の質問が寄せられました。

「六歳の次女が、物心ついた頃から、肉や魚を食べません。理由は「死んだ生き物を食べたくない」からだそうで、「かわいそう、気持ち悪い」という感情があるようです。（…）無理強いはし

ていませんが、栄養素的には大丈夫なんでしょうか？」（「よみうり子育て応援団　しゃべるーむ」二〇〇八年）

これに対して、さまざまな回答が寄せられました。たとえば、「昔は人間も、ライオンなどと同じく、狩りをして動物を捕って食べていた。それが、長いあいだに文明が発達した結果、育てて食べるようになった。ということですよね」という回答です。「人類は古来、雑食動物として他の動物を殺して食べてきた。だから、牛や豚を食べるのは当然で、肉食しないのは不自然だ」ということです。

確かに、ホモ・サピエンスは約二〇万年以上の間、狩猟採集に適応し、植物や赤身肉を食べるように進化してきました。しかし、この一万年間のように家畜を飼って多量の卵や乳や肉を食べたり、農業で生産した多量の穀物を毎日食べる食生活はホモ・サピエンスにとって不自然です。まして、夏でも冷蔵庫を使って冷たいものを飲んだり、工業畜産によって肉や卵や乳製品を毎日のように食べる生活はさらに不自然です（西欧諸国の肥満問題を考えれば明白ですが）。問題は「自然」かどうかではなく、どのような食生活が「倫理的」で「現実的」かということであるはずです。

また、「野菜だって生きてたんですよ。命をいただくということに肉も魚も野菜も変わりないと思うのですが」という回答も寄せられました。これは、「野菜や果物にも命がある。野菜や果物を食べているなら、動物も食べていいはずだ」ということです。

確かに、野菜や果物も「生物」で、収穫後も細胞が生きており、呼吸し水分を蒸発しています。そのため、植物の命を尊重する「フルータリアン」の人々は、収穫しても植物全体を殺さないトマトやリンゴなどを食べています。しかし、シンガーが強調したように、生物に「苦しみを感じる能力」があるかどうかは、食べ物にするとき決定的な違いがあります。

たとえば、生きている芋やにんじんを油で炒めたりミキサーにかけたり電子レンジにかけたりすることに大きな問題はありません。しかし、それを生きている鶏や猫、犬に行なうことは感覚としてできません。動物と植物は、その「苦しみを感じる能力」のために「殺す」ことの意味が大きく異なるからです。

また、植物の命を尊重するならベジタリアンになるべきだとも言えます。すでに触れたように、家畜の体重を一キログラム増やすために必要な飼料は、牛で六・八キログラム、ブロイラーで一・七キログラム、豚で二・九キログラムで、牛肉を一キログラム食べる人は同時に植物六・八キログラム分の命を奪っていることになります。つまり、植物と動物を食べるより、植物だけを食べるベジタリアンの方が、より植物を殺さない結果になります。

ベジタリアニズムについてよく言われるもう一つの批判に、「人間はハエや蚊やゴキブリ、シロアリなどを自分の利益のために殺している。食べるために家畜や野生動物を殺すのもそれと同じだ」という意見があります。確かに、農業でも「害虫」は駆除され大量に殺されています。しかし、ベジタリアンの中には「私はハエや蚊も、なるべく捕まえて外に逃がしてます」「殺す、より、寄ってこないという方法をとっています」と答える人がいます。「全く何も殺さないことはできないが、できるだけ減らそうとするのがベジタリアンの立場」ということです。

回答の多くには「動物に感謝の心を持つべき」という内容がありました。「みんな何を食べてるかっていうと、「命」を頂いてるのよね。（…）一番大切なのが、「ありがとう」って感謝して頂く事」「食べ物に感謝して命をいただくということが伝われば大丈夫だと思います」「私達のために命を捧げてくれた動物たちに対しては（…）感謝する心を育ててあげられるといいですね」。

こうした姿勢を詩として表現した作品もあります。

うし／しんでくれた　ぼくのために／そいではんばーぐになった／ありがとう　うし
ほんとはね／ぶたもしんでくれてる／にわとりも　それから／いわしやさんまやさけやあさりも／いっぱいしんでくれてる
ぼくはしんでやれない／だれもぼくをたべないから／それに　もししんだら／おかあさんがなく／おとうさんがなく／おばあちゃんも　いもうとも／
だからぼくはいきる／うしのぶん　ぶたのぶん／しんでくれたいきもののぶん／ぜんぶ

これは、谷川俊太郎の「しんでくれた」全文です（『ぼくは　ぼく』〔2013〕所収。単独で塚本やすし絵の絵本『しんでくれた』〔2014〕として出版）。ここでは、屠殺されてハンバーグになった牛（さらに豚、鶏、魚、アサリ）への「ありがとう」という感謝、そして「だれもぼくをたべないから」そして「しんだら」悲しむ家族がいるから「ぼくはしんでやれない」と語られています。言い換えれば、家畜は「人間が食べるもの」で「死んでも悲しむ者はいない」から殺して食べてもいい、ということです。

しかし、考えてみるとこれは奇妙な見解です。ここでは、「ぼく」が「いきる」ため動物を食べることが前提とされています。しかし、ベジタリアン（あるいは明治維新までの多くの日本人）がそうであるように、人間は牛や豚や鶏を食べなくても生きていけます。ハンバーグを食べるのは、現実には「いきる」ためではなく「食べたいから」（おいしいから）です。

また、かりに「死んでも悲しむ者がいない」としても、それは殺してもいい理由になりません。

もしそうなら、「孤独な人間は殺してもいい」という結果になりかねません。そして、現在の家畜が「死んでも悲しむ者がいない」のは「動物工場」で大規模飼育されているためです。猟で動物を屠殺したり、自分の手で育てた家畜を屠殺する人々は、ある覚悟や畏敬の念を持ってそうしていたでしょうが、工業畜産はそうした動物との関係を消してしまいました。「しんでくれた」はこうした現実を無視し、「ありがとう」と感謝すれば動物を食べてもいい（工業畜産を肯定してもいい）というメッセージを発しているのです。そもそも、動物が「しんでくれた」のではなく、人間が「殺した」のです(22)。

ベジタリアンだった宮澤賢治は、一九二〇年代に主人公がニューファンドランド島（カナダ）での「ベジタリアン大祭」に日本代表として参加する童話「ビヂテリアン大祭」を書いています。そこでは、「肉食がなくなれば食料が不足して飢餓になる」「植物を育てるためにも魚が肥料として使われ、大量の害虫が駆除されている」「生物にはっきりした境目はなく、動物が食べられないなら野菜も食べられないはずだ」「生物学的に人類は雑食であり肉を食べるのが自然だ」「自然界では動物は他の動物に食べられている」など、ベジタリアニズムに対するさまざまな批判が提出され、主人公たちがそれに詳細に反論しています。宮澤賢治から一〇〇年近くを経て、ベジタリアニズムに関する議論は後退しているかのようにも思えます。

しかし、ベジタリアニズムへの批判には検討に値する重要なものもあります。その一つは、生態系での動物の「捕食」の問題です。

「殺される側」の論理

ベジタリアニズムへの批判について、シンガーは『動物の解放』でいくつか回答しています。

「ベジタリアニズムへの反論としてよく言われることは、他の動物も食物のために相手を殺すのだから、われわれ人間もそうしてよいのだという議論である」。この例として、一六歳からベジタリアンだったベンジャミン・フランクリンのエピソードが引用されます。「彼は、何人かの友人が釣りをしているのを見ていたことを語っている。そのときフランクリンは、(魚のはらわたを開いて)彼らの釣った魚のうちのあるものが他の魚を食べたことに気づいた。それゆえ、彼は次のように結論する。「お前たちがお互いに食い合っているなら、私たちもお前たちを食っていけない訳はあるまい」」。

肉食動物は他の動物を食べて生きています。だとしたら、雑食動物である人間が同じことをするのは当然ではないでしょうか。

これに対し、シンガーはこう答えています。「われわれはライオンや狼は殺しをやるがゆえに残忍だと考える。しかし彼らは殺さなければならない。さもなければ餓えてしまうのである。人間がほかの動物を殺すのはスポーツのため、好奇心を満足させるため、体に美しいものをまとうため、そして味覚を喜ばせるためである」。肉食動物は他の動物たちを殺す以外に生きる選択肢がありませんが、人間は動物を食べずに生きていくことができます。「通常は他の動物に対して優越感をいだいている人間が、食生活上の嗜好を正当化するのに都合のいいときだけ他の動物を手本にしたがるのは奇妙なものである!」。

確かに、シンガーが言うように「殺さなければならない」肉食動物の倫理的態度を批判することに意味はありません。しかし、これは「殺す側」には正当ですが、「殺される側」についてはどうなのでしょうか。シンガーが言うように「感覚をもつということ」が唯一の妥当な判断基準だとすれば、わたしたちは、可能なら肉食動物に殺される動物の「痛み」を和らげるべきではないでしょうか？

「動物解放論の観点からは、野生動物について、通常は問題にならないようなことも考える必要が出てくる。それは、野生動物の捕食に介入するかどうかという問題である」（伊勢田 2008）。シ

(22) 一九九五年、沖縄の米軍兵士による少女暴行事件後、岡山県議会が沖縄へ「感謝決議」をする動きがあった。しかし、野党側からの反発があり決議せず、陳情の趣旨だけを賛成多数で採択した。翌年には、米上院で日米安保条約に対して沖縄県民の貢献に感謝する、という内容の決議案が提出された。

米軍人・軍属による事件被害者の会代表世話人の新城俊昭さんは「五〇年以上も基地が置かれ、犠牲を強いられてきた。感謝の前に反省があってしかるべき。そうした責任や諸々の問題を放置して貢献に感謝と言われても県民の気持ちを逆なでするだけ。基地提供という形で今後とも米国の軍事戦略に荷担してくれと言っている体のいいものだ」と話した（琉球新報一九九六年一〇月二日）「（基地を引き受けてくれて）ありがとう」という感謝は、現実には「これからも（基地を）よろしく」という押しつけを意味している。

二〇一八年、元山口県防府市長、松浦正人が代表世話人を務める実行委員会が那覇市で「ありがとう沖縄――感謝の集い」を開催した。「戦時中の沖縄戦では、沖縄と全国の人が力を合わせて戦いに参加した。今も、防衛の最前線に立っており、ありがとうという思いを伝えたい」（松浦正人。産経新聞二〇一八年八月一九日）。集いでは麗澤大教授の八木秀次、参院議員の山田宏、衆院議員の杉田水脈らが講師を務めた。

なお、日本の大学や企業の動物実験施設では動物慰霊祭がほぼ必ず実施されているが、これは日本独自の慣習とされる。また、野生動物の狩猟のさいにも自治体や猟友会が慰霊祭を行ない、食肉関係会社でも「畜霊祭」を行なう事が多い。日本家庭用殺虫剤工業界は毎年「虫慰霊祭」を行ない、シロアリ駆除業者も「しろあり・害虫獣供養」を行なっている（鵜飼 2018）。人間の他の生き物の駆除・殺害を「忘れない」という意味で供養や慰霊は意義を持つが、それが「人間の（罪滅ぼしの）ため」に行なわれるとき、現状追認のために使われることになる。

ンガーの立場である「功利主義」は「ある行為で影響を受ける関係者全員の幸福を最大化する」ことを基本原理としています。そうであれば、捕食されそうになった動物を、人間が（工場での豚の屠殺のように）苦痛の少ない方法で殺して捕食動物に与えることが生態系のバランスを崩さずに可能なら、その方が正しいのではないでしょうか。シンガーの立場を一貫させるなら、こうした方法が意味を持ってきます。動物解放運動が批判する人間による屠殺、たとえばイルカやクジラの屠殺が残酷だとすれば、動物による「捕食」も残酷そのものだからです。

たとえば、コートジボワールのタイ国立公園にいるチンパンジーは、オナガザル科のサル、アカゲコロバスザルの腹わたをくり抜いて殺します。また、タンザニア・ゴンベのチンパンジーは獲物の腕や脚を引きむしったり、頭を木の幹や岩に叩きつけたりといった殺し方をよくします。ウガンダのキバレ森林では、チンパンジーは獲物がまだ生きているうちに内臓や器官を食べ始めます（ハーツォグ 2011）。

また、トリスタンアホウドリの唯一の営巣地がある大西洋のゴフ島では、「ハツカネズミの一団が現れ、自分たちの三〇〇倍も大きなその鳥に突進していった。ネズミたちは巣に座っている八キロもあるヒナの尻にかみついて穴をあけ、その穴に入り込んで中から外へと、鳥を生きたまま食いつくしたのだ」（ソウルゼンバーグ 2014）。

こうした例もあります。「私は西部のある牧場で、コヨーテに半身の皮をすっかりはがされた子牛を見た。子牛はまだ生きていて、牧場主は瀕死の状態から解放してやるために射殺しなければならなかった。もし選べるなら、生きたまま身を裂かれるよりは、きちんと操業されている近代的な処理工場に行くほうが、まだましだと思う」（グランディン&ジョンソン 2011）。これは人間が「見るに見かねて」苦しみを終わらせた例です。

わたしたちは、サルやネズミやコヨーテにこんな具合に殺されたくはありません。そうだとすれば、動物についても「人間が苦痛の少ない方法で殺して捕食動物に食べさせる」ことができるなら、そうすべきではないでしょうか？

しかし、それは「非常にばかばかしいように見え、また、余計なおせっかいであるように思われる」（伊勢田 2008）。シンガーと並んで動物解放運動を主導したレーガンも、動物は倫理的主体ではないのだから捕食についても「let them be」＝「そのままにしておこう」と言います（Regan 2004）。動物解放論の多くは、「動物の捕食」は人間による屠殺とは別のものとして、放置すべきだと考えています。

しかし、これは動物解放論が生態系について考える場合に孕む困難の一端を示しているのかもしれません。動物解放論は、現代の動物実験や工業畜産などを批判するときには社会的な妥当性を感じさせますが、食物連鎖（食物網）など生態系や野生動物を含む問題については、その理論が時に理論的に不整合に（あるいは非現実的に）感じられるのです。

動物が捕食（あるいは屠殺）されるときの「痛み」がどのようなものか、人間には理解が難しいところがあります。もちろん、人間も古来、他の動物に捕食されてきました。そのさいの痛みは当然、想像を絶すると考えられます。

一九七七年、アラスカ州の地質学者シンシア・デュセル＝ベーコンは、無人地帯で岩石採集しているところをアメリカクロクマに襲われました。クマに腕で捕まれ、深いやぶの中に引きずられ、クマは彼女の右腕と脇の下の肉を食べ始めました。彼女は自分の肉が引きちぎられ、歯が骨に当たるのを感じました。クマが頭を噛んだとき、頭皮を剥がれ、クマの歯で頭骨にひびが入った音が聞こえました。「けれども、噛まれるたびにいちいち反応するよりも、恐ろしさのあまり何も感じないという感覚のほうが強かったのです」。彼女はクマが食事の手を休めている間に、食べられていないほうの手で無線機を取り出して救援を呼びました。両手を食べられましたが、命は助かりました（ハート&サスマン 2007）。

一九八六年にテレビのロケ中にライオンに襲われ、その一〇日後にヒョウに襲われたことで名高い松島トモ子はこう言っています。「ライオンのときは体が宙に飛んで意識がなくなりました。頭が割れて、背中は傷だらけで出血もひどい状態だったそうです。それでアフリカの病院に三日間入院しました。ヒョウのときは後ろから首に咬みつかれて、自分の骨が砕ける音がしてからの記憶がなく、気がついたらまたアフリカの病院に。首の第四頸椎が粉々で、手術の方法もないと言われ、急きょ帰国して入院しました。」（http://www.cocokarada.jp/column/interview/vol10/index.html）。彼女の場合、ライオンやヒョウの攻撃でただちに意識を失い、その場で痛みを感じる時間もなかったようです。

ヨーロッパ人として初めてアフリカ大陸を横断したデイヴィッド・リヴィングストン（一八一三〜七三）は、アフリカ探検中にライオンに襲われて左手を噛まれました。しかし、そのとき全く痛みを感じなかったそうです。

このケースについて、医学者の下地恒毅は「このようなとき、下向性疼痛抑制系がフルに作動しているのだと思われます」と言います（下地 2011）。下向性疼痛抑制系とは、脳から脊髄に向かう下向きの痛みを抑制するメカニズムで、脳内エンケファリンという脳内オピオイド（麻薬様物質）が関わっているとされます。捕食のように、あまりに耐えがたい痛みが発生するとき、このようなメカニズムが作動するか、あるいは、松島トモ子の場合のようにただちに意識を失わせて、死んでいく動物の苦痛を和らげるのかもしれません。

ここで問題となってくるのは、「痛み」(pain)と「苦しみ」(suffering)の違いです。「痛み」と「苦しみ」は必ずしも同一ではありません。

「痛み」(pain)と「苦しみ」(suffering)

ふつう、痛みはつらく苦しく感じられます。しかし、神経生理学者のプレイジャーが行なった実験に、被験者に睡眠薬「バルビタール」を少量投与し、被験者は眠っていないけれども呼びかけに応じる程度にして痛みを加えるというものがあります。すると、被験者は「先生、痛みを感じますが、気になりません(Doctor, I feel pain, but I don't care.)」と言いました。これは、「痛み」を感じても「苦痛」でない状態を示しています。

痛みの神経情報は、知覚神経から脊髄の後ろ(後角)に入り、そこから大脳の視床に入り、大脳皮質知覚野で「痛い」と感じることが知られています。「痛み」(pain)が「苦しい」(suffering)のは、大脳皮質の奥にある大脳辺縁系という愉快・不快の中枢が刺激されるためです。「痛みの感覚がほかの感覚と違うのは、痛いと感じると同時に不快や苦痛を感じるためです」(下地2011)。

哺乳類や魚類が「痛み」を感じることは間違いないとされます。ただ、その程度やその「苦しみ」についてはよくわかっていません。たとえば、捕食動物(肉食動物)と被食動物(草食動物)では痛みの耐性が全くちがうことがよく知られています。牛や羊は、人間ならとても耐えられないようなケガや病気をしても、見たところ普通どおりにふるまいます。「自然界では、傷ついた動物は捕食動物に殺される可能性が高いので、どこも悪くないように振る舞う習性を生まれつきもっていて、進化させたのだろう。羊やヤギやレイヨウなど小型のか弱い被食動物は、とりわけ我慢強く、それにひきかえ、捕食動物はまるで大きな赤ん坊だ」（グランディン&ジョンソン 2006）。確かに、足をうっかり踏みつけると猫は叫んで鳴きわめき、雑食動物で猟を行なう犬も、ケガをするとなりふり構わず痛がります。

グランディンは、激しい痛みに苦しむ患者の前頭葉を脳の他の部分から切り離す「前頭葉白質切断」の報告や、「慢性的な痛みは広い範囲に及ぶ前頭葉の過剰な活性が関連している」という研究から、前頭葉が「痛み」と「苦しみ」を結びつける働きをしていると考えました。前頭葉白質切断が行なわれた人々は、「（激しい）痛みは変わらないんですけど、今はいい気分ですよ」と言っていたからです。そして、動物の前頭葉は人間の前頭葉よりも小さく、発達していません。「動物は、白質切断を受けた患者とふつうの人間のあいだのどこかに位置すると、私は考えている。（…）動物は人間と同じくらい痛みがあっても、苦しみは感じていないのだろう」（グランディン&ジョンソン 同前）。

ここからグランディンは、ある種の動物や（グランディン自身がそうである一部の）自閉症の人たちは、前頭葉の機能が発達していない（あるいはその機能を発揮できない）ため、多くの人たちとは痛みの感覚が異なると考えました。自閉症の人には「痛み」をそれほど苦にしない人が多いとされ、自閉症の症状のほとんどのチェックリストには痛みに対する感受性が低いことが挙げられています（なお、ここで言う「自閉症」は、「自閉症スペクトラム」と判断されるうち、グランディンに近いケースを指します）。

わたしたちは捕食や屠畜について「痛み」を重要視しがちです。しかし、それは単にわたしたちホモ・サピエンスの生物学的（前頭葉的）偏見でしかないのかもしれません。このことは、捕食や屠殺、そして家畜の飼育のさい、動物の「痛み」と同時に、あるいはそれ以上に「苦しみ」を考慮しなければならない、ということを意味します。「痛みを取りのぞくだけではじゅうぶんではない。動物の身体面だけでなく、情動面も考慮しなければならない」（グランディン&ジョンソン 同前）。

グランディンの言う「情動面」の問題は、とりわけ動物の「恐怖」「パニック」として現われます。「動物の情動にいちばんしてはいけないのは、ひとつだけ。恐怖を感じさせることだ。恐怖は動物にとってなんとしても避けたいもので、痛みよりもよくないと思う。こういうと、かならず驚いたような顔をされる。ものすごく痛いのと、ものすごく怖いのと、どちらかを選ぶとしたら、たいていの人は怖いほうをとるだろう。なぜなら、人間は恐怖を抑制する力が動物よりも強いからだと思う」（グランディン&ジョンソン 同前）。

ここから、グランディンは、動物たちの「苦しみ」を軽減するさまざまなアイデアを考案していきました。たとえば、ある工場では豚がいつも通路でひるんで立ち止まりました。そのため、従業員が電動式の突き棒をすべての豚に使って無理やり進ませるようになり、この工場は動物福祉検査で不合格になりました。調査を依頼されたグランディンは、豚と同じように四つん這いになって通路を進みました。すると、床にある清掃後の水に電灯の光がきらきら反射していることに気づきます。グランディンの指示で、灯りが反射しないように位置を変えると、豚はすぐに通路を通るようになりました。

このように、多くの人間にとっては気にならないような「地面に映る影」「暗い場所に入るなど明暗の差」「なめらかな金属の反射」「ゆれる鎖」「金属がぶつかる音」「空気が抜ける音」「吹きつける風」（牛は外で嵐に出合ったときは、必ずお尻を風上に向ける）などが、動物にとってパニックの原因となることがあります。これは、一部の自閉症の人が「蛍光灯のまぶしさ」「テレビの画面のチカチカ」「コンビニのビニール袋のガサガサ音」「光を反射する床」に感覚を刺激され、パニックになりやすいこととある程度似ています。

グランディンは、精肉工場で動物が適切に扱われているかどうかを判定する評価項目を考案していきました。この方法は広く受けいれられ、やがてアメリカとカナダにいる牛の半分以上にグランディンが設計した処理システムが使われるようになりました。動物にとって「痛み」(pain)以上に「苦しみ」(suffering)を考慮すべきだ、とする理解が広く認められたのです。

「動物から人間へいたる道」

グランディンは、自閉症の人たちと動物はいくつかの点で共通の性質を持つと考えました。「自閉症は、動物から人間へいたる道の途中にある駅のようなものだ」「たいていの場合、動物の才能は、自閉症の人の才能があらわれるのと同じ理由であらわれると私は考えている。自閉症の人と動物に共通して見られる脳のちがいだ」(グランディン&ジョンソン 同前)。

たとえば、誰かの誕生日や過去の日付が何曜日だったのかをただちに言ったり、ある巨大な数が素数かどうかを言い当てる「サヴァン自閉症(症候群)」がよく知られています(その人たちの知能指数は、ふつうは知的障害の範囲に入ります)。公式を使う方法では相当の計算が要求されるため、それで正解しているとは考えられません。単に「見えている」のだと考えられます。

一方、動物にも似たような能力が見られます。たとえばトウブハイイロリスは、毎年冬になると何百個もの木の実を一カ所に一個ずつ埋めて、その一個ずつのかくし場所と種類といつ隠したかまでを全部おぼえています(普通の人間は、一〇以下の場所しか記憶できません)。こうした能力について、グランディンは「動物はサヴァン自閉症の人に似ている。それどころか、動物は、じつはサヴァン自閉症だとさえいえるのではないだろうか。自閉症の人がふつうの人にはない特殊な才能をもっているのと同じように、動物もふつうの人にはない特殊な才能をもっている」と言います。それは、世界をそのまま正しく見るという才能です。「自閉症の子どもは自分の狭い世界に閉じこもっている、とよくいわれるが、それは逆だ。シュナイダー博士のいうとおりなら、自分の頭の中で生きているのはふつうの人のほうだ。「不注意による見落とし」や「変化の見落とし」など、ありとあらゆる種類の見落としをしているふつうの人よりも、自閉症の人のほうがよっぽどじかに、正しく実際の世界を見ている」（グランディン&ジョンソン 同前）。

豚や牛が、通路にある「地面に映る影」「暗い場所に入るなど明暗の差」「なめらかな金属の反射」などに反応して恐怖やパニックを感じてしまうのは、その知覚の鋭さと同時に、多くの人間のように「変化の見落とし」をしないためです。多くの人は、それらは「目に入ってはいるが見ていない」「無意識に情報を取捨選択している」ため、存在しないものとして素通りしてしまいます。

多くの人間にこのように鋭敏な感覚がないのは、情報を「一般化」「概念化」してしまうためだと考えられます。多くの人間は、ある状況を別の状況と結びつけ「一般化」することに長けていますが、その半面、細部を見落としがちになります。動物の場合、それが逆になります。そのため、同じような動作でも、たとえば「右方向」と「左方向」は全く別のものとして理解され、それぞれ別々にマスターする必要が出てきます。たとえば、詩人の伊藤比呂美の飼い犬のタケは左側からしか車に乗り込めませんでした。「私たちにはわからない理由があるらしい」（伊藤 2013）。人間にとっては同じようでも「右から乗る」のと「左から乗る」のでは、タケにとっては全く異なるのです。

自閉症の人も同じような問題を抱えることがあります。「ある行動療法士が、トーストにバターをぬる方法を少年に教えたときの話をした。行動療法士も両親もそれこそ一生懸命に教えて、少年はついにおぼえた。トーストにバターをぬったのだ。だれもが大喜びしたが、喜びはつかのまだった。トーストにぬってごらんといってピーナッツバターをわたすと、少年はとほうにくれた。パンにバターをぬるというおぼえたての技術は、バターだけに特定されて、ピーナッツバターには応用されなかったのだ。また一からやりなおして、トーストにピーナッツバターをぬる方法を教えなければならなかった。こういったことは自閉症の人にはいつも見られ、動物でも同じだ」（グランディン&ジョンソン 同前）。

人間は、多くの動物が持っていた認識パターンから情報を「一般化」「概念化」する方向へと「進化」し、科学技術を始めとするさまざまな成果を生みました。しかし、その社会は自閉症の人々にとって適応が難しい環境になりました。

自閉症について、「自然界のミスとみなすのではなく、人類の遺伝的遺産の重要な一部」である「脳多様性」（neurodiversity）を示していると言われることがあります（シルバーマン 2017）。ソフトウェアの試験を行なうテスターやバグの発見や修正を行なうデバッガー、あるいは印刷ミスのチェックや部品管理など、細部への注意が必要とされる職場で、ある自閉症の人々は他の人々よりはるかに優れた能力を発揮します。しかし、多くの自閉症の人々にとって一般の人間社会は適応が困難です。自閉症の人から見れば、「ノーマル」な脳の人々の社会は、細部や慣習に対する注意に欠け、「年がら年中うるさすぎてパーソナルスペースをほとんど尊重しない人たちでいっぱいの、絶えず予測できない混沌とした」（シルバーマン 同前）ものだからです。これは優劣の問題というより、外界に関わる上での「戦略」の違いなのかもしれません。

シンガーは、「人間」よりも「人格」という「自己意識、自己制御、未来の感覚、過去の感覚、他人と関わる能力、他人への配慮、意志伝達、好奇心」をもつ能力を重視し、「普通の人」→「知的障害者」＝「(霊長類などの）動物」→「カキ、ほたて貝、イガイなど」という序列を考えました。しかし、それは「人間中心主義」ではないとしても「前頭葉中心主義」なのかもしれません。たとえば、「他人と関わる能力」「他人への配慮」の点で普通の人に劣るグランディンは、「人格」基準に従えば、相対的に「「人格」ではない」＝相対的に「殺してもいい」存在になってしまうからです。

その意味で、シンガーの「人格」基準は、人間的（前頭葉的）偏見による能力主義なのかもしれません。すでに言ったように、シンガーの議論には障がい者を「健常者」や「感覚をもつ」動物に対して「劣る」と考えさせる面があるのですが、それはおそらく、動物や人間の能力の多様性に対するシンガーの理解の狭さから来ています。

そして、ここで問題として残るのは、先に触れた「動物どうしの捕食」と生態系の問題です。

「緑の世界」とキーストーン種

肉食動物に捕食される野生動物たちは、襲われてパニックに陥り、噛みつかれ食い荒らされて死んでいます。これは、人間による動物の屠畜であれば、決して許されない残虐行為にあたります。

その「痛み」や「苦しみ」をなくすために、極端な方法として、肉食動物を絶滅させてしまうということも考えられます。肉食動物をすべて安楽死させれば、動物が捕食される「痛み」も

「苦しみ」も永遠になくなります。「関係者全員の幸福を最大化する」ことを原理とする功利主義にとって、それは望ましい結論ではないでしょうか。しかし、それは非現実的であると同時に、別の深刻な問題を生み出します。

たとえば、ある地域（たとえば島）でのシカとオオカミの個体数は、シカが増加するとシカを食べるオオカミが増加し、それにともなってシカが減少し、そのあとオオカミが減り、そのあと再びシカが増えるという追いかけあいをします。こうした「不安定な均衡」は、シカとそのエサになる植物のあいだでも成立します。しかし、この均衡は時として破綻します。

かりに、ある動物種に対する「天敵」がいなくなれば、個々の動物は「殺される」ことはなくなります。しかし、その動物種は、捕食者との関係で高い繁殖力を持つように進化しているため、天敵がいなくなれば限度なく繁殖してしまう可能性があります。その結果、エサとなる植物を食い尽くして生態系に問題を起こし、場合によっては種としての存続が危険にさらされることがあります。つまり、「個としての動物」の痛みや苦しみは、「種としての動物」が存続する前提でもあるのです。

たとえば、日本のオオカミやアシカ、カワウソがそうであるように、ある種の肉食動物が絶滅してしまうことがあります。ニホンオオカミは一九〇五（明治三八）年に絶滅しました。その原因として、明治維新後、建築材や炭、薪の需要増加による大規模伐採で森林が破壊されたこと、シカを始めオオカミの食糧である野生動物が乱獲されたこと、そしてオオカミそのものの乱獲・駆除が挙げられます（研究者の中沢智恵子によると、一八七五（明治八）年に岩手県は家畜や軍馬を襲うオオカミを「皇化普及の妨害」とする布告を出し、その後六年間で二〇一頭のオオカミを駆除した）。この結果、日本にいるシカやイノシシなどの中型以上の哺乳類に人間以外の天敵がいなくなりました。「捕食動物を絶滅させてしまう」という「非常にばかばかしいように見え、また、余計なおせっかいである」方法が日本では現実化したわけです。

シカは、明治から戦後にかけて毛皮を目的とした乱獲が起こり、絶滅が危ぶまれるまでに生息数が減りました。この時期、人間がシカの天敵だったのです。しかし、一九四七（昭和二二）年に鳥獣保護法によって雌ジカの狩猟が禁止され、天敵がいなくなったシカは一転して増えていきます。さらに、第二次大戦後、「薪、炭から石油へ」というエネルギー革命と「落葉落枝から化学肥料へ」という肥料革命、さらに安価な外国木材の輸入自由化によって、一九六〇年代半ば以降に森林は人間から放置され、「森林飽和」（太田猛彦 2012）と言われるシカやイノシシにとっての良好な生息地が増えていきました。こうして、一九九〇年代から二〇一三年にかけて、ニホンジカの生息個体数は三～七倍に増えて三〇五万頭程度になりました（環境省によれば、シカは二〇二五年度に約五〇〇万頭になる）。

一九九〇年頃から、多くのシカが森林の幼木や樹皮、下草を食べ続け、荒らされた斜面が土砂崩れを引き起こし、森林が再生せずに裸地化し土壌浸食が起こるようになりました。シカが植物を食べ過ぎるため、植物に依存する昆虫が減り、昆虫を食べる鳥類も減りました。野生動物による森林被害は全国で八〇〇〇ヘクタールにおよびますが、そのうち七七％がシカによるものです（林野庁「野生鳥獣による森林被害面積調査」二〇一五年度）。増えすぎたシカによる土壌と植物に対するこうしたダメージは「森林生態系の根幹を揺るがす事態」と言われています。

シカによる農業被害も増え続け、二〇一四年度の野生鳥獣による農作物被害額は一九一億円で、そのうちシカによる被害は六五億円で第一位でした（二位のイノシシが五五億円）。二一世紀に入り、シカやイノシシ、クマ、タヌキ、サルの出没によるさまざまな被害がよく報道されますが、これは現在の「森林飽和」による個体数の増加と、里山が放置され深山化したことによる「野生動物の隣人化」（『日本経済新聞』電子版　二〇一六年一月二六日）などが原因だと考えられます。

二〇〇六年の「鳥獣の保護及び管理並びに狩猟の適正化に関する法律」改正により、休猟区であってもシカ・イノシシなどの狩猟が可能となる「特例休猟区制度」の創設などが行なわれ、二〇一二年にはシカ四六万六〇〇〇頭（イノシシは四二万六〇〇〇頭）、二〇一四年にはシカ五八万八〇〇〇頭（イノシシ五二万六〇〇〇頭）が捕獲されました。しかし、日本のハンター数は激減しており、狩猟はシカの増大に追いついていません。

しかも、捕獲されたシカの九割は埋めたり焼却処分されています。捕獲鳥獣全体では「捕獲現場等での埋設処理」が約八割、「ゴミ焼却場等で焼却処理」が約五割、「食肉利用」が約一割です（複数回答・農林水産省　二〇一五年）。食肉利用が進まないのは、「罠にかかったり、止めさしに時間を要した動物の肉は水っぽく、淡い色をした「むれ肉」となり、商品価値がなくなる」「野生であるため、獲った時期や年齢などによって品質（色、形、味など）に大きなばらつきがある」「捕獲や処理に手間がかかるため、外国産のシカ肉やイノシシ肉よりも価格が高い」「捕獲した現場で血抜き、解体、移動などの作業を猟師一人で行なうのは困難」などのためです。この現状について、研究者の横山真弓は「命を奪っておきながら、利用しない生物は現代人ぐらいだろう」と言っています（河合&林 2009）。

こうした問題は世界各地で起こっています。一〇〇年前、アメリカには一〇〇万頭のオオカミがいましたが、一九一五年から政府が税金を投入して家畜を襲うオオカミやハイイログマ、ジャガー、イヌワシなどを駆除し続けました。この結果、アメリカ各地でシカによる環境被害が広がりました。

イエローストーン国立公園（広島県より大きい）でも一九七〇年代、オオカミが絶滅し、ワピチ（オオジカ、エルクと呼ばれる大型のシカ）増大による植生被害が深刻化しました。そして、同公園は約三〇年の準備期間の後、一九九五年にカナダから輸入した野生オオカミの「再導入」を行ないました。これは、野生動物をめぐる「二〇世紀最大の実験」と呼ばれます。
放たれたオオカミはやがて繁殖し、二〇〇九年末にはアイダホ州、ワイオミング州、モンタナ州の三州の個体数は約一七〇〇頭になり、イエローストーン国立公園には約一〇〇頭が生息するようになりました。

イエローストーンでは三〇年にわたって、パークレンジャーが散発的にワピチの間引きを進めてきたが、その取り組みがなしえなかったことを、一〇〇頭ほどのオオカミがわずか五年でやってのけた。その理由も、「恐怖」は明快に説明した。一年に数週間、ライフルが火を噴いても、それ以外の時期、川辺はずっと無防備なままだった。けれどもオオカミが見まわるようになってからは、ワピチにとって川沿いの低い土地をうろつくのは、いつでも命懸けの行為となった。オオカミが来たからと言って、ワピチが激減したわけではないが、その行動が大きく変わったのだ。／健全な恐怖心が戻ってきたおかげで、川のほとりの森林は息を吹き返し、徐々に活気づいていきた。

（ソウルゼンバーグ 2010）

ワピチは、オオカミへの「恐怖」のため、一箇所で植物を食べ尽くすのではなく、常に移動しながらつまみ食い的に採食するようになったのです。「捕食者の存在は、草食獣の本来の行動を覚醒させる（Scnitz et al. 2000）」（三浦 2018）。

オオカミの再導入は、ワピチにとって「痛み」と「恐怖」をもたらしました。しかし、生態系にとっては「復活」を意味しました。

一九六〇年、ミシガン大学の動物学部の科学者たちは「緑の世界（グリーンワールド）」仮説を提唱しています。世界の陸地の大部分が植物に覆われているのは、草食動物がすべての植物を食べ尽くすことがないからで、それは草食動物を捕食する肉食動物がいるからだ。

一九六九年、生態学者のロバート・トリート・ペインは、少数でも生態系に大きな影響を与える「キーストーン種」概念を提唱しました。たとえば、ダム作成を通じて生態系に大きな影響を与えるビーバー、植物の種子を運搬する渡り鳥、捕食動物であるヒトデやラッコ、そしてオオカミなどが「キーストーン種」です。キーストーンは建築用語でアーチの頂上で建造物を支える石のことを指し、それを取り外すとアーチが崩れ落ちてしまいます。生態系においても、それらの種を取り除くと生態系のバランスに大きな作用を及ぼすのです。

オオカミの再導入によって、ワピチは「恐怖」を感じるようになりました。しかし、それはグランディンが「動物の情動にいちばんしてはいけない」とした「恐怖」とは全く異なります。グランディンの言う「恐怖」は、動物の本来の性質を無視して扱うことでもたらされますが、オオカミがワピチに与える「健全な恐怖」は、彼らを含む生態系を支える不可欠な一部だからです。「個としての動物」を見るか「種としての動物」を見るかで問題のあり方はまったく変わってくるのです。

「環境保存」のための大量殺戮――外来種問題

イエローストーン国立公園では、人間が絶滅させたオオカミを再導入することによって生態系を回復させようとしました。しかし、それとは逆に、捕食動物の「絶滅」によって生態系を回復させる試みも行なわれています。

人間による環境破壊の一つに「外来種問題」があります。外来種とは、もともとその地域にいなかったのに、特に人間によって他の地域から移入させられた生物で、その中でも、地域の自然環境や生物多様性を脅かすおそれのあるものを「侵略的外来種」（侵略的外来生物）と呼んでいます。現在の生物多様性減少の最大の原因は生息地の減少・破壊（特に熱帯林の破壊）ですが、外来種問題は二番目の原因とも言われ、過去四〇〇年間の種の絶滅の半分は外来種によるとされています（Courchamp 2006）。

代表的な侵略的外来種の一つはネコです。ネコという動物の問題は、たとえ飼い猫のように食べ物が充分にあっても「おやつ」や「娯楽」のために狩りをし、多くの動物を殺すことです（「過剰捕食」〔hyperpredation〕と呼ばれます）。この点、ネコはわたしたちホモ・サピエンスとよく似ています。

紀元前にエジプトで飼い始められたネコは世界中にもちこまれ、その地の多くの種を絶滅、あるいは絶滅の危機に追いやってきました。たとえば、アメリカでは、毎年「鳥三七億羽と小型哺乳類二〇七億匹」（コマドリ、ネズミ、リスやウサギなど）が猫に殺されている」とされています（米魚類野生生物局＝スミソニアン保全生物学研究所。二〇一三年）。また、オーストラリアには現在二〇〇〇万匹とされる野良猫がいますが、このネコたちは今までに一〇〇種以上の鳥類、五〇種以上の哺乳類、五〇種の爬虫類、多くの両生類や無脊椎動物を絶滅させました（Courchamp 同前）。オーストラリア環境省によれば、ネコは一日に七五〇〇万の固有種の動物を殺し、三五種の鳥類、三六種の哺乳類、七種の爬虫類、三種の両生類を絶滅させようとしています。オーストラリア環境大臣はネコを「暴力と死の津波」、オーストラリア野生動物管理委員会委員長は「生態系にとっての悪の枢軸」と呼び、二〇〇六年にオーストラリア政府は「一八〇〇万匹の野良猫の根絶」を宣言し、金属製のトンネルに猫をおびき寄せて毒ガスを噴射するわなや毒入りのソーセージなどを開発して駆除を進めてきました。二〇一五年には、環境大臣があらためて「二〇二〇年までに二〇〇万匹の野良猫を殺処分する」計画を発表しています。

侵略的外来種が問題になるのは、とりわけ「島」です（島の固有種は絶滅危惧種リストのほぼ半数を占める）。島は世界の陸地全体の五％ですが、そこに鳥類、哺乳類、爬虫類それぞれの種の五分の一が生息し、人間の時代に起きた絶滅の六三％が島で起こっています。そして、絶滅の危機をもたらしたのは、人間が持ち込んだネコ、ネズミ、ヤギなどでした。

ネコは世界のほとんどの島に持ち込まれており、「島の動物相を破壊するスピードでは、ネコの右に出るものはいない」（ソウルゼンバーグ 2014）と言われます。世界の島で絶滅している脊椎動物のうち、控えめに見て一四％が猫が一因となっているとされます（タッカー 2017）。たとえばニュージーランドのラウル島では、ネコが侵入したため、一八〇〇年代に数十万羽いたセグロアジサシが一九九〇年代までに絶滅しました。亜南極のケルゲレン諸島ではネコによってピーク時に年間約一二五万羽の海鳥が殺され、大西洋中央のアセンション島では二〇〇〇万羽いた海鳥が二〇世紀までに二％までに減少しました。ネズミも世界の主な島の八二％に侵入しており、ドブネズミ、クマネズミ、ナンヨウネズミの三種によって一〇七種の鳥、爬虫類、両生類、哺乳類が絶滅しました（Courchamp 2006）。このため、各国によって、ネズミやネコ、ヤギなどの大規模殺戮が実行されています。

一九七七年、無人のマリオン島に住み着いた数千匹のネコを絶滅させるため、南アフリカの科学者は致死性のネコパルボウイルスを導入して多くを殺し、一九八六年からはハンターたちが毒殺、銃殺で猫を殺し続け、一九九一年についに絶滅させました。二〇〇一年、ニュージーランドの最南部にあるキャンベル島では、五機のヘリコプターによって殺鼠剤を大量に投下し、島内にいた推定二〇万匹のネズミを絶滅させました。ガラパゴス諸島のサンティアゴ島とイサベラ島では、五〇万個以上の銃弾を撃ち込み一六万頭のヤギを殺しました。この他、政府から依頼を受けた「自然保護」専門チームは、世界各地の島々でウサギ、ロバ、ネコ、ブタ、キツネを銃撃、殺鼠剤、足かせ罠などによって殺し続け、その件数は八〇〇以上に達しています（ソウルゼンバーグ 2014）。こうして、ネコは世界の約一〇〇の島々から駆除されました（タッカー 2017）。また、アメリカは侵略的外来種としてムクドリを薬剤などによって年間一〇〇万羽以上殺しています（リン・ハウプト 2017）。

日本では、海鳥のエトピリカ（環境省のレッドリストで絶滅危惧ＩＡ類）の国内唯一の繁殖地である根室半島沖の無人島・ユルリ島とモユルリ島に四〇年ほど前から漁船などに乗って来たドブネズミが繁殖し、エトピリカなどを捕食し始めました。そのため、環境省は二〇一三年、一五・六二トンの殺鼠剤をヘリコプターで両島に空中散布し、ドブネズミを根絶しました。また、東京都大島町の伊豆大島では、動物園から逃げ出し野生化したキョン（小型のシカ）が一万三〇〇〇頭にまで増え、絶滅が危惧される植物への影響や農作物被害が問題になったことから、都は二〇一七年度に約四億円をかけ、年間一〇〇〇頭以上を捕獲、殺処分しました。

外来種は、自然環境や生態系を保存するために駆除され続けています。「個としての動物」たちの命や苦しみよりも「生態系」の保護が優先されているのです。

ニホンザルの「純血」・トキの「復活」

環境倫理学では、「保全」と「保存」という区別が行なわれています。「自然を守った方が長い目で見て人間の利益になる」という考え方が「保全」（あるいは「人間中心主義」）の自然保護、「自然そのものに価値があるから自然を守る」という考え方が「保存」（あるいは「自然中心主義」）の自然保護とされます。絶滅したオオカミの「再導入」も侵略的外来種の「駆除」も、生態系を人間が介入する前の状態に戻す「保存」の一つだと言えます。

この「保全」と「保存」の区別は、「人間のために利用する」動物のアニマルウェルフェアと、動物の存在そのものを尊重する「動物の解放」「動物の権利」の区別に対応するように見えます。しかし、侵略的外来種の駆除はある種の動物の「大量殺戮」でもあり、動物解放運動と環境保護運動は外来種問題を巡ってたびたび激しく対立してきました。

たとえば、「動物の権利」を主唱するレーガンは「種の権利というものを権利論は認知しない」と言います。「数が多かろうと稀少だろうと、すべての動物は平等である」（Regan 2004）という立場からは、「稀少種」「固有種」を守るためにネズミやネコなどの「外来種」を殺害することは許されません。動物行動学者のマーク・ベコフが言うように、「侵入種は殺されるべきだという主張には、大きな問題がある。それは数のゲームになっていて、ネズミは非常にたくさんいるから、いくらかを殺しても大丈夫だと彼らは言う。数の多さを、殺す口実にしているのだ」（ソウルゼンバーグ 2014）。事実、外来種の大量殺戮に対し、シー・シェパードなどは抗議活動を行ない、作戦中止を求める訴訟も起こされています。日本でも外来種「駆除」、そして絶滅動物の「再導入」が行なわれていますが、それについて意見が分かれるケースがあります。

二〇〇〇年、和歌山県の山中でニホンザルとタイワンザルの交雑種二〇〇匹ほどが発見されました（タイワンザルは一九五五年頃に私立動物園で飼育されていた数匹が逃げ出して繁殖したもの）。日本霊長類学会はこの交雑に危機感を抱き、タイワンザルを全頭捕獲し安楽死させる計画の早期着手を和歌山県知事に要望し、日本哺乳類学会、日本生態学会も安楽死を支持します。「ニホンザルは日本だけにしか生息せず、その誕生は三〇万〜五五万年前といわれています。その長い期間に保たれてきた種の「純血」が、タイワンザルとの交雑によって、歴史的に見れば一瞬にして破られ、この世に二度と存在しなくなってしまうかもしれないのだ。「混血」を大問題と騒ぐのは、決して大げさなことではない」（松井 2009）。

和歌山県は、タイワンザルと交雑種の捕獲と安楽死計画をまとめました。しかし、この計画に対し、動物保護団体などから反対意見が出され、県は無作為抽出による県民一〇〇〇人に「一一億円かけて動物園で飼育管理する」「一〇〇万円で安楽死させる」の二者択一の（つまり、排除が前提の）アンケートを行ないました。アンケートの結果は、飼育管理の支持が三四％、安楽死支持が六四％でした。それを受け、県は二〇〇二年から野生化したタイワンザルと交雑ザルを捕獲し、二〇一二年までに三六六頭を安楽死、根絶させました（なお、タイワンザルは伊豆大島でも毎年数百頭が駆除されており、千葉県でも、やはりニホンザルの種の保全という観点からアカゲザルが二〇一七年までに五七頭駆除されている）。

ネズミやネコを侵略的外来種として殺処分する場合、海鳥などの固有種の絶滅を阻止することを目的として行ないます。しかし、タイワンザルの交雑種はニホンザルの「純血」の保持のために殺処分されました。このように「雑種化」を理由とする外来種の殺処分は国内では他に例がなく、世界的にも珍しいとされます（アメリカで、稀少なメキシコオオカミの維持のため、犬との雑種数匹を殺したケースがある〔オコナー 2018〕）。あえて人間で考えると、「民族の純血」を守るため、他民族との間の出産を禁じたり、他民族との混血のこどもを安楽死させるようなものです。

実際には、ニホンザルとタイワンザルは遺伝子組成や形態が多少異なるだけの「同種」で、交雑して個体群の遺伝子組成が変化しても、生物多様性の保全に対する侵襲はごくわずかとされます。「確かに地域個体群間に人為的な交雑が生ずると系統解析が難しくなる、といったことは起こるだろうが、生物は研究者のために生きているわけではない」「遺伝子汚染を防ぐメリットと、莫大な税金（引用者注　一五年間の捕獲費用は約五〇〇〇万円）を使って高等動物を殺戮するデメリットを比較すれば、デメリットはメリットをはるかに凌駕すると私は思う。愚挙ここに極まりという感じである」（池田 2012）。

一方、絶滅動物を「再導入」した試みとしてトキの「復活」があります。

日本を象徴する鳥と言われるトキ（学名ニッポニア・ニッポン）は、明治末以降、食用や羽根を取る乱獲で一九三〇年代までに数十羽にまで減りました。一九五二（昭和二七）年にトキは特別天然記念物に指定され、佐渡や石川県で禁猟区が設定されましたが、おそらくは農薬散布による餌の減少、開発による水田の減少などのため、二〇〇三（平成一五）年に絶滅しました。一九九九年以降、中国から贈られたトキ五羽を元に人工繁殖させる試みが始まり、二〇〇八年から佐渡で放鳥が始まり、二〇一九年には三五〇羽が生息しています。なお、中国のトキと日本のトキは遺伝子の違いがごく僅かな同一種で、「例えて言うなら、日本人と中国人の違いみたいなもの」（石居進『早稲田ウィークリー』九一九号）とされています。いわば、日本人が絶滅したので、「同一種」である中国人を連れてきて「復活」させたようなものです。

オオカミの再導入の場合は、その絶滅が生態系の破壊を引き起こしたことから計画・実行されました。一方、トキの場合は、その絶滅が生態系の破壊を引き起こしたというより、「日本には美しいトキがいてほしい」という日本人の「願望」で計画されたと言えます。しかし、トキは一九五二年に特別天然記念物に指定されて以来、五〇年間保護されたにもかかわらず絶滅しているので、日本ではトキが生息しにくい環境が広がっていると考えられます。地元では、かつてトキが生息していた環境を復活させる取り組みを行なっていますが、そうでなければ、そのような環境に無理やり導入させられた中国産のトキは「いい迷惑」かもしれません。

考えてみれば、人間はペットや家畜や実験動物について、自然界に存在しなかった犬種（ブルドッグ、ダックスフントなど）、急成長するブロイラーや毎日卵を産む産卵鶏、実験用のノックアウトマウス（特定の遺伝子を不活性化させた遺伝子組み換えマウス）などを生殖管理や外来種との交雑、遺伝子組み換えなどによって作り出し、世界中に拡散させてきました。つまり、かわいい（新奇な）ペット、有用な家畜、便利な実験動物、研究に必要な「純血種」、そして「日本の象徴」となる動物という、人間に都合のいい動物だけが存在を認められ、その他の動物たちは「生態系の保存」などを理由に殺処分されていることになります。

人間による自然破壊かもしれないものが「外来種問題」にされることもあります。たとえば、琵琶湖は多くの固有種が生息する世界でも有数の古代湖ですが、近年、岸辺の魚類のほとんどをブルーギルやブラックバスの外来魚が占めるようになり、滋賀県は「少しでも外来魚を減らしていく取り組みが必要」としています（「外来生物法と外来魚のリリース禁止について」）。ブルーギルは、一九六〇年に当時の皇太子がシカゴ市長から寄贈された一五尾を日本に持ち帰り、それが全国に広がりました。二〇〇七年、天皇は「ブルーギルは五〇年近く前、私が米国より持ち帰り、水産庁の研究所に寄贈したものであり、当初、食用魚としての期待が大きく、養殖が開始されましたが、今、このような結果になったことに心を痛めています」と語っています（「第二七回全国豊かな海づくり大会」)。

しかし、琵琶湖の場合、ワカサギなど在来種の減少は、ブラックバスやブルーギルによる捕食だけでなく、湖岸の堤防整備などを行なう「琵琶湖総合開発事業」(一九七二〜九七年)によって起こされたとも考えられています。開発によって遠浅のヨシ原が消滅し、それが在来種の生育にはマイナスに、ブラックバスなどにとってはプラスになったためです。

そもそも、いまでは琵琶湖の在来種とされるワカサギも、もともと北海道のサロマ湖や霞ヶ浦(茨城県から千葉県に広がる湖)にしか生息しなかった固有種で、琵琶湖のものは漁業のため人為的に放流された「外来種」でした。長野県の諏訪湖でも一九一四〜一五年にワカサギが移入されましたが、当初は在来の小エビをほとんど絶滅させて「害魚」(つまり「侵略的外来種」)と見なされました。しかし、ワカサギが漁師の収入源として成立すると次第に「害魚」扱いされなくなり、その後に移入されたブラックバスが新たに「侵略的外来種」として駆除されることになりました。池田清彦は「生物多様性の保全というのは、すぐれて政治的な問題である」(同前)と言いますが、「守るべき環境」も「侵略的外来種」も、その時々の人間の都合で決定される面があります[23]。

外来種問題の研究者のほとんどは、外来種が「大きな損失」を生態系と人間社会に与えると結論しています。「私自身、外来種問題を研究し始めてから沢山の関連論文に目を通して来たものの、その中の一つとして、外来種は人間社会・生態系に良い影響がある、と論じていない」(小谷浩示「外来生物種の制御と管理」『生物多様性を保全する』2015)。もちろん、島がそうであるように、人間が安易に外来種を移入したために稀少な在来種が絶滅する事態はあり、排除が正当化されるケースはあります。しかし、外来種が在来種を駆逐することは現実には稀で、むしろ外来種の侵入によって生物多様性は上昇するとも考えられています。

たとえば、北アメリカにヨーロッパ人が上陸して以来、四〇〇〇種の植物が生物多様性を二〇%増やしましたが、絶滅した植物はありませんでした。イギリスでも二三〇〇種の植物が侵入しましたが、そのための絶滅はありませんでした（マカレスター大学のマーク・デーヴィスの研究〔ピアス 2016〕）。アセンション島やヴァージン諸島など三〇の島嶼グループでの「侵略的外来種」とされる植物二五十余種について、新たな生態系に入りこんだ例は一万件以上ですが、そのうち在来種に重大な影響を及ぼしたものはひと握りで、ほとんどの外来種は多様性を高めて生態系を豊かにしていたとされます（スイス連邦チューリヒ工科大学のクリストフ・キューファーの研究

(23) 人間の都合に振り回された動物の一つに、日本のヌートリアがいる。ヌートリアは、毛皮が防寒着に適しているため日中戦争中に軍用の毛皮獣として輸入され、一九四四年には四万頭近くが飼育された（ヌートリアの別名「沼狸《しょうり》」は「勝利」にかけている）。
終戦とともにヌートリアは不必要とされ、多くが殺処分あるいは遺棄された。遺棄され野生化したヌートリアは、イネなどの農作物を食い荒らし、二〇一〇年頃には全国での被害金額が一億円程度に達するようになった。そのため、最も被害が深刻な岡山県では毎年約二〇〇〇頭が捕獲、焼却処分されるようになった。

一方、ヌートリアは植物の地下茎を食べるが、それが他の場所に流れて根付き、全体として自然環境を豊かにしているとされる。また、ヌートリアは自然度の高い河川や小沼でしか生息できず、自然度の指標動物としても使われている。

「これらの事実をよく考えてみると、私たちは、自分たちだけの都合によって、ヌートリアを利用したり、侵略的外来生物という悪者にしたり、また場合によっては自然環境回復のバロメターにしたりと、あまりにもその命をもてあそんできたように思える。ヌートリアのそもそもの来歴や、その後の扱われ方を見れば、人間がいかに身勝手であるかがわかるのだ」（松井 2009）。

〔ピアス 同前〕)。

一方、すでに触れたようにホモ・サピエンスはアフリカを出てユーラシア大陸、オーストラリア大陸、アメリカ大陸と世界中に拡散していくと同時にその地の大型哺乳類を殺し続け、その大量絶滅の一因となりました。また、島嶼地域で絶滅させられた動物たちは、主に人間が持ち込んだ猫やネズミなどによって殺されました。つまり、地球の歴史上、ホモ・サピエンスこそ最大の「侵略的外来種」なのです。そもそも、人間の都合で生息地から移動させられた動植物の行動を「侵略」と名づけること自体、奇怪な発想です。

考えてみれば、日本の牛、馬、猫、豚も、最初は中国や朝鮮半島から人間が連れてきた「外来種」でした。「平和の象徴」鳩(ドバト)も、日本生態学会が「日本の侵略的外来種ワースト一〇〇」の一つに指定している、一五〇〇年ほど前に渡来した外来種です。「主食」のイネも、縄文時代に渡来し、人間の手を借りて日本の生態系を根底から変えた外来種です(24)。日本原産の野菜はセリやフキ、わさびなど二〇種類ほどしかなく、現在栽培されているほとんどの野菜は外来種です。厳密に言えば日本もどこの国も「外来種」だらけです。しかし、「環境保護主義者は、まるで外国人を排斥するように外来種を毛嫌いする」(ピアス 2016)。

たとえば、ツマアカスズメバチ(中国などに分布。日本では二〇一三年に営巣を確認。地球温暖化の進展で生息域を拡大)やセアカゴケグモ(オーストラリア原産で、日本では一九九五年に発見。温暖化のため日本で越冬できるようになり定着。毒を持つが重篤者は出ていない)、そしてヒアリ(南米大陸原産。二〇一七年に港湾のコンテナから日本に侵入。毒針に刺されると、体質によりアレルギー反応等の重い症状が出ることがある)などは、人間に危害があるとして「見つけ次第」駆除されています。しかし、ツマアカスズメバチやセアカゴケグモは温暖化の影響を受けて日本に侵入していると考えられており、そうだとすれば、いくら駆除し続けようと、原因となる温暖化が止まらない限り完全な「駆除」は現実的に不可能です。温暖化に限らず、生物は地球環境の変化に応じて拡散、絶滅、進化を続けてきました。当然ですが、生物には「国境」は存在せず、自由に移動していきます。

政治学者のベネディクト・アンダーソンは、国民とは、近代以降、出版資本主義などの発達によって「イメージとして心の中に想像された」「深い同志愛」だとしました（アンダーソン 1987 原書 1983）。国民は、互いに直接は会うことも知ることもなくても運命をともにする共同体として意識されています。こうして現われるナショナリズムによって、多くの人々が戦争に参加し殺し合ってきました。そして、この同志愛は、とりわけ他国と緊張関係に入った時に強く意識にのぼります。たとえば「白人から言われたら、なにくそと、これは日本人の文化だ、私は食べないけれど、日本のどこかが食べる文化を持っているのだ」という形です。その意味で、ある種の「侵略的外来種」とは近代以降の国民国家がそうである「想像の共同体」が作り出したなかば政治的なかば科学的な「仮想敵」であり、現在語られている「保存」すべき自然環境とは、いわば「想像の自然」であり「想像の生態系」なのです。

（24） 植物の場合、渡来の時代を区別して、イネなど有史以前に移入したものを史前帰化植物、その後に大陸から渡来したものを旧帰化植物、江戸時代末期から明治初期以降に世界中から渡来した植物を新帰化植物と分類することがある（この場合、「帰化植物」はふつうは「新帰化植物」を指す）。
一般に、「帰化種」は生態系を変化させず定着した外来種、「侵略的外来種」は「在来種を絶滅させる、生態系を変化させる、人間に害を及ぼす」外来種とされる。しかし、その区別は相対的である。

一九九〇年代以降、地球規模で温暖化と経済のグローバル化が劇的に進行しました。日本では二〇〇五年に「外来生物法」が施行され、指定された外来種を法的に管理、駆除するようになりましたが、この時期、急激な経済的グローバル化に対し、各国でナショナリズム意識が刺激され、さまざまな排外主義的な政党やポピュリズム運動が勢いを増していました（日本では、在日外国人への排外運動を象徴する「在特会（在日特権を許さない市民の会）」が二〇〇六年に活動を開始しています）。「在日外来生物」を排除しようとする「外来種問題」の浮上は、ある意味ではグローバリズムに対抗する一九九〇年代以降のナショナリズムの一つの現われとして理解できます（二〇一八年、在日コリアンの男子中学生の本名を匿名ブログで掲載してヘイトスピーチを行ない「侮辱罪」で科料九〇〇〇円の略式命令を受けた六八歳の男性の記事のタイトルは「在日という悪性外来寄生生物種」だった）。二〇〇〇年代以降、日本国家・地方行政がニホンザルの「純血」やトキの「復活」のような課題に取り組み始めたのも、相対的には大きな危険のないはずの一部の「外来種」侵入に政府やマスコミがまるで「臨戦態勢」（国の生態系を守れ！）のように時にヒステリックに取り組むのも、おそらくこうした政治的・経済的背景が一つの要因としてあるのです。

しかし、生物学者のケン・トムソンが言うように「外来種は生物多様性に対する第二の脅威どころか、第三でも第四でも第五でもない」（トムソン 2017）。生物多様性減少の最大の原因は外来種ではなく、人間による生息地の減少・破壊です。オーストラリアで問題になっている猫の場合も、野生動物の絶滅や減少の主因は猫ではなく、生息地の質の低下ではないかとも考えられています（ブラッドショー 2014）。少なくとも、世界全体で言えば、現在の動物の絶滅の多くはホモ・サピエンスによる環境破壊によって起こされています。

それは「第六絶滅期」と呼ばれる、地球史の上でも稀な「大量絶滅」なのです。

「第六絶滅期」と二〇世紀後半の質的変換

一九一四（大正三）年に発表された「ふるさと（故郷）」（高野辰之作詞・岡野貞一作曲）は「兎追ひし　彼の山」と始まります。ここで歌われる「山」は、昔話でよくおじいさんが柴刈りに行く「里山」です。当時、人里に隣接し、薪や山菜採りができる里山にはノウサギが多く生息していました。ノウサギは日常的に狩られていましたが、その数が大きく減ることはありませんでした。

しかし近年、ノウサギはあまり狩猟されないのにその生育数が激減し、この半世紀で最も減少した野生動物の一つとなりました。「これは現在の里山では、暗い針葉樹の人工林か、農薬を使う耕作地しかなくなって、ノウサギの生息に適した藪的な群落が消滅したためである。農民が日常的に捕まえて食べていたにもかかわらず、どこにでもいたノウサギが、だれも食べなくなったのにいなくなったというのは皮肉なことである。／そのように考えると、野生動物の個体数に影響を与える人類の機能において、狩猟はもはやさほど重要ではなくなっているといえよう。少なくともハンター人口の少ない国ではそういえる。それよりも重機による森林伐採や土地の改変のほうが、野生動物の個体数にはるかに深刻な影響をおよぼす。そのような質的変換が起きたのが二〇世紀後半であったと位置づけることができそうである」（高槻成紀「ヒトに翻弄されるアジアの野生動物」林他 2008所収）。

六億年前に多細胞生物が誕生して以来、生物種が大規模に減少した時期が五回あり、現在は「第六絶滅期」と言われています。ここ一〇〇年間の絶滅スピードは、自然絶滅率（人類の出現前）の少なくとも一〇〇〜一〇〇〇倍とされ、恐竜時代に「一〇〇〇年に一種」だった絶滅が毎年推定一万〜四万種のペースで進んでいるとされます。とりわけ、環境の影響を受けやすいカエルを始めとする両生類の絶滅スピードは過去の数万倍と言われています。その原因は、森林の伐採、人為的な外来種の導入、二酸化炭素排出による気候変動、海洋の酸性化、有害化学物質による生態系の汚染など、人類が地球規模で引き起こした変化です。

現在の地質年代は新生代第四紀の「完新世」（二五八万年前〜）とされていますが、人類がもたらした地質学的規模の変化から、現代を新しい地質年代「人新世」とする定義が行なわれています。地球上の多くの動植物にとって、ホモ・サピエンスの登場は「第五絶滅期」をもたらした「大隕石の衝突」に匹敵するような大災厄だったのです。

第六絶滅期の要因の一つに過剰な狩猟があります。六万年ほど前の「出アフリカ」以降、人類による乱獲、生息地の破壊によって各大陸でさまざまな大型哺乳類が絶滅しました。とりわけ、近代に入ると銃が発明され、狩猟の規模が拡大していきました。その結果、一七世紀以降、世界各地でオーロックス（野生牛）、ドードー、モーリシャスクイナ（いずれも飛べない鳥）、ステラーカイギュウ（ジュゴン科）、ジャイアントモア（史上最大の鳥類）などが乱獲によって絶滅していきました。全米に五〇億羽生息し、空を埋め尽していたリョコウバトも銃や仕掛け網で一八六〇年代に毎年一〇〇〇万羽が乱獲され、一九一四年に絶滅しました。今も、キリンをはじめ哺乳類の種の七％が密猟によって絶滅の危機にあるとされています（トマス 2018　原書 2017）。

二〇世紀後半になると、大型漁船や冷凍技術が発達し、レーダーやソナー、衛星で魚の群れを探知し、巨大な網で魚を海底から根こそぎすくい上げる大規模漁業が広まりました。世界の漁業資源の約七五％が乱獲または生物学的限界まで捕獲されたとされ（国連食糧農業機関〔FAO〕2007）、人間が食べる魚類は二〇四八年までに消滅するとする研究すらあります（カナダ・ダルハウジー大学ボリス・ウォームらの研究 2006)。近年、日本の漁業は漁獲高減少が続き、二〇一〇年代の天然魚の収穫は一九八〇年代の半分以下に落ち込んでいますが、これも持続可能な限界を超えた国内外の乱獲のためと指摘されています（図6）。ホモ・サピエンスの特徴である「オーバーキル」（資源の回復不能なまでの利用）は、依然として健在だと言わざるを得ません。

しかし、現在の「大絶滅」の最大の要因は狩猟ではなく「環境破壊」です。高槻成紀が言うように、狩猟よりも「森林伐採や土地の改変のほうが野生動物の個体数にはるかに深刻な影響をおよぼす」（高槻他 2015）質的変換が二〇世紀後半に起きたのです。

人間の環境改変は、ノウサギのようなケースとは別に、意外な形でも野生動物に危害を加えています。たとえば、全米で年間三億六四六〇万～九億八八〇〇万羽（！）の鳥が送電線、ビルなどの建物と衝突して死んでいると考えられています（Loss他 2014）。アメリカの野鳥減少の最大の人為的原因は生息地の減少、二番目の原因が野外の猫による捕食ですが、三番目がこの「建物との衝突」です。

また、多くの昆虫が車と衝突して死んでいます。関東と沖縄での実験によると、自動車が一〇メートル走るごとに車の前面一平方メートル当たり約一匹の昆虫と遭遇しました。その多くは体長一ミリから数ミリの体の軟らかい昆虫で、こうした昆虫の多くは時速六〇キロメートル以上の車とぶつかると風圧や衝突のダメージで死にます。かりに、衝突した昆虫の一〇分の一が死ぬとして、「車の買い換え時」とよく言われる一〇万キロメートル走ると、

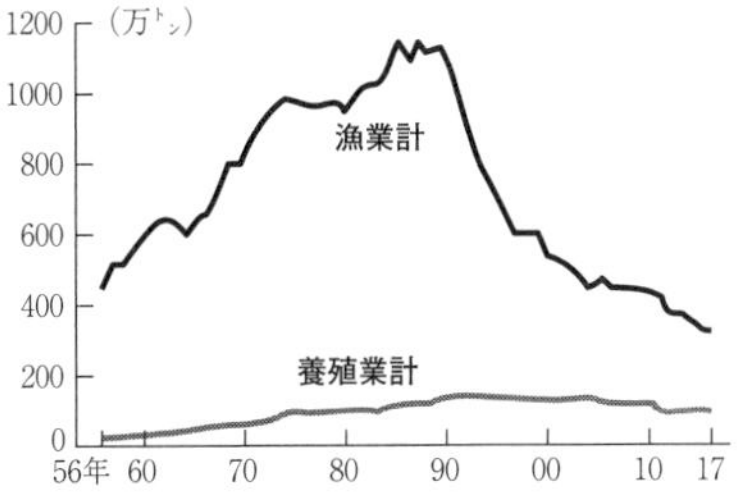

（出所）『朝日新聞』電子版 2018 年 4 月 26 日

図6　漁業・養殖業の生産量

計算上一〇〇万匹の昆虫を殺していることになります（高橋 2006）。こどもがアリを踏みつぶしたりトンボの羽を引きちぎると大人は「かわいそうでしょう！」と言って叱りますが、車に乗る方がはるかに「昆虫の大量虐殺」になります。

ここで問題となるのは、今まで見てきた深刻な環境破壊と動物解放論との関係です。シンガーやレーガンは、個としての動物の「感覚」や「権利」を重視し、工業畜産や動物実験など、家畜や実験動物に関わる問題を批判してきました。その正当性は疑えませんが、その一方、食物連鎖（食物網）などの生態系の問題、そして環境問題など野生動物に関わる問題について、動物解放論の主張はその現実性、妥当性が時として疑わしくなるのです。

たとえば、オオカミとシカの関係がそうだったように、野生での「個としての動物」の痛みや苦しみは「種としての動物」が存続する前提でもあります。しかし、個としての動物の「感覚」を理論の根拠とするシンガーやレーガンにとって、「種としての動物」は特有の価値を持ちません。動物解放論にとって、種は「個」の総数としての意味しか持たないからです。

また、シカの繁殖による植生被害が問題となる場合、動物解放論は「痛み」を感じるシカを、痛みを感じない植物よりも当然、優先します。しかし、植物に動物のような感覚がないとしても、生態系でのその存在意義が動物に劣ることはありません。さらに、自然環境は鉱物、土壌、海水、大気、そして気象や海流まで含みます。それらは「感覚」を持たないとしても、相互に関係しながら「個」の総数では捉えきれない複雑な生態系を形作ります。感覚を持つ「個」の動物の立場に立つ動物解放運動は、そうした「全体性」を捉えることが困難なのです。

動物解放論は、動物を「苦しめるな」「殺すな」という主張によって、工業畜産や動物実験などの問題を批判しました。その意義は疑えませんが、「畜産革命」と同時期に進行した環境改変という「二〇世紀後半の質的変換」について、動物解放論は思想的な限界を持つのです。

動物解放論争のトライアングル

この点について、動物解放論の問題を指摘し、大きなインパクトを与えたのは環境倫理学者のJ・B・キャリコットの「動物解放論争——三極対立構造」（キャリコット 1980）でした。キャリコットは、個としての動物への考察から出発する従来の動物解放論に対し、生物共同体全体を重視する環境倫理学を提唱しました。生態系は植物や動物、鉱物、液体、気体などから構成されますが、それらを個々で考えるのではなく、一つひとつ欠くことのできない部分から構成された有機的秩序としてとらえる視点を強調したのです。

キャリコットによれば、人間中心主義と動物解放論は「原子論」つまり「個」の立場に終始しています。それに対し、環境倫理学（生態系中心主義）は「全体論」に立脚し、これによってこの三つは理論的に相容れない「トライアングル」（三極対立構造）を形成します。「今から思えば、道徳的人間主義と人道的道徳主義（動物解放論）が繰り広げてきた騒々しい論争は、固定観念化した倫理哲学に対するもっと重大な挑戦者の存在をかすませただけではないのか、という気さえする。その挑戦者とはレオポルドとその擁護者のことであるが、その挑戦を脇に押しやることで、倫理哲学は相も変わらぬ近代のパラダイムの内側に安住してきたのではないか」。

ここで挙げられるアルド・レオポルドは『野生のうたが聞こえる』（レオポルド 1997　原書1949）で知られる思想家です。彼は、国有林の森林官助手として、政府の方針にしたがいシカなどの保護のためにオオカミを見つけ次第狩っていました。ある日、彼は六頭の子オオカミと母オオカミを見つけ、母オオカミを銃で仕留めます。「母オオカミのそばに近寄ってみると、凶暴な緑色の炎が、両の目からちょうど消えかけたところだった。そのときにぼくが悟り、以後もずっと忘れられないことがある。それは、あの目のなかには、ぼくにはまったく新しいもの、あのオオカミと山にしか分からないものが宿っているということだ。当時ぼくは若くて、やたらと引き金を引きたくて、うずうずしていた。オオカミの数が減ればそれだけシカの数が増えるはずだから、オオカミが全滅すればそれこそハンターの天国になるぞ、と思っていた。しかし、あの緑色の炎が消えたのを見て以来ぼくは、こんな考え方にはオオカミも山も賛成しないことを悟った」（レオポルド同前）。

その後、オオカミが絶滅したアメリカ各地でシカが低木や若芽を食べ尽くし、エサが枯渇するとともにシカも次々と餓死していきました。レオポルドはこの経験から「人間を取り巻く環境のうち、個人、社会に次いで第三の要素である土地にまで倫理則の範囲を拡張する」という「土地倫理」（land ethics）を考え始めます。「物事は、生物共同体の全体性、安定性、美観を保つものであれば妥当だし、そうでない場合は間違っているのだ、と考えることである」。

『野生のうたが聞こえる』は発表当時、評価されませんでしたが、アメリカで農薬など化学物質の危険性を訴えたレイチェル・カーソンの『沈黙の春』（原書 1962）の出版以降に再評価が始まり、この両書は七〇年代には環境思想、環境倫理学の「聖書」として扱われるようになります。キャリコットはレオポルドの再評価に貢献した一人です。

「土地倫理」は海、湖、山、森林、土地までをその倫理体系に含めました。そして、その存在価値には、レーガンの言う「すべての動物は平等である」に対し、優先順位がつけられます。たとえば「シカの数が増え過ぎてその地域の環境を破壊してしまうような状況であれば、シカ狩りは実際、道徳的な要請であるかもしれないことになる。一方、数が少なく絶滅の危険もあるオオヤマネコのような動物は、手厚く保護し種の保存に努めるべきだろう」（キャリコット 1980）。この思想からは、固有種を絶滅させるネコやネズミの殺処分は肯定されます。

また、シンガーは昆虫など非脊椎動物は相対的に「感覚」能力をもたないために「人格」から除外されるとしました。その場合、アリやミツバチのように高度な集団関係を築く動物たちも「人格」としての配慮の対象から除外されます。それに対し、キャリコットは「例えばミツバチのように、自然の営みの中で決定的に重要な役割を果たす生き物は、ウサギやモグラのように進化の上ではより上位に位置するような生き物よりも優先される。ウサギやモグラは心理的にはミツバチより複雑で感受性にも優れているが、何しろ世界中どこにでもたくさんいるし、繁殖力も強く、自然の営みの中でも大した仕事はしていないからだ」（キャリコット 同前）としました。

人間の肉食も、生態系中心主義からは生態系がそれを前提として維持されてきた以上、人間は動物を食べるのが当然と考えられます。また、「家畜は、生物共同体にとってはその統合性と安定と美しさを損なう有害な存在となることが多い（…）。もしも動物解放論者の主張が字義通り実行に移され、家畜が自然に放たれたら、植物や土や水は破滅的な影響を蒙ることになる」（キャリコット 同前）とキャリコットは言います。一方、地球温暖化や原発事故、森林の破壊、漁業の乱獲のように生態系を危機に陥れる人間の営みは、この立場から厳しく批判されます。

環境倫理学は、公害、ジェンダー、南北問題など様々な論点を提出し、論争を繰り返しながら世界的に拡がり、哲学上の一ジャンルとして定着していきました。そして、動物解放論がそうだったように、環境保護運動もさまざまな団体が創設され、運動方針は多様化していきました。

日本では、一九六〇年代から水俣病、イタイイタイ病、光化学スモッグなどの「公害」が次第に社会問題となり、石牟礼道子の『苦海浄土』（1969）などによって広く社会的に知られるようになります。一九七〇年には「公害国会」と呼ばれた第六四回国会で公害対策関連一四法案が成立し、一九七一年には「環境庁」(二〇〇一年から「環境省」)が発足します。

一九九〇年代、日本でも環境問題は多くの人から「身近で重要な問題」とみなされるようになり、「エコ」という言葉が日常で使われるようになりました。一九八〇年に日本の法廷でシンガーが証言した当時、「「エコロジー」の言葉すら、通訳は訳すのに苦労した」ことから二〇年足らずで時代は大きく変わりました。

「アニマルウェルフェア」や「動物解放運動」と異なり、環境保護運動は日本で市民権を得たのです。

動物解放論と環境倫理学──「ナチスと動物」

「動物解放論争──三極対立構造」の発表以来、環境倫理学と動物解放論は多くの論争を繰り返してきました。

「動物の権利」を唱えたレーガンは、キャリコットに対し「環境ファシズム」という批判をしています。キャリコットの理論では「自然の営みの中でも大した仕事はしていない」ウサギやモグラ以上にミツバチが「決定的に重要な役割を果たす生き物」として優先されますが、そのように「共同体」の中の位置づけによって個々の人間や動物の生存が選別されかねない、という批判です。「例えば我々が、稀少な野の花を殺すか、(数の多い)人間を一人殺すかという選択に直面したとしよう。もしその草花が「仲間の一員」としてその人間よりも「生物共同体の統合、安定、美」に貢献しているならば、その人間を殺して草花を救ったとしても、おそらく我々は悪をなしたことにならないだろう」(Regan 2014)。「数が多かろうと稀少だろうと、すべての動物は平等である」と言うレーガンは、「稀少」かどうかという条件にはいっさい配慮しません。そして、彼にとって、一人の人間は「感覚」をもたない稀少な植物よりも価値を持ちます。

おそらく、生物共同体の中での人間の存在というこの問題は、環境倫理にとって「アキレスの腱」でした。なぜなら、人間の生息数は、他の野生の哺乳類と比べて比較にならないほど多いからです。キャリコット自身、こう言います。「例えば、個々のシカの尊さというものは、他のすべてのシカと同様、その全体の個体数と反比例する。環境主義者はしかし、この同じ論理を人間にあてはめることがどうしてもできない。雑食動物としての人間の適正な人口はおそらく、同じく雑食だが身体の大きさは人間の倍である熊の人口の倍程度ということになろう」（キャリコット1980）。キャリコットの論理を一貫させるなら、人間は「熊の人口の倍程度」であるべきです（日本の野生のクマは、二〇一五年の環境省の推定で、ヒグマとツキノワグマの合計が三万二〇〇〇頭ほど）。しかし、キャリコットはこの「論理を人間にあてはめることがどうしてもでき」ません。それは、ほとんどの人間を間引きする「環境ファシズム」になりかねないからです。

キャリコットは「もし、土地倫理が人間のために自然を管理する手段にすぎないとするならば、人間は、彼らの「資源」としての自然とは本質的に異なる究極の価値をもった存在であるということになるが、土地倫理（環境倫理）はそのようなものではない」と言います。しかし、「そのようなものではない」と言いながら、キャリコットの環境倫理は現実には「人間のために自然を管理する」穏当な人間中心主義に近くなっていきます[25]。

そして、環境倫理はその「生物共同体の統合性と安定と美を至高の善と見る」立場から「共同体主義」と親和性が強く、「人間中心主義」というより「国家主義」や「家族中心主義」に近づくことがあります。ある種の「外来種」とは近代以降の国民国家がそうである「想像の共同体」

が作り出した仮想敵であり、現在語られている保存すべき自然環境とは「想像の生態系」だと先に言いました。キャリコットが絶対視する「生物共同体」も近代以降の「想像の生態系」とある程度重なっており、それは他の共同体との対立(仮想敵)を孕んでいると思われるのです。

レーガンは、キャリコットを「環境ファシズム」と批判しましたが、この点で考えざるを得ないのは、ナチス・ドイツが一九三〇年代にきわめて先進的な動物保護と自然保護政策を行なっていたことです。

ヒトラーは一九三三年一月に政権を獲得しますが、その年の八月、ナチスのナンバー2のヘルマン・ゲーリングがラジオでこのような演説をしています。「現在まで動物は法律において生命のない物であると考えられてきた。(…)このことはドイツの精神に適合しないし、何にもまして、ナチズムの理念とは完全にかけ離れている」。ヒトラー政権は同年一一月に「動物保護法」を制定します。そこでは、動物は人間のためではなく「それ自体のために」保護されるとし、「動物を不必要にさいなみ、または、粗暴に虐待すること」を禁じました。さらに、動物実験も「これまで証明されていない特定の結果が予想される場合に限られること」「動物を事前に気絶させること」など、現在の日本より厳しい制限を課しました。ヒトラー自身は動物実験の全面的禁止を考えており、動物実験と動物虐待の禁止が「動物保護法」の重要な目的だと主張していました(ヒトラーは愛犬家として知られ、映画で動物が苦しむ場面があると顔をそむけていたと伝えられます)。一九三四年、科学・訓練・公共教育省は「すべての学生は動物保護法について学ばなければならない」と通達し、一九三八年には獣医の認可に動物保護の項目が必須要件とされます。こうしたナチスの動物保護法は世界で高く評価され、ヒトラーは「ドイツ民族に動物保護のために有効な法律を授けた人類と動物の友」と評され、アメリカの基金は「動物保護法」の功績を称えてヒトラーに金メダルを贈っています。

ナチス政権は自然保護にも積極的で、「帝国森林荒廃防止法」「森林の種に関する法律」（一九三四年）、そして「景観に大きな変更を及ぼすような計画の許認可は、事前に所轄の自然保護監督機関に意見を求めなければならない」とし、行政が自然保護区を指定するさいに土地所有者が金銭的な保障を請求することを禁ずる「帝国自然保護法」（一九三五年）などを制定し、それらは自然保護活動家から「革命的な法律」と絶賛されました。アルド・レオポルドもこうしたドイツの自然保護に強く共感し、一九三五年にドイツに渡って林業を学んでいます。「ホロコースト」という人類史的な悪を行なったナチスが、世界的に見てきわめて先進的な動物保護法、自然保護法を成立させたことは「矛盾」とも言えます。

しかし、ナチス・ドイツの動物保護と自然保護は、ゲルマン民族的な「有機的共同体」創出という意味を持っていました。ナチスの中心的な政策の一つは優生学的な「人種改良」（ナチスの言う「人種衛生学」）で、ナチスは強制的断種や絶滅収容所を「遺伝学的に健全な人種」を産出するための手段とみなしていました。ナチスのイデオロギー「血と土」は、ゲルマン民族の「血」とドイツの「土」を意味しますが、それは人種と自然を「改良」する意味を持ったのです。

(25) 一方、やはりレオポルドを源流とした「ディープ・エコロジー」の立場をとるアルネ・ネスは、自然は人間のための「資源」であり環境保護とは資源を持続的に利用するための「保全」であるという思想を「修正主義的エコロジー」として批判し、「他の生物の繁栄のためには人口の減少が必要だ」と主張している。また、シー・シェパード設立者のポール・ワトソンは「人類は進んで少子化対策を行なって、一〇億人以下に減らさなくてはいけない」とし、二人以上のこどもを持つ家庭への課税を提案している。

たとえば、「森林の種に関する法律」は、「ドイツ森林の価値の高い遺伝素質（Erbgut）を維持し、品種改良し、そして同時に種的に価値の低い林分（Bestände）と個々の木を除去する」（西村貴裕訳）ことを目的にしていました。「血と土」の改良のため、人種も森林種も「種的に価値の低いもの」は強制的に「除去」させられるのです。「このヒエラルキー構造は、人間だけでなく生き物すべてを包含し、自然界に対する自らの概念を定めた。個々の生き物すべては序列と場所を与えられ、これに適応できないものは抹殺されてもやむをえないとされた」（サックス 2002）。つまり、ナチス・ドイツにおいて、自然保護活動や動物保護運動は人種差別や障がい者差別と両立していたのです。

ドイツの政策を学んだレオポルドにはナチスの排外主義は影響していないと考えられています。しかし、彼の「物事は、生物共同体の全体性、安定性、美観を保つものであれば妥当だし、そうでない場合は間違っている」という全体論的な思想が、キャリコットのように「ミツバチのように、自然の営みの中で決定的に重要な役割を果たす生き物」がウサギやモグラよりも優先されると解釈されるとき、個々の存在が「共同体」の中で序列化され、ある種の存在が「劣等」とみなされる排外主義的傾向を持ち始めます。

さらに、キャリコットの思想は「共同体」主義というより「家族」主義、「国民」主義に同一化していく傾向を持っています。キャリコットは「動物解放論と環境倫理――再び」（Callicott 1989 未邦訳）で「人間中心主義」と「動物解放論」と「生態系中心主義」の統合を試み、われわれの義務は何より「家族」を優先し、それから「自分の仲間の市民たち」「人間一般」「野生動物」へと優先順位が低下するとしました。ここでは、「家族」が他国の「人類」よりも圧倒的に高い優先順位を与えられます。

一方、シンガーは、世界的な貧困問題について「豊かな国で、平均か、それ以上の収入のある人は、扶養家族が特に多いとか何か特別な理由がない限り、絶対的貧困を減少させるために所得の十分の一を提供するべきだ」「これは我々がなすべき最低限であり、もしそれ以下のことしかしなかったら、我々は間違ったことをしているのである」（シンガー 1991）と主張しました。シンガーの功利主義の立場から、それは当然の帰結です。

しかし、このシンガーの主張について、キャリコットは「シンガーには失礼ながら、他の国の飢える人たちを救うという目的のため、あまり餓えていない自分の子どもたちを貧しくすべきだと考えるべきではない」（Callicott 1989）と批判しました。なぜなら、キャリコットによれば「一般に、家族に対する義務は、他の遠い関係の仲間たちに対する義務より先に来る」からです。

シンガーの非妥協な一貫性に対するキャリコットの保守性が明らかになるのはこの点です。シンガーがその倫理の対象を自己や家族、人類から動物たちにまで拡張したのに対し、キャリコットはそれを生態系にまで拡大しました。しかし一方、そこから反転するように、その内部の優先順位を「家族」→「市民」（国民）→「人間」（人類）→「野生動物」と位置づけました。

キャリコットは、レオポルドの言う「生物共同体の統合性と安定と美」を重視しましたが、それは「あるものが、家族（国家）の統合と美を保存するものであれば、それは正しい」というテーゼへと移行していきます。「個（人格）の痛み」に終始する立場への批判としてキャリコットの「生態系」への着目は正当だったはずですが、この「生態系中心」主義は、穏当な（というよりエゴイスティックな）「家族」中心主義へ反転してしまうのです。

「家族ペット」時代の倫理

キャリコットは倫理対象の順位を「家族」→「市民」（国民）→「人間」→「野生動物」と位置づけました。この「家族に対する義務」の優先は、穏当な「家族中心主義」に見えます。しかし、キャリコットが優先順位で「人間一般」の下に置いたのは「野生動物」でした。では、その他の動物、たとえばペットはどこに位置づけられるのでしょうか。

キャリコットはこの点について明言していません。しかし、現代日本でそうであるようにペットが「家族の一員」（あるいは「家族以上に家族らしい」存在）だとすれば、キャリコットの見解はこうなるはずです。「家族の一員である犬や猫に対する義務は、遠い関係の人間たちに対する義務より優先する」。これは、シンガーやレーガンですら決して言わなかったような動物尊重論です。

レーガンは「四人と犬一匹のボート」の比喩を語っています（Regan 2004）。「難破した船から人間四人と犬一匹がボートに脱出した。ボートは小さく、最低一人または一匹をボートから放り出さなければ全員が死んでしまう。人間を放り出すべきか、犬を放り出すべきか？」

これについて、レーガンは「犬を放り出すべきだ」と言います。しかも、一匹ではなく多数の犬（原理的には何百匹の犬でも）その結論は変わらないと言います。「人間か犬か」の選択では、「動物の権利」を主張するレーガンも迷うことなく「人間」を選びます。

心理学者ルイス・ペトリノヴィッチは同様の思考実験を世界各地の多くの人に試しています。「トロッコが見知らぬ男性の方に向かって突進している。あなたが切替機のレバーを引きさえすれば、あなたの飼い犬がいる軌道のほうにトロッコの進路を変えることができる。どうすべきか？」。

これに対して、ほぼすべての人が「自分のペットよりも知らない人間を助ける」としました。このトロッコ問題はさまざまなバージョンがありますが、そこで唯一にして最強のルールは「動物より人間を救う」でした。動物解放論も含め、あらゆる哲学や倫理は、当然ながら「動物より人間を救うべきだ」と考えます。では、現実のわたしたちはどう行動しているでしょうか。

たとえば、栄養失調やそれに伴う免疫低下、感染症などで死亡する五歳未満のこどもは世界で一日に一万四〇〇〇人（二〇一六年）います。約五〇〇〇円で一人のこどもに一年間の給食を提供することができるため、世界各地から食糧援助や資金援助が行なわれています。

一方、日本ではペットの延命治療のために百万円近い医療費を出す人もいます。「犬ががんにかかり、病気が発覚してから亡くなるまでのわずか半年ほどの間に、ベンツ一台が買えるくらいの医療費を支払った」。こうしたペット医療、さらにペット美容室、ペットホテルなどの日本の「ペット関連産業市場」は一年で一兆四七二〇億円（二〇一五年度）、ペットフードだけで四七三五億円です。

犬や猫と人間の命の「どちらが大事ですか」と聞かれれば、ほぼすべての人は「人間」と答えます。そうであれば、わたしたちは犬や猫に使っている一兆円あまりを多くのこどもたちの命を救うために使うべきではないでしょうか。そもそも、ペットは美容室に行かなくてもアクセサリーをつけなくても死にません。そして、かつて犬や猫は人間の残り物を食べていたのですから（日本の家庭で捨てられる「食品ロス」は年間約三〇二万トン〔二〇一六年〕で、全世界の食糧援助量に相当します）、ペットフードの代金を飢えに苦しむこどもたちのために使うことができるはずです。

しかし、わたしたちの多くは、飢えに苦しむこどもたちより、自分のペットの医療やペットフードやシャンプーを優先しています。海外のこどもに限らず、わたしたちは日本で経済的に進学できないこどもたちがいても、その子たちを助けるより、自分の家のペットのペットフードやペット医療を優先しています（地震などで被災し経済的に困窮している人たちについてもそうかもしれません）。なぜなら、犬や猫は「家族」ですが、飢えているこどもは「他人」だからです。つまり、わたしたちはボートから犬でなく人間を放り出し、切替機のレバーを犬でなく人間に向けています。確かに、キャリコットが言うように「家族（ペット）に対する義務は、他の遠い関係の仲間（人間）たちに対する義務より先に来る」のです。

シンガーは「救いがたいスピシーシズム（種差別）とよべる唯一の立場は、生存権の境界を正確に生物種の境界と一致させようとする立場である」と言いました。しかし、こうした「種差別」は、「家族ペット」という現実の前では完全に逆転しています。「生存権の境界」は、現実には「種」ではなく「家族」の境界で決められているのです。

こうした理論と現実の逆転は、おそらくレーガン（一九三八年生）、キャリコット（一九四一年生）、シンガー（一九四六年生）がペットを家族に含まない「近代家族」を生きていたことに由来しています。彼らにとって、ペットは「家族の一員」ではありえないのです。しかし、犬や猫が「家族以上に家族らしい」存在となった一九九〇年代以降の「現代家族」を生きるわたしたちにとって、これら環境倫理学と動物解放論の「論争」は現実から遊離した抽象論でしかありません。わたしたちは、「家族ペット」と「畜産革命」という現実から新たな動物倫理を考えなければならないのです。

哲学的には、キャリコットとシンガー、レーガンの論争は、「人格中心主義」と「共同体主義」の対立に帰着します。しかしそこには、動物解放論と環境倫理学の対立が「個（人格）と共同体の二項対立」に終始しているという問題があると思われます。

「旧約聖書」としての『動物の解放』

シンガーは、（生物としての）「人間」と（理性的で自己意識のある存在としての）「人格」を区別し、とりわけ痛みを感じる動物たちの解放を主張しました。シンガーは、いわば「わたしたち理性的で自己意識のある存在（人格）の仲間の範囲はどこまでなのか」という問いを立てたのです。その結果、軟体動物や昆虫など非脊椎動物は相対的に感覚能力をもたないので「人格」から除外されると考えました。

一方、キャリコットは山水草木までを倫理的対象、つまり「わたしたちの仲間」としました。そして、キャリコットのこの共同体中心主義（ホーリズム）はやがて「家族」「国家」共同体の重視へと向かいました。

動物解放論と環境倫理学の両者はさまざまな点で対立しています。しかし、その思考の一面についてはほぼ一致します。つまり、この両者はそれぞれの「人格」「共同体」の立場から「わたしたちの仲間はどこまでか」と問い続けている点でほぼ同一なのです。この問題を考えるとき参照となるのが、『新約聖書』の「ルカ福音書」でのイエスです。

ある時、ひとりの律法家がイエスに対し、『旧約聖書』の「あなたの隣人を、自分自身のように大切にせよ」（レビ記19・18）という言葉をもとに、「それでは、私の隣人とは誰でしょうか」と尋ねました。それに対してイエスは、追いはぎにあい、服をはぎとられ、半殺しの状態で道に倒れている人について語りました。有名な「善きサマリア人」の譬えです。

たまたま、ひとりの祭司が同じ道をくだってきたが、その人を見ると、道の反対側をとおって行った。同様に、ひとりのレビ人もその場所にさしかかったが、その人を見て、道の反対側をとおって行った。ところが、旅をしていたひとりのサマリア人は、同じようにそこにさしかかると、その人を見て、はらわたをつき動かされ、近よって、傷口にぶどう酒とオリーブ油をそそいで包帯をし、自分のろばにのせて宿屋につれていって、介抱した。そして、つぎの日、五千円の銀貨二枚をとりだし、宿屋の主人にわたして、「この人を介抱してください。もし、費用がかさんだら、帰りにわたしが払います」と言った。／ところで、この三人のうち、追いはぎにあった人の隣人になったのは、だれだとあなたは思うのか。

（「ルカ福音書」本田哲郎訳）

聖書学者の田川建三は、この「私の隣人とは誰ですか」という問いについてこう言います。

「だれが我々の隣人なのか」と「隣人」の範囲を宗教的に規定しようとする時に、サマリア人はそこから排除される。従ってイエスは律法学者のこの問いに、そのまま答えて、「隣人」の範囲を定めることはしなかった。たとえ正統的律法学者よりも「隣人」の範囲を広くひろげようと、その範囲を定めようとしている限り、本質においては変らない。範囲の外にいる人は隣人ではなくなってしまうからである。むしろイエスはその問いに対して、「だれがこの被害者に対して隣人になったか」という問いを対置した。隣人というものは、自分の方から隣人になるものなのだ、というのである。こう言うことによって、イエスは「隣人」の概念を転倒しようとした。

（田川 1980）

「私の隣人は誰か」という宗教的問いは、イエスの「誰が隣人になったか」という反問によって問い直されます。そこでは、「私」の方が「誰がその人の隣人になったか」という問いへの「答え」として見いだされるのです。ここには、「隣人」をめぐる問いそのものの転倒、いわば問いのトポロジカルな「ねじれ」があります。

イエスの言う「隣人愛」は、キャリコットの「共同体主義」とは逆に、従来の共同体の概念を批判するものでした。そしてそれは、シンガーがこだわった「わたしたち「人格」の境界はどこまでか」という問いをも批判するものでした。私の「仲間」「共同体」の定義にこだわる発想それ自体が「隣人愛」を失わせるからです。

動物工場で飼育され大学や企業の実験室で虐待される動物たちの解放を求めるシンガーの思想は、確かに人類の歴史の上で革命的なものでした。ある意味では、そのときシンガー自身が、苦しみ無視されていた動物たちに近づき、その「隣人になった」のです。しかし、シンガーに、たとえばレオポルドがオオカミの目に見た「凶暴な緑色の炎」のように、自身の存在を変革し、人間と他の動物がともに「解放」される時空間が欠落していることも確かです。キャリコットがレオポルドをもとに批判しようとしたのは、実は動物解放論のこの点なのかもしれません。

シンガーは、肉食を拒否してベジタリアニズムを貫くと同時に、ペットを飼い動物と暮らすことも否定しました。彼が言うように、「私たちは動物たちを「愛して」いたのではない。われわれはただ彼らがあるがままの独立した感覚をもつ存在として扱われることをのぞんでいた」からです。しかし、動物たちと人間とが「距離を置く」方向へ向かうこうしたシンガーの姿勢は、興味深いことに、「ペット飼育」の多くと「生体商品」化を禁止し、「犬小屋」などによって動物を人間社会から隔離し、動物の「解き放し」（解放）を断行した徳川綱吉の「生類憐れみの令」と酷似してきます。

　おそらく、徳川綱吉（一六四六年生）の倫理的一貫性と厳正さは、彼のちょうど三〇〇年後に生まれたシンガー（一九四六年生まれ）と共通していました。そして、徳川綱吉の「生類憐れみの令」の根幹には「仁心」を重んじる儒教がありましたが、シンガーの「動物解放論」の背後にはおそらくユダヤ教がありました。

　たとえば、シンガーは「人格」の線引きを厳密化すると同時に、「絶対的貧困を減少させるために所得の一〇分の一を提供するべきだ」（『実践の倫理』）と言います。しかしそれは、自分の仲間（共同体）の範囲確定に執拗にこだわり、「自分が手に入れるもの一切の一〇分の一をささげています」と言う古代ユダヤ教徒に奇妙に似ています。こうしたシンガーの倫理的厳正さは、「生類憐れみの令」が人間と動物を「隔離」することでしか機能しなくなったように、人間と動物が距離を置く方向へと向かいます。それは、たとえばレオポルドが語るような、人間と動物がともに解放される「出会い」を無視する傾向を持つかもしれません。その意味で、動物解放運動の「バイブル」（聖書）と呼ばれる『動物の解放』は、いわば動物解放の「旧約聖書」なのです。

　動物解放論と環境倫理は理論的な様々な点で対立しますが、それは「共同体」の範囲の拡大という点で共通しています。しかし、田川建三が言うように「「隣人」の範囲を広くひろげようと、その範囲を定めようとしている限り、本質においては変らない」。「私の隣人は誰か」という問いに対し「誰がその人の隣人になったか」と反問したイエスのように、わたしたちはシンガーやキャリコットとは違う視点から動物と人間の問題を考えることができるはずです。

動物園——世界一悲しいゾウ

シンガーの動物解放論の問題の一つは「捕食される側」の痛みでした。自然状態では多くの動物が肉食動物に捕食されますが、シンガー、レーガンも、動物は倫理的主体ではない以上、放っておくべきだと主張しました。しかし、動物を「人間が苦痛の少ない方法で殺して捕食動物に食べさせる」ことができれば、動物の「幸福」を全体として増やすことになります。

そして、それは実は動物園で現実に行なわれていることです。動物園では、苦しみの少ない方法で人間に屠殺された鶏や馬、そして園内で安楽死させた動物などをエサとして与えているからです。

捕食されるときの動物の「苦しみ」だけではありません。動物園の動物たちは、病気になっても獣医に治療を受けられ、つがいを捜す必要もなく与えられます。そもそも、草食動物は肉食動物に襲われる心配もなく安全に「生をまっとう」することができます。野生の動物がたびたび飢えに苦しみ、病気やケガで苦しみ続け、肉食動物に襲われて残虐に食べられていることを考えれば、動物園の生活は動物にとって「苦しみ」が少ない、つまり「幸福」そのものではないでしょうか？

しかし、動物園で生まれて飼育されるゾウは、野生のゾウの半分しか生きられないことが知られています（英王立動物虐待防止協会（ＲＳＰＣＡ）の野生生物科学官、クラブ博士を中心に一九六〇年から二〇〇五年の間にヨーロッパ各地の動物園で飼養されていた七八六頭の雌のアジアゾウとアフリカゾウを分析した調査）。その原因は、栄養たっぷりの食事を与えられ、狭いオリの中でほとんど運動できないことによる肥満（動物園のゾウの囲いは、野生での最小の生息域の六〇分の一から一〇〇分の一程度しかない）、母親と離されたり、動物園から動物園へ移動させられたり、狭い空間に閉じ込められたりすることから来る過度のストレスだと考えられています。

ゾウだけでなく、動物園の多くの動物は、「繁殖行動ができない」「子育てできない」「体重が正常に増加しない」「過剰に相手を攻撃する」「不必要に糞を食べたり尿をなめる」「食べたものを吐き戻す」など、野生状態では見られない異常がたびたび現われることが知られています。ここから、動物園（Zoo）と精神病（Psychosis）から作られた「動物園精神病」（Zoochosis）という言葉も使われています。特に、「同じところを行ったり来たりする」「首を左右に振り続ける」などの「常同行動」は、動物園動物のストレスのバロメーターと考えられています。

この動物園の「常同行動」は、野生で徘徊する範囲が広い動物ほど多いとされます（メイソンとロス・クラブによる二〇〇三年の研究）。たとえば、野生のアカギツネの縄張りは数分で端から端まで行ける一平方キロメートル以下で、多くのキツネは動物園の檻で特に問題なく暮らすことができます。一方、野生のリカオン（別名ハイエナイヌ）は同じ場所で二晩と過ごすことがなく、オオカミも一カ所で数晩以上過ごさずにあちこち放浪しています。そのため、リカオンもオオカミも動物園ではストレスから常同行動が多くなります。

また、ホッキョクグマは一日に一〇キロメートル近く移動し、一度に何時間も泳ぐ行動範囲が非常に広い動物で、そのため、動物園のホッキョクグマの常同行動は非常に激しくなります。グランディンは「常同行動の問題が解決できないなら、ホッキョクグマを動物園で飼ってはいけない」と言います。「動物園は、どんなにすばらしくて広々としていても、家であることに変わりない。放浪する動物は家などほしくないのだ」（グランディン&ジョンソン 2011）。

ぼくは、天王寺動物園のアシカの鳴き声が聞こえる地域に三〇年住んでいますが、動物園に行くと、ホッキョクグマやオオカミが狭い檻の中を「行ったり来たり」しているのをいつも見かけます。見るからに、退屈で仕方がない人間が部屋の中でうろうろするような感じです。二〇一五年に上野動物園に行ったときは、ホッキョクグマ、ヒグマ、ヤマネコなどがやはりこうした常同行動を繰り返していました。それでも、上野動物園や天王寺公園は日本の都市型動物園では土地と檻が広いのでマシな方です。たとえば二〇一七年にぼくが見たとき、姫路市立動物園のホッキョクグマは端から端まで数秒で行ける狭い檻で行ったり来たりしていました。

さきに触れたように、動物園のゾウは野生の半分しか生きられません。しかし、東京都武蔵野市の井の頭自然文化園のアジアゾウ「はな子」は二〇一六年に推定六九歳で死にました。老衰による死亡で、肉体的には「天寿をまっとう」したと言えます。しかし、死の前年の二〇一五年、はな子は「世界一悲しいゾウ」として世界的に話題になっていました。

はな子は二歳半のときに一九四九年にタイから輸入され、上野動物園に入りました。名前は、戦争中の動物処分のために上野動物園で餓死させられた「花子」にちなんで付けられました。戦時の殺処分のため、終戦時の日本には名古屋に二頭、京都に一頭しかゾウがいなかったため、はな子は日本中で人気者になり、移動動物園で各地を回りました。

はな子は一九五四年に井の頭動物園に移ります。しかし、一九五六年、はな子は深夜に酔ってゾウ舎に侵入した男性を、一九六〇年には飼育員の男性を踏み殺す事故を起こしました。実は、動物園の飼育係員の死傷事件の大半はゾウによるもので、二〇一七年までに日本で一三例の死亡事故が記録されています。たとえば、戦時に殺処分され『かわいそうなぞう』のモデルになったゾウの一頭ジョンは、芸を教える調教師から「お仕置き」として槍で刺され、その調教師を牙で反撃して殺しています。「現実のゾウは、童話や童謡に登場する気持ちのやさしい「ぞうさん」ではない。れっきとした野生動物である」（成島悦雄「人に見られる動物たち――動物園動物」（高槻 2015所収〕)。はな子の体重は三〇〇〇キログラムです。三〇〇〇キログラムの野生動物に本気で攻撃されれば人間はひとたまりもありません。

はな子は「殺人ゾウ」として非難され殺処分も検討されました。はな子は四本の足を鎖で柱に常時つながれ、そのストレスからアバラ骨が浮き出るほどやせ細っていきます。その後、飼育係の山川清蔵《せいぞう》が鎖を解いて運動場に出し、以後、山川さんは退職までの三〇年、はな子を飼育し続けました。それでも、山川さんによると「手をなめてくれるまでに六年。前のように太るまでに八年かかった」といいます(山川 2006)。しかし、山川さんが引退した数カ月後、後任の飼育係がはな子から攻撃を受けてケガを負わされます。この事件から六年間、はな子は飼育係が直接接しない「間接飼育」に切り替えられます。

ゾウは本来、五~一〇頭の群れで生活する動物です。しかし、「はな子」は六〇年以上、コンクリートで作られたゾウ舎で一頭で過ごしました。井の頭自然文化園近くに住んでいた大島弓子は『サバの秋の夜長』(一九八八~八九年連載)で、セーラー服、おさげ姿で一人で壁を向いて佇む「はな子」の姿を何度も描いています。「ハナコさんはいつ行ってもこっちを向いてくれない」「いつもコンクリートの壁にむかって一本の足をまげたりのばしたりしている。あれはもう正気じゃないって人々はいっている」。

はな子は本来、「淋《さみ》しがりやで人なつこい」性格だとされています。山川清蔵さんの息子の山川宏治さんがはな子の飼育係になった後、はな子が来園者からエサをもらったりなでられたりする「触れあい体験」が始まります(こうしたスキンシップは、ほかの動物園では例がありません)。それでも、はな子は「たいてい運動場の真ん中にいます。そこで、いつも足踏みしています。(…)べつに楽しくて踊っているわけではありません。ひとりぼっちの退屈をまぎらわすために、仕方なくしている行為です」（山川 2006）。

二〇一五年一〇月、はな子を見たカナダ人のナカガワ・ユララが、ブログ（英語）で「彼女が監禁されている状況を直接見て、ショックを受け落胆した。現代では考えられないほど前時代的で、もっとも残酷な動物園だった。彼女はたった一頭で、コンクリートの壁に囲まれ、快適も刺激も与えられず、まるで置物のように、ほとんど死んだように立っていた。他にできることは何も無さそうだった。心が痛んだ」と投稿しました。この記事に多くの人が反応し、はな子は「世界一悲しいゾウ」として世界で広く知られるようになります。はな子を別の施設に移すよう求める「The "Help Hanako" campaign」が行なわれ、四五万人以上の署名が集まりました。しかし、はな子はすでに高齢なため慣れた環境を

（大島弓子『サバの秋の夜長』白泉社文庫 p.102より）

変えることは無理と判断され、施設環境を改善することで決着しました。そして、その数カ月後、はな子は死亡しました。

はな子は多くの人に親しまれ「天寿をまっとう」しました。しかし、その一生は野生のままでいた場合と比べ、幸せだったのでしょうか？

野生動物が「気性が荒い」のは当然です。川端裕人が言うように、「それでも彼らを動物園に連れてきて人間に見せる意義というのはなんなのだろう。（…）動物園の存在を正当化するのが難しく感じる瞬間もある」[26]（川端 2006）。

一九八〇年代、アメリカの多くの動物福祉団体やアニマルライツ団体が動物園を問題視するようになり、その後、いくつかの先進国の動物園で「行動展示」「生態展示」「行動展示」「エンリッチメント」など様々な試みが行なわれるようになります。

「行動展示」（行動学的展示）は、鳥を大きなケージで飼育し飛べるようにしたり、サルが木々や塔などの建築物を上り下りできるようにして、動物が本来行なっている行動や生態を見せるように工夫した方法です（日本では旭川市旭山動物園で有名）。「生態展示」（生息環境展示）は、野生動物が暮らす生息環境の再現をめざしたもので、天王寺動物園のアフリカ・サバンナゾーン、長野市茶臼山動物園の「レッサーパンダの森」などが知られています（これらを設計した若生《わこう》謙二の『動物園革命』〔2010〕に詳しい）。また、「エンリッチメント」は、たとえばさまざまな浮力の樽をプールに入れ、ホッキョクグマが飛び乗って遊べるなどの工夫を行なうことで、エサを与える場合も、目の前に置くのではなく、わざと見えない場所や取りに行きにくい場所に置くこともあります。ぼくが見たとき、上野動物園のゴリラの餌やりがそのように行なわれていました。

日本では、二〇〇二年から「市民ＺＯＯネットワーク」が動物園を対象に「エンリッチメント大賞」を作って動物園の取り組みを支援しています。二〇一五年には、日本で初めてゴリラの二四時間群れ飼育を始めた上野動物園と、季節によって展示時間や餌の量を変化させるなどでホッキョクグマの常同行動を軽減させ、繁殖にも成功した天王寺動物園が大賞を受賞しています。天王寺動物園でこどもを産んだホッキョクグマを見ましたが、確かに、それまで「行ったり来たり」していたクマが、生まれた子グマにずっとじゃれつかれて退屈するヒマもないようでした（「人間なら育児ノイローゼになるなあ」と思いましたが、野生動物は耐性があるのかもしれません）。

しかし、世界の動物園に比べ、日本の動物園、水族館の取り組みは遅れているとされます。まず、日本には法的な基盤である「動物園法」が存在せず、諸外国に多い「国立動物園」も存在しません。日本の動物園は地方自治体が運営するものが主で、行政的には「都市公園」と位置づけられます。公園、つまり市民がレクリエーションで過ごす場所という位置づけで、職員も獣医以外には動物の専門家がほとんどいません。

日本動物園水族館協会（ＪＡＺＡ）は、動物園・水族館は「四つの目的」があるとしています。絶滅しそうな生き物たちに生きて行ける場を与える「種の保存」、動物の生態を理解してもらい、

(26) 上野動物園に最初にきたゾウは、一八八八（明治二一）年に当時のシャムから贈られたオスとメスの二頭だった。五年後にメスが死ぬと、残されたオスのゾウは気性が荒くなり、飼育係や観客にたびたびケガを負わせたため、動物園はこのゾウの四本の脚を鎖で常時つないだままにした。その様子を見たスタンフォード大学のエドモンド・ドーリングは、一九〇五年に「私は世界を回ってきたが、このように残酷な扱いを受けているゾウは見たことがない」と東京市長宛てに投書している。このゾウは射殺も検討されたが、その後、浅草花屋敷に送られ、一九三二（昭和七）年に死亡するまで四脚を鎖でつながれたまま過ごした（小森1997）。この名前もないゾウも、やはり「世界一悲しいゾウ」だったかもしれない。

環境教育にも結びつける「教育・環境教育」、動物の「調査・研究」、そして「レクリエーション」。しかし、ほとんどの日本人にとっては、動物園や水族館に行くのは「レクリエーション」であって、学校の遠足や、こどものいる家族やカップルが出かける場所ではないでしょうか。「はな子」がいた井の頭自然文化園長などを務めた石田戢《おさむ》が言っています。「日本の動物園の歴史は、動物への理解の貧困に終始している。（…）来園者をみていると、彼らは動物をほとんどみていない。日本人は動物をまじめな理解の対象とするスタンスが欠けているのではないか」（石田他 2013）。

現在、ほとんどの動物園や水族館では、野生動物の保護という観点から野生動物を捕獲せず、すでに飼育している動物を繁殖する方針を採っています（イルカなどは繁殖困難とされ、野生個体を捕獲していますが）。こうして動物園で生まれ育った「二世」「三世」の動物は、野生で生きていくすべをまったく知らないため、動物園でしか生きていくことができません。これらの動物たちは、その本来の生き方からはるかに遠い生活を送っています。それでも、動物園の動物たちは、飢えや病気、ケガ、肉食動物に襲われる「苦痛」がないから「幸せ」でしょうか。

レーガンは「痛み」（pain）と「苦しみ」（suffering）を区別し、「痛み」をもたらす行為を「傷つける」（hurt）、「苦しみ」をもたらし個体の幸福を大きく損なう行為を「加害」（harm）としました（Regan 2004）。

そして、レーガンは「加害」（harm）を、さらに「苦悩」（infliction）と「剝奪」（deprivation）に分けました。「剝奪」は動物（や人間）の性質や可能性が奪われる状態を言います。「尊厳の剝奪」という表現を考えるといいかもしれません。

そして、レーガンは個体が「痛み」も「苦しみ」も意識しない加害を「剝奪に至る加害」

(harm as deprivation) と考えました。レーガンによれば、たとえば、自分の境遇に不満を持たなくなった「幸福な奴隷」や(議論はあるでしょうが)「満足している主婦」が、痛みも苦しみも感じないまま「加害」されています。レーガンは、「動物工場」や「動物園」にいる動物がこの意味で「加害」されているとしました。こうした動物は、自身が気づかないとしても「剝奪」の状態にいるのです。

自然状態で捕食される動物たちは、極限的な「痛み」と「苦しみ」を被っているかもしれません。しかし、それは「剝奪に至る加害」ではありません。野生状態の動物たちは、そのありのままの性質として捕食し捕食されているからです。

野生の状態に対し、動物園の動物たちは極力「痛み」がない状態で飼育されています。しかし、その生き方は、常同行動を繰り返すホッキョクグマのように、時として極限的な尊厳の「剝奪」状態にあります。

シンガーは、人間が動物たちに与える「痛み」を重要視しました。たとえば、シンガーは食用家畜として「脳のない鳥を遺伝的に作り出せるなら、それはあなたにとって倫理的に受け容れられるものですか」と聞かれ、「鳥が感じている苦しみを取り除く以上、それは論理的改善です。それは私にとって大きなプラスです」と言います (https://www.salon.com/2006/05/08/singer_4/)。「痛み」を重視するシンガーにとって、それは論理的な必然です。しかし、「痛み」以上に動物にとって本質的な問題は、尊厳の「剝奪」(deprivation) にあるのではないでしょうか。

Ⅶ　動物の解放・人間の解放

pain—suffering—deprivation

シンガーは動物が感じる「痛み」を重視し、痛みを感じる可能性がある動物を「食べるべきではない」としました。「痛み」を重視するシンガーにとって、それは論理的な必然です。それに対し、グランディンは「恐怖は動物にとってなんとしても避けたいもので、痛みよりもよくないと思う」としました。「痛み」（pain）と「苦しみ」（suffering）がほぼ重なる人間とちがい、多くの動物にとって「痛み」以上に「恐怖」が「苦しみ」と結びつくからです。

そして、レーガンは「痛み」も「苦しみ」も意識しないとしても「加害されている」（harmed）状態を「剝奪に至る加害」（harm as deprivation）と考えました。「動物園」や「動物工場」に慣れてしまった動物などがそれにあてはまります。

たとえば、オオカミが再導入されたイエローストーン公園では、それまで自由に移動していたワピチ（オオジカ）たちにとって、川沿いの低い土地をうろつくのは「命懸け」の行為になりました。「痛み」と「苦しみ」、そして「健全な恐怖心が戻ってきた」のです。しかし、それはワピチたちにとってむしろ自然な、つまり尊厳の「剝奪」ではない状態です。これは、オオカミでなく人類による狩猟についてもある程度あてはまります。

日本では、一九七五年度に約五二万人だった狩猟免許所持者が二〇一三年度に一八万人台に減りました（「クマより猟師の方が絶滅危惧種」と言われています）。そうした中、猟師の千松信也は二〇〇一年から「くくりなわ」猟を行なっています。

この猟では、シカやイノシシが肢を入れると輪がしまる「くくりなわ」を山中に仕掛け、獲物がかかると頭を木の棒や鉄パイプで殴って失神させます。そして、頸動脈をナイフでかき切り、血抜きして殺します。これは、現代の屠場の、炭酸ガスや電気で失神させてから血抜きするのと比べ、相当に原始的な方法です（一晩「くくりなわ」にはまっている動物の苦しみ（suffering）も大きいはずです）。それを見た人は「よくそんな残酷なことができますね」と言い、猟師仲間でさえ「銃では殺せるけど、わなで獲って自分でどついたり、刺したりするのはかわいそうで無理」と言うそうです。

それについて、千松信也はこう言います。「文明の利器である鉄砲を使うのには漠然とした抵抗感がありました。なんとなくずるい、と。それに比べてワナ猟は動物との原始的なレベルでの駆け引きという印象で、魅力を感じていました」（千松 2008）。それは、銃が発明される近代以前、あるいは人間と野生動物が捕食しあっていた「原始的なレベル」のあり方にできる限り立ち戻ろうとするものかもしれません。そこでは、過剰な狩猟（オーバー・キル）はありえず、そして、シカやイノシシへの「支配」ではなく「駆け引き」があります。

彼は猟についてこう言います。「オオカミを絶滅させた僕たちは、その責任をとる意味でもしっかりと猟をする必要がある。オオカミは相手を捕食するだけでなく、常に森の中に存在することで、シカやイノシシの行動に影響を与える（…）。人間も太古の昔からずっと森に分け入り猟を続けてきた。大変自分勝手なもの言いに聞こえるかもしれないが、恐怖を与える者としての猟師の存在は、自然界で生き抜いてきた彼らの野生の尊厳を守ることにもつながるのではないかと思っている」（千松 2015）。

千松信也によれば、たとえ第三者に「残酷」「かわいそう」に見えるとしても、狩猟はシカやイノシシに「恐怖を与え」、その尊厳を守ります。狩猟・屠殺に伴う動物の「痛み」（pain）や「苦しみ」（suffering）は自然にとって不可欠なものだからです。その意味で、人類がある時期まで行なってきた狩猟や漁は、それが不必要な苦痛を動物たちに与えたり過剰な規模で行なわない限り「尊厳の剝奪」ではないはずなのです。

ここで思い出されるのは、もう一人の岩手県で熊を狩る猟師です。「なめとこ山」の熊捕りの名人、淵沢小十郎は熊を鉄砲で撃ち、その内臓と毛皮を売って生計を立てています（熊の胆嚢は「腹の痛いのにもきけば傷もなおる」とされた）。

小十郎はある日、熊を撃ち殺してこう言います。

「熊。おれはてまえを憎くて殺したのでねえんだぞ。おれも商売ならてめえも射たなけぁならねえ。ほかの罪のねえ仕事していんだが畑はなし木はお上のものにきまったし里へ出ても誰も相手にしねえ。仕方なしに猟師なんぞしるんだ。てめえも熊に生れたが因果ならおれもこんな商売が因果だ。やい。この次には熊なんぞに生れなよ」。

小十郎が熊を殺すのは、他に生きていく手立てがないためです。彼はそれを、熊が熊として生まれ落ちたことと同様、自分ではどうすることもできない「因果」と言います。確かに、人類の多くが肉や内臓を利用している限り、誰かが動物を殺さなければなりません。それは「罪」というより、避けることの難しい「因果」なのかもしれません。かりにそこに「罪」があるとすれば、それは動物の肉や毛皮を利用しているわたしたちすべてにあるはずです。

長年熊と接し、「もう熊のことばだってわかるような気がした」という小十郎は、狙った熊から「おまえは何がほしくておれを殺すんだ」と言われ、こう答えます。

「ああ、おれはお前の毛皮と、胆《きも》のほかにはなんにもいらない。それも町へ持って行ってひどく高く売れると云うのではないしほんとうに気の毒だけれどもやっぱり仕方ない。けれどもお前に今ごろそんなことを云われるともうおれなどは何か栗かしだのみでも食っていてそれで死ぬならおれも死んでもいいような気がするよ」。すると、熊は小十郎に「もう二年ばかり待ってくれ、おれも死ぬのはもうかまわないようなもんだけれども少しし残した仕事もあるしただ二年だけ待ってくれ。二年目にはおれもおまえの家の前でちゃんと死んでいてやるから。毛皮も胃袋もやってしまうから」と言い、小十郎は熊が歩いて行くのをそのままにします。二年後、小十郎の家の前でその熊が血を吐いて倒れているのを見て、「小十郎は思わず拝むようにし」ます。

そして、ある日、小十郎が山で見つけた熊を撃つと、熊は突進し、小十郎は「があんと頭が鳴ってまわりがいちめんまっ青にな」り、ちらちらと青い星のような光を見ながら「これが死んだしるしだ。死ぬとき見る火だ。熊ども、ゆるせよ」と思います。

その三日後、山の上の平地で、冴え冴えして何か笑っているようにさえ見える小十郎を中心に熊たちが環になって集《あつま》り、「回々教徒（イスラム教徒）の祈るときのようにじっと雪にひれふしたままいつまでもいつまでも動かなかった」という光景で物語は終わります（宮澤賢治「なめとこ山の熊」1927頃）。

小十郎と熊たちは、互いに痛みと苦しみを与え、そして殺されました。それでも小十郎と熊は互いの尊厳を認め合い、その死を「拝むように」悼みます。狩猟で人間が動物に与える「痛み」「苦しみ」は動物の「尊厳」と同時にありますが、そこで人間は、時に自分の命を差し出さなければならないような責任を動物たちへ負い続けています。

シンガーは、「動物の解放」を語る中で、二〇世紀後半以降の「工業畜産」を否定し、さらに人類史以来の「肉食」を拒否しました。しかし、同じ「肉食」でも、人類史とともにある「狩猟・漁」と有史以来の「畜産」、そして「工業畜産」とではその意義がまったく異なります。この点についてシンガーの議論が時に明確ではないため曖昧になりがちなのですが、これを区別しなければ「屠殺」と「肉食」に関する議論は永久に嚙み合わず、平行線をたどり続けるはずです。

一言で言えば、「動物の解放」は「痛み」(pain)、「苦しみ」(suffering)と同時に、尊厳の「剝奪」(deprivation)からの解放としてあるのではないでしょうか。

かわいがることと食べること――「命の教育」

古来、人類の猟は、千松信也や淵沢小十郎がそうであるように、動物へ「敬意を払うこと」と「殺して食べること」が対立しないものとしてありました。しかし、現実の人類は、二〇万年以上、「オーバー・キル」を続けていくつかの動物種の絶滅に加担していきました。

そして、約一万年前、人類は「家畜」を発明しました。そこで、人類は飼い慣らすために動物のオスを去勢し、メスを繰り返し強制妊娠させて出産や搾乳を行なうなど、家畜への暴力を常態化していきました。これは、個々の動物に「痛み」と「苦しみ」を与え、時に動物たちの本来の生を不可能にする尊厳の「剝奪」となっています。ただ、その一方で、伝統的な人間と家畜との関係では、家畜を「ファミリアの一員」として扱った上で屠殺する、つまり「家畜をかわいがることと食べること、これは対立するものではない」という一面があったことも確かです。こうした動物との関係を象徴するとも考えられる儀式がアイヌ民族にあります。

アイヌの世界観が結晶しているとされる儀式「イオマンテ」（イは「それ」、オマンテは「送る」）は、冬眠しているヒグマを狩り、子グマを連れ帰って集落で育てます。かつては、子グマを人間の子どもと同じように母乳を与えて家の中で育てることもあったそうです。

子グマを一～二年育てたあと、集落をあげて「送り儀礼」を行ないます。そこでは、丸太の間に子グマの首を挟んで殺し、その肉を集落の全員で食べます（イオマンテは、一九五五年に「野蛮な儀式」として北海道知事による通達で事実上禁止された。二〇〇七年に通達は撤回）。

「この儀式には狩猟民族であったアイヌ民族の、動物に対する考え方がよく表れています。彼らは、クマなどの動物も神様であり、その神様が肉と毛皮を持って人里に下りてきてくださると考えています。そこで人間は、肉と毛皮をいただいたあと、丁重にその魂を神の国に送り届ける儀式や宴を催します。充分に歓待された神様＝クマはまた人間界に来たいと思い、再び肉と毛皮を届けてくれるというのです。イオマンテには、集落のみんなでかわいがって育てたクマの命を絶つことで、その恵みをいただくことの重要性を感じる意味合いがあったのではないでしょうか」（千松 2008）。

家畜の起源は、捕獲した野生動物の子どもを育てる、あるいは捕獲した野生動物の産んだ子どもを育てたことが始まりだと考えられます。イオマンテは、その「かわいがることと食べること」の一つの原型と言えるかもしれません。

もちろん、「イオマンテ」の子グマは家畜ではありません（ヒグマは家畜化できません）。また、「充分に歓待された神様＝クマはまた人間界に来たいと思い」というのは、あまりに人間に都合のいい解釈かもしれません。しかし、イオマンテに参加したアイヌの人々によれば、そこでは「みんな、涙を流しながら送」ったといいます。「わが子のように大事に育てた熊だからこそ、胸がきりきりと痛む。その痛みを乗り越えて、あえて儀礼を行なうのは、恵みを受けているすべてが、同じようにすべて尊い命だということを、共同体で再確認するためではないだろうか」(寮美千子「アイヌ文化との出会い」岡和田&ウィンチェスター 2015所収)。

イオマンテの儀式は、第三者には「野蛮」「残酷」に見えます。しかし、それは動物を殺して食べる「肉食」に避けられない「苦しみ」と「尊厳」、そして動物の死に対する人間の「責任」を繰り返し思い出させる意義がありました。かつて野生だったヒグマを数年飼い、殺してその肉を食べるとき、人間は「かわいがって育てた命を絶つことで」動物の命の重みを狩猟の場合以上に痛切に感じたはずです。

イオマンテの参加者は子グマを中心に集まりその死を悼みますが、なめとこ山の熊たちも、死んだ小十郎を中心に環になって集まり「拝むように」ひれふします。その熊たちのようすは「供犠」のようです。もしかしたら、熊たちはそのあと全員で小十郎を食べたのかもしれません。しかし、それは熊たちの小十郎への敬意とともにあった「送り」の行為だったはずです。その意味で、育てた動物を「つぶして食べる」ことは、本来は動物の「尊厳」と一体になった出来事だったはずなのです(27)。

しかし、イオマンテが長年の間、事実上禁止されたように、こうした儀式は現在の日本ではほとんど見ることがありません。しかし、学校教育の場で、ほぼ同じことが行なわれることがあります。

福岡県の久留米筑水《ちくすい》高校では、一九九六年から「命の教育」が行なわれています。この授業では、食品流通科の一年生が一人一羽ずつ鶏の有精卵に名前を付け、ヒヨコが孵ると当番制でエサや水やり、ふんの片付けなどをして育てます。二カ月してヒヨコが成鳥になると、生徒たちは鶏を工場に出荷するか、自らの手で解体をするかを選びます。

生徒の手の中でもがくニワトリは、のどがつぶれたような、聞いたこともない鳴き声を上げていた。「嫌だー！」。何人かの生徒の耳にはそう聞こえた。（…）

二人一組で、一人がその体を支え、もう一人が目を隠すように頭を持ち、首筋に包丁の刃を当てた。手が震え、恐る恐る引く。羽毛で滑って切れない。二度、三度…。力が入らない。

思わず顔をそらし、介助の指導教諭に訴える。「できない。無理…」。教諭は「目を離すな！」と叱咤《しった》し、手を生徒の手に重ねて力を込めた―。（『西日本新聞』二〇一〇年一月二四日）

屠殺後、鶏を放血器に逆さにつるし、血抜きが終わると湯の中に浸し羽毛を抜き、内臓を取り出します。こうして解体した肉は、水炊きにして全員で食べます。感想文で、ひとりの生徒はこう書いています。「今は罪の意識が強くて、体験して良かったかどうか、心の整理が付かない」。別の一人はこう書いています。「ブロイラーに最後に言いたい。人間の勝手で殺したりしたけど、本当にありがとう」。

この授業は二〇一三年に『情熱大陸』で放映され、視聴者から賛否両論が起こりました。批判

(27) 瀬川拓郎によれば、イオマンテは縄文時代に本州で行なわれていた春に入手した子イノシシを初冬ごろまで飼育して殺す「イノシシ祭り」に由来する。事実、北海道の縄文人は、熊ではなく、東北生まれのイノシシを一定期間北海道で育てて殺す祭りを行なっていた。「イノシシ祭りとは、日本列島の縄文人が生態系の差異を越えて共有すべき、いわば縄文アイデンティティといえるものであった」（瀬川 2015）

的な意見の多くは「そんな残酷なことをさせなくてもいい」というものでした。しかし、「そんな残酷なこと」をして作られた肉を、わたしたちは唐揚げやフライドチキンなどで「罪の意識」もなく食べています。もし屠殺が「残酷」だとすれば、肉食をする人間すべてが「残酷」であるはずです。

生徒たちは、イオマンテの儀式と同様、肉食にある「痛み」と「苦しみ」、そして動物の尊厳に直面しながら「それでも食べる」という選択をしました。生徒たちは、肉食に伴う人間の「責任」に直面し、それを引き受けることを選んだのです。

ペットの廃絶・肉食の廃絶

「命の教育」に参加した生徒たちは、「動物を殺して食べる」という選択をしました。それに対し、屠殺という「残酷なこと」を否定するなら、それは肉食の否定、ベジタリアニズムになる他ありません。

シンガーをはじめ動物解放論者は、人間の動物利用を否定し、家畜動物を廃絶して動物を野生に返すことを「動物の解放」の目標と考えました。そして、シンガーは肉食と同時にペットの存在を否定しました。なぜなら、ペットも家畜動物と同様、人間の好みによってその生を管理され利用されているからです。この姿勢はシンガー以後の動物解放運動に引き継がれることになります。「ペットは、段階的に存在をなくし、完全に除去するべき奴隷や囚人である」(ジョン・ブライアント)、「我々はこれ以上、家畜化された動物を増やしてはならない。この考えは、食用、実験用、衣料用やその他の用途に利用される動物のみならず、人間の伴侶として扱われる動物にも当てはまる」(ギャリー・フランシオーンの発言　ドナルドソン&キムリッカ 2016所収　原書 2011)。

確かに、わたしたちは犬や猫を、たとえばブルドッグやダックスフントのように好みのままに生体改造し、避妊手術によって生殖機能を奪い、「つなぎ飼い」「室内飼い」によって行動の自由を制限してきました。坂東眞砂子が「獣の雌にとっての「生」とは、盛りのついた時にセックスして、子供を産むことではないか。その本質的な生を、人間の都合で奪いとっていいものだろうか」と言うように、わたしたちが行なっていることは「本質的な生を、人間の都合で奪いと」る「尊厳の剝奪」なのです。

しかし、いま日本で人間のこどもよりも多い二〇〇〇万頭の犬や猫がいます。その犬や猫たちが「家族の一員」として定着している中、動物解放論の言う「ペットの廃絶」は実現する可能性が低い非現実的な主張と言えるかもしれません。

そして、わたしたちはそのペットの避妊手術や「つなぎ飼い」「室内飼い」を、殺処分や交通事故、伝染病などを防ぐため、つまり「社会に対する責任として」行なっています。もしそうしなければ坂東眞砂子の「猫殺し」がそうだったように、動物を現実にはもっと不幸な状態に追いやってしまう他ないからです。「ペット」という存在を作り出したわたしたちは、動物の「本質的な生」の剝奪という矛盾を続けながら、できる限りその「苦しみ」を軽減し「尊厳」を尊重していくしか、もはや方法がないのかもしれません。

肉食についても、いくつかの国で食肉消費が頭打ちになり、先進諸国でベジタリアンの比率が増えていく一方、世界全体では食肉消費量が増え続けているという現実があります。一九六〇年からの五〇年で世界全体の食肉消費量は約二倍（摂取カロリー）になり、二〇五〇年にはさらに倍増すると予測されています。発展途上国にとって肉は貴重な動物性タンパク質とされ、日本がそうだったように、ステーキやハンバーグなどを食べることが「生活の豊かさ」の一つの目印とされているからです。人類のベジタリアン化は、やはり近い将来に実現する可能性が低い「理想」なのかもしれません。

シンガーの「肉食の廃絶」は、やはり彼が言った「先進国のある程度の所得のある人々は、所得の一〇分の一を発展途上国の飢えた人々に提供すべきだ」という、「ほとんどの人が従わないであろう道徳」と批判された主張を思い出させます。それは同時に、多くの人が実現できない厳しい倫理を命じることで人々の反感を募らせた「生類憐れみの令」をも思い出させます。

しかし、「一〇分の一の寄付」への批判を受けたシンガーは、収入の多い人ほど多い割合を寄付する、具体的には納税者の下位九〇％の人々が所得の一％を寄付し、年間一〇万ドル以上の人（アメリカ全世帯の一〇％）が収入に応じて五％～三三％の寄付をする「スライド性」基準をあらたに提案しました（シンガー 2014 原書 2009）。この案は反響を呼び、本に連動して開設されたウェブ「thelifeyoucansave」を通じ、世界各国で多くの個人、企業が寄付への支持を公表し、やがてシンガーの基準を越える寄付が集まり始めました。一九七二年にシンガーが初めて先進国の人々の寄付を「倫理的義務」と提案した時、その主張は「常識はずれ」とされましたが、世界的な格差拡大の中、それは次第に倫理的かつ現実的な提案として受け入れられ始めたのです。そして、この「一％」あるいは「五％」の寄付の提案は、肉食の問題についても参照することができます。

たとえば、一人の人間がベジタリアンになると年間約八〇頭の動物が死なずにすむと言われています。しかし、「一人の人間がベジタリアンになること」は「七人の人間が週に一日肉食を止めること」と結果としては同じです。もし「ミート・フリー・マンデー」に八人以上が参加すると、一人がベジタリアンになるより多くの動物が殺されずにすみます。そして、厳格なベジタリアニズムは「ほとんどの人が従わないであろう道徳」ですが、「ミート・フリー・マンデー」あるいは「フレキシタリアン」（基本的にベジタリアンだが時に肉も食べる人）は、はるかにハードルが低い方法です。

さらに、わたしたちは完全なベジタリアン（ヴィーガン）になれなくても、シンガーの「一％」あるいは「五％」の寄付の提唱にならって、ペットや食肉に費やす額の「数％」の寄付によって家畜動物の苦しみを軽減することができます。それは、制度的には「ペット産業税」「工業畜産税」という方法です。

ペット産業税と工業畜産税

二〇世紀後半以降の「畜産革命」後のわたしたちは、「家族の一員」としてペットを愛する一方、自分が食べる「工業畜産」の家畜のあり方に無関心になっていきました。かつてあった「かわいがることと食べること」は、近代家族と工業畜産の成立とともに「かわいがる」ペットと「食べる」経済動物へ完全に分化したのです。わたしたちは、「資本の一員」である家畜を「食材」としかみなさないようになりました。そして、ペットと家畜へのこの極端な態度の使い分け、いわば「愛と無関心の格差」は、家畜たちに生物史上に例のない「苦しみ」と「恐怖」をもたらすものになりました。

この「苦しみ」を解決するため、動物解放運動は畜産の廃止と人類のベジタリアン化を求めました。しかし、この問題が社会的なものだとすれば、それを個人ではなくむしろ制度として解決する方法が存在すべきと考えられます。その一つの方法は、ペットから家畜への「所得移転」である「ペット産業税」です。

たとえば、動物法学者の吉田眞澄はペットショップへの課税を提案しています（吉田 2011）。かりに毎年一〇〇万頭の犬と猫が日本のペットショップで販売され、その販売単価を平均一〇万円とすると、一％の課税で一〇億円、五％で五〇億円の税収が得られます（この課税は、ペットショップでの動物購入を抑え、それを殺処分される保護犬・保護猫の引き取りに転換させる効果を持ちます）。吉田眞澄はその税収を犬や猫の避妊手術の補助や動物保護施設への支援などに使うことを提案しています。しかし、ここで考えられるのは、より広い「ペット関連商品」課税としての「ペット産業税」です。

日本のペット医療、ペット美容、ペット保険、ペットホテルなどのペット関連商品市場の規模は一兆四七二〇億円（二〇一五年度）で、もしそこへ課税すると、一％で一四七億円、五％で七三六億円になります。その税収の一部を避妊手術の補助などの他、「家畜の福祉」であるアニマルウェルフェアの補助に振り向けるという方法が考えられます。それが現実化すれば、ペットのための消費を通じて家畜動物の「苦しみ」「恐怖」をある程度軽減することになるはずです。

すでに触れたように、日本では家畜動物のアニマルウェルフェアが進んでいません。そこには、牛肉の輸入自由化や畜産物の関税引き下げによって大規模畜産国からの輸入が増える一方、世界的な飼料や資材の高騰により国産畜産物の生産コストが上昇し続け、日本の畜産業者がコスト削減を優先せざるをえないという背景があります。

したがって、アニマルウェルフェアを進めるためには、日本の消費者が「多少の価格上昇があってもアニマルウェルフェア製品を購入する」という買い支えが不可欠です。「ペット産業税」はそれを進める一つの方法となります。しかし、より直接「工業畜産」をアニマルウェルフェアに転換する方法も考えられます。食肉、卵、乳など工業畜産商品に対する「工業畜産税」です。

いくつかの国で、「食肉税」の導入が提案されています。イギリスのシンクタンク「王立国際問題研究所」は環境税の一つである「炭素税」を牛肉一キロに一・四六ポンド（約三三五円）課すことで肉の消費を一四％削減し、その税収を果物や野菜、豆腐（肉の代替品になる）などへの補助金にする提案をしています（二〇一五年）。また、デンマーク政府の外郭団体「倫理理事会」（Council on Ethics）は、温暖化防止のために赤身肉に環境税を課すことを提言しています（二〇一六年）。

食肉税が「環境税」として提案されるのは、そもそも「工業畜産」が環境破壊の最大要因の一つだからです。たとえば、畜産業による温室効果ガスは車や飛行機など全ての輸送機関の排出量の合計を上回り（国連食料農業機関 "Livestock's Long Shadow" 2006）、畜産業からの二酸化炭素排出量は世界の年間排出量の五一％とされ（ワールドウォッチ研究所 2009）、さらに、アマゾンの熱帯雨林の破壊の主要な原因は大規模畜産とされています。これは、今まで触れてきたように肉の生産が非常に非効率であること、そして牛の呼吸や排泄物などが温室効果の高いメタンガスを多く排出しているためです。

ドキュメンタリー映画『カウスピラシー』（Cowspiracy ＝ cow〔牛〕と conspiracy〔陰謀〕を合わせた造語。キップ・アンダーセン&キーガン・クーン監督　二〇一四年）は「環境問題としての現代畜産」をテーマとしています。キップ・アンダーセンは環境問題のため、ごみの分別、電気の節約、自転車利用などをしていましたが、畜産業が全ての輸送・運送手段より多くの温室効果ガスを排出しているなどの事実を知り、環境問題の解決には畜産問題の解決が不可避ではないかと考え始めます。彼はグリーンピースなどのいくつかの環境保護団体にインタビューを申し込みますが、多くの専門家たちが、なぜか畜産業の問題になると話をはぐらかすか、つじつまの合わない回答をすることに気づき始めます。彼はその背景を探り続け、アメリカの畜産業界が政治的に巨大な勢力となり、政界や環境保護団体への献金を通して大規模畜産が社会問題化しないように働きかけていたことを知ります。事実、アメリカでは畜産業界やロビイストが政党に巨額の献金を行ない、動物施設や研究所での写真撮影を違法とする法案(「畜産猿ぐつわ法」)を複数の州で成立させ、食肉業界の問題をテレビで論じた司会者と活動家を「食品悪評禁止法」によって訴えるなど、大規模畜産への批判を封じ込めてきました。

『カウスピラシー』は、大規模畜産が環境破壊をもたらしている現実を映像として可視化して観客にショックを与え、その結果、多くの人をベジタリアン、ヴィーガンに変えました。それは事実上、「環境問題としての工業畜産」に対する対抗運動の一つとなっています。そして、環境税としての「食肉税」は、それをより広く制度的に推進する方法として考えられます。

たとえば、日本人一人一年当たりの食肉(牛肉・豚肉・鶏肉)供給量は約三一・六キログラム(二〇一六年度 農林水産省食料需給表)で、肉一キログラムの価格が平均一〇〇〇〜三〇〇〇円として、日本人全体で三兆一七二七億〜一〇兆三九六億円を食肉に支出していることになります。そこへの一%の課税は、一人当たり負担が年間三一六〜九四八円で、徴税コストなどを無視すると日本全体で約三一七億〜一〇〇三億円になります。この「工業畜産税」の一部をアニマルウェルフェア政策に振り向けるという方法です。それが現実化すれば、「ペット産業税」と同様、「工業畜産」をある程度アニマルウェルフェアに転換し、家畜動物の「苦しみ」を軽減することになるはずです。

さらに、「王立国際問題研究所」の提案のように、「工業畜産税」の一部を豆腐(大豆ミート)、野菜や果物、玄米や全粒粉(小麦の表皮、胚芽、胚乳を粉にしたもの)、そしてシカやイノシシなどのジビエへの補助として使うことも考えられます。

「栄養転換」という五つのステージが栄養学で言われています。そのステージ一は野生動物を狩猟してさまざまな植物を食べる、日本では縄文時代の「狩猟採集」の食生活で、ステージ二は農業とともに始まる「飢饉」、ステージ三は農業の改善による「飢饉の減退」とされます。ステージ四は工業畜産などによって生産された脂肪、コレステロール、砂糖などを大量に摂る「変性疾患」で、欧米諸国や日本の一部はこの状態にあります。そして、ステージ五は「行動の変革」とされ、肉食を減らし、果物や野菜、玄米や全粒粉を増やしていく方向です。

豆腐、野菜、果物、玄米、野生動物のジビエなどを多く摂る食生活への転換は、ある意味で、さまざまな植物や野生動物を食べていた日本の「狩猟採集」時代の食生活を高次元で回復するものになります。そして、日本で一二〇〇年以上続く「米中心主義」を転換し、さらに明治維新以来の急激な肉食化を「家畜の尊重」のもとに置き直す「行動の変革」となるかもしれません。それは、「米食＝ムラ社会＝天皇制中心主義」にあるわたしたちの「米魂肉食」の食生活を変革し、さらにわたしたちと家畜動物との関係を変革する一つのステップとなる可能性を持ちます。

本来、わたしたちは動物を食べるのであれば、自ら狩猟するか、あるいは「命の授業」に参加した高校生がそうしたように、動物たちを自ら育て自ら屠畜するべきなのかもしれません。松原屠場で取材、撮影を行なった本橋成一はこう言います。「人間が食するものは人間の手で殺すべきではないか、それが相手に対する礼儀ではないか」（『屠場』2011）。しかし、それは今、一部の人にしか不可能になっています。それでも、わたしたちは自分が食べる動物に対する責任の一部を「ペット産業税」「工業畜産税」などの形で果たすことができます。それは、動物解放運動とは異なった形での「畜産革命」に対する社会的な対抗運動となるはずです。

動物の解放・人間の解放

> 今日の西洋工業化社会では、女性は現実に、近代設備の動物園の動物と同じようなものだ。柵はない。檻はもう取り払われた。けれども実際には、女性は依然として囲いの中で飼われる動物のように厳重に、彼女たちの場所に閉じ込められている。（ブリジット・ブロフィー）
>
> （アダムズ 1994）

「動物の福祉」であるアニマルウェルフェアに対し、動物解放論は激しい批判を繰り返してきました。

たとえば、デビッド・A・ナイバートは、欧米でアニマルウェルフェア製品が広まりつつあることに対し、「むしろそれが問題意識を抱く市民をなだめて、意味のある変革への呼びかけを鎮め、より大きな社会の刷新へ向かおうとする運動の勢いを殺《そ》いでしまう可能性の方が大きい」と批判しています（ナイバート 2016）。彼によれば、アニマルウェルフェアに沿って飼育された動物は「工場式飼育場の動物と質的に変わらない」にもかかわらず、その「動物にやさしい」「人道的」というラベルによって、人々の畜産物の消費への抵抗感を「殺いで」しまうからです。たとえば、アメリカでは「有機飼育《オーガニック》」というラベルのついた鶏肉の販売額は、二〇〇三年から二〇〇七年にかけて四倍に増えました。「社会的な意識の高い消費者はいまや、ホルモン剤なし《ホルモン・フリー》、抗生物質なし《アンチビオティック・フリー》、残酷な扱いなし《クルーエルティ・フリー》、自由放牧《フリー・レンジ》の肉を買えるようになったのだ。（食べても罪悪感なし《ギルティ・フリー》の肉というわけだ」（ハーツォグ 2011）。

「動物の解放」は、人間による動物の支配を否定し、「ケージを空にしろ」と主張しました。しかし、アニマルウェルフェアは、動物への人間の支配を変えず「ケージを大きくする」、つまり現状の抑圧や暴力を「よりマシに」、動物に耐えやすくするだけなのかもしれません。

実は、シンガーの先進国から貧困な人々への寄付の主張も、たびたび「構造的貧困を再生産するものに過ぎない」と批判されています。「現在の権力や資本関係に手を加えないまま先進国から発展途上国への所得移転を行うことは、問題を解決せず、むしろ延命させてしまう結果になる」。この批判は、動物解放論のアニマルウェルフェアに対する批判とほぼ重なります。

しかし、批判に対しシンガーはこう反論しています。世界的な貧困問題の解決のために構造的・革命的な変化が必要だとすれば、飢餓に苦しむ人々に直接寄付する代わり、社会構造そのものを変革する団体に自ら参加する（あるいはそこに寄付する）ことができる。しかし、必要な変革が「政治体制の変革」「資本主義の変革」「経済成長」の何であれ、それが実現するには中長期的時間がかかる。その間にも人々が飢餓や治療可能な病気で死んでいくとすれば、食糧・医療などの緊急支援は必要とされるはずだ（シンガー 2014　原書 2009）。

つまり、問題解決のために構造的変革が必要だとしても、それは現状の緊急支援と両立される必要があります。それと同じように、「動物の解放」と「アニマルウェルフェア」は、動物の尊厳の尊重を目標とする限り、戦略的には異なっても現実的には矛盾しないはずです。

しかし、ここであらためて問題となるのは、動物解放論の徹底性と同時に現われるその「限界」なのかもしれません。アニマルウェルフェアを批判するナイバートは、動物の食用、軍事使用、服飾使用、学術使用などすべての「動物搾取」を資本主義に不可避なものとして否定し、「世界的義務としての菜食主義」を提唱しました。動物解放論の「人間中心主義」批判の徹底性は、最終的に「肉食の廃絶」「ペットの廃絶」という方向に行き着きます。動物解放運動のこうした方向を研究者のスー・ドナルドソンとウィル・キムリッカはこう総括します。「いままでのところ、動物の権利論は主に一式の消極的禁止——動物を殺してはならない、利用してはならない、飼ってはならない——に注目してきた。この過程において動物の権利論は、人間・動物関係について厳格かつ極度に単純化された構想を抱いている——飼育動物は消滅するべきであり、野生動物は放っておかれるべきである。要するに人間・動物関係などというものはあってはならないのである」（ドナルドソン&キムリッカ 2016）。動物解放論は人間の動物利用を徹底して否定する結果、「生類憐れみの令」と同様、人間と動物を「隔離」し、その「関係」の可能性を無視してしまう傾向を持つのです。

ドナルドソンとキムリッカは、それとは別の方向で「動物の解放」を考えることができると言います。「我々の長期的ビジョンは、人間と動物の関係を断ち切ってしまうのではなく、そうした関係性の全面的な可能性を探求し承認しようとするものである」「それははるかに建設的かつ創造的なビジョン——人間・動物関係は共感的で、公正で、喜びに満ち、相互に高めあうようなもの——でもある」。

そこで言われる「動物の解放」は、人間と動物が「距離を置く」のでもなければ、人間が動物を一方的に「愛玩」するものでもありません。それは、「動物園」や「動物工場」とは異なる形で人間と動物が矛盾を孕みながら共存し、ともに解放されるものであるはずです。

「動物の権利」を主唱したレーガンは、「動物園」や「動物工場」の動物たちが人間による「生の管理」の中で「痛み」や「苦しみ」を感じないまま尊厳を剝奪されていると指摘し、それに対応する「剝奪」状態の人間の例として、自分の境遇に不満を持たなくなった「幸福な奴隷」と

「満足している主婦」を挙げました。レーガンによれば、アメリカの多くの主婦は衣食住などの「ヒューマンウェルフェア」を満たしながら、「奴隷」がそうであるように「家に閉じ込められ、社会との接点を失っている」からです。

しかし、苦痛を感じないままに「尊厳」を奪われているのは決して「主婦」だけではありません。現代の「開放的な生の管理」の中、女性だけでなく多くの男性やこどもも、「痛み」や「苦しみ」を感じないまま「尊厳」を剝奪されていると言えるからです。

二〇世紀後半の日本社会は、さまざまな税・年金制度を通して、男性が「会社人間」として働き、女性が「主婦」として家事・育児・介護に専念し、こどもが「学校（と塾）と家」を往復するというシステムを一般化させました。そして、多くの主婦が「家に閉じ込められ、社会との接点を失」ったように、男性やこどもも会社や学校、そして家庭にしか居場所がなく、それ以外の「社会との接点」がない生活に適応してきました。

そして、一九七〇年代以降、工場ブルーカラーを働き手とした「近代家族」は企業ホワイトカラーを働き手とした「現代家族」へと変わり、労働者は企業で「不断の管理と瞬時に成り立つコミュニケーションによって動かされ」る生の管理下に置かれるようになりました。一九九〇年に日本では「社畜」が流行語になりました。それは「主に日本で、社員として勤めている会社に飼い慣らされてしまい自分の意思と良心を放棄し奴隷（家畜）と化した賃金労働者の状態」（Wikipedia）とされます。これは、レーガンの言う「苦痛を感じないまま尊厳を奪われている」「家畜」や「幸福な奴隷」にきわめて近い存在です。

東浩紀は、ここ数十年の日本社会の、従来は社会的で面倒なコミュニケーションなしに得られなかった対象がファストフードや性産業で面倒なしに手に入れることができる状況を「動物化」

と呼びました。「「動物になる」とは、そのような間主体的な構造が消え、各人がそれぞれ欠乏—満足の回路を閉じてしまう状態の到来を意味する」（東 2001）。それは、社会的関係での「痛み」も「苦しみ」も感じないまま「尊厳」を剝奪されつつ「満足している」状況だと言えるかもしれません。

一九九〇年代以降、労働者は「社畜」となり、女性は「動物園の動物と同じ」と言われる状態が広がりました。そして、こどもは名前が「ペット」と重なり、「猫かわいがり」と「虐待」の二極化を被ることになりました。「畜産革命」と同時に進展した二〇世紀末以降の「資本・国家・家族」の変容は、わたしたち自身が比喩的に「家畜」化、「動物園」化、「ペット」化する事態を全面化したのです。その「動物化」が進行しつつある今、動物園や動物工場からの「動物の解放」と同様、わたしたち自身の「開放的な生の管理」からの解放が必要であるはずです。

この文章は、ここから次の段階へ移ります。それは、わたしたち自身が動物との共生、共存によって「破滅するか解放されるか」という危機的な状況を経験し、「痛み」と「苦しみ」を被っていく状況をたどります。その中で、わたしたちは身体的・心的な外傷や死にたびたび近づきます。しかし、それと同時にわたしたちは、動物と共生し相互に尊重する新たな社会の可能性と新たな「尊厳」を見いだすのです。

それは、動物と人間が「共闘」し、東浩紀が言うのとは逆の意味で人間が「動物化」する地点へ近づくことになるはずです。

間奏

ある動物的伝記

君は幼いうちから野原で牛の番をさせられた。

石工の父親が足場から落ちて亡くなり、母親も相次いで亡くし、小作人に引き取られ、君は幼い頃から働き続けた。ぼろ着をあてがわれて寒さにふるえ、腹ばいで沼の水を飲み、ちょっとしたことで殴られた。

口数が少なく、自動人形のようと言われた君にも恋が訪れる。一八歳のとき、ある若者と祭りで出会い、繰り返し会うようになったのだ。しかし、君はうぶではない。家畜の性行動から学んでいたからだ。

彼は君に結婚を申し込む。しかし、彼はやがて兵役逃れのために君を棄てて大金持ちの未亡人と結婚してしまう。気も狂わんばかりの悲しみを味わい、君は働いていた農園を離れることになる。

訪れた田舎町で君はある未亡人と出会い、料理人として雇われる。君はその家の二人のこどもの世話をし、よく馬のように二人を背中に乗せて遊んでやった。

あるとき、こどもたちを連れて牧草地を通ると、牛が何頭か君たちの前方をぐるりとふさいだ。君は悲しげな歌のようなものを口ずさみ、近くにいる牛の背中をなでてやる。すると、牛はくるりと向きを変え、他の牛たちもそれに倣った。

だが、大きな牡牛が近づき、荒い鼻息でこちらに走り出した。君は両手で土くれをはぎ取り、牛の眼に投げつける。怒りに身を震わせ、恐ろしいうなり声をあげる牡牛と向かい合い、君は後ずさる。牛は君を追いつめ、角が腹を一突き、と見えた間一髪、君は柵の間をくぐり抜ける。

君はこどもたちと一緒に教会にも行った。そこで聞く聖書の話に心を打たれた君は、神の子キリストへの愛から子羊が、そして「聖霊」の象徴であるがゆえに鳩が、前にもましていとおしく思えてくる。

やがて、女の子が病気で死ぬ。母親と君はしっかりと抱き合ってキスをかわしあい、それから君は動物のようにひたむきに、敬虔な態度で夫人を慕うことになる。

やがて、君に大きな幸福が訪れる。オウムが家にやってきたのだ。その体は緑で両翼の先はばら色、頭は青く、胸は金色だった。オウムは君から教わった「カワイイボッチャン！」「キョウシュクニゾンジマス」「メデタシマリア！」をしゃべる上、笑い声まであげた。

ある日、君がオウムを外に置いておくと、オウムは行方不明になった。オウムを捜しつづけたあげく、君は心労から病気になる。君は耳の病気になり、三年後には耳が聞こえなくなる。君に聞こえてくるのはオウムの声だけになった。

ある冬の朝、君はオウムを鳥かごに入れて暖炉の前に置いておいたが、しばらくして見るとオウムは死んでいた。君が泣き続けていると、オウムを剝製にすることを勧められた。

君はいつも教会で聖霊の版画を眺めていたが、やがて、それがオウムに似ていることに気がついた。真っ赤な羽といい、エメラルド色の体といい、まさしく生き写しではないか。君はその版画を買い求め、部屋に掛ける。聖霊とオウムが君の心のなかで一つにむすびつく。

夫人が亡くなり、君は家を出なければならなくなった。君は剝製になったオウムを見ながら聖霊に哀願した。そうするうち、オウムの前にひざまずいて祈りを唱える習慣が身についた。屋根窓からさしこむ日光がオウムのガラスの眼にあたって燦然と輝くと、君はうっとりするような喜びに満たされた。

やがて、君は肺炎で衰弱していく。仮祭壇をつくる時期になり、君は供え物にオウムの剝製を出すことにした。自分が死んだら、たったひとつの財産であるそのオウムを引き取ってほしいと司祭に頼んだ。

君の部屋から見える中庭に祭壇が作られる。祭壇の回りには燭台や花瓶が並ぶ。オウムはばらの花の陰になって、青い額の部分しか見えない。それは瑠璃の板のようだった。やがて、祭壇で炊かれた青い香の煙が君の部屋までのぼってきた。神秘的な快感にひたりながら、君はそれを吸い込んだ。

「ついで目を閉じた。口もとには微笑がうかんでいる。心臓の鼓動が、ひとつひとつ、のろくなってゆく。だんだんとかすかに、よわく。泉の水が尽きるように。こだまが消えてゆくように。そして、最後の息を吐きだした時、フェリシテはなかば開かれた大空に、一羽の大きな(gigantesque)おうむが頭上を舞っているのを見たように思った」(山田𥡴訳)。


「純な心」

フェリシテを主人公とする短編「純な心」は、一八七六年にフランスの小説家フロベールによって書かれた(短編集『三つの物語』の一つとして出版)。フェリシテのモデルは、長年フロベール家につかえた女中のジュリーとも、フロベールの親戚の家に養女として引き取られ、オウムを飼っていたレオニーとも言われている。

「純な心」のあらすじは、主人公フェリシテがその無償の愛の対象を次々と失い、最後にオウムのルルに心のよりどころを見いだすものと言えるだろう。

フェリシテは一八歳の時に、やや軽薄な若者テオドールと恋をする。しかし、彼は大金持ちの未亡人と結婚してしまい、彼女は地元を離れ、訪れたポン゠レヴェックでオーバン夫人と出会う。

フェリシテは何十年もの間、オーバン夫人と当時七歳のポール、四歳のヴィルジニーに献身する。しかし、やがてヴィルジニーは修道院に入って病死し、兄のポールは家を離れてしまう。あるときフェリシテは自分の姉と出会い、その息子のヴィクトールを可愛がるようになる。「ズボンにブラシをかけ、ネクタイを結んでやってから、母親になったような得意な気持で、彼の腕にすがって教会に行くのだった」（山田稔訳）。しかし、ヴィクトールは水夫となり、航海中に黄熱病で死亡する。

フェリシテのやさしさは他の人たちにも及ぶ。コレラ患者の世話をし、亡命してきたポーランド人たち、そして大革命期に残虐行為をしたとされるコルミッシュじいさんを親身に助けた。コルミッシュじいさんは川べりの豚小屋のあとに住み、「伸びほうだいの髪、ただれた瞼《まぶた》、腕には頭よりも大きなはれものをこしらえ、たえずはげしく咳《せ》きこみながら、じいさんはベッドに横になっていた。フェリシテは下着を持って来てやったり、小屋の掃除をしてやったりする。（…）はれものがつぶれると、毎日包帯をかえてやった。パン菓子を持って行ったり、わらを敷いて日なたぼっこをさせることもある」。

イエスは「最後の審判」を説明してこう言っている。「私は飢えたが、あなた達は私に食べさせてくれた。私は渇いたが、あなた達は私に飲ませてくれた。私はよそ者であったが、あなた達は私を迎え入れ、裸であったが、着せ、弱っていたが、世話をし、獄にあったが、訪れてくれた」（「マタイ福音書」二五章田川建三訳）。フェリシテのコルミッシュへの行為は、このイエスの言葉をほぼそのままなぞっている。（『三つの物語』の別の短編「聖ジュリアン」では、体中瘡ぶたでおおわれ、膿が流れているハンセン病の男に主人公が食事を与え、服を脱いで体のぬくもりで男を暖めると、男はイエス・キリストへ変貌して主人公を連れて天国へ向かう。）

老人が死ぬと、彼女はミサを献げてもらう。そしてその日、彼女に「大きな幸福がおとずれた」。オウムのルルが現われたのだ。

英雄としてのフェリシテ

動物たちとフェリシテの間には強いつながりがあった。

フェリシテは「幼いうちから野良で牛の番をさせられた。ぼろをまとって寒さにふるえ、腹ばいになって沼の水を飲み、なんでもないことでぶたれたものだ」。これはフェリシテが「家畜」扱いされていたということである。

オーバン家に来ると、彼女は「よく馬のように」、こども二人を背中に乗せてやった。そして、ヴィルジニーが病死したあと、フェリシテは「動物のようにひたむきに」オーバン夫人を慕った。

印象に残るのは、フェリシテと牛との格闘である。立ちふさがった牛に対して、フェリシテは「なにかもの悲しい民謡風の曲を口ずさみながら、すぐそばにいる牛の背をなでてやった。すると牛はくるりと向きをかえ、ほかの牛もそれにならった」。これは、フェリシテが幼い頃から動物たちと気持ちを通じ合わせてきたからこそ可能だった行為かもしれない（この場面は、キツネリスのテトに指を嚙み付かれ、「驚きより悲しみというかんじ」でテトをなだめる「風の谷のナウシカ」を連想させる）。

そして、怒りに身を震わせた牡牛との対決が来る。「ひづめの音が、槌《つち》でたたくように牧草の上にひびく。ついに全速で駆けだしたのだ！（…）牛は鼻面《はなづら》を下げ、角を振り、怒りでふるえながら恐ろしくほえた」。あわやひと突き、と見えた瞬間、彼女はかろうじて柵のあいだをすり抜けた。

牛と闘い、オーバン夫人とこどもたちを救ったこの出来事について、「フェリシテはこのことを自慢するでもなく、まして、自分がなにか英雄的な（héroïque）ことをしたなどとは、夢にも思っていなかった」。しかし、このとき彼女は事実「英雄」として存在したのではないだろうか（ここでも、「怒りでふるえ」「全速で駆けだした」王蟲の群れをなだめようとしたナウシカのように）。「この出来事は、長年のあいだポン＝レヴェックの語りぐさとなった」。フロベールは、この出来事を「ある英雄の伝説」として描くのである。

天使としてのオウム

フェリシテは、テオドールとの「恋愛」関係、ヴィクトールとの「叔母―甥」関係、血のつながりのないポールとヴィルジニーとの「親子のような」関係、そして見知らぬ亡命者や病人との関係へと、その愛情の対象が次第に移行していく。その系列の最後にオウムが現われる。「フェリシテにとって、オウムは息子であり、恋人であるといってもよかった」。

オウムのルルと出会ったフェリシテは幸福な日々を過ごす。しかし、ある日、ルルは行方がわからなくなる（ちなみに、オウムには「かくれんぼ」が好きなものがいる）。いなくなったルルを必死に探し回ったあげく、フェリシテは「このときの心配からなかなか回復しなかった。というより、ついに回復しなかったのである」。

彼女は耳の病気にかかり、三年後には全聾になってしまう。おそらくそれは、動物と深くかかわるとき、人はなんらかの心的、身体的外傷を負う危険を持つことを示している（『狐になった奥様』〔ガーネット〕を愛し続け、猟犬たちに裂傷を負わされ瀕死に陥るテブリック、『白鯨』〔メルヴィル」を追い続け、片足に続いて命を失うエイハブ船長……)。ルルが死んで剝製になったあと、フェリシテは聖霊がルルと「生き写し」なのに気づく。彼女は、「おうむの前にひざまずいて祈りを捧げるという、いわば偶像崇拝の習慣が身についてしまった」。

やがて、フェリシテは肺炎になり死の床に就く。死の瞬間、彼女は、頭上を舞う一羽の巨大なオウムの姿を見る。しかし、彼女にとってこの巨大なオウムは、「聖霊」というより、神と人間を仲介する「天使」に近いのではないだろうか。

マッシモ・カッチャーリは『必要なる天使』でこう言っている。「われわれにとって動物は天使のなかの天使である」「天使は動物を天上化（もしくは地獄化）する。《むしろ鳥》というタイトルを、天使を描いたデッサンの一枚につけたのはクレーだった。天使というよりも、鳥であると……」（カッチャーリ 2002）。その意味で、フェリシテが生の最後に見る「巨大なオウム」は「むしろ天使」と言うべき存在かもしれない。

リルケは『ドゥイノの悲歌』で「天使」と「動物」に呼びかけ、こう詠っている。「すべての眼で生きものたちは／開かれた世界を見ている。われわれ人間の眼だけが／いわば反対の方向をさしている」「死をみるのはわれわれだけだ。動物は自由な存在として／けっして没落に追いつかれることがなく、／おのれの前には神をのぞんでいる」（リルケ「第八の悲歌」手塚富雄訳）。

カッチャーリはこのように言う。「動物の眼差しは、アレオパギタやダンテの天使たちのように、空間の断片化と時間の継起から自由である。このような天使と動物の確固とした存在（世界の軸の両極）に対して、われわれの身振りがある」（カッチャーリ 同前）。

この意味では、われわれは、天使の存在を動物を通して初めて認めることができるのかもしれない。事実、死の間際に「なかば開かれた天空に頭上を舞う一羽の巨大なオウムの姿を見た」フェリシテは「空間の断片化と時間の継起から自由」になっているのではないだろうか。「死に臨んでひとの見るのはもはや死でなく、／その眼はずっと遙かを見つめているのだから。おそらくはつぶらな動物の瞳《め》で」（リルケ）。死に臨んだフェリシテはおそらく「動物のようにひたむきに」巨大なオウムを見ていたはずである。

「彼女は聖人のように死ぬ」（フロベールのメモ）。それは人間の生死の一つの原型のようにさえ見える。

「コケコッコー！オー！オー！オー！」

主人公が動物に導かれ「聖人のように死ぬ」この異様な物語と比較すべき作品は多くはない。その数少ない一つは、おそらく何よりもフロベールの二歳年上の作家、メルヴィルの「コケコッコー！　もしくは気高き雄鶏ベネヴェンターノの絶唱」（一八五三年）だろう。

「コケコッコー！」の語り手は、姿の見えない雄鶏の鳴き声をたびたび聞き、その声に惹きつけられる。それは「世界を相手に闘ってこれを打ち負かし、たとえ大地が鳴動し天が落ちかかろうとも我鳴かん、という気概の主たる雄鶏の鳴き声なのだ」（佐伯泰樹訳）。それは語り手にこう聞こえる。「世界と世界という船の乗客すべてが破滅の道をたどるにまかせるがよい。（…）わが身に比すれば世界など取るに足らぬ。所詮土塊《つちくれ》にすぎぬではないか。陽気にふるまうべし！」。その声を聞いた語り手は「もはや人生のあらゆる災厄を超越した心境に至」ったように感じる。

雄鶏を探し続けた語り手は、ついに、その鶏が掘っ立て小屋に住む木挽《こび》き職人メリマスクが育てたものだと知る。語り手の前に現われた雄鶏は、ほとんど「東方の王」のように威厳に満ち、一方、メリマスクと妻とこどもたちは病気と貧困に苦しみながらその鳴き声に聞き入っていた。

　ある日、語り手がメリマスクの小屋を訪ねると、家族全員が床に臥せ、雄鶏が鳴き続けていた。そして、メリマスクは「いい。すべてよし（Well. All well.）」と言って絶命する。続いて、妻も力尽きる。雄鶏はさらに鳴いた。

「雄鶏が金色の羽毛を震わせると、閃光がほとばしった。慈悲を施す歓びに陶酔しているようだった。（…）咽喉《のど》をぐいと反らせ、勝ち誇って、これぞ極め付けといわんばかりに、妙なる音色でひと声長々と響かせたのだった。あたかもそのひと鳴きで木挽職人の霊魂に宙を飛ばせ、最高天までまっしぐらに行かせようと目論んだかのようだった。（…）子らの面《おもて》を彩る蒼白色が燦然たる光に変じた。垢と埃にまみれた顔が神々しく輝き、やんごとない皇帝や王の子息女が身をやつした姿とも見えた。雄鶏は子らのベッドに跳びあがり、軀《からだ》を震わせると、ひと声発した。それから何度も何度も鳴いた。鳴き声で子らの病み衰えた軀から霊魂を離脱させんものと我を忘れているかに見えた。（…）ひたすらに肉体からの解放を願う熱誠が報われたのか、子らはわたしの眼前で精霊へと変身をとげていった。わたしは子らの臥床《ふしど》に天使の姿を見たのだった。／子らは死んだ。／亡骸《なきがら》におおいかぶさるようにして雄鶏は羽毛を震わせた、そして鳴いた。こんどは、「ブラボー！」のようにも、「フレー、フレー！」のようにも、「万歳三唱！」のようにも聞こえた」。

　クリマスク一家は、雄鶏の鳴き声に導かれ「精霊へと変身」して絶命する（「聖人のように死ぬ」）。そして、雄鶏は小屋の頂上に上がり「この世のものならぬ一声を発し」、ドサリと落ちて絶命する。「それ以来わたしがふさぎの虫にとりつかれたことは一度としてない。それどころかわたしは、順境逆境にかかわらず、朝から晩まで、のべつ雄鶏になり代わって鳴きつづけている。コケコッコー！オー！オー！オー！オー！」。

「純な心」でオウムに取り憑かれたようになったフェリシテを、近所の女性たちは「この人はもう頭がどうにかなっちまっているんだよ、わかるだろ！」と言う。「雄鶏になり代わって」朝から晩まで鳴き続ける『コケコッコー！』の語り手も、やはり周囲から「頭がどうにかなっちまっている」と見えるのではないだろうか。[28]『コケコッコー！』の語り手は、「動物のようにひたむき」なフェリシテ同様、その存在が「動物化」していったように見える。

ドゥルーズ&ガタリはこう言っている。「ほんの一瞬とはいえ、個人を人類から引き離し、齧歯目の動物さながらにパンをひっかくようしむけたり、猫族特有の黄色い目を生じさせたりする、そんな動物的シークエンスの荒々しさを体験したことのない者がいるだろうか？　前代未聞の生成変化へとわれわれを導く恐るべき〈逆行〉。それは退行ではない。退行の断片や退行のシークエンスがそこに含まれていたとしても、それは断じて退行ではないのだ」（ドゥルーズ&ガタリ 1994　原書1980）。

ドゥルーズ&ガタリはそれを「人間が動物に〈なる〉」と呼ぶ。「純な心」と「コケコッコ

(28)　フロベールは「純な心」の舞台となるポン＝レヴェックについてこう言っている。「ポン＝レヴェックに父が持っている牧草地があるんだが、そこの管理人に低脳の娘がいてね。その娘も最初にあった頃には、僕に妙な愛着を示したものだ。僕は、気狂いや動物を惹きつける。僕には連中のことがわかると見抜くからだろうか。連中の世界に踏み込んでいく人間だと感じとるからだろうか」（一八四八年五月二六日　ル・ポワトヴァン宛・大橋絵理訳　訳語に問題はあるがそのまま）。

ー！」で描かれているものは、おそらく「人間が動物に〈なる〉」という「逆行」だった。それは、第三者には理解不可能で自閉的な「退行」と見えるとしても、現実世界そのものを変化させかねない、文学作品でほとんど描かれることのない「前代未聞の生成変化」となっていた（なお、メルヴィルは『コケコッコー！』を、主人公が「しないほうがいいのですが」と繰り返して死に至る、第三者には「退行」とも見える物語『バートルビー』と前後して書いた。『バートルビー』が多くの思想家に言及されるのに対し、『コケコッコー！』がほとんど無視されているのは残念なことだ）。

フロベールとメルヴィルはそのいくつかの小説で、動物によって人間が「破滅するか解放されるか」に至る危機的な世界を描き出していた。「聖ジュリアン」『聖アントワーヌの誘惑』『ブヴァールとペキュシェ』そして『白鯨』……。

フロベールとメルヴィルは、文学史でも稀な「動物文学者」だった。この二人の作家は、たとえばシートンなどとは全く違った形で、人間と動物が世界を生々しく変えていく前代未聞の時空間を作り出したのだ。

後篇

セキショクヤケイ

Ⅰ　反「国家・資本・家族」の動物

前篇で、「動物の解放」や「動物の権利」に関して、特にシンガー、レーガンといった哲学者たちの著作に触れてきました。現代の動物解放運動は、これら主にアメリカで活動した哲学者によって主導されてきたからです。

しかしその一方、同時代のヨーロッパの哲学者たちもさまざまな動物論を展開していました。たとえば、カッチャーリの『必要なる天使』（2002　原書 1986）、エリザベート・ド・フォントネの『動物たちの沈黙――〈動物性〉をめぐる哲学試論』（2008　原書 1998）、ジョルジョ・アガンベンの『開かれ　人間と動物』（2004　原書 2002）、デリダの『動物を追う、ゆえに私は（動物で）ある』（2014　原書 2006）などです。これらは、動物解放論とは異なる角度から動物に対するさまざまな視野を開きました。その中で、ここでは特にドゥルーズ&ガタリの『千のプラトー』（1994）を取り上げます。

ドゥルーズ&ガタリはこう言います。

三種類の動物を区別することも必要になるだろう。まず最初に個体化され、飼い慣らされた、家族的、感傷的な動物。つまり「うちの猫」、「うちの犬」など、瑣末な物語に登場するオイディプス的な動物。こうした動物は私たちを退行へといざない、ナルシス的静観に引き込む。精神分析にはこの種の動物しか理解できない。こうして、安心してその背後にパパやママや弟の像を見出していこうというのである（精神分析が動物について語るとき、動物たちは笑うことを覚える）。猫や犬を愛する者は、例外なく馬鹿者だ。それから二番目の種類として、性格ないしは属性をもつ動物を考えてみることができる。これは、属に分かれ、分類され、国家に属する動物だ。主だった神話はこうした動物をとりあげ、そこから系列か構造のいずれか、あるいは原型かモデルのいずれかを引き出してくるわけだ（ユングは、フロイトに比べるならまだ深遠だ）。そして最後に、悪魔的な面が強く、群れと情動をその特質とするのみならず、多様体や生成変化や個体群やコント〔奇譚〕を作りだす動物がいる……。というか、これはすでに説明したことだが、すべての動物を三様にあつかうことができるのではないか？シラミでもチータでもいいし、象でもいい。どんな動物にも、人間になじんだ動物として処理され、従順なペットになりさがる可能性があるのだ。

（宇野邦一他訳　強調省略）

ドゥルーズ&ガタリが挙げる「うちの猫」「うちの犬」は、現代日本では「家族以上に家族らしい」「超家族」とも言われる飼い慣らされたペットたちです。二番目は「国家に属する動物」で、国家の起源を語る神話などがしばしば取り上げる、国家の象徴となる動物たちです。そして、第三のタイプとして「悪魔」「群れと情動」「多様体や生成変化や個体群やコント〔奇譚〕を作りだす」動物がいます。ドゥルーズ&ガタリの分類から、それは「家族」と「国家」に属さない動物、いわば反「家族・国家」的な動物となります。

この反「家族・国家」のあり方をドゥルーズ&ガタリは「群れ」に結びつけます。「群れの起源は家族や国家の起源とは似ても似つかない。家族や国家とは異なる内容の形式や表現の形式を動員しつつ、家族や国家をひそかに突き動かし、外からおびやかし続けるところにこそ、群れの起源が求められるからである。群れは動物の現実でもあれば、人間が動物に〈なる〉という生成変化の現実でもある」。

ここで言われる「人間が動物に〈なる〉」は、もちろん人間が生物学的に「動物になる」ことではありませんし、人間中心主義を前提にした「動物化」でもありません。ドゥルーズ&ガタリが意図的に断片的に表現するため、ときに理解しにくいのですが、「人間が動物に〈なる〉」は、国家・家族に対する「人間と動物の共闘」として捉えることができるものなのです。

事実、ドゥルーズ&ガタリは繰り返しそれを「戦争」に関連して語っています。「戦争機械は常に国家の外部に位置する。たとえ国家によって利用され、横領されたとしても、戦争機械は国家の外部にあるのだ。(…)狼－人間、熊－人間、野獣－人間など、考えうるかぎりの動物性を身につけた人間が、さらには秘密の同業結社が、戦場を活気づけるのだ」。

ここで言う「戦争機械」は、国家に属する「戦争」、国家への「闘争」のいずれにも転化しうるものです。そして、そこで人間が「狼－人間」「熊－人間」へ変化するように、猫も(動物の種類の区分を超えて)「うちの猫」から「戦士」へと変化し、「考えうるかぎりの動物性を身につけた人間」とともに闘うことがあるのです。「しかもそこに同じ一つの狂乱が貫かれる(…)戦場に猫の姿が見られたこともあるし、猫が軍隊の一員だったこともあるのだ。だからこそ、動物の種類を区分するよりも、動物が家族制度に統合されるのか、国家機構に、あるいは戦争機械に統合されるのかに応じて、それぞれに異なる状態を区別すべきなのである」(強調省略)。

ドゥルーズ&ガタリは「動物的シークエンスの荒々しさ」の体験について、「前代未聞の生成変化へとわれわれを導く恐るべき〈逆行〉。それは退行ではない。退行の断片や退行のシークエンスがそこに含まれていたとしても、それは断じて退行ではないのだ」と言います。「われわれとしては、このように異質な要素相互間にあらわれる進化の形態を「逆行 involution」と呼ぶのが望ましいと考える」。東浩紀の言う「動物化」はドゥルーズ&ガタリの言う「退行」にあたります。しかし、「逆行」はそれとは逆の「進化」なのです。

たとえば、ドゥルーズ&ガタリは第三のタイプの動物の「悪魔的な面」を強調します。悪魔はしばしば「ヤギのような角、コウモリのような翼、尖ったしっぽを持つ人間」として描かれ、一方、悪魔に対立する天使は「翼を持つ人間」=「鳥+人間」として描かれます（クレーの「むしろ鳥」と題された天使）。それは進化を逆戻りする「退行」ではなく、「考えうるかぎりの動物性を身につけた」進化の形態である「逆行」の形なのです。

ドゥルーズ&ガタリはこの「逆行」を「反国家的企て」として描いています。「不服従行為、蜂起、ゲリラ、あるいは行動としての革命といった反国家的企てが生起するたびに、戦争機械が復活し、新しい遊牧的潜勢力が出現し、平滑空間が再構成される」「戦争機械はここでも戦争に遭遇することは確かであるが、それは総合的かつ代補的目標としてであって、この場合の戦争は国家に対して、そしてすべての国家によって表現される世界的公理系に対して戦いを挑む」。

前篇の最後で、「動物の解放」は動物と「距離を置く」のではなく、むしろ人間が他の動物と矛盾を孕みながら共生し、社会の変革へ共闘するものとして考えることができるということを言いました。この意味で、ドゥルーズ&ガタリの動物論は、シンガーやレーガンとは異なる「人間と動物の共闘」という視野を開くのです。

ドゥルーズ&ガタリは「国家」に対する闘いの意義を強調します。しかし、わたしたちは、二〇世紀後半以降の「畜産革命」下の家畜たち、そして「ペット産業」下の犬や猫たちの状況を見てきました。つまり、わたしたちは「国家」と同様に「資本」に対する闘いについても語るべきなのです。わたしたちは、ドゥルーズ&ガタリをさらに拡大して、「国家・資本・家族によって表現される世界的公理系に対して戦いを挑む」動物と人間、いわば反「国家・資本・家族」的な「人間と動物の共闘」を考えることができるはずです。

「猫や犬を愛する者は、例外なく馬鹿者だ」。しかし、ドゥルーズ&ガタリが言うように、猫や犬も「国家・資本・家族」に対して戦いを挑む「軍隊の一員」となりえます。事実、ある種の小説は、フロベールやメルヴィルがそうであるように、人間と動物がともに「世界的公理系」を踏み越え、相対化するありさまを描いていました。そのいくつかの例を、わたしたちは現代日本でも見ることができます。

しかし、ここで最初に取り上げようと思う最初の作品は、人間と動物が「世界的公理系に対して戦いを挑む」ものではありません。それはむしろ「私たちを退行へといざない、ナルシス的静観に引き込む」物語です。それは、ある男性と飼い猫との異常な、そして先駆的ですらある物語なのです。

Ⅱ　動物と人間の共闘

失踪する猫

三月二七日、ある猫が姿を消します。

「ノラが昨日の午過《ひる》ぎから帰らない。一晩戻らなかった事はあるが、翌朝は帰って来た。今日は午後になっても帰らない。ノラの事が非常に気に掛かり、もう帰らぬのではないかと思って、可哀想で一日じゅう涙止まらず」。

ここからノラの飼い主、当時六七歳の男性の異様な日記が始まります。

三月三十日「昨夜は三時に床に就いたが丸で眠られない。ノラの事ばかり気になって、じっとしていられないから五時に起き出した。」

三月三十一日「今日も空しく待って又夕方になり薄暗くなった。気を変えようと思っても涙が流れて止まらない。二十八日以来あまり泣いたので洟《はな》を拭いた鼻の先が白くなって皮が剝けた。」

四月十五日「ノラがいなくなってから、それ迄は毎晩這入っていた風呂にも這入らず、顔も二十日間一度も洗わない。」

四月十六日「昨夜三時に寝たのに四時半に目がさめた。夜明けに目がさめると、頭の中がノラの事で一ぱいで苦しい」「風呂蓋に顔を押しつけて、ノラやノラやノラやと呼びながら、物置の屋根から降りて来た姿を彷彿して涙止まらず。」

四月二十二日「昨夜は枕に頭をつけてから、涙止まらず、子供の様に泣き寝入りをした。」

四月二十七日「可哀想で泣き続けた。頭が変になりそうである。」

四月三十日「ノラが帰らなくなってから初めて今夜、思い切って風呂に這入った。非常に瘦せている。二貫目ぐらい減っているかも知れない。衰弱で目がよく見えなくなった。」

一貫＝三・七五キログラムなので、一カ月で七・五キログラム体重が減ったというのです。失踪から二カ月たっても様子は変わりません。

五月二十六日「ノラ探しの電話の外に、方方からノラの事に就いて親切な手紙が来る。今日も朝の郵便の中にあった来書を披《ひら》いたら、それに誘われて涙が出て午前中止まらなかった。」

五月三十一日「ノラやお前はどこへ行ったのだと思い、涙が川の如く流れ出して止まらない。」

六月二日「一日じゅう紙一重の気持で、下手をすれば堰を切った様になって何も出来ない。ノラやと思っただけで後は涙が止まらなくなり、紙をぬらして机の下の屑籠を一ぱいにしてしまう。」

そして失踪から五カ月後。

九月三日「夜十二時ペンをおいた時からノラの事を思い出し、或はもう帰らないのではないかと思ったら可哀想で可愛くて声を立てて泣いた。」

さらに一カ月後。

一〇月十三日「夜じっと坐っていて思う。ノラがうちへ帰って来られなくなっている。もう帰れないのではないかと思ったら、可哀想で涙が流れて止まらなくなった。」

男性はノラが寝ていた座布団に頭をつけては涙し、「いい子だ、いい子だ、ノラちゃんは」と言う夫人に抱かれていたノラを思い出して涙します。精神的に耐えられない彼は、弟子や友人を毎日かわるがわる家に夕食に呼んで話し相手にします。

男性は警察にノラの捜索願いを出し、さらにビラの文面を作ってあちこちに配布させました。折込み広告も配る区域をずらして四回出し、その印刷枚数は二万枚近くなりました。この地域には外国公館やアメリカ兵舎もあるので、英文の折込み広告も作りました。

ここまで心配して探し続けるくらい、この男性はノラのことを大事にしていたのでしょうか。ところが、そこがどうも微妙なのです。「私があまり気を腐らしているので家内も持てあますらしい。「尻尾を引っ張ったり、仰向けに蹈んづけたり、いじめてばかりいるから、それ程可愛がっているとは思わなかった」と云った。」

そもそも、彼は「私は今まで、子供の時家に猫がいた事は覚えているが、自分で猫を飼って見ようと考えた事もなく、猫には何の興味もなかった。だから猫の習性など何も知らない」と言っています。事実、記述を見る限り、失踪するまでノラの世話は夫人がほぼすべてやっていて、彼は何もしていません。

そして、そのパターンは実はノラの失踪後も変わりません。ラジオや新聞折込みの効果で、彼の家にはノラの情報が一日に三回も四回も来ますが、その度に猫を確認に行ったり掘り起こして死体を見るのは夫人か知人なのです。「事によるとそうかも知れないと思われる猫が死んでいたので、うちの裏庭に埋めてやった。念の為に掘り返して御覧なさいと云ってくれる。／そう云う知らせを四ヶ所から受けた。一一家の者が出掛けて行って、そのお家の庭を掘らして貰った。死んだ猫を掘り返すなど、勿論気味の悪い話である」。一方、彼は家で涙を流しているか、日記を書いたりビラの文面を書いているだけなのです。

日記をまとめてできあがった『ノラや』という本について、彼はこう書いています。

「だれでもそうであるに違いなく、当然の事ではあるが、私は一篇の文章を書き上げた後その推敲に骨を削り、何遍でも読み返した上でないと原稿を編輯者に渡す気になれない。ところが、読んでくれた人に申し訳ない事で、あけすけに云うのも憚る様であるが、「ノラや」と「ノラやノラや」の二篇は推敲はおろか、書き上げた物に後から一通り目を通すと云うただそれだけの事すらしていない。とても出来なかったのである。締切りに追われた為ではない。苦しくて自分の書いた物を読み返す事が出来なかった。書き綴るのがやっとであって、それをもう一度読んで見る勇気はなかった。従って原稿に脱字誤字、或は文章の重複があったかも知れない。その一切に目をつぶって、書き放しの儘編輯の係に渡し、そう云うわけですからどうか宜しくお扱い下さいと頼んで、後はただ自分の取り乱した気持が自分の書いた原稿の中へ逆戻りしない様にと云う事だけを念じた。」（「ノラに降る村しぐれ」）

作家としての職業的良心さえ働かない極限状態に陥っていたことがわかります。しかし、その後、この『ノラや』（内田百閒 1957）は彼の作品の中でも「名作」として最もよく読まれる作品になりました。

ペットロス症候群

現在、内田百閒のこうした精神状態は「ペットロス」症状とみなされています。

ペットロスは、ペットとの死別や生き別れで起きる悲しみや不安、罪悪感、怒り、後悔などの心理過程を言います。この言葉は、欧米では一九七〇年代終わり頃から一部の関係者によって使われ始め、日本では一九九〇年代終わり頃から使われるようになりました。

もちろん、ペットが死んだり行方不明になれば、多くの人が深く悲しむはずです。しかし問題は、それが通常の「悲しみ」の範囲を超え、長期間にわたって生活を破壊してしまう場合です。

「通常のペットロスは時とともに回復する。ところが、異常な悲嘆や分離不安、強い抑鬱状態などを基盤にしたさまざまな随伴症状を起こし、いつまでも立ち直れない人もいる。この場合は正常なペットロスとは区別され、臨床心理士や精神科医の治療を受けなければならない。／病的なペットロスは日本でも増えつつある。その背景には現代人の孤独がうかがえる。核家族化、少子化、高齢化、また離婚率の上昇など、家族との絆が弱まってきている。その心の隙間を埋めるように、ペットとのつき合い方が激変した。」（林 1999）。内田百閒の場合も、「異常な悲嘆や分離不安、強い抑鬱状態など」という点で、明らかに「病的なペットロス」と言えます。

一般に、ペットロスは「愛する存在を喪った悲しみ」と考えられています。しかし、精神科医の横山章光はやや視点の異なる言い方をしています。

「自分とかかわりの深かった動物が死んだときにきちんと悲しめないこと、それらを全て「ペットロス」と呼ぶことにします。」「これは私の考えですが、「ペットに愛着がある人のほうが抑うつになりにくい」というデータなどから考えてみると、実は重いペットロスに陥る人は、自分の生活におけるペットの存在が、どこか歪んでいる可能性があると思うのです。例えば子どもの代わり、とか、孤独感を癒すため、とか。もちろんそれらの役割がペットにあることは認めますが、必要以上にその役割が大きくなってしまうと、喪失した場合に病的になりやすいのではないでしょうか」（横山 1996　強調省略）

ここでは、ペットへの愛と悲しみが「どこか歪んでいること」がペットロスの一つの要因として考えられています。内田百閒の場合、ノラを「いじめてばかり」で、明らかにまともな「愛情」はありませんでした。その意味で、彼は「ペットに愛着のある人のほうが抑うつになりにくい」場合の真逆になっています。内田百閒は非常に頑固でわがまま、無愛想で、位階勲等や規則秩序が好きな、他人に愛情を表わすことができない人物として知られていました。ノラの失踪は、内田百閒自身も自覚しなかった「歪み」を背負わされた出来事だったのかもしれません。

ノラの失踪の衝撃は、その後の内田百閒から終生消えることはありませんでした。内田百閒の絶筆は「猫が口を利いた」（1969）といいます。また、その四カ月前に書いた小品「ノラや」で、ノラ失踪直後の三月二九日に突然号泣したことについて、「遠隔交感《テレパシイ》の現象を信ずるも信じないもない。ノラが私の枕辺にお別れに来た事に間違いない」と書いています。

ノラの失踪は、内田百閒の六七歳以降の人生を一変させるような何かを意味していました。

「イヌネコにしか心を開けない人たち」

この内田百閒のペットロス体験を、のちの読者や文学者はどのように受け止めたでしょうか。詩人、小説家、フランス文学者、評論家の松浦寿輝は『ノラや』についてこう言っています。

「ふらりと出かけ、そのまま家に帰らなくなってしまった飼い猫を偲んで内田百閒が書いた「ノラや」という名文がある。／そこでの百閒の取り乱しようは尋常ではなく、何やら狂気の気配すら漂っている。たかが猫一匹の失踪に、大の男のこの身悶えるような悲嘆はいったい何なのかと、最初のうちは呆気にとられてしまう読者も、読み進めるうちに、その異様な迫力には心を深く動かされないわけにはいかない。「たかが猫一匹」への激しい哀惜をめんめんと綴ったこの滑稽すれすれの文章は、ありきたりの恋愛小説など足元にも寄りつけない、近代日本屈指の美しい「愛の文学」になっているのである」（松浦 2006）

内田百閒の「取り乱した」文章を、松浦寿輝は「近代日本屈指の美しい「愛の文学」」と呼びます。しかし、『ノラや』の内田百閒とノラとの関係は「美しい」のでしょうか。ここで「恋愛小説」が比較に出されていますが、たとえば同居する女性を「いじめてばかり」いて、その女性が失踪すると取り乱し、「異常な悲嘆や分離不安、強い抑鬱状態など」になり、必死になって捜し回る男性がよくいます。それは、「美しい愛」ではなく、女性との関係が自己中心的で「歪んでいる」のではないでしょうか。

松浦寿輝のこの文章は、自身の飼い猫の死をきっかけに書かれたエッセイの一つでした。その猫の死について、こう書かれています。

「ミケが死んだらさぞかし悲しいだろうなあと漠然と考えてはいたけれど、いざその時が来てみると、軀の底から突き上げてくる苦痛と空虚感は、そんな抽象的な予想をはるかに越えたものだった。とにかく自分自身の半分が、いや半分以上が死んでしまったような気がする。（…）こう書きながら、またわたしの顔はぐしょぐしょになっている。何を見ても、何をしても、ふとしたきっかけで涙が流れ出して止まらなくなる。（…）ときどきそれが嗚咽になり、号泣になる。

（…）今わたしは本当は丸っきり上の空で、ミケのこと以外何一つ考えられないのである」。

松浦寿輝は高速道路を車で走っている時、ミケの姿が思い浮かび、涙があふれて前が見えなくなります。「それを拳で拭って速度計を見ると、いつの間にか百三十キロを越えている。こんな状態が続くと俺も死ぬな、と思った。が、これっきり死んでもかまうものか、という思いも実は多少ないでもない」。

この状態は、内田百閒とほとんど変わりません。もちろん、ミケは深い愛情を持って「三十一歳から四十八歳になるまで、わたしがいちばん長い時間を一緒に過ごした相手」ですから、ここで書かれたような悲しみは理解できます。松浦寿輝はさらにこう言います。「わたしがこれまでの人生で覚えたいちばん大事なことは、みなミケが教えてくれたことばかりである」「わたしがこれまで生きてこられたのは、ひとえにミケのおかげである」。

この「大事なこと」は、「ミケはわたしのどんな些細な心の動きにも敏感に反応する、賢くて愛情深い猫だった」「種を越えた友情には言葉がなく、だからこそ、人間同士のどんな会話にも及びもつかないような豊かな慰藉と快楽を交換し合うことができた」と語られます。そこでは、人間関係の「行き違いや誤解」の反対にある猫の「愛」と「慰め」が語られています。

しかし、この「ミケが教えてくれた」、ミケのおかげで「生きてこられた」という表現には疑問も感じます。たとえば、親が「わたしがこれまでの人生で覚えたいちばん大事なことは、みなこどもが教えてくれたことばかりである」と言ったとすれば、多くのこどもは、自分の親の無批判で一方的な「密着」ぶりに困惑するはずです。「みなこどもが教えてくれた」という謙虚とも取れる表現は、実際には、親子の距離のない「愛」に基づく権力関係を「裏返し」にしただけのように感じられるのです。

香山リカはこう言います。「興味深いのは、このように動物への際限のない愛情を隠そうともしない彼らは、それ以外の場所では自意識が強く、自分への評価や批判にも敏感に反応するタイプが多い、ということだ。それは彼らが常に自己を対象化できる理性の持ち主であるということを意味すると同時に、彼らが、いつも「世間から賞賛されている自分」といった肯定的な自己イメージを持っていたい、と望む自己愛的な人間であるということも意味する。（…）つまり、自分が飼っているイヌやネコは、日ごろは自己相対化の強迫から逃れられない作家や学者にとって、そこから脱出する唯一無二の手段なのである」（香山 2008）。

香山リカによれば、内田百閒や松浦寿輝は「イヌネコにしか心を開けない人たち」です。そのような人物にとって、猫の失踪や死は、時に自分の「半分以上が死んでしまったような」深刻な心的外傷となるのです。

香山リカも、自身のペットロス状態について詳しく書いています。「私はしばらく、ぼーっとした状態、いわゆる感覚麻痺と呼ばれるショック状態から立ち直れず、どんなにダイエットを試みてもいっこうに減らない体重があっという間に数キロ減った。」「食欲もまったくなくなり、会食などで無理して何かを食べても味がしない。犬のことを考えていないときでも、突然、その姿が頭に浮かび悲しみの強い感情に襲われる。これこそPTSDの「感覚麻痺」や「侵入性想起」にほかならない。」

香山リカは、それは「生まれてはじめての本格的な「精神的クライシス」」だったと言います。「精神医学の知識も、自分の持ち前だと自負していた批判精神も、たった一匹のイヌを亡くしたという体験を前にして、いっさい何の役にも立たなかった」。これらの動物たちは、彼（女）たちの知識や批判精神、規則や秩序を完全に無効にしてしまうような存在として現われ、そして消えています。香山リカが「ＰＴＳＤ」（心的外傷後ストレス障害）と言うように、それは、彼女や内田百閒にとって存在が危うくされる「傷」となっています。

なぜ、人は犬や猫の死や失踪に、親しい人の死を超えるような深刻な心的「外傷」を負うのでしょうか。おそらくそこには、ペットに自分の愛や感情をほとんど無制限に注いでしまうという「現代家族」の構造的問題と、内田百閒がそうだったように「生活におけるペットの存在が、どこか歪んでいる可能性」があります。それは、人間と動物の間に、「他者どうし」ではありえない一方的な愛情や「際限のない愛情」を作り出しているのです。

たとえば、柴犬の子犬が来てからその死までを描いた中野孝次の『ハラスのいた日々』（中野 1989）があります。この本はテレビドラマ化、映画化された上、小学校の教科書にも掲載され、「今日では犬をめぐる日本の半ば国民文学と化している」（四方田 2015）とされる作品です。その中で中野孝次はこう言います。

「考えてみれば、私の半生において愛という感情をこれほどまでに無拘束に全面的に注いだ相手はいないという気さえするのでした。人間相手の場合は、相手は自分と同じ独立した人格で、性格も感情も意見もちがうから、これほど愛が純粋単一な形はとれないのです」。

これと似た事を松浦寿輝も書いていました。詩人、小説家の佐藤春夫もこう書いています。「人間はどれほど親密な間柄と言ってもそれぞれの世界を別に持っている。そうしてどこかほんの一部で互に接触したり重なり合っている円なのだ。それにくらべると犬猫などの場合はすっぽりと内部に納ってしまう同心円みたいなものではないだろうか」（佐藤 1964）。これは、親やこども、恩師や友人が死んでも七〇年間涙を流したことがなかったのに、飼い猫が死んだとき「自分でもきまりがわるいほどに泣けてしかたがな」かった経験を書いたエッセイです。人間相手では愛を全面的に注ぐことができない人も、犬や猫は「すっぽりと内部に納ってしまう」、つまり「行き違いや誤解」がないので、愛を「無拘束に全面的に注ぐ」というのです。

そして、ノラと同様、中野孝次のハラスも失踪します。中野孝次はその時のショックをこのように書いています。「目の中に田野原を疾走するハラスの姿が浮び、はらわたを抜かれたような状態に落ちこんでいきます。これはまさに肉体的にそうなので、私がこんなはらわたを抜かれたような状態に陥ったのは、二十歳で召集令状を受取ったとき以来でした」。

ここで言う「まさに肉体的に」「はらわたを抜かれたような状態」とは「外傷」そのものと言えるでしょう。この状態は、彼にとって「召集令状」という戦争体験でしか比較できないものでした。

しかし、『ハラスのいた日々』を読んでいると疑問も起こります。中野孝次は、飼い犬ハラスと「性格も感情も意見も」同じだったのでしょうか？　動物は飼い主と「独立した人格」ではなく、「行き違いや誤解」などないのでしょうか？

日本近代文学と犬——江藤淳

日本近代文学史上、内田百閒と並び、ペットとの関わりで「重傷」を受けた文学者として、評論家の江藤淳が挙げられます。

江藤淳は自他共に認める愛犬家で、その第一随筆集は『犬と私』(1966)と題されています。彼は二〇代の時から犬を飼い始め、ダーキイ、アニイ、パティ、最後にメイというコッカー・スパニエルの雌犬と暮らし続けました。二〇代の彼は「犬がいればなにも恐れることはない」と書いています。「犬を飼うということが、これほど大きな変革を私の家庭にあたえるものとは思ってもみなかった」。

犬によって、こどものいない江藤夫妻は「父―母―娘」を形作るようになりました（妻の慶子さんは江藤淳の大学の同級生で、その結婚生活は四〇年以上に及んだ）。「ダーキイが来たときからわたしは、彼をパパと呼ぶことにした」（江藤慶子）。江藤夫妻と犬の三者は、傍目にも愛情に満ちた共同生活を長く続けることになります。

しかし、慶子さんは末期癌に侵され、江藤淳の必死の看病にかかわらず、一九九八年末に亡くなります。その後、脳梗塞などで心身ともにバランスを崩した江藤淳は、一九九九年七月に「脳梗塞の発作に遭いし以来の江藤淳は形骸に過ぎず。自ら処決して形骸を断ずる所以なり」という遺書を残し、自殺します。

江藤淳の自死は、多くの人から、夫人の死の衝撃と自身の病苦によるものと考えられました。しかし、実は、そこに当時の飼い犬のメイが深く関わっていました。

慶子さんの死の翌年の一九九九年二月から、江藤淳はメイとの生活を再開します。しかし、慶子さんの姪の府川紀子《ふかわのりこ》さんの「可哀相な、おじさま」（『文藝春秋』一九九九年九月号）はこう伝えています。「わたしは鎌倉駅で偶然お会いしたことがあるんです。駅のガード下を浮かない顔して歩いて、手には包帯をまいている。わたしのことを気がつかないんですね。タクシー乗り場に歩いていくおじさまをつかまえて、どうしたんですかと訊いたら、実はメイちゃんに噛まれてね……と」「何度か噛まれたこともあったらしい」。江藤淳は、包帯が必要なほど激しく「飼い犬に手を噛まれ」ていたのです。

江藤家の代々の犬の世話は、慶子さんが大半を行なっていました。「食事をつくってやるのはおおむね妻の役目である。大小便の面倒も大体彼女がみている。彼女はまたことにダーキイのしつけに厳格で」(『犬と私』)。食事、大小便の世話、しつけを行なっていた「飼い主」がいなくなってしまえば、犬が不安定になるのは当然です。そもそも、自身の食事もほとんど作れない江藤淳が、犬の世話などまともにできるはずはありません。「可哀相な、おじさま」によると、慶子さんの死後、メイは「玄関の横にあるガラスのところに座って、おばが帰ってくるのをずっと待ってい」ました。愛情に満ちたと思われた三者の共同生活は、実際はかなり偏ったものでした。

江藤淳は獣医と相談し、「あの子を残しておくのはセンチメンタリズムだと言って、そんなセンチメンタリズムはもう捨てたほうがいいんだとおっしゃって、お嫁に出してしま」います。こうして、江藤淳は四〇年以上続けた犬との生活を解消しました。

「犬がいればなにも恐れることはない」と言っていた彼にとって、犬との関係が「センチメンタリズム」だったということの結末は驚きです。もちろん、このような理屈での飼育放棄は、飼い主としての責任が問われるべきものです。しかし、江藤淳とメイにとって、この生活は限界だったのでしょう。結局、江藤淳にとって、犬は「犬」そのものでなく、妻なしに存在しない、ドゥルーズ&ガタリの言う「家族的、感傷的な動物」な存在だったのです。

江藤淳の「犬と私」の生活はこうして終わりました。妻を亡くしたあとの生活を支えるはずのメイは、彼を激しく「何度も」攻撃する存在となっていました。江藤淳は「犬好きの人間にとって、犬というものは、心のいちばん柔かい部分に属している」と書いています。おそらく、そのとき彼の「心のいちばん柔かい部分」は、手の傷と同様、激しく傷つけられたのです。

江藤淳は、幼い時期に母を亡くした経験をもとに、「なにしろ、私の愛しているものは、みんな死んだりこわれたりしてしまう」(『犬と私』)と書いています。この経験の「とどめ」が、メイによって行なわれたと言えます。

「可哀相な、おじさま」という題について、妻を亡くした上に病気になることは本人の責任ではないし、そういう男性は多数いる以上「可哀相」はどうなのかと感じたのですが、メイとの関係を読んで納得させられました。

江藤淳は、「成熟」や「治者」の視点を重んじる評論家でした。しかし、彼自身は犬との生活において「成熟」してもいなければ「治者」でもなかったのです。

日本近代文学と犬――二葉亭四迷

日本の近代文学と犬の問題について考えるとき、二葉亭四迷を避けて通ることはできません。二葉亭四迷は言文一致体の小説『浮雲』（一八八七〜八九）によって日本の近代小説を開始し、ツルゲーネフなどロシア文学の翻訳によって多くの小説家に影響を与えました。そのため、彼はしばしば「日本近代小説の開祖」と言われます。彼の最後の長編小説は『平凡』（『東京朝日新聞』連載一九〇七）ですが、この「自伝的」とされる小説で、彼は子犬のポチとの関係を異様なまでの情熱で描いています。

ポチは言う迄もなく犬だ。（…）私に取っては、ポチは犬だが……犬以上だ。犬以上で、一寸《ちよつと》まあ、弟……でもない、弟以上だ。何と言ったものか？　……そうだ、命だ、第二の命だ。恥を言わねば理《り》が聞こえぬというから、私は理を聞かせる為に敢て恥を言うが、ポチは全く私の第二の命であった。

『平凡』は、小学生年代の主人公が、捨てられていた子犬のポチを飼い始める様子を描いています。一緒に生活するようになった両者のようすはこのようなものです。

犬に違いないポチが、私に対《むか》うと……犬でなくなる。それとも私が人間でなくなるのか？……何方《どっち》だか其は分らんが、兎に角互の熱情熱愛に、人畜《にんちく》の差別《しゃべつ》を撥無《はつむ》して、渾然として一如《にょ》となる。一如となる。だから、今でも時々私は犬と一緒になって此様《こん》な事を思う、あゝ、儘《まゝ》になるなら人間の面《つら》の見えぬ処へ行って、飯を食って生きてたいと。犬も屹度《きっと》然う思うに違いないと思う。（…）これが私の日課で、ポチでなければ夜《よ》も日も明けなかった。

語り手は、自分が「人間でなくなり」犬は「犬でなくなる」と言います。これほど強烈なペットへの感情表現は文学史でも稀かもしれません。

しかし、ポチはある日、野良犬の捕獲に遭って殺されます。ショックを受けた語り手は「ポチの殺された当座は、私は食が細って痩せた程だった」と（内田百閒や香山リカのように）語ります。

そして、語り手は突然、それまでの小説の流れを無視してこう書き始めます。

「愛は総ての存在を一にす。愛は味うべくして知るべからず。愛に住すれば人生に意義あり、愛を離るれば、人生は無意義なり。（…）私はポチが殺された当座は、人間の顔が皆犬殺しに見えた。是丈《これだけ》は本当の事だ」。文体を一気に変えた語り手は、「ポチのいない人生は無意味だ」と叫んでいるように見えます。

『平凡』では、ポチとの出来事は二〇年ほど前の出来事とされています。しかし、二葉亭四迷はエッセイ「『平凡』物語」でこう言っています。

犬の条《くだり》かね？　あれだけは一生の中《うち》に機会があつたら、一度は書いて見ようと思ってた事です。『平凡』には子供の時の事になつてるが、実際はさうぢやない。私が三十……幾歳《いくつ》といふ時の事で、まあ言つて見れば莫迦《ばか》〳〵しい話さ。三十歳《さんじふ》の髭面《ひげづら》を抱へた男が、ぽろ〳〵と涙を墜《おと》して探し歩く——作には殺された事になつてるが、実は唯行衛不明なのだ（…）

ポチは実際は「マル」という名前で、九カ月飼われたあと一八九三年に行方不明になりました。

二葉亭四迷はこのように言います。

彼犬《あれ》と私との関係は実際人獣の境界を徹してゐた。（…）つひ彼犬《あれ》の事を長物語にして了つた。が、天地間に彼犬《あれ》と私との如《やう》な関係は滅多に無いと思ふ。人我を忘じて了ふ境界を彼《あ》れによつて私は味はつたのだ。私は幸福だと思つてゐる。あの時分言はゞ藤村操の様な調子に尠《すくな》からず傾いてゐたのであつたが、唯この天地を挙げて愛する一個物の為に、心の底の底から隈々《くま〴〵》までも、全分《すつかり》温められ酔はされる如《やう》な心持になつて、何とも知らず自分には一種の安住の地がある様な心地がしてゐた。で、狗児的《くじてき》哲学観とか狗児的宗教観とか言つたやうなものを微茫《ぼんやり》と抱いて来る様になつてゐたので、まだ〳〵話せば長い事だが、要するに『平凡』に書いたよりも最つと〳〵深いものがあつたので、それを一生の中《うち》には十分に書いて見たかつたのだが、つひ彼麼処《あんな》へ使つて了つて実は残念なのです。

二葉亭四迷はマルとの関係について「最つと〳〵深いものがあつた」と言います。それは彼にとって「狗児（子犬）的哲学観」「宗教観」とも言うべきものでしたが、それを十分に書くことができず「残念」と言います。この時期、おそらく彼は「私は食が細って痩せた」というペットロス状態の後にあり、内田百閒の場合と同様、その人生を大きく変えられたのです。二葉亭四迷が言う「莫迦〲しい話」は、彼の人生の中で最も深刻な出来事の一つだったはずです。

二葉亭四迷はこう書いた翌一九〇九年、ベンガル湾洋上で客死します。想像して言えば、その時、彼はなかば開かれた大空に、一頭の大きな犬が頭上を舞っているのを見たかもしれません。

彼は結局「子犬の哲学」を書くことができませんでした。ある意味では、この「一生の中《うち》には十分に書いて見たかつた」という「子犬の哲学」は、日本の近代文学そのものとともに、以後の文学者に残された「課題」となったのです。

しかし、日本近代の文学者たちは、この課題にほとんど向き合いませんでした。内田百閒や佐藤春夫、江藤淳は二葉亭四迷の提出した課題に近づきながら「飼い慣らされた、家族的、感傷的な」物語に終始しています。そもそも、彼ら文学者は動物についてのエッセイを書くことはたびたびあっても、それを自身の文学の中心的な問題とみなすことは決してありませんでした。日本の近代批評を確立したとされる小林秀雄を始めとする文芸評論家も同様です。

この課題は、後で見るように、二葉亭四迷の死から一〇〇年を経て、何人かの特異な小説家たちによって、その一部がようやく果たされることになるのです。

異性愛と異種愛——ジェンダーと種差別

ここで挙げた作家たちは、内田百閒、江藤淳、中野孝次、佐藤春夫など多くが男性です。「イヌネコにしか心を開けない人たち」は、自己愛が強く、自分への批判には打たれ弱い（あるいは過剰に反応する）一方、自分を批判しない気に入った相手には過剰な愛情を注ぐタイプだとされます。こうした女性ももちろんいますが、おそらく相対的には男性に多いタイプなのです。

中野孝次は「人間相手の場合は、相手は自分と同じ独立した人格で、性格も感情も意見もちがうから、これほど愛が純粋単一な形はとれない」と言います。しかし、普通、人間どうしであれ何であれ、異なる性格の他者どうしが、互いの違いを尊重しながら関係を構築することを「愛」と言うのではないでしょうか。中野孝次の言うようなハラスへの「愛」は、現実にはペットへの一方的な「感傷」、いわば人間の動物に対するファンタジーではないかとも感じられるのです[29]。

フェミニズム理論家のダナ・ハラウェイは、「そもそも、誰かから無償の愛を受けるなんて、申し開きの余地もないほど神経症的なファンタジーなのだ」と言います。「しかし、愛しあうことの面倒な諸条件を充たそうと努力を重ねていくのは、それとはまったく別の話だ。親密な他者を知ろうと常に探索し、その探求のなかで、不可避的に悲喜こもごもの間違いを起こしていくことに、わたしは敬意を惜しまない。その他者が動物だろうと人間だろうと、たとえ、非生物だろうと、である」（ハラウェイ『伴侶種宣言』2013　原書 2003）。これは人間の「純愛」幻想に対する批判であると同時に、中野孝次が言う動物との「純粋単一な愛」に対する批判となっています（さらに言えば、そのあまりに「純」で受け身な女性像が定型的であることを別にすれば、「純な心」のフェリシテに対するオマージュでもあります）。

異性愛の男性の場合、彼が期待する女性の「無償の愛」はしばしば「都合のいい女」を意味しています。それは、「神経症的な」と言うより「性差別的なファンタジー」と言うべきものですが、そうだとすれば、自分とペットが「無償の愛」で結ばれていると考える飼い主たちは、いわば「種差別的なファンタジー」の中にいるのです。事実、動物解放運動は、ペットのあり方をたびたび「感情奴隷」制度と批判しました。少なくとも、そこに「異なる種」の存在に対する緊張や敬意が存在しないことは確かなのです。

ここで思い出されるのは、江藤淳のように多くの飼い主が自分のペットを「うちの子」と呼び、自分が「パパ」「ママ」になろうとすることです。ペットが子犬や子猫の時はともかく、老齢になっても「こども」扱いするのは、考えてみれば奇妙なことではないでしょうか。「コンパニオン・アニマル」は人間と支え合って関係を作り上げていく「伴侶」（コンパニオン）ですが、こうした「こども扱い」は、動物を一方的に「愛玩」する対象としていることを意味します。

ハラウェイはこう言います。「わたしが犬の「ママ」と呼ばれるのが耐えられないのは、すでに成長したイヌを幼児化したくないからだし、それにわたしが欲しかったのは赤ん坊ではなくて犬だったという重要な事実を誤認したくないからである。わたしの多種から成る家族は何かの代理や代替ではない」（『伴侶種宣言』）。犬は犬、猫は猫であって、人間の「子どもの代わり」では

(29)「男性の場合には、会社での競争での疲労をイヌやネコが癒してくれる、と話す人も多い。「(…)仕事で失敗して帰宅したときもイヌはいつもと同じように喜んで迎えてくれる。帰りが深夜になって家族がグーグー寝ているときでも、イヌだけは玄関に飛んでくるんです。帰りが遅い、といつも超不きげんな妻に見せてやりたいですよ。あれこそが〝無償の愛〟というやつですよね」／これをイヌという動物の性質や本能と見ずに「無償の愛」と考えるのは、人間の勝手な解釈であろう」（香山 2008）。
「犬は犬であり、犬として行動している。毛皮を着た小さな人間として行動しているのではない。／たいていの場合、犬の行動の大半は本能に由来すると考えて間違いはなく、たとえば、家に帰ると飼い犬がキスしてくれると考えている飼い主は少なくないが、オオカミの記録映画をよく見てほしい。オオカミのリーダーとその群れが狩りから帰ってきたとき、後に残されていたオオカミの母子は、帰ってきた群れを歓迎して口や鼻づらを舐める。だが、それは歓迎のキスではなく、彼らを刺激して未消化の食物を早く吐き戻させるための行動なのだ。」（オールソップ 2013）

ありません。「重いペットロスに陥る人は、自分の生活におけるペットの存在が、どこか歪んでいる可能性があると思うのです。例えば子どもの代わり、とか」（横山 1996）。犬や猫を「こどもの代わり」にする人間は、「ホモソーシャル」ならぬ「人間中心主義的」家族を形成しようとし、そこに動物を無理やり当てはめようとしているのです。

ここでは、動物たちを「うちの猫」「うちの犬」へと回収する「家族」イデオロギーが動物の尊厳の軽視と結びついています。したがって、動物の尊厳の回復は、人間の「家族」イデオロギーに対する批判と結びつくことになります。

モンテーニュの猫

古来、哲学者は動物についてさまざまな形で考察してきました。その多くは、現代の眼から見て荒唐無稽なものですが、その中でモンテーニュの考察は例外的です。

わたしが猫とじゃれているときだって、ひょっとしたら、むしろわたしよりも、猫のほうがわたしを相手に暇をつぶしているのかもしれない。われわれはおたがいに、おどけた身振りかなんかをしているのだ。こっちが始めようとか、いやだとか思うときには、あっちもそう思っているのではないのか。（モンテーニュ 2010 原書 1580）

これは、五世紀後の現在から見ても重要な指摘です。それは、ある意味ではペットの「尊厳」を現代の動物解放論より鋭く洞察しているように見えるのです。

わたしたちは、大人が「こどもと遊んでやる」と言うように、猫と「遊んでやる」と言います。

しかし現実には、時にこどもが（単純な）大人を相手にしてやっているように、猫も人間と遊んであげているのではないでしょうか。

猫は数千年間、家畜化・ペット化されてきましたが、いまも野生の部分を残しており、野外でも「野良猫」として生き抜くことがある程度できます。事実、家畜の多くは野生種と比べ、成長や性的成熟、初産齢が早くなりますが、猫にはそのような変化は現われていません。これは犬とは異なる性質で、犬の「人なつこさ」に対する猫の「超然」さは、野生動物に特有の誇り高さをいくらか思わせます（もちろん、飼い慣らされて、自分と人間を同種と思い込んでしまったような猫もいますが）。

たとえば、よく猫は「気まぐれ」と言われます。これは、「意志が一貫しない」というより、ある種の犬がそうであるように、人間の意志に従い、人間との間に「無償の愛」のようなファンタジーを生むことを避ける慎重さを意味しているようにも感じられるのです。

すでに紹介したように、「迷路実験で犬は高得点を上げている。鶏と馬はそれより時間がかかり、羊は右往左往して迷路から抜け出せない。猫はまるきり参加拒否だ」。この「言うことをきかない猫」は多くの飼い主にとって「猫あるある」かもしれません。しかし、ヴィッキー・ハーン（動物訓練士・文学者）はこう言います。

「年かさの研究者が若い研究者にネコの扱いかたについて忠告するのを、よく耳にしたものだ。一定の状況のもとで、問題を解かせるか仕事を与えるかして食べものを見つけさせようとすると、ネコはすばやくやってのける。他の動物と比べても、彼らののみ込みの速さは抜群だ。しかし、「問題は、研究者や技術者がボタンを押してもらいたがっているとわかったとたんに、ネコがボタンを押すのをやめてしまうことなんだ。なかには、それくらいなら飢え死にするほうを選ぶのもいるだろうよ」（この過激な反行動主義の理論は、私が知るかぎりでは、活字になったことはない）」（ハーン 1992 原書 1986 強調省略）。猫たちは、人間の「してもらいたがっている」という「期待」を察知し、それに応じて自分の行動を決めるというのです。

ハーンはさらに言います。

> 飼いネコは、選択の余地のない状況、つまり人間の期待にまともに応えなければならない状況に置かれた場合、たとえば、食べることが「相手を喜ばせる」ような行為になるならば、食べものを受けつけなくなるだろう。「相手を喜ばせる」ことは、ネコの本性にたいする冒瀆、つまり、この世でのネコの本分を踏みはずすことなのだ。／だからといって、ネコがひねくれているというわけではない。むしろ、人間の喜びや期待がネコにとって大きな意味をもっているのだ。それどころか、よく言われるのとはちがい、イヌよりもむしろネコのほうが、人間を喜ばせることについてずっと正しく的確に理解しているといえるだろう。（…）ネコは人間の期待をじょうずにあしらい、見当ちがいな疑いをいだかせたりしないようにうまくごまかしてしまう。そこにネコの非凡な才能がある。（ハーン 1992）

この文章がうまく飲み込めない場合、「ネコ」を「こども」、「人間」を「大人」と読み替えるとわかりやすくなるかもしれません。たとえば、こどもは時に「食べることが「親を喜ばせる」ような行為になるならば、食べものを受けつけなくなる」（「なかには、それくらいなら飢え死にするほうを選ぶ」）ことがあります。

ある研究によれば「猫は飼い主の声を難なく認識することが明らかになった。もっと根源的な問題は、彼らが飼い主の声など気にかけない点にある」（ドゥ・ヴァール 2017）。これも、「人間の期待にまともに応え」ることを回避する猫の「本分」を物語っています。

犬はよく飼い主を正面から見つめ、呼ばれれば即座に反応しますが、猫は人間をそのようには見ません。しかし、猫は人間をいわば「横目」で、しかし慎重に観察しているように感じられます。猫は人間との間にある微妙な距離をとり、人間を利用するかと思えば、ある時は甘え、ある時は姿を消してしまいます。しかし、ほとんど常に「人間の期待」にまともに応えるようなことはしないのです（一方、大人の期待――「無償の愛」のような――にまともに応えようとするこどもは心理的トラブルを抱え込みがちです）。

モンテーニュは、猫が人間を相手に遊んでやっているかもしれない、と言いますが、それは猫が人間を「手なずける」方法の一つである可能性があります。特に、室内飼いされる猫は飼い主に生殺与奪の権利を握られているため、人間をいかに手なずけるかに全能力を傾けざるをえなくなります。そこで、猫は人間のコミュニケーション能力を利用します。

たとえば、野良猫の鳴き声は飼い猫ほど高くありません。猫は離乳後に鳴き始めますが、鳴き声によって人間の反応が異なることに気づき始めるはずです。特に、甲高い（可愛く聞こえる）「ニャー」に人間の反応がよく、それが自分にとって有利に働くことをほどなく理解します[30]。さらには、「外に出たい」「食べ物が欲しい」「かまってほしい」などを「ニャー」の抑揚や視線や体勢などによって人間がきちんと理解するよう日々訓練していきます。「ネコが人間との関係で多くの場合そうするように、ネコが主導権を握って私たちを手なずけるようになる」「私たちが自分に対するネコの愛着や愛情だと思っているものは、無条件ではないばかりか、積極的に条件づけされていることがわかっている。実験の計画を立てているのはネコで、私たちはパブロフのイヌだ」(タッカー 2018)。

そうした猫は、人間に「心を許す」ことを避けているように見えます。なぜなら、人間どうしが完全に理解し合うことがありえないように、異種である猫と人間が完全に理解し合うことはありえないからです。猫は、たとえ同居している存在であっても、人間という異なる種の存在に対する距離を忘れることはありません。これが、猫を感傷的に愛する人間と決定的に異なる猫の「非凡な才能」であり、リアリスティックな品位なのです(もちろんこれは、猫が意識的にそうしているということでなく、その性質や本能が人間にそのように映る、ということです)。

人間と犬はある程度「心を合わせて」共同作業を行なうことができ、それは幸運な関係と言えますが、猫はそのようなことはしません。猫は人間と「共生」するというより、その傍にいることで「共存」しています。猫は人間を「喜ばせる」のでもなく、かといって「苦しませる」のでもなく、いわば「互いに理解し合わないまま支え合う幸運な(有り難い)関係」を維持しようとします。猫にとって、人間は家族などではなく、まして「全てを許し合う」ような相手でもなく、かりそめのパートナーです。猫をこども扱いし「遊んでやっている」と思う人間は、この猫の「非凡な才能」、その「共存」に対する慎重さを理解しそこなっているのです。

モンテーニュによれば、「動物と人間の意思疎通をさまたげている欠陥だけれど、それが動物の側にあるというのなら、なぜわれわれにはないといえるのか? おたがいに理解しえないことの罪が、はたしてどちらにあるのかは定かではない。彼らがわれわれを理解しないのと同じく、われわれも彼らを理解していないではないか」(モンテーニュ 同前)。

この一六世紀に記された言葉は今もなお有効です。ここで言われる「理解」はシンガーが重視する「理性的で自己意識のある」ことというより、他者の尊厳に対する感覚とでも言うべきものです。ここでは、完全には理解し合うことができない存在どうしがどのように共存できるのか、ということが問題なのです。

思考実験としての『きみはペット』

ペットにしか心を開けない人たちは、「自意識が強く、自分への評価や批判にも敏感に反応するタイプが多い」（香山 2008）。小川彌生《やよい》の『きみはペット』（連載二〇〇〇〜〇五）は、まさにそのような女性が「人間をペットにする」とどうなるか、という「冗談のような」（作者）テーマを描いた作品です。

『きみはペット』は、英語版、ドイツ語版、フランス語版、イタリア語版が発売され、二〇〇三年にＴＢＳでテレビドラマ化、二〇一一年に韓国で映画化、二〇一七年にフジテレビで再びテレビドラマ化されました。いわば、時代や俳優に応じて繰り返しアレンジされる「スタンダード」化された作品と言えます（韓国では二〇〇二年頃から、呼ばれればいつでも駆けつけ、一緒に食事をしたり映画を見たりする二〇〜三〇代の「ペット男」「ペット族」が知られるようになり、バラエティー

（30）　一部の女性アイドルや「ぶりっ子」の高い声と同じ理屈です。たとえば、アイドル時代、「天然ボケ」キャラクターの三田寛子は「どうやって出しているのか」と思うぐらい甲高い声でした。しかし、歌舞伎俳優と婚約して「梨園の妻」の座が決まると急に声域が下がってさっぱり「ボケ」なくなりました。二五年後、その夫の不倫が報道されると、彼女は「夫婦でまだまだ至らぬことが多々ありお騒がせしております。私も至らぬ点ありましたので反省しております」と述べ、そのコメントは日本中から「神対応」と絶賛されました。環境変化に対する彼女の迅速な対応力には驚かされます。
　三田寛子同様、「天然ボケ」に見える猫も、必要のない（人がいない）ところでは「ボケ」ていない可能性があります。

番組『ペット男を飼う：僕はペット』が行なった「ペット男」の募集には二二〇〇人が応募しました）（ユンヒ 2008）

『きみはペット』の主人公、巌谷澄麗《いわやすみれ》（スミレ）は東大・ハーバード大卒、身長一七〇センチメートル、「クールビューティー」、スピード出世の新聞記者、二七歳、つまり「絵に描いたような」設定です。同僚たちはスミレのことを「なんにでも恵まれた人」と言います。しかし、彼女の姉はこう言います。「……やっぱり何も変わってないのね澄麗さん。相変わらずペットにしか心を開けないのでしょう」。

スミレが小さい時、服を選ぶのに「お祖父《じい》さまは何を着たら喜ぶか」を考えて、自分で決められなかったエピソードが『きみはペット』の中で語られています。そのように、彼女は小さい時から家族の期待に合わせ続け、自分の意思を二の次にしてきました。その後も、家族の期待、先生の期待、上司の期待、恋人の期待に彼女は必死に応えようとし続けてきました。「期待されるとそれに応えることで頭がいっぱいになって楽しむ余裕なんてなくなるの。仕事も勉強もいつもそう」（引用者注　セックス中のセリフ）「昔からなにも変わってない。弱いところを見られると、とたんに崩れる。これが怖くて完璧《かんぺき》を装ってるのに」。

以前、彼女の家には犬の「モモ」がいました。モモにだけスミレは心を開いて話しかけていましたが、そのモモは早死にします。ある日、スミレはマンション前のダンボール箱に、借金で監禁され逃げ出した若い男が寝ているのを見つけます。居場所のない彼を部屋にあげて、「その髪の根元が黒っぽいとことか（モモに）よく似てる」と思った彼女は「わたしに飼われる？」「つまりペットとしてなら置いてあげてもいいわ。いい子にしてれば食事も作ってあげる」と言います。若い男は「ヨロシクッ　ご主人さま‼」とスミレの手を握り、ただちに「モモ」と命名されます。

収入なし、家事・労働の能力なし、ついでに背も低いモモを飼い始めたスミレは、「ふとしたときに、モモの静かな息遣いを感じる」「独りじゃないことを思い出す」。五年つきあったかつての男と比べれば、「モモはわたしより背が低いから、学歴がないから、収入がないからといっていじけたりしない」「なぜならペットだから」。

スミレには蓮實滋人《しげひと》という、東大卒・身長一八三センチメートル・新聞記者・二九歳という恋人ができます。彼はスミレを絶えず気づかい、(ピントはよくずれますが)彼女を大切にしようとします。しかし、蓮實とつきあいながら、スミレは「わたしっていつもそう。好きな人でも…いや、好きな人ほど……いっしょにいると疲れる」「いつもいいとこばかり見せようとして、いつも無駄《むだ》に疲れてる」と感じます。

スミレは、モモを捨てて蓮實と結婚できるか繰り返し考えます。「わたし……蓮實先輩のことはすごく好き……ずっと憧れてたし……今でもときどきいっしょにいて夢なんじゃないかって思う。でも結婚はまだしたくないの。モモといられなくなるもの……」。

彼女にとっての理想は、おそらく、ペットのモモを連れて蓮實と結婚することです。しかし、それは現実的には不可能です。

『きみはペット』は一四巻にわたって、スミレとモモ、スミレと蓮實の関係を描き続けます。スミレにとって、蓮實とモモはどちらも必要ですが、一緒には手に入らない存在なのです。

「ひとりといっぴき」

『きみはペット』は日本だけで累計発行部数四二〇万部を超え、特に多くの女性たちに読まれました。しかし、東大・ハーバード大卒、身長一七〇センチメートル、「クールビューティー」というスミレは、多くの女性にとって共感できない設定なのではないでしょうか。しかし、作者の懸念に反して、スミレは多くの女性の共感を集めました。

その理由の一つは、彼女の生活が多くの女性にとって人ごとではなかったからです。スミレは、他の男性同僚なみに朝から深夜まで働き、家事は全部自分でやり、上司からセクハラされ、ノンキャリアの同僚女性からは「女の幸せにキャリアはいらないってコトね」と陰口を叩かれます。しかも、スミレは「仕事ばっかで家のことしない女だって言われたくなくて」必死に（本で調べて）料理をマスターしてしまうタイプなのです。

仕事では男性なみを期待され、プライベートではそのがんばりが敬遠されるスミレの中で、「だれか、かわいそうなわたしを早くたすけて」と言う「プリンセス・スミレ」と、「泣き言言ってるヒマがあったら戦え！」と言う「ファイター・スミレ」に人格が分裂します（Rule10「正しい甘え方」）。過密労働で血ゲロを吐き、蓮實が「どうしたの？　なんかすごく顔色悪いけど」と心配すると、「ファイター・スミレ」は「心配されたいの？　哀れんでほしいの？　あんたって案外つまんない女ね！」とささやきます。「タスケテ　ダレカ」と思いながら、結局スミレは「口紅つけてないから顔色悪く見えるんじゃないですか？」と「ニコッ」と笑います。

スミレは、家に帰ってモモに拙い雑炊《ぞうすい》料理をふるまわれ、「あのさ、「ひとりぼっち」より「ひとりといっぴき」のが全然いいと思わない？　ふたりに数えなくてもいいからさ　ひとりだなんて言わないでよ」と言われ、涙が止まらなくなります。「もう取り返しがつかないほどこの子に依存しちゃってる」。

ここまでペットに依存してしまったスミレが、モモを捨てて蓮實と結婚ができるでしょうか。

物語の結末は、スミレが「モモと蓮實のどちらを選ぶのか」という二者択一へ導かれます。

「モラトリアムがいま終わる」

『きみはペット』の結論は、「蓮實と別れてモモと結婚する」というものです。

モモは「その髪の根元が黒っぽいとことか」「モモに似てる」とスミレが思った髪を切り落とし、「愛してるよ」「オレと結婚しよう」と言い、ダンスの入団試験を受けるためにベルギーへ出発します。「オレたちにとって……あそこはシェルターみたいだったよね。めちゃくちゃ居心地よくて……」「毒だらけの世界であなたを護るために、先に出てくから。待っててね」。

スミレとモモ、本名「合田《ごうだ》武志《たけし》」は二人ともに「モラトリアムがいま終わる」と思います。スミレは蓮實との別れを決め、モモとのこどもができ、結婚という「ハッピーエンド」に至ります。

これは、「お姫様が飼っていた愛犬が、苦難の末に人間の王子様の姿になって二人は結婚しました」というおとぎ話的なハッピーエンドです（なお、モモはバレエでよく「王子様」を演じています）。しかし、おとぎ話の姫と王子ではないスミレとモモ（合田武志）は、「人間的」な面をいくつも見せています。

ある時、モモはスミレにこう言っています。「オレの……病気（パニック障害）自体は軽くて薬ですぐ治ったけど」「悩みとかいろんなことに打ちのめされて弱ってる人は意外といて、そういう人の側にいて支えてあげてるうちは不安に襲われない。誰かに必要とされればされるほど強くなれる。そういう関係はオレにとってクスリみたいなものだった」。

周囲への期待に過剰に応え続けるスミレが「弱いところも　あきれるほどカッコ悪いところも全部見せられる」ペットを必要としたように、合田武志も「誰かに必要とされ」ることを「クスリ」のように必要としていました。こうした二人の関係はほとんど「共依存」と言えます。

二人は物語の最後で、いわば「クスリ」も「依存」もなしで生活できる、自立した大人のカップルへと成長しようとしたのかもしれません。そして、そこでカギとなるのは「こども」でした。「わかる？　ずっと心臓ドキドキしてる。ロープレのヒーローになった気分。なんか怖いものがないんだ。スミレちゃんと小さい命のためならなんでもできる。フツー、こんな気分クスリでもキメてないと味わえないよ」。

彼にとって「妻子を守る」ことが「クスリ」の代わりになりました。「結婚＝家族」が「クスリ＝ドラッグ」の代替というこの結論は意味深長です。

この結末から見れば、『きみはペット』で描かれた「ひとりといっぴき」の関係は、「めちゃくちゃ居心地」いい「モラトリアム」あるいは「シェルター」だったことになります。「飼い主とペット」の関係はいわば「退行」（クスリ＝幻想）であり、そこからモモの言う「毒だらけの世界」（リスク＝現実）へと脱出していったということです。

小川彌生は、こうして「ひとりといっぴき」を「女性と男性」の性愛関係へと導くことで、物語の全体を「モラトリアム」と位置づけました。『きみはペット』の最終回で、スミレは「おめでた」を祝福されて結婚式に臨みます。

しかし、それは現実への「脱出」だったのでしょうか。「結婚＝家族」がドラッグと同じだとすれば、それもいずれは「耐性」がつき、より強い「クスリ」を必要とすることはないでしょうか。それはたとえば「不倫」や「こどもにしか心を開けない親」になることです。しかし、ハッピーエンドに終わった『きみはペット』は、それについて描くことはありません。

実は、『きみはペット』と同時期、やはり「人間がペット」になる物語が連載されていました。

その物語でも、人間が「愛犬」となり、おだやかな「ひとりといっぴき」の関係を作ります。しかし、その物語では人間と犬（ペット）はハッピーエンドに至ることはありません。その「ひとりといっぴき」は「女と男」の性愛関係による家族を形作るのではなく、むしろ人間と動物の共闘によって「家族的公理系に対して戦いを挑む」ことになるのです。

「銃」になった犬

絵の中では女が白黒の犬を機関銃のように小脇にかまえ、胡散臭《うさんくさ》げな男が近づいて来るのを、犬の口から噴き出すしぶきをかけて追いやろうとしていた。人の顔も犬の顔も西洋風にデフォルメされているのが、いちだんとユーモラスな印象だった。

「朱尾さん、絵も描けるんだね」

「大した腕ではないが」朱尾は謙遜しながらもまんざらでもなさそうに、一度絵を見直してからスケッチ・ブックを閉じた。「全くあれは傑作だったな。おまえは化け犬でもあり、犬形ゲロ噴射銃でもあったわけだ」

（松浦 2007）

松浦理英子の小説、『犬身《けんしん》』（連載二〇〇四〜〇七）は「人間がペット」になる物語です。主人公、八束房恵《やつづかふさえ》は「犬になれればいいのに、といつも思う。そうでなければ、自分はほんとうは犬なのにたまたま人間に生まれてしまったのではないかと思う」人物です。その自分を言い当てるのに、彼女は「種同一性障害」という言葉を思いつきます。「性同一性障害ってあるじゃない？　「障害」っていうか、体の示す性別と心の性別が一致していないっていうセクシュアリティね。それと似てるのかな、わたしは種同一性障害なんだと思う」。
そんな彼女を、ファウストに契約を持ちかけるメフィストフェレスのごとく、朱尾献《あけおけん》という奇妙な人物が、魂と引き替えに彼女を仔犬に変身させます。仔犬の「フサ」になった彼女は、以前から自分の理想の飼い主と憧れていた女性陶芸家、玉石梓《たまいしあずさ》に目算通り飼われることになります。
しかし、飼われて初めてわかったのは、玉石梓の母親、父親、五歳上の兄・彬はおそろしく歪んだ関係の家族だということでした。
「愉快な玉石一家の家族会議はどうだった？」（朱尾）
「気持ち悪かった。息子のこととなると分別のつかなくなるお母さんとか、家のことには消極的で影の薄いむっつりしたお父さんとか、甘やかされて殿様みたいなお兄ちゃんとか、別に世間じゃ珍しくもないのかも知れないけれど」（フサ）
「母親と兄の意見を聞いているだけの従順な娘についてはどうだ？」（朱尾）
「従順な娘」である玉石梓はこう言います。「母は女が嫌いです。同性は敵か邪魔者で、仲よくするとしたら他の女たちに対抗し身を守る目的で便宜上組んだ仲間とだけ、というタイプですね。娘のわたしのこともほんとうは好きじゃないと思います。本人に訊いたら『そんなことはない』って否定するでしょうけど」。
この「女が嫌い」な母親が息子を溺愛するようすは、小説の中で気持ち悪くなるほど詳細に描かれます。こうした「母子密着」「父親不在」の家族は、確かに日本で「珍しくもない」ものです。それは、男性が「会社」、女性が「母子関係」、こどもが「学校」にしか社会関係がなくなった状態の典型的な「日本家族」のカリカチュアです。
玉石家の「影の薄い」父親は、やがて失踪して文字通り姿を消し、兄は離婚して独身になります。そして、「すべて錯覚だったらどんなにいいか、とフサは思う」事実を彼女は目の当たりにします。彬は、妹の梓が中学一年のときから性虐待を続け、離婚すると同時に、再び梓を強姦し続けていたのです。
「わたしなんかより若くていい女とつき合えばいいのに」（梓）
「おれは女に少しいやな顔をされないと途中でやる気をなくすんだ。少しいやがられて、でも結局は受けいれられるのがいい。おまえにつけられた癖だぞ。だから、おまえとするのがいちばん手っ取り早い」（彬）
梓はこの状態に絶望し、フサへの愛情に「ほとんどすがって」生きるようになります。梓を虐待する彬を間近にして、フサは「熱く煮立った頭から胃の底まで荒々しくかき回されるような感覚」を覚えます。「その不快な感覚はじきに吐き気のかたちをとった。フサは毛を逆立たせながらいったん背を縮めた。それから今度は逆に、背中と首を伸ばし思いきり口を突き出して、胃の中の物が一気に逆流するのにまかせた」。
フサのゲロは彬に直撃し、気分を悪くした彬を追い払ったフサは喜びに舞い踊ります。「朱尾の命名を受け、これからは「犬形ゲロ噴射銃」としての能力も生かして行こう、とフサは決めた。胃や食道や喉にいくらかは負担がかかるのでわざわざ練習はしなかったけれど、練習しなくてもひどく気分を害した時にはいつでも吐けるような気がした。実際母親が押しかけて来た時ためしてみるとちゃんと吐けた」。
この出来事をきっかけに、梓は家族への抵抗を開始します。
フサが「犬形ゲロ噴射銃」としての自覚のもとにわざと嘔吐していたのを、やはり梓も薄々勘づいていたようだった。覗き見た天谷未澄《あまたにみすみ》へのメールに、それを証拠立てる次のような一節があった。

＞猫はストレスを受けるとすぐ体に症状が出て、吐いたり毛が抜けたりするけれど、

＞犬でフサみたいに吐くのは珍しいよね。

だからね、仮病じゃないけど、わざと吐いてたんじゃないかと思って。

親バカみたいだけど、うちの犬はかなり賢いから、

気に入らない人間への嫌がらせで吐くくらいのことはやりそうなのよ。

フサが嫌がらせをするなら、私は正面からの攻撃に出ようと思ったの。

彼女は、自分の家に入り浸っていた母親と兄に対して「穏やかでいてしっかりと響く声で一息に」「悪くとらないでほしいんだけど。ここのところ、フサがどうも人疲れして体調を崩すみたいなの。だから、しばらくうちでの集《つど》いは取りやめにしてもいい？」と言います。母は息を呑みますが、しぶしぶ「当分遠慮するわよ」と答えます。「梓とのコンビネーション・プレイで邪魔者の接近を阻《はば》んだのだと考えると、フサは愉快でたまらなかった。母親からはあれほど頻繁だった電話すらかかって来なくなった。彬も梓が懸命に願う姿に気圧《けお》されたのか、鳴りをひそめていた」。この「攻撃」は朱尾にとっても「たいそう面白かったらしく、その場面を元にした絵まで描いて見せるほどだった」。「コンビネーション・プレイ」で共に闘うフサと梓は、母と彬から成る家族的公理系に対して戦いを挑んでいます。その姿は、ドゥルーズ&ガタリの『千のプラトー』で言う「秘密の同業結社が、戦場を活気づける」不服従行為であり、「異質な要素相互間にあらわれる進化の形態」とさ

え言えます。

先に言ったように、『犬身』の設定は『きみはペット』と酷似しています。『きみはペット』では「私に飼われる?」と言われた男が「ヨロシクッ　ご主人さま!」と応えて飼い犬になり、『犬身』では「犬になりたい、そして飼われるならあの人の犬になりたい」と思う主人公がその通り飼い犬になります。しかし、『きみはペット』のスミレとモモが最後に「妊娠・結婚」という家族的公理系に至るのに対し、『犬身』のフサと梓は、犬―人間という異種間のコンビネーション・プレイを駆使して日本的な家族の公理系と戦うのです。

そのとき、「ゲロ噴射銃」と化したフサは、「犬の身」のまま文字通り梓に「献身」しています。しかし、『犬身』の中に現われる最も興味深い動物は、実は「フサ」の前に玉石梓が飼っていた犬の「ナツ」だったかもしれません。

「かわりに」啼く犬

「栗色で毛足が優美に長いあどけない眼をした中型の雑種犬」「もう一三歳の老犬という」ナツは、人間だった時期の八束房恵と何度か会っています。その一つの場面は、梓の自宅で房恵が「お喋りはじゃれ合うことに似てる、わたしは今梓と遊びたくてじゃれかかるように喋ってる、と感じ」ながら、「犬を見ただけでわたしたちのような犬好きの胸に湧き起こる快さ、人間を始めとして他の動物を見た時にはほとんど湧くことのないあの快さ」について話している時です。

房恵がことばを切ると、梓が房恵の後ろを指して楽しそうに言った。

「ナツの耳が立ってる」／振り返ると梓のことば通り、マットレスに蹲っているナツは首を起こし、両耳をぴんと立ててこちらを見つめていた。

「うちに来る人は少ないから、たまにお客さんが来て話し声がするると、何だろうと思うようですね」

梓と房恵の視線を受けたナツが立ち上がった。房恵の所に来たので頭から首筋にかけて撫でてやると、気を許したように耳を倒して床に寝そべった。


当たり前の場面のようですが、ここでのナツの反応は印象に残ります。犬について語る房恵の言葉に「耳を立て」、彼女の所にやってきて耳を倒してしまうナツの反応は、不思議さすら感じさせます。犬の特徴の一つは、人間の気分を時に気味の悪くなるほど見抜くことです。ナツは、単に房恵の「梓と遊びたくてじゃれかかる」気配を感じとっていたのでしょうか。それとも、ナツは彼女の「梓の犬になりたい」という意思を感じとった上で、彼女に対して「気を許した」のでしょうか。

それから三週間ほどたった日のこと、「梓は手を伸ばし房恵の顔にかかった髪を指で押しやった。房恵の眼前にナツの鼻面や頭を撫でる梓の手つきが浮かんだ。梓の方も何か感じるところがあったのか、伸ばした手をそのまま房恵の頭の側面にあて、軽くすべらせた。掌が上下するだけではなく、指先が髪をとかすような細かい動きをした。撫でられているのだとわかると、房恵は気持ちよさに眼が眩《くら》んだ。／「ほんとだ。ナツの毛の手触りに似てる」梓は微笑みながら言った。「犬化の始まり？」／房恵は人間のことばを話せるような状態ではなかった。そのかわりのように、扉口でナツが待つことに飽きたのかワンと啼いた。」

読み手をしびれさせるようなこの官能的な描写の中で、しかし、やはり奇妙に印象に残るのは、

「房恵の眼前にナツの鼻面や頭を撫でる梓の手つきが浮かんだ」というイマジネーションに対して「梓の方も何か感じるところがあったのか」という二人のあまりに触感的な交流と、その「眼が眩む」ほどの気持ちよさの中で「ことば」を失った房恵の「かわりのように」ワンと啼くナツの位置です。

なぜこの瞬間、ナツは啼くのでしょうか。語り手が言うように「待つことに飽きたのか」。それとも、ここでナツは「犬化の始まり」で「人間のことば」を失った房恵と、物語上の位置をまさしく「かわる」ことを示したのではないでしょうか。

事実、この翌日、朱尾と房恵が「わたしがあなたを愛らしい犬に変えてあげますよ」「だけど、梓さんが二匹犬を飼う気があるかどうかわからないじゃない？　ナツが死んだら次の犬を飼うかどうかは決めてないとも言ってたし」という会話をした直後、梓から「ナツが死にました」という電話が房恵に入ります。「昼頃からぐったりしてたので病院に連れて行ったんですけど、夜になって……」。

ナツの死の様子は『犬身』で直接は描写されません。しかし、「ナツの死」は、「梓―ナツ」から「梓―房恵」という関係への移行を、ナツが自ら実現させたかのように見えます。

後に、朱尾の「犬の一匹くらいなら楽々殺せるけどな」といういやみを聞いたフサは、「まさかナツに手を下した？」と強いショックを受けます。「馬鹿を言うな。あれは血栓で死んだんだ」と答える朱尾に対して、フサは思い悩みます。「思えばナツの死は突然過ぎた。それに、わたしが朱尾に犬になれと勧められ、だけど梓に飼ってもらえるかどうか案じていたまさにその時に、梓の飼犬が死んだのはタイミングがよ過ぎる。朱尾が、梓が新しい犬を飼えるような状況をつくってわたしが魂譲渡契約を交わす決心をするように仕組んだのだとしたら、万事辻褄《つじつま》が合う。

もしそうだとすると、わたしもナツの死に責任があるということか」。

しかし、「まさにその時に」ナツが死んだのは、朱尾の意思ではなく、物語の中でのナツの位置の必然性によるものだったかもしれません。そうだとすれば、「ナツの死に責任がある」のは、房恵、朱尾、そして梓のすべてです。

ある意味では、ナツの物語上の位置は、他の登場「人物」すべてに匹敵します。いわば、物語の上で最も「献身」したのは、ごくありふれた犬としてのナツなのです。

「そばに」いる犬・狼

一方、ナツの「かわり」になったフサの「献身」はどのようなものでしょうか。フサが梓の「銃」となって闘ったのは数回で、物語のほとんどで、彼女はナツがそうだったように梓の隣にい続けただけです。

犬との関係について、房恵と梓はこう話しています。

「人と犬との関係は、人は犬を可愛がり犬は人を信頼し慕うというものしか思い浮かびません。犬を従わせようとか用事を言いつけようとか思うことはないです」

「わたしもそうですよ」梓が言った。「犬は何もしてくれなくてもいい。自分だけになついてほしいとも思いません。ただ、可愛がらせてくれればいいんです。撫でたり食べ物をやったりというように」

梓のことばに胸がときめいた房恵は、勢い込んで確かめた。

「ほんとうに?」

「ほんとですよ。ナツだって毎日ぼんやりのんびり過ごしてるだけですし」

確かに、ナツ、そしてフサは用事はせずただ梓の隣にいることによって、梓の最も強力な拠り所であり続けました。「犬は何もしてくれなくてもいい」。『きみはペット』のスミレとモモの関係も、この点では『犬身』と近かったと言えます。

このあり方を、別の場面で梓は言葉を変えて語っています。

「犬といることでわたしは変わるというか」梓は注意深くことばを選んでいるようだった。「犬に向かい合った時、わたしはいちばん穏やかで安定した好ましいものになる。わたしの中のいい要素を犬が惹き出して拡大してくれる。そういうものとして、犬が必要なんだと思います。あくまでわたしのために犬をそばに置く。」

「そばに置く」こと、言い換えれば「隣にいる」ことを、『犬身』はさまざまなあり方で描いています。「犬といることでわたしは変わる」。その変化は、ドゥルーズ&ガタリが言う「新しい非組織的〔非有機的〕な社会的関係」なのかもしれません。そして、それは二葉亭四迷が「犬に違いないポチが、私に対《むか》うと……犬でなくなる。それとも私が人間でなくなるのか?」と言うあり方をも思い出させます。

この「隣にいる」関係は、「人間と犬」だけでなく「犬と狼」の場面としても描かれます。彬が梓を強姦する場面、「すべて錯覚だったらどんなにいいか、とフサは思った」出来事を目の前で見せられたフサは、その後、朱尾の本体であるだろう銀色の狼に誘い出され、雑木林を抜け丘にたどりつきます。

狼は少し離れて地面に横たわり、かすかに光る二つの眼をフサに向けていた。その眼には何の感情も表われていなかったけれど、朱尾がフサの気鬱を慰めるために丘の奥地へと連れ出したのだということは、もう訊いて確かめる必要もなかった。フサは朱尾といることでかつてないほど安らぎ、狼と同じようにその場に肢をたたんで休んだ。心が通い合っていると いうのは大袈裟でも、ことばを交わすことがまわりくどく感じられるほど、その時フサは狼と気分を一つにしていたと思う。動物同士の連帯は、こういう気配の伝達と気分の共有を基本にしているのかも知れない、そんなことも考えた。

「フサは朱尾といることでかつてないほど安ら」ぐそのとき、梓に対するフサの位置を、ここではフサに対して朱尾が占めます。ふだん、フサと朱尾は互いに共感はできず一定の距離を保ち続けていますが、ここでのフサは、狼の朱尾といることで「穏やかで安定した好ましいものになる」のです。

それをフサは「連帯」と呼びます。この「隣にいる」関係は、ある意味では「善きサマリア人の喩え」で語られる「隣人」性とも重なります。わたしたちが苦しむ人の傍に近づき手を差し伸べようとするように、銀色の狼はフサの傍にい続けることで彼女の「気鬱を慰め」るのです。

この隣り合う人と動物の関係は、「犬形ゲロ噴射銃」とは別の形で「家族的公理系に対して戦いを挑」みます。『犬身』は、日本的な家族的公理系に対する、人と犬、犬と狼による「連帯」

と闘争、すなわち「共闘」を描くのです。

「やおい」としての『犬身』

フサと朱尾のこの「隣にいる」連帯は、よしながふみによれば「やおい」なのです。よしながふみは、三浦しをんとの対談でこう言っています。

「価値観の違う者同士、でも相手を認めてはいるその関係は、女性同士であっても、私にとってはやおいなんですよ。（…）私や友人たちは昔から、登場人物が男女だろうが女同士だろうがそういう関係をやおいって言ってたんですけど、無意識のうちに使い分けていたみたい。（…）私や友人たちの言うやおいっていうのは、セックスをしていない、つまり恋愛関係にない人たちを見て、その人たちの間に友情以上の特別なものを感じた瞬間に、これはやおいだと名づけるわけ。二人の関係が性愛に踏み込んでいたら、それをやおいとは言わないんです。そういう人たちの間柄を妄想して、創作物の中でセックスさせていることもやおいと言うから、世の中の人はやおいというものをごっちゃにしていると思うんだけど。（…）最初は反発し合っているけれど好きになっちゃうという展開ではなく、ずっと最後まで平行線をたどりながら、たまに交わることもあるというのがミソなんですよ」。

「わかります。私も、自分がいちばん好きな人間関係はどんなものだろうと考えると、テーマは「孤独と連帯」なんですよ」（三浦）

「まさに（笑）。それこそやおいの本質ですよ」

（よしなが 2007）

よしながふみは、ＢＬ（ボーイズラブ）は「今の男女のあり方に無意識的でも居心地の悪さを感じている人が読むもの」と言います。いわば、ＢＬ（あるいは「やおい」。この二つは一般に、オリジナルか二次創作かで区別される）は今の男女関係の公理系、家族関係の公理系を相対化するため、別の公理系による世界を作り出しています。

「二人の関係が性愛に踏み込んでいたら、それをやおいとは言わない」。通常のやおい作品は、男性どうしの性愛関係を描く（主に女性による）二次創作のポルノグラフィティを言いますが、それと同時に、「友情以上の特別なものを感じた瞬間」を「今の男女のあり方」とは別の世界の中で描き出します。よしながふみ自身の作品は男性間のセックスを描くことが多いのですが、たとえばよく知られた『西洋骨董洋菓子店』の主要人物、小野裕介と橘圭一郎、小早川千影、神田エイジは、考えてみれば性愛関係に至ることがまったくありません（そうなりそうになると、慎重に回避しています）。『西洋骨董洋菓子店』は、彼らの「友情以上の特別なもの」「ずっと最後まで平行線をたどりながら、たまに交わることもある」多様な関係性を一貫して描き続けています。

『犬身』は、その主要な登場人物が、揃ったように性行為に執着しないと語る小説でした。「わたしはセックスでときめいたことは一回もない。性行為に執着はないの」（房恵）、「わたしには恋愛感情もないし、人との触れ合いへの欲求もあんまりない」（梓）、「朱尾さんはご結婚は？」（梓）、「興味ありませんね。セックスにすら関心がない」（朱尾）。

朱尾は「もしあなたが犬になった後玉石梓に性的欲求を覚えたら、生まれて何年目であろうともあなたの犬としての寿命はそこで尽きます。魂はもちろんわたしのものです」と房恵に契約させます。そして、物語の中で、触れ合いの快感と性的快感の境界についてフサと梓に繰り返し注意を促します。「打ち明けた話、わたしは見きわめたいんですよ、あなたの玉石さんへの気持ちは犬の慕情なのか、人間の同性愛的恋愛感情なのか」。それは、「二人の関係が性愛に踏み込んでいたら、それをやおいとは言わない」ため、つまり『犬身』で作られる関係を、恋愛関係＝家族的公理系でなく、よしながふみの言う「やおい」にとどめておくための厳格なルールだったはずです。『犬身』は、性愛に究極の意味を見いだそうとする傾向に対して「孤独と連帯」のさまざまなあり方を描きます。その意味で、『犬身』のフサと梓、フサと朱尾の関係は「やおい」なのです（その一つの原型が、「純な心」のフェリシテとオウムの関係だとも言えます）。

それは、ハッピーエンドに至るまでの『きみはペット』にもある程度あてはまります。スミレも家族や男性（蓮實）との関係に「居心地の悪さを感じて」いました。彼女にとって「居心地のいい」関係は、家庭でも学校でも会社でも恋人でもなく、ペット（＝モモ）といる生活にしかありませんでした。しかし、「性的欲求を覚えたら、生まれて何年目であろうともあなたの犬としての寿命はそこで尽きます」と朱尾が言うように、スミレと性愛関係に至ったモモは「犬としての寿命」が終わり、合田武志という男性となって結婚します。

よしながふみが言う「価値観の違う者同士、でも相手を認めてはいるその関係」は、ダナ・ハラウェイが言う「無償の愛」、中野孝次の言う「純粋単一な」愛とは全く別の位置にあります。性愛を中心とした「今の男女のあり方」の公理系は、おそらく、家族の中で犬や猫を「愛玩」し、こども扱いする公理系と整合的なのです。しかし、「やおい」はそうした「性愛＝家族」とは異なる、平行線が「たまに交わる」という意味で非ユークリッド的な「非家族的公理系」を描き出すのです。

『犬身』を読むわたしたちは、梓とフサ、フサと朱尾、そして梓と朱尾という関係が作り出す「孤独と連帯」のさまざまな関係のあり方に関心を呼び起こされます。そして、その「梓―フサ

―朱尾」の「平行線をたどりながら、たまに交わることもある」犬と人間、そして狼の多様な関係性が、物語の中で「梓―母親―彬」という硬直した家族的公理系に抗い続けます。『犬身』におけるこうした犬や狼たちが、ドゥルーズ&ガタリの言う「飼い慣らされた、家族的、感傷的な」動物でなく、「多様体や生成変化や個体群やコント〔奇譚〕を作りだす動物」の方向にいることは言うまでもありません。

Ⅲ　動物の精神分析

ここで、フィクションから離れ、現実世界にいる動物について見ていきます。

犬という動物の特徴の一つは、人間の気分を敏感に見抜くことです。たとえば、次のコンラート・ローレンツのよく知られたエピソード。

犬・馬・狼（Ⅰ）

イヌ好きの人ならば、忠実なイヌは主人がなにかイヌには興味のない用事で部屋をでてゆくのか、それともイヌが待ちこがれていた散歩にいよいよでかけようとするのかを、気味のわるいほど確実に見抜くことを知っている。しかし多くのイヌは、この点ではもっとすごい。たとえばいま私の飼っているイヌの曾曾曾曾《ひいひいひいひい》祖母にあたるシェパードのティトーは、どんな人がいつ私をいらだたせるかを、まるで「読心術」によるようにして正確にわかってしまうのであった。ティトーはそういう人の尻に、軽く、しかし断乎として咬みつく。それはどうしても止めることができなかった。とくに危険なのは、権威ぶった年配の紳士が私と討論中に、例の「きみはまだ若い、若い」という態度をとったときである。そんなそぶりを見せたとたん、お客はびっくりして尻をおさえる。ティトーがすかさず懲罰をくわえたのだ。私にどうしてもわからないのは、ティトーが机の下にねそべっているときでも、このことがちゃんとおこなわれることだ。ティトーにはその人物の顔や態度がみえるはずがない。だれがだれとしゃべっていて、だれが私の論敵なのか、ティトーはどうしてわかったのだろう？

（ローレンツ 1963 原書 1949 強調省略）

ローレンツ自身が言うように、それは「読心術」や「テレパシー」によるものではなく、「多くの動物は、人間の眼にはわからない、驚くほど小さな動作をも知覚する能力を持っている」ためです。犬は、この能力を駆使して自分の飼い主の気分を正確に読みとります。こうした能力については、一九世紀末に現われた「クレヴァー（賢い）・ハンス」がよく知られています。

中学の数学教師だったヴィルヘルム・フォン・オステンは、教育の力を実証するため、競走馬のハンスの教育を始めました。四年後、ハンスは単語や文章、数の数え方や計算の質問に正しく答えるようになりました。これはヨーロッパ中に知られ、一八九一年頃からハンスは公開の場でデモンストレーションを行なうようになります。

質問に答えるとき、ハンスは「はい」の時は首を縦に、「いいえ」の時は横に振りました。数を示すときは前足で地面を打ち、答えを選択肢から選ぶときはカードを鼻先で指しました。たとえば、ハンスは「五分の二＋二分の一」の問いに、最初九回、次に一〇回打って「一〇分の九」を示しました。また、「二八の約数」も「今日の年月日」も「今日は何曜日か」も正しく答えました。

当然、フォン・オステンによるトリックが疑われ、心理学教授やウマの専門家などの調査委員会が作られましたが、「ハンスの能力を疑う理由はない」と結論されました（一九〇四年）。ハンスは、フォン・オステン以外の人が質問しても、さらにフォン・オステンがその場にいなくても正しく答えたからです。

しかし、その後の調査によってハンスの解答の仕組みが明らかにされました。それは驚くべきものでした。ハンスは、質問する人間自身も意識していない微妙な動き、たとえば頭の揺れ、目の動き、肩のあがり方などを観察していたのです。ハンスが脚で打つ回数が「正解」に近づくと、正解を知っている人間の緊張が高まり、つい肩に力が入ったり視線が下がったりします。ハンスが「正解」を打つと、そのとたん緊張が解け、本人が自制していても、つい顎が上がったり肩が下がったりします。ハンスはそれを観察して正解を答えていたのです。事実、検証の中で、人間自身が正解を知らずに質問する「盲検法」を行なうと、ハンスの正答率はでたらめな答えと同じレベルに落ちました。

「ウマはほかの動物に比べて神経質で、とりわけまわりの変化に敏感である（…）。視力はそれほどよくないものの、動きをとらえることに関しては、繊細すぎるほどの能力をもっている。ハンスが質問に正解できたのは、もともとウマに備わったこうした能力が極力引き出された結果である」（鈴木 2015）。ローレンツのティトーも、同じような方法で（犬の場合、嗅覚も使われているはずですが）、誰がローレンツの「敵」かを「読心」していたはずです。

群れで生活するオオカミを祖先とする犬は、人間と共生するようになって、人間の気分や変化を察知する能力を発揮するようになりました。そのため、犬は人間のセラピーの場でも役立てられています。「野生のイヌの祖先が群のほかのメンバーの気分を鋭く察知しなくてはならなかったので、その性質をうけついでいるイヌは、虐待を受けたこどものセラピーに使われてきた。イヌはいつでももっとももひどく傷ついている子を探し出して近づいていく」（リンデン 2001）。

虐待経験のあるこどもと犬との関わりについて、いくつかのケースが報告されています。たとえば、カウンセラーの村瀬嘉代子による「女子一五歳　家庭内暴力、不登校」の例は印象的です。この少女の母親は、自身の才能を開花しきれず、不本意な結婚生活に甘んじてきたと感じていました。少女は、この母親の期待を一身に背負って育てられます。中学受験を目指し、母子で二人三脚のように受験勉強に励む日々が続きました。

しかし、小学五年の時、彼女は性暴力に遭います。しかし、そのことを彼女は誰にも打ち明けることができず、つらさや孤独感を勉強でまぎらわすようになります。小学生までは成績を褒められていましたが、しだいに勉強の息切れが始まり、さらに高校一年生の時に学校でいじめにあい不登校になります。「秀才」という評価が失われたことから、彼女は自信喪失状態になります。

カウンセリングに通い始めた彼女は、絵、音楽、テニスなどを介しながらカウンセラーと治療を進め、少しずつ、自身への内省を始めます。そうしたある日、彼女とカウンセラーはビルの間につながれた汚れた皮膚病の犬を見かけ、彼女は突然その犬を抱いてしまいます。「日頃、何々はアレルギーの素とか、動物は好きだが毛アレルギーがあるから駄目といっていた彼女のこの予期しない行動に、治療者は感じ入ってしまう。彼女も「不思議、こんな汚い犬を抱いて咳出ないなんて！」と驚く。このあと、前述の汚れた自分ではないかという辛い経験を語る」（村瀬 2001「Cl」〔クライエント〕を「彼女」に変更した）。

彼女が汚れた皮膚病の犬を抱きしめるのは、村瀬嘉代子が言うように「犬は、彼女にとって受け入れ難かった汚れた（と彼女に感じられる）自己像で、それをもしかと見つめ、自分のうちに受け入れ統合しなおそうという彼女の動きを触発した」のでしょうか。一方、その犬にとっても、突然抱きしめられたのは、虐待経験に苦しむその少女だからこそ受け入れられるものだったのかもしれません。

なお、この報告に「父親」が存在しないことも注目されます。それは、『犬身』での「家のことには消極的で影の薄い」父親を思い出させます。そして、「母親の期待を一身に背負って育てられ」「母子で二人三脚のように受験勉強に励む」彼女もまた、『犬身』の梓のように、母の「意見を聞いているだけの従順な娘」だったのかもしれません。彼女の苦しみは性暴力によって引き起こされましたが、その背後には「不本意な結婚生活」にある「父―母―娘」の家族の問題もあったはずです。

「汚れた皮膚病の犬」を抱く少女は、フサと梓がそうであったように、犬のそばにいることで新たな力を得ようとしています。「犬といることでわたしは変わる」(『犬身』)。それを『犬身』は「連帯」と呼んでいました。それは、性暴力からの回復のきっかけであると同時に、「父―母―娘」という家族的公理系への彼女と犬との「共闘」となるものだったはずです。


「精神分析的な犬」


このケースでは、犬との出会いが回復に大きな意味を持ちました。こうした「出会い」を意図的に導入し、医療の場で動物を用いるセラピーを「動物介在療法」と言います(よく使われる「アニマルセラピー」は和製英語で、「動物介在療法」と、動物とのふれあいを通じた生活の質の向上を目的とする「動物介在活動」を含む)。動物介在療法は一九七〇年代に欧米の専門家たちが本格的に始めました。そこには、動物との触れあいが人間の心身に及ぼす影響が科学的に確認されてきたという背景があります。

アニマルセラピーにあたる行為は古代からありますが、現代の「動物介在療法」は、アメリカの児童心理学者ボリス・M・レビンソンに始まるとされます。

レビンソンは最初は論文「ホームレスと住所不定の人たちの比較研究」で知られた研究者でしたが、やがてこどもの臨床心理に専念するようになります。一九五三年、彼の診療所に予約の数時間前、取り乱した親子が初回面接にやってきました。子どものジョニーは引きこもり状態で、親子を出迎えたレビンソンは母親と話し始めました。すると、たまたまその場にいたレビンソンの飼い犬のジングルスがジョニーのそばへ行って顔をなめ、彼はジングルスを抱き寄せました。ジョニーはジングルスと遊びながらしだいにレビンソンと会話するようになり、そこからレビンソンは治療に犬を使う効果を追究し始めます（レビンソン 2002　原書 1961）。

レビンソンは、精神分析学を創始したフロイトにちなんで「アニマルセラピーのフロイト」と言われています。一方、そのフロイト自身、興味深いことに精神分析のセッションに自分の飼い犬を同席させていました。

フロイトと犬の問題については、Todd Dufresne『Killing Freud: 20th-Century Culture And the Death of Psychoanalysis』（2003　未邦訳）が比較的詳しく触れています。それによると、一九二八年以降、フロイトの精神分析のセッションの多くに飼い犬が参加するようになりました。その中でも、ライオンのようなたてがみを持つチャウチャウの「ヨフィ」が特に知られています。

たとえば、犬恐怖症（！）でフロイトから「小さな犬男」と名づけられたデイヴィッド・ベッダウは、一九三三年の初のセッションでヨフィのうなり声に脅かされたのを始め、その後のセッションのほとんどをヨフィと同席しました。彼の夢にはヨフィがたびたび現われ、フロイトとの分析はヨフィについての内容に多くの時間が費やされるようになります。

また、ヨフィがいるとき、フロイトはセッションの終わりに時計を見ませんでした。終了時間が近づくと、ヨフィが立ち上がってあくびをするからです。精神分析家のラカンは規定時間にセッションを終える方法を否定し、突然セッションを終える「短時間セッション」（長時間になる場合もあるので「不確定時間セッション」と言うべき）を実践し、そのためにフロイトが設立した国際精神分析協会から厳しく批判されました。しかし、フロイト自身は「犬がセッションを終了させる」方法を実践していたのです。

さらに、ヨフィが訪問者を好きでない場合、その訪問者の性格には何か問題があると疑われることになりました。たとえば、フロイトの弟子のアーネスト・ジョーンズは、フロイト家で飼い犬のウォルフに激しく噛まれました。その場にいたフロイトはウォルフを叱りましたが、のちにフロイトが手紙で書いたように「それは心ならずのものでした。なぜなら、ジョーンズはそれに値したからです」（なお、ジョーンズはフロイトの最も忠実な弟子とされ、フロイトの死後に大著『フロイトの生涯』を書いた。その中に犬の話はほとんど出てこない）。

こうして、犬はフロイトの精神分析の中で「ワイルドカード」（予測のつかない存在）となりました。なによりも、犬の存在はフロイトの精神分析の中核である「転移」（過去、クライエントが特定の人物に対して持っていた感情や問題が分析家との間で反復されること）に複雑な問題を与えたのです。女性詩人のヒルダ・ドゥリトルはヨフィと精神分析を同席した一人ですが、その最初のセッションからヨフィが現われ、フロイトに「手を触れないで。噛みつくんだよ。知らない人には気むずかしいのでね」と警告されています。彼女があえて床にしゃがむと、ヨフィは彼女の手に鼻をすり寄せ、好意を示しました。その瞬間、彼女の精神分析はなかば成功を約束されたはずです。

セッション中、彼女は、フロイトに襲いかかるトラを想像し続けます。「自分の恐怖、心に潜む「野獣」が彼を食い殺すこともあろうし、そうかもしれないことを、私は恐れるのか？」（ドゥリトル 1983　原書 1956）。それに対し、フロイトは「私には守ってくれるものがいる」と、自身の足下にうずくまるヨフィを指さします。一方、ドゥリトルはセッション中にヨフィが歩き回るのにイライラし、「教授は、私の話よりもヨフィの方に興味をもっている」と不審に思います。こうして、ヨフィはフロイトとドゥリトルの転移関係で複雑な媒体役を務めました。

　セッションを突然終了させるヨフィ、夢に侵入するヨフィ、転移の媒体となるヨフィは、フロイトにとっても精神分析に予測のつかない展開を与えるものになりました。フロイトは患者にたびたび「ヨフィは精神分析的な犬だ」と言っていました。フロイトによれば、転移は人生で最も深刻な心的外傷の反復です。犬がいつももっとも傷ついているこどもに近づいていくように、ヨフィも精神分析の中核である「転移」に深く反応していたはずなのです。おそらく、それが「ヨフィは精神分析的な犬だ」という言葉の意味です（なお、デュフレーヌによれば、ラカンも犬を飼っており、転移を「犬の嗅ぎあい」に喩えています。ある種の「嗅覚」によって転移に入るということでしょう）。

　ドゥルーズ＆ガタリは「うちの猫」「うちの犬」について「精神分析にはこの種の動物しか理解できない。こうして、安心してその背後にパパやママや弟の像を見出していこうというのである」と言いました。しかし、フロイトにとって犬は、単なる「パパやママや弟の像」ではなく、精神分析を別のステージへと変革する「媒体」だった可能性があります。ある意味では、現代のアニマルセラピーは、その原型としてフロイトのヨフィを持っているのです[31]。

　しかし、ヨフィたち「精神分析的な犬」は、その祖型を別の動物に持っていたはずです。

犬・馬・狼（Ⅱ）

動物とこどもの関わりについて、ヴィッキー・ハーンがいくつかの事例を挙げています。ジョーイという、それまで一言もしゃべったことがない自閉症と診断された一一歳の少年がいました。ジョーイのセラピストはシェパード犬を飼っていましたが、その犬にジョーイは関心を示します。セラピストはジョーイのためにシェパード犬を手に入れ、ふたりは犬の訓練士ディック・ケーラーのクラスに出席するようになりました。

（31）「興味深いことに、西洋ではほとんどの精神系診療所で猫を飼っている。精神科の医師達はなんの研究もなしに、猫がうつ症状の人々、つまり臨床的うつ病患者の助けになると心得ているのである」（デニス・C・ターナー「動物介在療法（アニマル・アシスティッド・セラピー）に関する国際基準と質管理」一ノ瀬正樹・新島典子編、2011所収）

犬が人間の心的外傷に反応するとすれば、猫はクライエントと分析家の間の「空気」に反応するのかもしれない。

「筆者の知り合いのユング派分析家は、自宅開業していることもあって、飼っている猫がしばしば面接室に侵入するらしい。（…）あるクライエントは、強い依存欲求を持っていたけれども、それをあまり自覚していなかった。あるときにそのクライエントが話していると、猫はセラピストに体をいつになくすり寄せてきて、撫でてもらうことを求めた。そのセラピストによれば、猫はクライエントに代わって表現してくれたのである。また別のクライエントは、なかなか嫌悪感に気づいたり、表明したりできない人であった。あるときにそのクライエントが本来拒否感を覚えるはずのところで平気に語り続けていた。すると部屋にいた猫が突然に、何かを嘔吐した。それを見てセラピストは、この猫が嘔吐したことにふれつつ、クライエントが嫌悪感を感じているのではないかと話題にすることができた。（…）猫はセラピストの動物的なセンサーになっている。」（河合俊雄・「imago 総特集『猫！』」2016）

クラスの三週目、ジョーイは初めて言葉をしゃべりました。犬に向かって「ジェーソン、アトへ！」「ジェーソン、スワレ！」と命令したのです。続いて、「ジェーソン、おまえ最高のイヌだよ」「聞こえたかい？　ケーラーさんが、おまえはすごいイヌだって言ってるよ！」と話すようになります。一三週間たつと、彼は生まれてはじめて人間に向かって話しかけます。「ケーラーさん、ジェーソンがぼくの靴下を咬んだんだ。どうしたらいい？」。このときから、ジョーイはセラピストと会話をするようになりました。

しかし、それは彼の家庭で深刻な変化を引き起こしました。彼がふつうに歩き、「イヌが飛び越えるハードルがほしいんだ。あれがあれば、もっとむずかしい訓練ができるんだけどなあ」などと話し始めると、彼の家庭はもめ始めたのです。「ジョーイの両親は、ディック（訓練士）とジェーソン（犬）が子どもの症状をひどく悪化させたと言いだした。ジョーイは訓練のクラスをやめさせられ、セラピストからもひき離された。ジョーイはしゃべらなくなった」。一年ほどあと、「ジョーイは、自分の頭を力まかせにたたきわろうとしたために入院させられ、薬づけにされ、自由に動けないようにいつも拘束されているという話だった」（ハーン 1992　原書 1986）

また、ヴィッキー・ハーンのもとに、ある少年が乗馬の訓練にやって来ました。彼は、最初は「ありとあらゆる分裂症（統合失調症）患者によくみられる行動を示していた」。ハーンが彼をレッスン用の馬の背に乗せると、馬は常歩か速歩で動きまわりました。そして、馬が低い柵を飛び越えるようになると、彼の様子は変わっていきました。「体のバランスをきちんと保てるようになり、動作と言葉がぴったり調和していた。そのときの彼は、それまでとはまったくちがっていた。すばらしく完全で誇り高い、挑戦的で栄光に満ちた若者だった」。

ハーンが彼を家まで送っていくと、彼は上気して里親に話し始めます。「今日、ウマに乗ったんだよ、大きくて強くてすごいウマなんだ。それでね、ぼく、ジャンプさせたんだよ！」。「そのとき私はおやっと思った。里親が眉をひそめてそっけなく、疲れているにちがいないから昼寝をしたほうがいい、と少年に言ったからだ。すると少年は素直に「疲れた」ようなようす――つまり分裂症的患者によくみられる、反応の鈍いだるそうなようすを示しはじめたのだ」。

その晩、乗馬のレッスンを止めさせようとした里親と少年は口げんかになり、少年は里親に殴られて救急車で病院へ運ばれました。「人に聞けば、少年の里親は世界中でもっともやさしく、もっとも理解ある人だと言うだろう。少年がいろいろと問題のある行動をしても、彼はけっして罰したりしなかったし、きわめて寛容で忍耐強い人だった」。

ここでは、こどもと動物との関係が家族関係を悪化させています。「世界中でもっともやさしく、もっとも理解ある」里親でさえ、こどもと動物との新たな関係を認めることができません。それが、彼らが生きている「家族的公理系」にはありえない出来事だからです。この親たちは、動物との関わりが「子どもの症状をひどく悪化させた」と言うのですが、その「病気」は彼らの家族的公理系によって強められていたのではないかと疑わざるをえません。

ヴィッキー・ハーンは、この二つのケースを知人の精神科医に話しました。すると、医師は「私はずっと以前に気づいたんだがね、その子を最後まできちんと守ることができないのなら、とくに、家族といっしょに暮らしている子どもを扱う場合は、あんまり余計な手を出しすぎてその一家の共同生活を脅かしちゃいけないんだ」と言いました。

それは、いわば現状維持を優先する「安全策」です。しかし、その子を「きちんと守ることが」できるなら、むしろその「一家の共同生活を脅か」すべきなのかもしれません。言い換えれば、少年と動物の「連帯」を支援し、この「家族的公理系」を動物を含む別の「社会的公理系」

に置き換えていくべきかもしれません。そこにいる動物は、ドゥルーズ&ガタリの言う「飼い慣らされた、家族的、感傷的な動物」でもなく、家族に負わされた過重負担を乗り切るための「家族以上に家族らしい」ペットでもなく、いわば家族を相対化し、より広い社会へと開く存在となっています。そこでの動物は、「家族の一員」ではなく「家族」を開く「社会の一員」なのです。

動物との出会いが家族の公理系を脅かす一方、家族を再生させる場合もあります。

ある日、イギリスの野生動物センターのオオカミの柵の前に一人の男が車椅子に乗せた男の子とともに現われました。少年は重度の身体障がい者で、身動き一つせず無言で座っていました。父親によると、少年は「今まで言葉を話したことがありませんし、どんなことにも全然反応したことがないのです」。それでも、父親はこどもをオオカミに会わせようとしたのです。

オオカミを担当していたショーン・エリスは、子オオカミのザーネスティをしっかりと摑み、少年の車椅子のトレーの上におろしました。「子オオカミが少年を見た瞬間にそいつはぴたりと動かなくなった。ザーネスティが少年の目を覗《のぞ》き込むと、両者が互いをじっと見つめた。(…)数瞬間後、子オオカミはまだ少年の目を覗き込みながら、体を前に乗り出し、少年の顔を舐《な》め始めた」。「その光景は衝撃的だった。少年を見ると、彼の右目から一筋の涙が湧《わ》き出で、それから頰《ほお》を静かに流れ落ちるのが見えた。こんなことは今まで起きたことはないはずだと思い、父親のほうに目を向けると、この大柄で屈強な行動力のあるスコットランド男は、目の前に繰り広げられているシーンを目撃しながら、頰から涙を流していた。子オオカミは、あっという間に、この一四年間人間がどんなに苦労してもなしえなかった形で、少年の心を揺さぶったのだ[32]」(エリス&ジューノ 2012　原書 2009)。

この時、こどもとオオカミの間に、他の人の目にはわからない「何か」が起こっています。子オオカミと少年が互いをじっと見つめ、少年の顔を舐め始めたことは、皮膚病の犬が性暴力に遭った少女に抱かれるにまかせたことを思い出させます。おそらくその皮膚病の犬のように、子オオカミは少年の中の「痛み」を感じとり、「不思議、こんな汚い犬を抱いて咳出ないなんて！」と少女が言うように、少年にそれまでありえなかった「不思議」な変化を与えたのです。

ショーン・エリス自身、青年時代に動物園のオオカミと出会った経験をこう書いています。「美しいクリーム色の毛をして、山吹色の可愛らしい目をしたオスですぐに私と目が合ったのがいた。私たちは互いを見つめあったが、その何秒間かの間に彼は私の魂に触れたと感じた。この崇高な動物は私のことを全て理解し、私の秘密を知っており、私の心の底の思いや恐れを読むことができ、あらゆる傷や痛みを見通しているかのように思った。彼は私のそんな傷を癒《い》やし私を再び回復させてくれる力があると感じた」「あのオオカミが私の魂の中を覗き込み、子ども時代の私に染みついていた悲しみを見抜いたのだ」。

(32) これと似た例が、静岡県立こども病院で報告されている。
「その子は元気なスポーツ少年だったのだが、突然の高熱の後、寝たきりになってしまった。検査上は外界の刺激には反応していないと言われたそうだ。その子を訪問した時のこと、多くの時間を眠って過ごしているその子が、ベイリー（病院の常勤セラピードッグ）に会いに来た時には目をぱっちり開けたのだ。しかも、緊張が強く、普段は上がらない腕が、ベイリーに触らせながら上に上げると、万歳ができるのではないかという程高く上がり、家族や医療スタッフを驚かせた。その後もベイリーに会う時にはいつもそうであった。／母親は、「これまでたくさんの薬を試してきたけど、薬だけが治療じゃないって分かった。」と涙を流していた。身体の揺れが治まらない時、ベイリーが腕を舐めた途端に止まったこともあった。彼にもきっと、「何か」が伝わったのだろう」（森田優子「静岡県立こども病院での活動の紹介」熊坂監修 2012所収）。

エリスは「それが何であれ、それが生涯続く契約の始まりだった」と言います。おそらく、このエリスと同じように、車椅子の少年も「オオカミが私の魂の中を覗き込」んだと感じたのです。エリスは、オオカミが「傷を癒やし私を再び回復させてくれる力があると感じた」と言います。これは、ほとんどオオカミによる「精神分析」です。かつて、数百年前か数万年前には、こうしたオオカミと人間の出会いはたびたび起こっていたのかもしれません。ある意味では、現代のさまざまな心理療法やアニマルセラピーは、失われてしまった動物たちとの関わりの代替作業にすぎないのかもしれません。そして、フロイトとヨフィのセッションは、原型であるオオカミによる精神分析への回帰を意味するのかもしれません。

動物園でのオオカミとの出会いのあと、エリスは単身ロッキー山脈の森に入り、野生のオオカミの群れに仲間として迎え入れられ、二年間をともに過ごします。彼は「そこは人間世界より安全で、規律正しかったので、私はそこへの所属意識のほうが強かった」と言います。彼は、オオカミの持つ力を現代の人間社会に伝える活動を始めることになります。

「その昔、オオカミと人間は共生しており、互いに尊敬し互いの生き方から学んでいた。残念なことだが、そんな時代は過ぎさり、私たちはそれだけ貧しくなった」(エリス&ジューノ 同前)。

エリスが言うオオカミと人間の「共生」は、「家畜」でも「ペット」でもない動物と人間との関係を示しています。世界各地の神話や民話は、人間と野生動物がさまざまな形で関わり合い、それによって人間の運命が大きく変わるようすをたびたび描いています(現代でも、「なめとこ山の熊」などいくつかの物語は、そうした動物と人間の関わり合いを描いていると言えます)。しかし、現在のわたしたちはそうした出会いをほとんど失ってしまいました。

しかし、こうした人間と動物の出会いは、時として思いがけない形で現代に反復されることがあります。

オオカミと自傷行為の少女（Ⅰ）

動物と特異な出会いをした一つの例として、自傷行為と強迫性障害に長年憑かれた少女が挙げられます。

彼女は小学生の頃、ガラスびんの破片でかかとを切ります。医師がその傷を縫合したとき、彼女はその「甘美な苦痛はほかのなにものよりも私に生を実感させ」たと言います。その痛みは「私をひとつの場所、ひとつの時間のなかに刻み込んだ」。それ以後、彼女は自傷行為を繰り返します。砂利道で転んでひざに裂傷した肉が見えると、彼女は痛みを強めるために傷に息を吹きかけます。「私はこういった傷を愛し始めた」。彼女は、治りきらないかさぶたをはがし続け、自ら傷を作り出します。

こうした自傷行為は、日本では一九九〇年代後半から「リストカット」などの形で急激に増えてきました。リストカッターが言うように「皮膚を切って心の痛みを見える傷に変えている。心の痛みは耐えられないけど、身体の痛みならば耐えられるから……」（松本 2009）。そして、自傷行為はその根本的な「心の痛み」を解決できない限り、しだいにアディクション（依存）化していく傾向があります。

彼女の場合、自傷行為は対称性への強迫と結びつきました。「思い出せるかぎりの昔から、私にとって、身のまわりはつねに対称的でなければならなかった。だから右手に切り傷を作るとすぐに、左手もわざと切った。一本の指の爪に逆むけができると、それを肉が出るまで引っぱり、そのあと反対側の指に攻撃をしかけた。ぜひ骨折をしてみたかった」。

こうした自傷行為は、彼女にとって「生を実感」するために必要でした。彼女は、自分と世界との明確な結びつきを感じることができませんでした。しかし、皮膚、つまり自己の外界と内部の「境界」につけられた傷は、その痛みによって彼女を「ひとつの場所、ひとつの時間のなかに刻み込」みます。彼女にとって、自己の存在の根拠（生と死）を世界のどこに位置づけるかということが問題だったのです。

彼女の自傷行為は一三歳のころに消失しましたが、対称性への強迫的なこだわりは成人後も続きました。「勉強机の上では、本の両側に同じ数の鉛筆がなければならず、本はノートのまわりに同じ距離をとって並べられなければならなかった」「片方の靴ひもが反対側ときっちり同じになるまで結んではほどきを繰り返したり、初めに結んだのとまったく同じ結び目を一回で確実に作る方法を探したりして、何時間でも過ごせた」「色とサイズを組み合わせ、素材とカットを一致させようと、衣類の山を整理しなおして、クロゼットで何時間も過ごした」。

このような強迫症状は、彼女の日常生活を大きく阻害するようになります。ホテルに泊まったときは、メイドが配置を動かしてしまうため、部屋に戻ると明かりをつけず暗闇のなか、手探りで灰皿、紙ばさみ、タオル、ベッドルーム、バスルーム、タオル、洗面台の上の化粧道具を並べなおして過ごしました。どんなに疲れていても、一時間はそうしなければ眠れなかったといいます。最後には、セーターを正確に折りたたむのに一時間以上かかるようになりました。

こうした強迫症状は、彼女自身が言うように「より根本的な渇望」、つまり「人間世界と天地万有における自分の内面すべての平衡」を求めるところから来ていました。「私は自分の重心、ひとりひとりの人間に属し、すべての苦痛とすべての欲求不満の外に、自分の場所を規定するあの正確な点――自己実現の場所――を探していた」。彼女はそれを、家庭や学校や性愛関係に見いだすことができませんでした。そのため、「生の実感」「内面すべての平衡」の代替行為として、自傷と対称への強迫行為を繰り返すほかなかったのです。

しかし、オオカミとの出会いによって彼女の生は一変します。

オオカミと自傷行為の少女（Ⅱ）

狼は柔らかな足どりで、私のほうにもどってきた。私は両腕をだらりと垂らしていた。狼は私の左手に近づき、そのにおいを嗅いだ。私はただ指だけをのばし、すると狼は自分のほうから私の手のひらに、頭を、そのあと肩をこすりつけた。その瞬間、私は電光のような火花を感じた。全身に電流が走る。特異な接触感が私の腕全体、私の胸を照らし、私を優しさで満たした。優しさだけ？　そう、優しさのもつもっとも絶対的なもの、私のなかに神秘的な歌、見知らぬ原初の力の呼び声を湧きあがらせるもの。同時に、雌狼は緊張をといたように見え、あお向けになって横たわると、私にお腹を見せた。

狼が私の手に触れたときから、デニスは話すのをやめていた。その目は雌狼をじっと見つめ、唖然としているように見えた。狼が寝そべったとき、デニスはつぶやいた。

「こんなのは初めて見た」

「初めて？」

「こんなふうに寝そべるのを見たのは初めてだ。これは狼の側からの信じられないようなサインだ。感謝と信頼のサイン、服従のサインでさえある。狼はほんとうに人間を嫌う。安全と感じなければ、こんなふうに腹を見せたりはしない。私相手でも、こんな行動は一度もとったことがない……」

（グリモー 2004 原書 2003）

ピアニスト、エレーヌ・グリモーはフロリダ滞在中、ベトナム帰還兵のデニスと出会います。彼はメスのオオカミ、アラワと暮らしていました。最初の接触の日、アラワはこのように彼女の前で横たわって腹を見せました。

デニスはそれを「狼の側からの信じられないようなサイン」と言います。おそらく、アラワはそのとき、彼女の「魂の中を覗き込み、子ども時代の私に染みついていた悲しみを見抜いた」はずなのです。エリスが出会ったオオカミのように、アラワはグリモーが「自傷」や「強迫行為」でしか表わすことのできなかった「痛み」を感じとったのです。

彼女はアラワに会いに行くようになりました。「私たちはすぐに理解し合い、意志を通じあわせるようになった。私が目をぱちぱちさせたり、手を動かすだけで、アラワは理解し、そこにいて、もう私のそばを離れない。（…）私たちの愛情、たがいの信頼は完全であり、絶対だった。デニスはそれに感嘆し続けた。通常、雌狼と絆を結ぶのはとくに珍しく、自分で育ててあげたのでないかぎり、ほとんど不可能だ。私とアラワとが自然に理解し合ったことは、説明ができないままだった」。

やがて、彼女は大学で動物生態学を学び始め、一九九九年にニューヨーク・ウルフ・センターを設立し、野生オオカミの保護活動に取り組みます。彼女はピアニストと同時にオオカミ保護活動家として知られるようになりました。

「いま、私はすばらしく満ち足りている。なぜならば自分のバランスを見つけたのだから。私は子どものころ、自分のからだに傷をつけさせた対称の問題を解決した。私は狼つまりもっとも野生的な自然と、もっとも洗練された音楽のあいだの――天と地とのあいだのこの秘密の、個人的な、内奥にある接点を見つけた。私は絶えざる感謝の状態にいる。私をさいなむ唯一の疑問は、この状態を他の人びとの手に返すには、他の人びとにふたたびあたえるにはどうすればいいかということだ。それには私の責任がかかっている。ひとつの使命をもつというこの感覚は、一九九七年にサウス・セーラムに腰を落ち着け、狼たちがきて以来、だんだんと大きくなっていった。狼たちは世界と私を結ぶ絆を形作った。」（グリモー 同前）

彼女のこうした言葉は、ほとんど天啓を受けた「預言者」を思わせます。確かに、彼女はオオカミから「ひとつの使命」を預けられました。「世界と私を結ぶ絆」は、かつての「自傷と強迫行為」から、「音楽とオオカミが「わたし」という存在を作り上げている」（グリモー 2018 原書 2005）と言うように、「音楽とオオカミ」へと変わったのです。グリモーは自傷行為を「世界と私を結ぶ絆」を求めて行ないましたが、それをオオカミとの「共生」によって、いわばより高い次元で回復したのです。それは、ドゥルーズ&ガタリの言い方では「退行」から「逆行」への移行です。

ここで、オオカミは痛みや苦しみを抱える人間のそばに現われ、その傷を癒そうとします。アラワはグリモーの前であお向けになって「感謝と信頼のサイン」を示し、子オオカミのザーネスティは障害を持つ少年の顔を舐め、オオカミの末裔である犬は「いつでももっとも傷ついている子を探し出して近づ」きます。このとき、オオカミや犬たちは、心の傷に苦しむ人間に近づき、いわば「自分の方から隣人になった」のです。

「私は絶えざる感謝の状態にいる」とグリモーは言います。それは確かに、ほとんどの人が体験することのできない幸運な出来事でした。しかし、動物が苦難にある人間のそばに現われて助けをもたらす出来事は、神話や昔話、児童文学で繰り返し描かれています（『長靴をはいた猫』、宮澤賢治の『セロ弾きのゴーシュ』、大国主命を道案内する『古事記』のねずみ、招き猫、グリムの『白蛇』……）。それは、おそらく単に人間の都合のいい空想ではありません。それは人類の歴史の中でかつてあり、今も繰り返し起こっている出会いを伝えているのかもしれません。

しかし、現在のわたしたちは、そうした動物たちの存在をほとんど忘れ、動物を「ペット」や食べるだけの「家畜」として扱うだけになってしまいました。それでも、わたしたちはこどもたちに、日常で出会うことのないクマやゾウやウサギ、ブタやオオカミやウマのぬいぐるみを贈り、多くの動物たちが活躍する絵本や物語を繰り返し読んで聞かせています。それは、あるいは、過去にあった人間と動物の出会いの意義を、新たにこの世界にやってきたこどもたちに伝えようとする、わたしたちの種としての「記憶」あるいは本能なのかもしれません。

しかし、わたしたちはぬいぐるみや絵本だけでなく、本当の動物との出会いをどこかで必要としています。エリスと同様にグリモーも、多くの人間とオオカミを出会わせるという「使命」を強く自覚することになります。

「私が受け取るもっとも美しい報酬は、私が子どもたちを自分自身の一部——狼である一部——と触れあわせたとき、子どもたちが見せる歓びだ。（…）海の底の貝のように、子どもたちのなかに横たわっている唯一無二の魂、暖かい土のなかでまだみずみずしい種、世界が乾かしてしまう前の種だ。世界はその種を乾かし、種とともに美しい腐植土を乾かし、それを不毛の砂、人がまさしくそれを使って時を測る砂に変えてしまう」。

彼女の言う「みずみずしい種」は、わたしたちの世界の中では不毛な「時を測る砂」へ変化してしまいます。それに対して、彼女はオオカミとともに、人間と動物が互いに力を与え合う場を創り出そうとし続けます。

これは彼女にとって、「自分自身の一部——狼である一部」を発見し、ドゥルーズ&ガタリの言う「狼—人間など、考えうるかぎりの動物性を身につけた人間」となっていく「動物に〈なる〉」ことであり、彼女とオオカミとの世界に対する「共闘」だったのです。

Ⅳ　日本現代文学と猫

エリスやグリモーの体験したオオカミとの出会いは異例な出来事です。それは、とりわけ野生オオカミを絶滅させてしまった日本のわたしたちにとって、身近に感じることが難しい出会いでもあります。

しかし、ドゥルーズ&ガタリが言うように「すべての動物を三様にあつかうことができ」るとすれば、わたしたちに身近な犬や猫も「多様体や生成変化や個体群やコント〔奇譚〕を作りだす動物」になりえます。犬の場合、松浦理英子の『犬身』がその一つの例でした。そして、猫については、笙野頼子と木村友祐《ゆうすけ》のいくつかの小説が挙げられます。

「竜の箪笥を、詩になさ・いなくに」――笙野頼子

笙野頼子は猫をテーマとしたエッセイを何冊か書き、小説でも猫について描き続けている作家です。彼女は坂東眞砂子の「子猫殺し」事件について繰り返し言及していました。「私は、何か書くとしたら小説の形でやるしかないので、小説を二つ書いた」(日本文藝家協会二〇〇六年一一月理事・評議員合同会議事録『文藝家協會ニュース』No.663)。この小説二つは、「竜の箪笥を、詩になさ・いなくに」(『新潮』二〇〇六年一二月号)と『おはよう、水晶――おやすみ、水晶』(2008)を指します。ここでは、この二つの小説を中心に取り上げます。

笙野頼子は野良出身の飼い猫「ドーラ」と東京都のマンションに住んでいました。そのマンションのゴミ置き場に猫が捨てられ始め、野良猫八匹が住むようになります。笙野頼子は猫たちの世話を始め、四匹を里子に出し、五匹に避妊・去勢手術を行ないますが、三匹の里親が見つかりません。彼女はその三匹を引き取ることに決め、千葉県の一軒家に引っ越します。

「私は決して猫が好きなのではない。猫を飼うのも下手だ。ただ、友達になった相手がたまたま猫だった。その友を出来れば裏切りたくなかったのだ。／これ以上猫を拾う気は一切ない。そんな事をしたら今の猫たちも私も破滅してしまう」（笙野『愛別外猫雑記』2001 強調省略）。

笙野頼子の文章には、「自分がいなければ猫は生きていけない」そして「猫がいなければ自分は生きていけない」という切迫感が漲っており、それが数多い「猫好きの小説・エッセイ」と異なる強い緊張をもたらしています。

彼女のもとには、「猫に使う金を外国の飢えた子に」「猫虐待に拍手を」といった内容の手紙が送りつけられます。それに対し、彼女は「ただマスコミの言う事を都合良い時だけ「正義」として出してくるだけではないのだろうか」「会った事もない他人の飢えや悲しみに対する想像力は猫を媒介にして獲得したものだ。昔の、猫のいない私だったら、ドーラ一匹のためにでも戦う事を知らない私ならば、「そこまではできない」とか言ってなにもしなかっただろう」と言います。

猫たちとこうして暮らす中、坂東眞砂子の「子猫殺し」事件が起こったのです。

「竜の箪笥を、詩になさ・いなくに」は「夢の中で、家を絶やしたと責められていた」という文章で始まります。「私が親戚の家に養女に行かなかったせいで、子供のないままに墓が絶えたのだ」。「私」は陪審員裁判（裁判員制度は二〇〇九年から）の被告となり、紙袋をかぶった陪審員たちから責めたてられます。

――ひとつ、子供を生まぬことで、夫となるべき人の子供を絶やした！

――ふたつ、養女に行かぬという抵抗をする事で、家中をしらけさせ、母親のストレスの種になった、母親を早死にさせ、家を荒廃させた。

――みっつ、養女に行ってその家の子供をうまぬ事で、親戚の墓を無縁墓にし、その家を絶やした。(…)

――おんなはぁ、おかあさんにぃ、ならなかん(…)

――生まれたから・死になさい

(笙野 2006)

責められる悪夢の中、彼女は「竜の幻」をひたすら思い続けます。「雷が鳴ると、家名を絶やした猫と私の家庭に、竜が生まれる。大きい美学には稲光を大きく受けてくねる、家一杯の影のような大きな竜が、そして小さい詩の言葉はダシジャコのような、柔らかいトカゲの子のような小さい竜を生む」。そして、彼女は「生まれたから・死になさい」という責め言葉を「生まれ宝・詩になさい」という呪文へ変換します。「呪文はよく効いた。だっ、と紙袋が引いていた。私は彼らの中心に立って、いきなり家とも子供とも関係のない事を語り始めていた。夢の中で、私の竜について」。その中で、坂東眞砂子への批判が語られます。

そもそも最初の問題に戻るならば、この子猫虐殺の主語はまさに「猫を飼うことを選んだ人、猫を飼う存在として特別視した人」という事ですよ。だったらその主語は「猫飼い」、動詞は「ペットとして飼う」、目的語は「猫、その他愛玩動物」ですよ。なのにそこでどうして「食べる」とか「駆除する」という別の動詞が入って来てしまうのか。それはこの猫投げ作家に主体がないからです。猫をえらんで飼う私と、そうでない大勢の「皆様」というものに区別がない。

（笙野 2006）

彼女は、猫を「ペットとして飼う」立場を選んだ坂東眞砂子がその子猫を虐殺すること、そして、猫殺しを正当化するため「肉食」などを持ち出すことを、ペットと家畜を一般化して話をすり替えるものとして激しく批判します。

「竜の簞笥を、詩になさ・いなくに」は、「家」制度と「子猫殺し」に対抗するため、そのタイトルにあるように「詩」と「竜」、いわば「文学」と「霊獣」を呼び起こしています。この闘いは、『おはよう、水晶——おやすみ、水晶』ではるかに拡大された形で行なわれることになります。

『おはよう、水晶——おやすみ、水晶』

私は何かと辛い目に会うことが多かった。世界の経済が或いは近代以後の世界が、なくしてしまいたい、叩きつぶしたい、そんなポイントに生まれ、育った。性交せず、不快な事からも目を背けず、それ故狂人だといわれかねない中で、国家の嫌がる事を小説にした。

（笙野 2008）

『おはよう、水晶――おやすみ、水晶』の「私」は、千葉県で猫たちと暮らす小説家として描かれます。「生まれて半世紀、どうやっても恋愛に向いていない」という「私」は、「猫という種族にもこだわりを持っていない。友達になり、やがて家族になってしまった存在がたまたま猫だった」と言います。

「竜の箪笥を、詩になさ・いなくに」の「私」は養女に行かず「家を絶やした」と責められましたが、『おはよう、水晶――おやすみ、水晶』では、その養女話には「祖母と母は仲悪いくせに、どちらも叔母を下位に置くことで安心し」ていた背景があったことも語られます。その母もガンで亡くなりますが、母の介護で一〇キログラム痩せた「私」は、親戚から「あんたのせいでお母さんは死んだ」と理不尽に責められます。

こうした親族との摩擦の一方、「私」は自身の存在と文学を守るため、評論家との激しい論争や文芸誌編集者との衝突を余儀なくされています。そんな中、「去年の十一月、選考委員をしている新人賞の授賞式の講評で、私は近代文学の流れに触れる必要上から、この子猫事件作家の発言を批判してしまっていた。するとなんと、彼女とパートナーはその、文明国日本の会場に来ていたのだ。壇上を下りた時それに気付いた。自分の言った言葉がずっと残ってしまう事と、それが後々損をする原因になるという事は判っていた。でも覚悟していた」という出来事も語られます。

小説は、「私」が「翼のある卵、翼のある男」を見ることから新たな段階に入ります。「翼のある卵の幻を見た。フォイエルバッハの本の中にある原始キリスト教の愛にも似た、愛の世界の先触れとして彼はやって来た。但し不安定な形で。それがヒトトンボだったのだ」。この

「ヒトトンボ」との出会いから、「私」には「失われた言葉が次々と下り」始めます。

　鳥ではなく昆虫、女ではなく男、男の名前はろむる、種族は、――。
ヒトトンボ、（…）体長は二十センチ。（…）古霊類、と呼ばれる独特の発達をした水辺の昆虫の仲間。雄雌があり、姿は人に似る。体毛は濃く、翼は鳥のよう、髪は人魚のよう、目は水晶のよう、心は非情であるのに、ひとなつこく、表情豊かである。

　ヒトトンボの「髪の毛は水晶」「体には翼が生えていた」という姿は、神話上の生物を思わせます。ヒトトンボは「私」の前に克明に現われ、その生に大きな影響を与えていきます。

　空想上の彼は記憶の形になって次第に私を浸食するようになった。同時に私の心身は成長していった。危険な「狂気」に救われ、私は強いストレスの中戦い続けた。

　ヒトトンボは、「傷」を「思い出」に変えていくことで「私」に外界と戦う力を与えています。「彼は私の一番苦しかった時を消し去り、そこに思い出を置いていく生物らしい。というより彼自身が作りだした記憶の空白の中にいすわってしまう。水晶の傷が虹になるように」。血族、文壇、猫たちについて衝突し続けた「私」の深い傷が、それによって別の形の「思い出」へ変化していくのです。

「竜の箪笥を、詩になさ・いなくに」で「霊獣」である竜が現われたように、『おはよう、水晶――おやすみ、水晶』ではヒトトンボが「霊虫」として語られます。

霊虫ってチベットの方ではいうらしい。そんな尊い虫が天国にいるのだって。地上ではそれは宝珠になっているって。ヒトトンボは人とそっくりで、音楽は判るけど、それでもやっぱり人間ではない。

ここで言われる「天国にいる」「人とそっくり」そして「翼は鳥のよう」は、「虫」というより、ほとんど「天使」を思わせます。事実、「私」はこのように言います。「ろむる、それは辛い記憶を私の代わりに預かってくれておいて、退治出来る時になったらすっと返してくれる「妖精」である。また、微細な良い記憶を集積出来るように一気にその構造を手渡してくれる「天使」である。それで私を我に返らせ生きる力を与えてくれる存在である」。

このヒトトンボは「天使」でしょうか。カッチャーリは「動物の眼差しは（…）天使たちのように、空間の断片化と時間の継起から自由である」と言います。事実、ヒトトンボと猫とともにある「私」は、次第に空間と時間の制約から自由になっていきます。それは、地球の時空を離れた「宇宙船」という比喩によって語られます。

希望に満ちた星へ向かう、宇宙船の中で猫とだけいるようだ。この宇宙は思考で出来ていて一秒と一年は同じ位。星の中で蜜月。これは奇跡なんだ。この子は生きている。宇宙猫の幸福だ。星から見た私達は多分幸福過ぎる。猫が死に、私が死んでも、彼方から見たこの場所だけは残っている。

千葉県の一軒家は「宇宙」へつながり、「一秒と一年は同じ」になります。「私」は「私達は多分幸福過ぎる」と言います。それは、エレーヌ・グリモーが言う「絶えざる感謝の状態」をも思い出させます。グリモーがオオカミと音楽という両極によって「自分のバランスを見つけた」ように、「私」は猫と文学によって、自己と世界を結びつける「すべての均衡」を見いだしたのです。

「私」は「朝起きて見る顔が全部猫の顔。それが嬉しい。毎日、当たり前の事なのに」と言います。猫、そしてヒトトンボと出会った彼女にとって、「毎日、当たり前の事」が時空を超えた奇跡となりつつあるのです。

二一世紀の「闘争するフェリシテ」

ある意味では、『おはよう、水晶――おやすみ、水晶』は、一三〇年後に新たな形で現われた「純な心」とも言えます。

「純な心」のフェリシテは、報われなかった恋愛関係、海で死んだ甥との親族関係、勤め先のこどもたちとの親子のような関係、そして見知らぬ亡命者や病人との関係へとその愛情を捧げ、ついにオウムのルルと出会います。フェリシテは『おはよう、水晶――おやすみ、水晶』の「私」とはまったく異なる存在ですが、やはり「生まれて半世紀、どうやっても恋愛に向いていない」人物で、「友達になり、やがて家族になってしまった存在がたまたま」オウムだったはずです。

フェリシテは、「マタイ福音書」二五章でイエスが言う行為を、見捨てられていたコルミッシュに行ないました。「私は飢えたが、あなた達は私に食べさせてくれた。私は渇いたが、あなた達は私に飲ませてくれた。私はよそ者であったが、あなた達は私を迎え入れ、裸であったが、着せ、弱っていたが、世話をし」てくれた。そして、それは『おはよう、水晶――おやすみ、水晶』や『愛別外猫雑記』の「私」が捨てられた猫に行なった行為とほぼ重なります。イエスは「これらの最も小さい者たちの一人に対してなしたのは、私に対してなしたのと同じことである」（田川訳「マタイ福音書」）と言いますが、それに対応するように『愛別外猫雑記』の「私」は「会った事もない他人の飢えや悲しみに対する想像力は猫を媒介にして獲得したものだ」と言うのです。

『おはよう、水晶――おやすみ、水晶』の「私」は「朝起きて見る顔が全部猫の顔。それが嬉しい」と言い、「純な心」は「毎朝、目が覚めると、フェリシテは明け方の淡い光のなかにルルの姿を見た。そして過ぎ去った日々のことや、なんの意味もないしぐさが、いちいち事細かに、苦しみを感じることもなく、ごく安らかな気持で思い出された」と言います。この記憶と体験の浄化は「水晶の傷が虹になる」という表現を思い出させます。ルルとヒトトンボはともに「私の一番苦しかった時を消し去り、そこに思い出を置いていく」のです。

フェリシテは死の間際、「なかば開かれた天空に見たように思った、頭上を舞う一羽の巨大なオウムの姿を」。もしフェリシテが二一世紀にいたら、彼女は「希望に満ちた星へ向かう、宇宙船の中でオウムとだけいるようだ。これは奇跡なんだ」と言ったかもしれません。さまざまな人間との関係で傷ついた彼女は、最後にオウムとともに天空＝宇宙へと「解放」されるのです。

牛と闘い、こどもたちを救ったフェリシテは、「この出来事は、長年の間、ポン＝レヴェックの語りぐさとなった」と語られる「英雄」でした。フェリシテが襲いかかる牛と英雄的に闘うように、「私」は血族、文壇、そして国家の抑圧と必死に闘い続けます。『おはよう、水晶――おやすみ、水晶』の「私」は「世界と闘争するフェリシテ」と言えるかもしれません。フェリシテが周囲の人たちから「この人はもう頭がどうにかなっちまってるんだよ」と言われるように、「私」は「狂人だといわれかねない中」「世界の経済」と「国家の嫌がる事を小説にし」て闘い続けようとするのです（なお、フロベールは『純な心』について「それは、ある意味では私自身の物語なのです」と語っていました）。

小説の最後に至って、「私」は「千のプラトーをやってみようと思う」と言います。「千のプラトーはフロイト、ヘーゲルへの挑戦故にあの形式になったのかもしれないと思う。それはフレーム故に腐る世界への論争本だ。昔彼らの言う逃走線と脱領土は、かろやかに知と戯れる時代適応行為だと言われていた。しかし今の私にそれは亡命や出家などのリスクあるものにしか見えなかった。ならば千プラは所有の側からではなく捨てる事、覚悟の戦いから見た方がいいのか。」

彼女の言う小説における『千のプラトー』は、猫やヒトトンボの力を借りながら、資本、家族、「そしてすべての国家によって表現される世界的公理系に対して戦いを挑む」ものとなるはずです。それは、「亡命、出家」と言うように、国家や家族から離れ、そこから動物たちとともに新たな社会と文学の公理系を生み出す「創造」となるはずです。

笙野頼子がその後に書いた小説の中で、『千のプラトー』にあたる作品の一つは『さあ、文学で戦争を止めよう　猫キッチン荒神』（笙野 2017）です。「さあ只今から、文学でＴＰＰを止めてみせましょう。そうすれば糞戦争内閣も少しはびびりますぜ」と語るこの作品は、日本政府による戦争への加担、ＴＰＰを始めとする新自由主義貿易、そして自身の血族に対する分析と抵抗を力を尽くして行なっています。そこで描かれる闘いは苛烈ですが、しかしこの作品でもっとも感動的なのは、「私」が二〇年以上を経て、かつての飼い猫ドーラの呼び声を「再翻訳」する場面かもしれません。

「それは運命の日、一九九四年一月七日、翌日は雪に決まっている上鷺宮の公園にて、猫は厳寒にも体に四種類の虫を湧かせ、既にその場で暴力猫の汚名にまみれ、空腹でもあって、しかしそれでも血の滾る四肢を凍える地面に踏ん張り、針のような白く若い差し毛を光らせつつ、渾身の呼び声で、」


「うぇっえぇーえん、べっげぇぇーん、うぇっげーぇーん」、……そして結局その正しい訳とは、……。

「さあ、もう安心していいのよ、私来てあげたわ、やっと会えたのよ」

だったのである。なのにその時の私と来たら、こう誤訳してしまっていたのだった。

「タスケテー、来ルノオソイヨー、おねがいー、ハラヘッター、早く、連れてカエッテー、頭かいーよー、ばーか」とか。そして……。

ドーラの、「放っておいたら大変な事になる人間を助けてあげよう」という犠牲的精神を、単なる困窮の叫びと、とってしまったのだ。この恩知らずめは。


ここで「私」は、自分が「猫を助ける」人間ではなく「猫が助ける」人間だったことを発見しています。「一月七日」はドーラではなく「私」にとっての「運命の日」だったのです。

ドーラは私を助けようとして公園にかけつけ、私を捜し出してくれて生きさせてくれたのだ。／なのにこの飼い主は長い間その事に気付きもしなかった。（…）この猫を拾うのは、保護してあげるためだという思い上がりがあった。

本当のドーラは、実は難病の私を気遣うあまりに、我が身をかけて、「無理な活動」を止めてくれていたのだ。ドーラのためではなく私のためだった。それは暴虐などではなく厳しい献身で、怒りの天使だった。

ここでドーラは、助けを求める哀れな存在でなく、「私」のもとにかけつけ、救おうとする存在として見いだされます。『おはよう、水晶——おやすみ、水晶』ではヒトトンボが「原始キリスト教の愛にも似た、愛の世界の先触れ」と語られていましたが、ここでは生身の野良猫が「愛の世界の先触れ」となって「私」の前に現われます。この野良猫は、フロベールの「聖ジュリアン」で、体中瘡ぶたでおおわれ、膿が流れている男がキリストへ変容するように、空腹で虫を湧かせ死にかけた存在から、「私」を回復へと導く「天使」へ変容するのです。

坂東眞砂子の「子猫殺し」に対する笙野頼子の批判は単なる「批判」を超え、時空を超えた人間と動物の「奇跡」を描くに至ったのです。

野宿者と猫の共闘——『野良ビトたちの燃え上がる肖像』

すでに触れたように、野宿している人たちの中には犬や猫を飼っている人がかなりいます。そして、その犬や猫のほとんどは、もともとは捨てられていた動物たちです。野宿者が暮らすことができるのは主に公園や河川敷ですが、そこは動物が多く捨てられる場所でもあるからです。

小西修の写真集『多摩川猫物語』（2013）は、多摩川河川敷で野宿の人たちと暮らす猫たちを数多く写し出しています。その猫たちの姿はたくましく時に気高いのですが、その生活はやはり過酷です。「ほとんどは、身勝手な人間に見捨てられた猫たちで、飢えと衰弱で苦しみながら息絶えていくのが現実です。／そのうちの数十匹、いや一〇〇匹に一匹ぐらいの率で、運よく河岸に住むホームレスさんの志によって救われ、辛うじて命をつなげる猫もいます。しかし、その多くは充分な食事を摂ることができず、衰弱し、免疫力をなくし、やがて病気になり、生きながらえることができません」（小西 2013）。

こうした野宿者と犬・猫の共生は日本の各地であり、わたしたちはそのようすをたびたび身近に見かけています（海外では、ロンドンの支援アパートで暮らすホームレスの若者が野良猫のボブと出会い、生きる力を与えられるジェームズ・ボーエン『ボブという名の猫』〔原書 2012〕がシリーズ合計一〇〇〇万部を超えるベストセラーになり、ボブ自身が出演する映画にもなっています）。そこで支えあって暮らす犬や猫、野宿の人たちの結びつきは、多くの家庭の「家族ペット」よりも強いと感じられることがあります。それは、野宿者も捨て犬、捨て猫も、ともに一般の社会から排除され拒否された存在だからかもしれません。木村友祐の『野良ビトたちの燃え上がる肖像』（2016）は、そうした野宿者と猫の生活を舞台として描いた小説です。

野宿を二〇年続け、河川敷で暮らす六三歳の柳さんは、ある日空き缶集めの途中、「野良ビト《ホームレス》に缶を与えないでください」と書かれた看板を見て言葉を失います。この周辺には、大企業のトップなどの富裕層が居住地をゲートで囲い、外部の人間を立ち入り禁止にした日本初の「ゲーテッドタウン」があります。その周辺の住民たちが「空き缶を与えるとホームレスがいつく」と考え、こうした警告を出し始めたのです。

それを見た柳さんは、ショックを受けると同時に「うまいこと言ったもんだ」と思います。一〇歳になる猫のムスビと暮らす柳さんは、自分たちと人間から見捨てられた野良猫がどこか重なっていると感じているからです。

柳さんは鉄塔専門のペンキ屋で働いていましたが、三〇メートル上の現場から落ちて仕事ができなくなりました。その後、日雇労働をしていましたが、しだいに仕事がなくなり野宿になったのです。

この時期、大企業を最優先にした経済政策で中小企業は次々と倒産し、多くの人たちが家を失い、野宿を始めていました。最近まで柳さんを取材していたマスコミ関係の二〇代の若者も住居を失い、柳さんを頼って河川敷の小屋に住み始めます。そして、「娘を売って借金を返す」と言う夫から逃げ出した母娘、高齢の父を介護する男性、夫からカッターで顔を切り刻まれた女性、ミャンマー出身で小さい頃から日本で育ったイスラム教徒の若者、そして海外からの難民たちが住む場を失い、次々と河川敷で野宿を始めていきます。

一方、街中の「野良ビト」排除の看板は増え続け、監視カメラも設置されるようになりました。ついには、アルミ缶を集めていた野宿者を地域の自警団が暴力的に拘束する事態にまでなります。柳さんにアルミ缶を譲っていた親切な住人も、周囲の圧力で止めざるをえなくなりました。監視用らしいドローンが河川敷を飛び回り、猫や野宿者がクロスボウで襲われ、地域社会と野宿者との緊張が高まっていきます。

こうした中、河川の野宿者一〇〇〇人が国からの独立を宣言し、スーパーの食品を奪って機動隊と衝突する事件が起こります。国は、テロリスト対策を口実に、河口のそばにフェリーをいくつか停泊させ、そこに期間限定で野宿者を収容する案を出しました。そのフェリーには食事が出され就職支援もされるのですが、「動物は、ダメでしょう。ここに置いてくことになると思います」という話に、ムスビと暮らす柳さんは、フェリーに入るのは問題外だと考えます。そして、野宿者に金を渡し、他の野宿者のテントに放火させるという大規模な排除計画が実行されます。河川敷で火が燃えさかり、投石や花火で攻撃される中、柳さんは母娘、ＤＶを受けた女性、イスラム教徒の若者たちとともに必死に行き場を探し逃げまどいます。

この小説では、貧困、野宿、動物虐待、難民、ＤＶ、外国人差別というさまざまな問題が入り組みながら重層的に描かれています。参考文献に『〈野宿者襲撃〉論』（生田 2005）も挙げられていますが、そこで取り上げたゲーテッドコミュニティ、少年による野宿者襲撃、国家による市民への暴力、野宿者への声かけなどのテーマが作中で生き生きと展開されています（同時に、いくつかの名詞は小説では虚構のものに変更され、作中の視点も何度か入れ替わるなど、現実世界を多層的に批評するものになっています）。

この小説は入念な取材に基づいていますが、リアルだと感じるエピソードの一つは、柳さんが動物を連れて行けないシェルター（フェリー）への入所を拒否する場面です。震災で多くの被災者がペットとの同伴避難を拒否されて行き場を失いましたが、野宿者についても同じことが起こっているのです。

ぼくも、犬や猫を飼う野宿の人たちに何度も出会います。その人たちが健康なときはいいのですが、野宿の人がシェルター（自立支援センター）入所を考えたり、入院や生活保護申請を考える時に問題が起こります。シェルターなど多くの施設ではペットは禁止ですし、当然ながら犬や猫を連れては入院できません（生活保護でもペットを飼うことはできますが、生活保護で入れるアパートの多くはペット禁止です）。

野宿の人たちが犬や猫と離れようとしないのは被災者と同じですが、野宿者の場合、お互いがギリギリの状態の中、支え合うことで生きてきたから、という背景があるかもしれません。『野良ビトたちの燃え上がる肖像』には、職場のいやがらせで鬱になり、首をくくるつもりで河川敷にやってきた元板前の梶さんが、捨てられていた子猫を見つけて「トウキチ」と自分の名をつけ一緒に暮らし始める話があります。「一緒に暮らすようになってから、どうにか死なないで生きてこられた。あの猫は、自分が助けられたことの恩返しに、このおれを助けてくれたんだ」。それを聞く柳さんも、自分とムスビについて同じように感じていたはずです。

河川敷の犬や猫は人間の身勝手で捨てられましたが、「野良ビト」の柳さんや梶さんは失業し、家族の援助を受けられず、行政の生活保障を受けられないまま野宿になりました。柳さんは、一度役所に行って生活保護の相談をしましたが、対応した職員は「柳さんの収入や支出状況にはじまって、家族や親類縁者の有無、ペットを飼っているかどうかまでことこまかく聞きだし、最後にこう言ったのだった。「猫を飼ってるんですか。それは贅沢品ですね」。その言葉を聞いた瞬間柳さんは、生活保護なんか死んでもいるかと思った」。

野宿問題は労働市場（資本）、家族の相互扶助、国家の社会保障の崩壊によって起こります。一九九〇年代後半以降、野宿が日本で大きな社会問題になり始めました。この時期、経済のグローバル化や「ネオ・リベラリズム」と言われる富の一極集中が進行した結果、不況の影響を真っ先に受けて多くの非正規労働者が失業していったのです。経済的利益を享受した高所得者層は「年金はあてにせず、保険会社のプランを買う」「警察の代わりにセキュリティ会社と契約する」「公立学校の代わりにこどもは私立学校に通わせる」など、「福祉」「治安維持」「教育」という社会保障を商品として買うようになっていました（『野良ビトたちの燃え上がる肖像』でも描かれる高所得者の居住地全体をゲートで囲って外部の人間を立ち入り禁止にした「ゲーテッドコミュニティ」はその極限の例です）。しかし、低所得者層は社会保障の崩壊や失業に直面して一気に生活が崩壊し、やがて数万人の野宿者が生まれるなど、全国で貧困と社会的分断が進行していきました。

こうした社会保障（ソーシャル・セキュリティ）の崩壊は、アメリカが行ない日本が追随してきた「セキュリティ国家」化とともに進行していきました。そこでは、公共空間の監視カメラ設置やさまざまな「テロ対策」のように、自分の生活を守る「セキュリティ」が過剰に求められる一方、「ソーシャル」＝社会的な信頼関係が崩壊していきます。『野良ビトたちの燃え上がる肖像』の登場人物がゲーテッドコミュニティについて言うように、「あのマンションができてから、周りの町はあからさまに変わりましたね。あ、そんなことしていいんだ、相手が生活に困ってようとなんだろうと、自分にとって不可解でイヤなものは、目の前から排除していいんだって思っちゃったわけです。この国全体が恥知らずな不寛容に流れていったのと、連動してますよ」。そこでは、「野宿者」「生活保護利用者」「外国人」などへの強い偏見と排除が、自分の生活を守ろうとする市民の間で止めどもなく強化されていくのです。

しかも、野宿者どうしの中でさえ外国人や女性に対する差別が起こります。『野良ビトたちの燃え上がる肖像』では、迫害される野宿の人々が「こいつみてぇなガイジンがいっから、おれらまでテロリストだって疑われてんだぜ」「こんなガイジン生かして、生粋の日本人のおれら、殺すつもりか？」「外国人とか日本人とか、そんなタグ付けがなんだってんだ。どうだっていいじゃねぇか」と言い争う場面を描いています。物語の最後の河川敷の放火も「ホームレスが、ホームレスを殺すお金。ここに、火をつけるお金」が野宿者に渡され、それが「ガイジンがやった」ことにされる計画だったと語られます。

社会的に弱い立場にある人が他の弱い立場の人を差別し傷つける事態は、『野良ビトたちの燃え上がる肖像』の中で、少年による野宿者襲撃としても描かれています。事実、野宿者襲撃の深刻な事例のいくつかは、虐待やネグレクトなどで虐げられた少年たちが行なっていることが知られています。野宿者、外国人、女性への差別や排除は、動物虐待がそうだったように社会の中で連鎖しています。しかも、それは排除と差別を生み出す社会構造と一体化し強め合っているため、その解決は容易ではないのです。

放火で逃げまどいながら、母娘、DVを受けた女性、イスラム教徒の若者と一緒に逃げる柳さんは、「本人は知るよしもなく、またそんなつもりもなかったが、かつて自分が手放した「家族」を引き連れて走っているようでもあった」と語られます。柳さんは二〇代で離婚し、五歳だったこどもにも数十年間、会うことがないままでした。しかし、ここで柳さんは、国家、資本、そして家族から排除された人々とともに新たな「家族」となって出口を捜し続けています。ドゥルーズ&ガタリは「群れは動物の現実でもあれば、人間が動物に〈なる〉という生成変化の現実でもある」と言います。排除された人々が互いに支えあう「群れ」となり、現在の社会からの出口を捜し続ける柳さんたちは、現在のわたしたち自身の姿でもあります。

小説の最後で、柳さんはムスビを追いながら「気づかぬうちに、はじめてのように、同じ獣としての吠え声を発していた」。柳さんとムスビは生きるために互いに支え合い、闘い続けました。一つの声の中で共鳴し合う柳さんとムスビは、野宿者と猫による過酷な、しかし気高い「共闘」のあり方を示すのです。

V　戦争と動物たち

動物兵士たち

人間と動物の共闘は、「国家に対して、そしてすべての国家によって表現される世界的公理系に対して戦いを挑」みます。しかし、現実の戦闘の多くは国家に対するのではなく、むしろ国家によって行なわれてきたのではないでしょうか。そして、そこでは多くの動物たちが人間に利用され殺されていました。

事実、古来から動物は戦争の「武器」として使われてきました。たとえば馬は古くから戦いに使われましたが、馬と車輪を組み合わせた「戦車」が発明されると古代の最も主要な戦闘手段になりました。ギリシャ、ローマ、中国、アラブ、モンゴルなど「帝国」の拡大は馬の使用なしには考えられません。

馬以外では、古代エジプトはライオンを戦闘用に訓練し、古代インドの王たちはトラとヒョウの群れを従えて遠征していました。古代インドではゾウが戦闘用に使われ、のちのハンニバルやアレキサンダー大王もゾウを利用しました。中世になると、ラクダ、牛、ブタ、犬、ねずみ、ジャッカルが首に燃料をくくりつけられ敵陣めがけて突進させる武器として使われました（モネスティエ 1998）。

馬は中世、近代にも戦争に不可欠とされ、近世には騎兵隊の他、大砲や輸送用の馬車のために大量の馬が動員されました。たとえば、一八一二年のナポレオン軍のロシア遠征では数十万頭の馬が徴募され、そのうち生き残ったのは五万頭以下とされています。

銃撃戦や爆撃が主要な攻撃方法となった第一次世界大戦でも数百万頭の馬が徴用され、その多くが銃弾や大砲で倒れ、あるいは病死していきました。たとえば、イギリスでは約二〇〇万頭の馬が戦地で死亡し、戦争が終わると、イギリス本国に輸送すると費用がかかるため、生き残った馬たちは政府によって食肉用として現地で処分されました。マイケル・モーパーゴの児童文学『戦火の馬』(モーパーゴ 2011 原書 1982)は、イギリスの農家から騎馬用に軍に売られて第一次世界大戦の戦場を引き回され、最後に食用にされるのを辛うじて免れ、元の農家に帰り着いた馬のジョーイを主人公にしています。わけもわからず戦争に引き回され瀕死の重傷を負うジョーイの視線から語られる物語は、戦争と人間の不条理とむごさを鮮やかに描いています(のちに舞台化され、二〇一一年にスピルバーグによって映画化されました)。

第一次世界大戦では、運搬用としてラバ、ロバ、牛、ラクダが動員される他、フランス軍は地雷探知にブタを利用しました(二〇〇六年にも、イスラエルがこの目的でブタを訓練している)。オーストラリア軍はカナリア、オウム、鳩などを戦地に連れて行き、通信や毒ガス攻撃の有無を確かめるために利用しました。

「世界における動物の軍事利用の歴史を調べていると、一つの事実が明らかになってくる。中世には数万の単位だったのが、現代では数百万の単位へと、利用される動物の数が増加し続けているのである。たとえば第一次世界大戦では、一四〇〇万の動物が交戦国の軍隊に正規に登録され、そのうち一八万が戦功を認められて勲章を授与されたが、第二次世界大戦ではその二倍近い数の動物が徴用された」（モネスティエ 1998）。第二次世界大戦では、世界で八〇〇万頭以上の馬が徴募され、そのうち四分の三が銃弾や大砲で倒れ、あるいは重傷を負って殺されました。特にソ連は三五〇万頭、ナチス・ドイツは二七五万頭の馬を動員したとされます。

第二次世界大戦では、イギリスは通信用に、二九万羽以上の軍用バトを飼育する専門部隊を創設しました。また、海中哺乳類が初めて戦闘に使われました。一九四二年、スウェーデンはアザラシの背中に機雷を取り付けてドイツの潜水艦の下を泳ぐよう訓練し、アザラシもろとも爆発させています。この後、アメリカはアシカやイルカの、ソ連はイルカの軍事訓練を開始します。

戦争の歴史上、馬の他に最も多く使われた動物は犬です。軍用犬の歴史は古く、紀元前五〇〇年頃からアッシリアやペルシャが犬の群れを軍用に使用しています。一九世紀になると、歩哨犬、偵察犬、伝令犬、衛生犬など多様な使われ方が広まり、ヨーロッパで軍用犬の使用が飛躍的に増大します。二〇世紀に入ると、第一次世界大戦で軍用犬は七万五〇〇〇頭が動員されました。第二次世界大戦では、アメリカは四万頭、ソ連は一万頭、ドイツは二〇万頭の犬を軍事訓練しました。「二十世紀は二つの大戦が行なわれた世紀だった。いわば戦争の世紀だった。しかし、同時に、二十世紀は軍用犬の世紀でもあったのだ」（古川 2005）。

第二次世界大戦で、ソ連は犬の背中に時限発火装置つきの地雷を取り付け、ドイツ軍戦車に突撃させ、約三〇〇のドイツ軍戦車を破壊させています（オールソップ 2013）。犬は、戦車の下にエサを探しに行くように訓練され、作戦決行の数日前からエサを与えられませんでした。また、ナチス・ドイツは、親衛隊（SS）の精鋭兵に対し一頭ずつのジャーマン・シェパードを与え、一二週間、ともに任務にあたらせたのち、司令官の前で「必要とされる規律と服従心を身に付けた証として」犬の首をへし折る訓練を課しています（ノチェッラⅡ他 2015）。

動物を犠牲にするこのような「訓練」は現在も続いています。二〇一二年、民間会社が行なうアメリカ沿岸警備隊向け訓練がＰＥＴＡによってビデオ公開されました。「それは生きた山羊がメスで何度も突き刺され、手足を伐採機で切り落とされ、銃で撃たれるという正視に耐えない光景だった。（…）切り刻まれながら山羊が呻き、宙を蹴っていることから、充分な麻酔を施されていないことが知られる。指導員の一人は脚を切断しながら陽気に口笛を吹き、沿岸警備隊の参加者の一人は平然とした顔で動物の切断作業を歌にしようなどとジョークを飛ばしていた」（ノチェッラⅡ他 同前）。

こうした訓練は、軍人を「殺し」に慣れさせることによって攻撃能力を高め、帰還後のＰＴＳＤの発症を抑制することが目的だとされています。確かに、動物への残虐行為の積み重ねが人間への攻撃を「鈍感にする」ことが知られています。しかし、そうした訓練を受け、平気で残虐行為を行なうようになった兵士が、兵役後の社会に適応できるかどうかは当然ながら疑問です。

第二次世界大戦では、日本も多くの犬や馬たちを戦地に動員し、そのほとんどが戦場で死亡しました。軍用犬は総数一〇万頭と言われ、犬たちは前線に弾薬を運び、伝令に走りましたが、その多くが狙撃によって殺されました。生き残った犬も現地に放置され、ほとんどは日本に帰ることができませんでした。

戦争が複雑化し、テクノロジーが進化するに従って軍用犬の価値は低下するとも思われますが、実際には逆です。犬は人間の一〇万倍鋭い嗅覚を持ち、爆発物探知犬はさまざまな爆発物のわずかなにおいを九八％以上正確に嗅ぎ分けます。爆発物を使った国際的なテロが増えている中、今後も軍用犬がますます使われ続けることが確実視されています。

一九三〇年代――戦争と「犬の時代」Ⅰ

ドゥルーズ&ガタリは「三種類の動物」を区別し、その一つとして「国家に属する動物」を挙げました。たとえば、戦争に際し、国家がナショナリズムを顕揚するため、特定の動物を「神話」化することがあります。その神話は、時として現実の動物兵士を上回る機能を発揮します。日本でのその例として、一九三〇年代前半に相次いで登場した犬たちが挙げられます。

その一例は「那智と金剛」です。この二頭は、動物への最高の殊勲である「甲号功章」を最初に与えられた軍犬として当時非常に有名でした。

一九三一年九月、満州事変の戦闘で伝令犬だったシェパード犬の那智と金剛、メリーの三匹が行方不明になります。戦闘後、銃に撃たれた那智とメリーの死体が見つかりましたが、金剛の行方はわかりませんでした。

一九三五年、文部省は小学五年生の国語教科書に、那智と金剛の死を描いた「犬のてがら」を掲載します。文部省の宮川菊芳編著による『小学国語読本解説』(一九三五年)の指導要旨は「両軍犬の花々しい偉勲を樹てて、壮烈無比な最後を遂げた感激美談を味読せしめることによって、勇武果敢の精神を養い、国体観念の旺盛を期す」としています(今川 1996)。

しかし、教科書に掲載された「那智と金剛」にはさまざまな粉飾が行なわれていました。まず、那智と金剛は突撃のさい先頭になって敵軍に飛び込んだとされますが、そもそも那智、金剛、メリーは伝令犬なのでそのような行動をとることはありえません。そして、戦闘後に兵士が二匹の行方を捜すと、那智と金剛は「身に幾つものたまを受けて、血にまみれて死んで居ました。よく見ると、二匹とも、口には、敵兵の軍服の切れはしを、しっかりとくわえて居ました。これを見た兵士は、思わず涙ぐみました」。ここでは、行方不明になったはずの金剛の死が脚色されて描かれる一方、メリーは最初から存在そのものを消されています。おそらく、「メリー」という名前は「国体観念」にふさわしくないとして抹殺され、「那智」「金剛」という日本的な名の犬たちが「英雄」として利用されたのです。

「那智と金剛」は今はほとんど忘れられています。しかし、もう一頭の神話化された犬は、今もほとんどの日本人がその名を知っています。秋田犬「ハチ」です。

一九二三（大正一二）年一一月、ハチは秋田県で生まれます。翌年一月、ハチは東京帝国大学教授の家に送られ、他の二頭の犬とともに飼われ始めます（なお、ハチの飼い主は、近代的な水田の区画デザインによって今日の水田の標準を考案し、米の完全自給に貢献した上野英三郎）。ハチは飼い主のお供をして、渋谷駅と家をたびたび往復するようになりました。しかし、一七カ月後の一九二五年五月、飼い主は大学で急死します。その後、ハチは飼い主が帰宅していた時間に渋谷駅に頻繁に現われるようになりました。

日本犬保存会を創立した斎藤弘吉は、日本犬の調査中の一九二八年、こどもや通行人に叩かれたり駅員に墨で顔に眼鏡とヒゲを描かれたりしていたハチを見かけ、会報に記事を掲載します。その後、一九三二年一〇月四日に『東京朝日新聞』が「いとしや老犬物語　今は世になき主人の帰りを待ち兼ねる七年間」として記事を掲載します。この記事によってハチは「忠犬ハチ公」として一挙に有名になりました。ハチは渋谷駅での寝泊まりが許され、エサも通行人からたっぷり与えられるようになります。

一九三四（昭和九）年、「忠犬ハチ公銅像建設趣意書」が作成され、日本犬保存会が発起した募金活動が始まります。日本犬保存会、文部省社会教育局、皇国精神会の後援によって三〇〇〇人以上を集めるチャリティーイベントが開かれ、ＮＨＫラジオが子ども番組でハチの物語を繰り返し放送するなど運動は盛り上がり、たちまち予定以上の金額が集まりました。四月、渋谷駅前に「忠犬ハチ公像」が設置され、文部省社会教育局長、渋谷区長、多くのこどもたちが参加し、ハチ自身も参加させられる中、盛大な除幕式が行なわれます。

一九三四年、文部省による小学二年生の修身教科書に「オンヲ　忘レルナ」というハチの話が収録されます。渋谷駅周辺では、ハチ公せんべい、ハチ公そば、ハチ公焼きとりなどが売られました。このとき、多くの日本人がハチに「熱狂」したのです。

除幕式の翌年、ハチは路上で死んでいるのを発見されました。渋谷駅ではハチの告別式が行なわれ、僧侶など一六人による読経や、香典、花環、生花、電報などが集まる大規模な葬儀が行なわれました。ハチの死後、渋谷では芸者による「ハチ公音頭」が踊られ、レコード会社は「ハチ公の歌」を発売しています。

その後も、教科書、絵本、ドラマ、映画などでハチの物語は繰り返し伝え続けられました。ハチの死後、一九三五年七月に「ハチ公生誕の地」秋田県大館市の大館駅前にハチの銅像が設置されます。戦後も、一九八九（平成元）年に大館駅の構内に「ハチ公神社」が作られ、二〇〇三年にはハチの生家前に石碑が設置されます。二〇一五年、東京大学農学部キャンパスに飼い主とハチの銅像が作られ、二〇一七年には大館市の大館樹海ドームの愛称が「ニプロハチ公ドーム」となります。

一九八七年公開の『ハチ公物語』は配給収入が二〇億円を超えるヒット作となり、そのリメイク『ＨＡＣＨＩ　約束の犬』は二〇〇九年にリチャード・ギア主演で作られました。この映画により、ハチはいま世界で知られる「名犬」となっています。

ハチは飼い主に対する「忠犬」としてその名を知られています。しかし、ハチは修身教科書が言うように「恩を忘れな」かったのでしょうか。

飼い犬が深夜でも玄関にお迎えに来ることについて、香山リカは「これをイヌという動物の性質や本能と見ずに「無償の愛」と考えるのは、人間の勝手な解釈であろう」と言いましたが、おそらくそれはハチについてもあてはまります。しかし、ハチに対する「人間の勝手な解釈」は一人歩きしていきました。

ハチの銅像建立の募金に自分の小遣いから二円五〇銭を送った小学六年生はこう言っています。「犬でさえこの様に忠義なるにと感心しています　ことに私等人間は恩義を知り天皇陛下やお国のため忠義をせねばならぬとこのハチ公に教えられる所がありました」。これは、この小学生だけの意見ではありません。『十五夜お月さん』『七つの子』『赤い靴』で知られる野口雨情は、ハチを赤穂浪士や（後醍醐天皇の忠臣として知られる）新田義貞、明治天皇の後を追って殉死した乃木希典に喩えた詩を発表しています。また、当時の文部省が教室で使うことを教師に強く薦めた岸一敏の『忠犬ハチ公物語』の広告は「人人は日本精神を体現せるハチ公の一片の義心に触れる必要がある」としています。

「一九三二年にこの犬が有名になったのには当然とも言える歴史的理由があった」とアーロン・スキャブランドは言います。一九三一年九月の満州事変以降、日本は「非常時」体制に入ります。当時、農産物価格が暴落して東北地方の農村は貧窮し、娘の身売りや欠食児童問題が頻発していました。こうした社会問題を資本家と政治家の腐敗によるものと考え、天皇直結の政治改革を志向した海軍青年将校が一九三二年に五・一五事件を起こします。首相を射殺したこのクーデターにより政党内閣政治は終焉を迎え、以降、右翼運動が高揚し、日本は軍国主義とファシズムの時代に突入します。

五・一五事件の裁判は七月に始まりましたが、多くが農村出身である青年将校に同情する国民の声が集まり、実に一〇〇万を超える減刑嘆願書が寄せられました。ハチが新聞記事によって有名になったのは、五・一五事件の五カ月後でした。この時、多くの日本人が五・一五事件とハチに共感、熱狂していたのです。

ここでは、ハチが「洋犬」でなく「日本犬」であること、そして名前が「ジョン」(上野英三郎はハチの他にジョンという犬も飼っていた)でないことが重要な意味を持ちました。すでに触れたように、開国による洋犬の導入が始まると、エリート階級は社会的ステータスとしてこぞって洋犬を飼い始め、一方、在来の犬は「駄犬」とみなされ、野犬狩りなどによって激減しました。一九二〇年代半ば(大正末期)には、洋犬との交雑もあり、純粋な日本犬は「絶滅の危機」と言われる状態になっています。

一九二八年にハチを世に知らしめた斎藤弘吉は、同年に「日本犬保存会」を創立し、「忠実」「質実剛健」とされる「日本犬」を称揚し始めます。それまで単なる「駄犬」だった日本犬は「この時に初めて、洋犬と対等な対概念として誕生した」(川西 2018)のです。文部省は一九三一年の秋田犬を最初に六種の日本犬を次々と天然記念物に指定し、ハチの銅像が造られた一九三四(昭和九)年、日本犬保存会は「日本犬の本質や理想的な体型をもとにして」(現在の日本犬保存会のホームページより)「日本犬標準」を制定します。この頃から、日本犬を飼うことが洋犬以上の社会的ステータスとして評価されるようになりました。「この時期のイデオローグたちは、日本列島の自然環境、気候、そして外国の影響に汚されない、しかし脅かされている純粋で独白の文化に国民的誇りの源泉を求めた。日本犬を見直し称揚する動きは、西洋近代化の侵食なるものに抗する広範で力強い政治的、知的、文化的抵抗の大きなうねりのイヌ版だった」（スキャブランド2009）。

江戸末期の開国後、帝国列強に不平等条約を締結され、植民地化の危機にあった日本は、日清戦争、日露戦争を経て、一九二〇年代末から一九三〇年代初頭、列強と対等な帝国主義国家として自身を認識するようになります。その時、他の日本文化と同様、それまで「駄犬」だった犬たちが「日本」の象徴として再発見されたのです。

スキャブランドは、同時代のファシズム国家、ドイツ、イタリアでも犬は「ファシズム文化のなかで、その国家の人間と人間以外の臣民に期待される愛国的で純潔、忠実かつ勇猛果敢な特質を明らかにするために重要な役割を果た」したと指摘します。ハチが「発見」された一九三二年は、ドイツの総選挙で愛犬家ヒトラーの率いるナチ党が国会の第一党となった年です。ナチスは「資本や政治の腐敗」をユダヤ人によるものと捏造した上、従来の政党政治に対する大衆の不満を背景に躍進しました。

ハチを一つの理想とする「日本犬」の発見は、世界各地で同時進行する政治革命の日本における象徴＝「神話」となるものだったのです。

一九三〇年代──戦争と「犬の時代」Ⅱ

ハチが日本社会に発見された一九三二年、やはり犬を主人公にした物語が日本中で一世を風靡していました。田河水泡の漫画「のらくろ」（一九三一年連載開始）です。

「のらくろ」は、「右手に教科書、左手に少年倶楽部」と言われた人気雑誌『少年倶楽部』に連載され、単行本が一〇〇万部以上発行された戦前日本漫画の代表的作品です。当時、さまざまな

「のらくろ」キャラクター商品も発売され、そのブームは社会現象となっていました。

「のらくろ」の画風はデザイン性に優れ、現在の目から見ても色褪せないオリジナリティを持っています。手塚治虫が「田河さんの作品を気違《ママ》いのように模写し練習した」（田河 1967）と言うように、『のらくろ』は後の世代の日本漫画に絶大な影響を与えました。

「野良で黒犬」ののらくろは「猛犬連隊」に二等卒で入営し、さまざまなへまをしながら、次第に機転の利いた行動で活躍し、最後は大尉に昇進します。この昇進のようすは読者を熱狂させ、多くのこどもたちに「末は大将、元帥か」（「のらくろの歌」）と歌われました（こののらくろの破格の昇進は、七五年後に「情報資本主義と猫の時代」を先導した「たま駅長」の昇進によって反復されます）。なお、「のらくろ」を愛読した少年たちは自らを「のらくろ世代」と呼びましたが、それは日本で戦死者が最も多かった世代でもあります。

「のらくろ」の作者、田河水泡（本名　高見澤仲太郎）は一八九九（明治三二）年の生まれです。出生直後に母親が亡くなり、彼は伯父夫婦の元で育てられます。その伯父も彼が小学五年生の時に亡くなり、小学校卒業後、彼は薬屋の店員や工員として働きます。彼は第一次大戦で徴兵され、朝鮮や満州で軍隊生活を送り（この経験は「のらくろ」大陸篇で活用されます）、除隊後に日本美術学校に入学します。その後、前衛芸術集団「マヴォ」に参加し、展示装飾の手伝いや広告デザイン、新作落語作家の仕事などを経て、漫画家としてデビューし、一九三一年に「のらくろ」の連載を開始します。

　田河水泡は「のらくろというのは、実は、兄貴、ありゃ、みんな俺の事を書いたものだ」（小林 1964）と義兄の小林秀雄に言っています。「のらくろ」には、時にディケンズを思わせるようなユーモアとペシミズムが漂うのですが、おそらくそれはこうした作者の生い立ちから来ています。それは、「どんな逆境に育っても、自分で自分を見限ったりするものでない」（田河〔1967〕『のらくろ漫画全集』まえがき）という主人公のけなげさと重なっており、多くの少年たちはそれを痛切なリアリティとともに感じとったのです。

しかし、「のらくろ」は主人公の昇進、そして作者自身の漫画家としての破格な成功とともに連載当初の哀しみと笑いを次第に失ない、勇壮な軍隊物語へ変化していきます。手塚治虫が言うように「初期のそれはどちらかといえばペシミスティックな、人生への疑惑を一ぱい含んだ暗いもの」だった「のらくろ」のヒューマニズムは「途中からブル連隊長やデカの跋扈によって、愛国心にすりかわってしまった」（田河同前）。「ブルドッグ」が連隊長である国籍不明の軍隊は、やがて「大日本帝国の万歳を祝し」（一九三四年三月号）、のらくろの捨て身の行動がブル連隊長に「やまと魂を形で現わした」（一九三六年五月号）と賞賛されるように、大日本帝国との一体化が進んでいきます。のらくろは四本足の野良犬から次第に二足歩行の人間へキャラクターが変化していくのですが、それはどこにも居場所のない「野良犬」から「勇壮な帝国軍人」への変化を示すものでした。

しかし、のらくろは大尉に昇進したあと軍隊を突然退き、満州に渡って金鉱採掘の仕事を始めます。作者はこれについて「当時、私は満州開拓に関心をもっていたので、のらくろを依願免官で軍隊を退役させて、民族協和という国策をテーマに、大陸をうろつかせることにしました」と言っています（田河 同前）。

満州開拓は、昭和恐慌に苦しむ農民など三二万人ほどを開拓民として入植させた国策です。しかし、日本人開拓団の持った土地の多くは地元中国人が耕作していた土地を強制的に買収したものので、開拓団は現地では土地侵略の先兵とみなされました。「民族協和」は満蒙地域での「漢族、満州族、蒙古族、日本人、朝鮮族」の共存共栄を指しますが、満州国は日本の傀儡国家で、満州開拓は明らかな植民地政策でした(33)。さらに、この開拓団は敗戦直前のソ連の対日参戦で関東軍から置き去りにされたため多大な犠牲者を出し、日本に帰国できたのはわずか一一万人ほどでした。その中で、多くの女性たちが過酷な性暴力に遭い、ソ連に捕らえられた男性入植者はシベリアへ送られ、何年もの抑留生活を送ることになります。

「のらくろ大陸行」(一九三九年六月号)で、退役したのらくろは興奮して「伸びる民族」「偉大なる日本の使命」と踊ります。それは、当時の作者の意識と重なっていたはずです。こうして、「のらくろ」は軍隊篇では軍への忠誠の賛美によって多くの少年たちを軍事国家に順応させ、大陸篇では「満州開拓」を礼賛することで植民地政策とその後の悲劇を後押ししました。戦後、「世間には、作者田河水泡は、戦犯だと思っている人も、存外多いかも知れない」(小林同前)と言われるのはこのためです。

しかし、現実の「のらくろ」は軍部当局によって強権的に連載を打ち切られていました。一九四一年の「或る日、作者は、情報局に呼び出されて、大眼玉を食った。ブルジョア商業主義にへつらい、国策を侮辱するものである。特に、最友交国の人民を豚とは何事か。翌日から紙の配給がなくなった」(小林 同前)。当時の『少年倶楽部』編集長によれば、「内務省の役人から「この戦時中に漫画などというふざけたものは掲載を許さん。」といわれてやむなく打ち切りにした」(田河 1967)。

軍国主義・植民地主義へのすりよりにもかかわらず、大日本帝国は最終的に「のらくろ」を抹殺しました。しかしこれは、小林秀雄が「存外」という言葉で暗に言おうとした「のらくろ」の「非戦」性を示すものではありません。むしろそれは、軍国主義に同調する物語ですら、戦争末期には物質的「ぜいたく」（「翌日から紙の配給がなくなった」）と見なされるという皮肉な現実を示しています。

「のらくろ」が一九四一年に強制終了させられたのち、ハチの銅像も公共の銅像の溶解・再利用

（33）「のらくろ」連載が始まった一九三一年、フランスではジャン・ド・ブリュノフの絵本『ぞうのババール』が描かれています。

ババールは母をハンターに射殺され、大きな森から逃げて都会へ行き、大金持ちの老婦人に保護されます。ババールは彼女からワイシャツ、ネクタイ、ズボン、山高帽、くつを買い与えられ、一緒にドライブし、大学の先生の個人授業を受けるようになります。

ババールは故郷をなつかしく思い、森に帰りますが、ちょうどその頃、象の国王が毒キノコを食べて死んだところでした。象の会議は、服を着て教育を受け文明化したババールを見て、彼が新国王にふさわしいと考えます。「まちからもどってきた　ババールじゃ。にんげんと　いっしょにくらして　さぞかし　ものしりになったことじゃろう」。

ババールは国王になり、スーツが好きなババールの影響で、やがて他の象たちも洋服を着るようになります。

この作品は、フランスの植民地主義を「人間の国と象の王国」に当てはめたものと考えられます（Babarという名前はbarbare〔野蛮〕を思わせます）。しかし、この絵本は絵の可愛さもあってこどもたちに大人気となり、シリーズ化され、日本など各国で翻訳出版され続けました。

なお、宮澤賢治はこの五年前（一九二六年）に「オツベルと象」を発表しています。稲こき工場主のオツベルは白象をだまして鎖で繋ぎ、少ないエサで休みなく酷使します。疲れ果てた白象が助けを求めると、山林にいた仲間の象たちが救援に駆けつけ、オツベルを踏みつぶし、牢にいた白象を救い出します。

一九二六年は、労働者の団結権と争議権を部分的に認めた「労働争議調停法」が成立、施行された年です。象と「文明化」の関係が『ぞうのババール』と「オツベルと象」ではまったく逆になっています。

政策によって撤去されました。一九四四年一〇月一二日、渋谷駅でハチ公像に日本国旗のたすきをかけた「出陣式」が行なわれ、参列者はハチの像が死しても「敵の飛行機をくわえ落として」弾丸となってくれることを感謝し、別れを告げました。「のらくろ」と同じくハチも、余裕を失った日本軍によってその存在を「抹殺」されたのです（現在の渋谷ハチ公像は一九四八年に再建された二代目）。

「のらくろ」や「ハチ」は、当時の日本のナショナリズム（＝想像の共同体）を昂揚させるため、その存在（キャラクター）を使用し尽くされ、戦争末期になると物理的に処分されました。そしてそれは、その同時期に起こった動物園での「動物殺処分」と重なるものでもありました。

一九四三年――『そして、トンキーもしんだ』

もう　なん年も　なん年も　まえの　ことです。

せんそうがはじまっても、うえのの　どうぶつえんは　いつも　にぎやかでした。なかでも　にんきものは、げいとうの　じょうずな　三とうの　ぞうでした。

「さあさあ、ワンリーの　つなひきが　はじまるよ。」

わっと　あつまる　こどもたち。ほら、ワンリーも　とても、たのしそう。ほんとうに、ぞうは　みんなの　なかよしでした。

ワンリーは、シャムのくに、いまの　タイの　しょうねんだんが　おくってくれた　めすの　ぞう。りこうな　めすの　トンキーと、ちょっと　あばれものの　おすの　ジョンは、まだ　こどもだった　二十年も　まえ、インドから　きた　ぞうでした。

たなべまもる（文）・かじあゆた（絵）の『そして、トンキーもしんだ』（1982）は、上野動物園で起こった動物たちの殺処分を描いています。

主人公は、動物園で長年暮らした三頭のゾウ、ジョン、トンキー、ワンリー（愛称「はなこ」）です。「とても　たのしそう」だった三頭の生活は、太平洋戦争さなかの一九四三年八月、一変します。

とつぜん、とうきょうとの　やくしょから、たいへんな　めいれいが　くだりました。「ジョンを　ころすこと。えさも　たりないのに、あばれものの　ぞうは　じゃまだ。」（…）ジョンは　えさも、みずも、もらえなく　なりました。しょうわ十八年。なつ。八月のことでした。

それから　三日めのことです。えんちょうだいりの　ふくださんが、もっと　おそろしいめいれいを　うけて、かえって　きました。

「ざんねんだ！　ぞうや　もうじゅうを、おおいそぎで、一とうのこらず　ころさなければならなくなった。」（…）「きいて　くれ。もしも、てきの　ばくだんが　おちてきて、おりがこわれて、もうじゅうたちが　あばれだしたりしたら　きけんだからだ。」

「ばかな！　あすにも　てきの　ひこうきが　とんで　くるんですか？」

たしかに、そのしんぱいは　まだ　ありませんでした。

一九四三年八月一六日、大達《おおだち》茂雄・東京都長官（現在の都知事にあたる。大達茂雄はA級戦犯容疑で拘置ののち公職追放。吉田内閣で文部大臣就任）は、「戦局が悪化したわけではないが、万一に備えて、一カ月以内にゾウと猛獣類を射殺せよ」という命令を上野動物園に伝えます。この命令に従い、翌一七日にホクマンヒグマ一頭とツキノワグマ一頭が毒殺されます。その後、上野動物園は九月一日までにライオン三頭、クマ類九頭、トラ一頭、ヒョウ類七頭など合計一四種二七頭を殺処分していきました。

殺処分は原則として毒殺の予定でしたが、多くの動物は毒物を食べようとしなかったり、薬の量が足りなかったりして簡単に殺すことができませんでした。そこで、ニホングマは首にロープを巻き付け数人で引っ張って窒息させ、クロヒョウはなわで首をしめ、ヘビは解剖刀で頸礎部を切断して殺しました。「おおきな　しろくまなどは　どくが　きかず、しかたなく　くびを　しめたりして、はやく　しねるように　してやりました」。

ゾウのジョンは八月二九日に餓死します。「ジョンが　ついに　ほねと　かわだけに　なってしにました」。

この動物の殺処分は新聞でも発表され、九月四日に動物園で慰霊祭が行なわれます。「さかんな　いれいさいが、どうぶつえんの　ひろばで　はじまりました。しきりに　せみがなく　なかで、しきに　あつまった　こどもたちの　すすりなく　こえが　きこえます。（…）えらい人たちが　かわるがわる　あいさつを　しています。「これが　せんそうと　いうものだ。」「どうぶつたちは　おくにの　ためにしんで　くれたのだ。」」

この慰霊祭のようすは「都民に親しまれていたこれらの猛獣まで処分しなければならなくなった決戦の波が今都民の胸に強き決意をわきたゝせる」（『毎日新聞』昭和一八年九月五日（夕刊）と大きく報道されました。その後、上野動物園には多数の手紙が寄せられます。「戦いのためとは言いながら本当にかわいそうです。そしてこれらの動物達を殺させた米、英を討たねばなりません。軍人を志望している僕です。戦場でこの殉国動物の仇討をしてやりたいと思います。そうすれば、僕を喜ばしてくれた動物も喜んでくれると思います」(長谷川 2000)。

この時期に殺処分が行なわれた理由として、よく言われるように、「万一空襲下の混雑時に動物園の猛獣が檻を破つてとびだした場合、恐るべき事態が生じることはいうまでもない」(『都政十年史』)という判断がありました。しかし、一九四三年の夏には、空襲はまだ差し迫った問題ではありませんでした。「空襲の際の危険ということのほかに、都民に一種のショックを与えて防空態勢に本腰を入れさせようという意図も相当大きく動《ママ》いていたことを見逃すことができない」(『都政十年史』)。つまり、「この めいれいの ほんとうの いみは、にんきものの ぞうまで ころすことで、この せんそうが どんなに たいへんな ことに なって いるかを、日本じゅうの こくみんに わからせる ためだったのです」(『そして、トンキーも しんだ』)。

表向きは死んだことになっているワンリー、トンキーは、飼育員がこっそりとえさを与えて生き続けていました。しかし、「もう しんだ ことに なって いる ぞうを いつまでも いかして おく ことは できません」。

飼育員は毒の入った餌を与えます。しかし、トンキーは毒の入ったものとそうでないものを選《よ》り分けて毒の入った餌をはねとばしてしまいます。そこで、ジョンと同じように、トンキー、ワンリーにも餌も水も与えるのを一切やめて餓死させる決定がされます。「もう、ひとにぎりの くさも、いって きの みずも、ぜったいに やっては いけないよ。いいね。」

九月一一日、ワンリーが死亡します。しかし、その後も生き続けたトンキーは飢えと渇きに苦しみ続けます。飼育員たちは青酸カリを使おうとしますが、トンキーは飲みこもうとしませんでした。

このうえは　だれも　たすけに　きてくれないことを、はっきりと、トンキーに　わからせる　ほかは　ありません。トンキーの　こやは　たちいりきんしに　なりました。それでも、しんぱいで　そっと　のぞいたり　すると、トンキーは　げいとうを　して　みせようと　するのでした。

〝おねがい、たすけて！　たすけてください〟

トンキーは　げいとうを　やめません。

「すまん。かんにんして　おくれ。」

のぞいた人は　だれも　こえを　あげて　なくのでした。

九月二三日の夜明け前、トンキーは死にます。

「ながい　くるしみの　すえに、とうとう　トンキーも、いきを　ひきとりました。」「にんげんの　ともだちとして、にんげんをしんじきって、トンキーは　いきて、そして、しんで　いったのでした」。

その後、一九四四年前半から、日本各地の動物園での殺処分が始まります。宝塚動植物園、大阪市立動物園（一〇種二五頭処分）、京都市動物園（一三頭処分）、仙台市立動物園、福岡市記念動物園、愛知県の東山動物園など（全国で一五〇頭以上）です。

天王寺動物園（大阪市）で三五年間ヒョウはもとより、ライオンやトラを飼い慣らした飼育係りのベテラン（…）原さんは、当時の事を述懐して「ヒョウはなかなか利巧な奴でしてね！　毒入りの牛肉を三回食べさせたのですが、直ぐに吐き出してしまいました。仕方がなく私自身が檻の中に入り、心を鬼にしてロープを首に掛けたんです」「檻の外でロープのはしを持っている人に合図を送ると私は檻から飛び出しました」「むごい事でした。私は見たくなかったのです」四〜五分経ったでしょうか、檻にもどりましたら、「苦しかったのでしょうツメを全部立てていました」「かわいそうで、その日一日はほかの人の顔を見たくなかったし、家に帰ってもご飯が食べられなかったですよ」としみじみと話しをされ、涙ぐみながら「私は、あの世に行ったらまず動物たちに謝りたい」と心境を吐露されました。

（高橋正憲 2010）

動物園の殺処分は国内だけでなく、日本が設立した京城李王職昌慶苑動物園（ソウル）でも行なわれました（一九四五年七月二五日以降、ゾウ、ライオン、トラ、クマ、ヘビ、ワニなど二一種三八頭が処分）。それ以外にも、台湾の台北圓山動物園、中国の新京動植物園などで殺処分が行なわれています(34)（森 2015）。

戦争の中で、動物の殺処分は「一つのエピソード」としての意味しかないかもしれません。しかし、こうした殺処分は、戦争の本質をある角度から伝えているように見えます。それは、ゾウを守れないかと苦しみながら最後には餓死させてしまう飼育員たちと、最後まで生きようとしつづけるゾウたち、そして戦争に関係ない動物を殺してしまう人間の身勝手さが戦争の不条理さを浮き彫りにするからなのかもしれません。

なお、上野動物園のゾウの殺処分については、土家由岐雄の『かわいそうなぞう』がよく知られています（一九五一年に童話集『愛の学校・二年生』に収録・発表、一九七〇年に絵本として出版）。この本は二〇〇五年までに二二〇万部発行され、日本で最もよく知られた戦争文学の一つとなりました。しかし、『かわいそうなぞう』は史実に対する誤りがあり「事件の本質が大きく歪められた」と長谷川潮から批判されています。

「その　ころ、せんそうが、だんだん　はげしく　なって　東京の　町には、まい日　まいばん　ばくだんが　雨のように　ふりおちて　きました。この　ばくだんが、もしも　どうぶつえんに　おちたら、どうなる　ことでしょう。」（『かわいそうなぞう』初出形）。

「『かわいそうなぞう』では、こういうふうに空襲が先にあって、それから猛獣虐殺が行なわれたとされているのだが、事実はこの順序は逆なのである。（…）『かわいそうなぞう』において、激しい空襲下で市民の危険をおもんぱかって猛獣を虐殺したとしているのは、市民の安全など眼中になかった政府や軍の当局者を人道的だったとすることであって、これは虐殺事件、ひいては戦争そのものの本質の取り違えである。こうした結果をもたらす事実の変改は否定しなければならないし、こういう変改によって成立している『かわいそうなぞう』が、真の意味で戦争を否定する作品ではないのは当然である」（長谷川 2000）。

こうした批判を前提として『そして、トンキーもしんだ』は描かれています。しかし、この作品にも問題があります。

「げいとうの　じょうずな　三とうの　ぞうでした」とあるように、三頭のゾウは「芸当」の訓練を受け、「つなひき」「シーソー」「旗振り」「碁盤乗り」などをさせられていました。すでに触れたように、最初に餓死させられた「ちょっと　あばれもの」とされるジョンは、かつて、芸を教える調教師から槍で刺され、その調教師を逆襲して殺しています。そのため、ジョンは餓死するまでの一二年間、前足を鎖でつながれたままでした。ジョンが真っ先に殺処分の対象となったのはこのためです。

当時、動物園での芸当は普通に行なわれていました。一九三二（昭和七）年に天王寺動物園に来たチンパンジーのリタは、竹馬や自転車に乗り、テーブルでナイフとフォークを使って食事を

（34）　新京動植物園の動物殺処分は村上春樹の『ねじまき鳥クロニクル』第3部「鳥刺し男編」（1995）の「動物園襲撃（あるいは要領の悪い虐殺）」（一九九四年に短編として発表）で描かれている。

登場人物の赤坂ナツメグが幻視した光景で、一九四五年八月のある日、猛獣を毒殺する指示を受けた関東軍の中尉が、八人の兵士を連れて動物園に向かう。しかし、動物園には毒薬がないことが判明し、中尉は仕方なく銃で動物たちを射殺する。

「彼女（ナツメグ）はそのとき、日本の兵隊たちが広い動物園の中をまわりながら、人間を襲う可能性のある動物たちを次々に射殺していく光景を見ていた」。「既に動物にまわす餌は不足しているし、この先事態はもっとひどくなるだろう――少なくともよくなる見込みはない。動物たちにとっても、あっさりと射殺された方が楽かもしれない。それにもし激しい戦闘なり空襲の結果、飢えた動物が市街に放たれたりしたら、間違いなく悲惨な状況がもたらされることになる」（中尉の独白）。彼らはトラ、ヒョウ、オオカミ、クマを殺したが、二頭のゾウはあまりに巨大であるため殺処分をあきらめる。

川村湊は『満洲崩壊――「大東亜文学」と作家たち』（1997）でこの殺処分を検証している。「私が参照できた資料の限りでは「新京特別市立南嶺動植物園」に象は飼われていなかった」。また、「動物園の猛獣はすべて薬殺され《ママ》」銃殺ではなかった。森徹士によれば、新京動植物園は「戦争後期に肉食動物を薬殺し、他の動物は開放した。具体的な動物名は不明（中華人民共和国札幌領事館職員による現地調査〔二〇一〇年　同

し、食後にはタバコを吸うパフォーマンスで爆発的な人気を集めました（この結果、天王寺動物園の入園者は上野動物園を抜いて日本一になった）。現在、こうした「芸当」は動物への配慮に欠けるものとして、動物園ではほとんど行なわれていません。[35]
『そして、トンキーもしんだ』はこうした光景を「戦争によって壊された幸せな光景」のように描いています。しかし、本当にそうだったのでしょうか。「芸」を教わるために調教師に槍で刺され、反撃して殺したジョンは、人間の「ともだち」だったのでしょうか。
芸をする「ワンリーも　とても、たのしそう」「ほんとうに、ぞうは　みんなの　なかよしでした」「にんげんの　ともだちとして、にんげんを　しんじきって、トンキーは　いきて、そして、しんでいったのでした」。
しかし、それも「人間の勝手な解釈」かもしれないのです。

一九四四年──『犬やねこが消えた』

戦争中の動物の殺処分は、動物園だけで行なわれたのではありません。家庭の飼い犬や飼い猫についても、政府による「供出」指示が行なわれていました。

一九四〇年二月一三日、帝国議会衆議院予算委員会で、北昤吉《れいきち》議員がこのように発言します。

「今日御承知の如く皮が足らなくて困つて居る。食ふものが足らなくて困つて居る。斯う云ふ際に犬猫を撲殺することに陸軍が努力したらどうか。（…）軍用犬以外の犬猫は全部殺してしまふ、さうすれば、皮は出る、飼料はうんと助かります」。

北昤吉議員は、二・二六事件を起こした青年将校たちの理論的指導者として死刑になった国家社会主義者、北一輝の実弟です。北昤吉は早稲田大学、ハーバード大学で学び、哲学者として多くの著作を出し、右翼団体に参加しつつ武蔵野美術大学、多摩美術大学を創設し、一九三六年に衆議院議員になりました。

これに対し、畑俊六国務大臣は「（…）犬を全部殺して愛犬家の楽みを奪つたが善いか悪いか

園職員の呂子華氏に取材）」（森 2015）。薬殺だとすれば、国内の動物園がそうであるように、兵士が直接行なうことはなかったと考えられる。つまり、村上春樹による動物殺処分の描写は現実とは大きく異なっている。

　新京動植物園の動物殺処分は、上野動物園など国内での殺処分の二年後の戦争末期で、その理由も不明である。しかし、多くの民間人を見殺しにして逃げ出した関東軍が、民間人の安全を考慮して動物たちを殺処分したと考える理由はない。むしろ、「敗戦処理」の一環として、あるいは、のらくろやハチと同じく、余裕を失った満洲政府（あるいは新京市）によってその存在を「抹殺」されたと考える方が適当ではないだろうか。

　しかし、「動物園襲撃」では動物が「人間を襲う可能性」を考慮して軍自ら殺処分を行なったと描写されている。その意味で、この作品についても、長谷川潮が言う「市民の危険をおもんぱかって猛獣を虐殺したとしているのは、市民の安全など眼中になかった政府や軍の当局者を人道的だったとすることであって、これは虐殺事件、ひいては戦争そのものの本質の取り違えである」という批判が向けられうるだろう。

（35）　日本では当たり前のように行なわれているイルカショーも世界的にはほとんど認められていない。たとえば、二〇一八年九月に「セーリングワールドカップ」江の島大会開会式で行なわれたイルカショーは、メダリストを含む海外選手たちから「イルカショーに衝撃を受けた」と批判され、国際統括団体のワールドセーリングが「容認できない」と非難する事態になっている（ただし、こうしたイルカのショーを「環境エンリッチメント」として理解する意見もある）。

と云ふことに付きましては、尚ほ折角研究を致したいと思ひます」と曖昧な答弁に留めています。

この三年後、それまで軍の毛皮用に使われていたうさぎが減り、さらに「空襲で犬が暴れると危ない」という動物園殺処分の時と同様の懸念が語られるようになり、犬の献納運動が大政翼賛会札幌市支部の発案で一九四二年四月に初めて行なわれます。その後、全国各地で軍の意向を受けた警察や役所、翼賛壮年団、町内会などが中心になって犬の「献納運動」が始まりました。東京都の昭島市昭和町では、立川署長が「飼犬も食べものがないので最近では次第に気が荒み、中には狂犬になるのも多いのです。この際小さな愛情を棄て、進んでお国に捧げようじゃありませんか、犬死にといひますが犬の皮は飛行服に、その肉は食肉にもふりむけられるのです」とし、立川署管内の全ての犬が殺処分されます（松井 1984）。

一九四四年一一月、「畜犬献納」は政府による正式な命令になります。政府は一二月一五日付で、家庭のすべての犬の強制供出を各地方長官宛に通達しました。一二月一七日の『朝日新聞』は「軍需毛皮革の増産確保、狂犬病の根絶、空襲時の危害除去をはかるため全国的に野犬の掃蕩、畜犬の供出の徹底を期する」としています。

こうして、各地の役所から回覧板などで献納を訴える隣組回報が家庭に伝えられ、指定された日に犬や猫が集められていきました。当時、愛媛県の国民学校三年生だった少年がのちにこう書いています。「朝礼の訓辞で校長が、自分らで飼っている犬を連れて来るよういいました。北方で戦っておられる兵隊さんの外套にするための毛皮を集めている人が来るから、と。／私がリーと呼んでいた犬を紐に結んで登校すると、学校の運動場は犬でいっぱいでした。そこに接した草の茂っている空地にシートで囲んだ場所が造られ、犬を殺す人が早くから働いている」。しかし、リーは、少年の弟が紐を受け取ってそれをほどいたため逃げ出し、翌日家に戻って来ました(36)

(36)　大江健三郎はこの犬の強制供出の一三年後、大学の実験動物だった犬たちを「作られた囲いの中へ僕が犬を引いていき」、「犬殺し」の男が棒を振り下ろし、「犬は殺されてぶっ倒れ、皮を剝がれる」小説「奇妙な仕事」を書くことになる。

『自選短篇』あとがきによれば、「奇妙な仕事」（初稿は劇作品「獣たちの声」）を文芸誌に発表するにあたり、大江健三郎はこの短篇と戦争中の犬の強制供出の話を二部構造にしようとした。しかし、「小説を書き始めたばかりの自分の技術ではムリ」だったため、「死者の奢り」（1957）を書いて文芸誌へのデビュー作とした。

その後に書かれた大江健三郎の作品には、殴り殺される動物のイメージが繰り返し現われることになる。劇作品「動物倉庫」（1957）で登場人物は「残酷なやり方で無抵抗な蛇を叩き殺し」、「運搬」（1958）で主人公たちは屠殺され皮を剝がれた仔牛を自転車で運搬し、「鳩」（1958）では少年院の教官が「大きい牡犬に駆けよると、その頑丈な頭を殴りつけ」て殺害する。この時期の大江健三郎の小説のタイトルの多くは、「鳥」「人間の羊」「飼育」（いずれも1958）のように動物に関わるものになっている。「飼育」では、主人公の少年とその弟たちが「獣のように」飼育していた黒人兵士が、「眼が怒りにもえて犬のように熱っぽい」父親によって鉈でその頭蓋を打ち砕かれて殺される。

大江健三郎は「私が試みながら仕上げることのできなかった先の思い出（引用者注　犬の強制供出）からの物語は、（…）「時代の精神」の表現として、幾つもの初期短篇に書き表わされて」おり、『芽むしり仔撃ち』（1958）で「弟は作者の思い出通りの働きをしています」という。無数の動物の比喩に満ちた『芽むしり仔撃ち』は、弟がかわいがっていた犬が木柱で殴り殺されるシーンをその物語のピークに置いている。おそらく、大江健三郎にとって「犬殺し」は、小説家としてどうしても書かなければならない「一番はじめの出来事」だったはずである。

村上克尚は『動物の声、他者の声——日本戦後文学の倫理』（2017）で、「犬殺し」をアレゴリーや比喩としか読まない「奇妙な仕事」への従来の批評を批判している。そして、大江健三郎のいくつかの小説が「人間の動物に対する暴力的な扱いが、人間の人間に対する暴力の根源にあることを描いている」とし、それらを「動物文学」として論じている。

(『大江健三郎自選短篇』あとがき)。井上こみち(文)ミヤハラヨウコ(絵)『犬やねこが消えた』(2008)は、こうした犬猫の強制供出を追った児童文学です。

　一九四五年二月、小樽市でも「飼い犬や飼いねこを神社の裏庭まで連れてくるように」という供出命令の回覧板がまわります(全国でも猫の供出は海軍の要請があった北海道のみだった)。一〇歳頃の律子さんは、嫌々ながら飼い猫のクロを麻袋に入れて神社へ連れて行きました。

> とぼとぼと神社への坂道を上っていくと、けたたましくほえる犬の声やねこの悲鳴が聞こえてきました。すると、それまで動かなかったクロが、急にあばれだしたのです。神社に近づくと、律子さんの目にむごたらしい光景がとびこんできました。犬やねこの死体が転がり、雪が真っ赤にそまっているのです。律子さんは足がすくんで動けなくなってしまいました。
> こん棒を持った男の人が、律子さんに気づきました。
> 「そこにふくろをおけ!」「おじさん、クロも殺すの?」「うるさい。早くふくろをおけといっているのが聞こえないのか。」
> 　男の人は、律子さんをにらみつけています。「お願いです、わたしが坂道を下りるまで、クロを殺さないで。」「わかった。わかったから帰れ。」律子さんが、そっと雪の上にふくろを下ろし、急いで歩きはじめたとき、「ギャーッ。」クロの叫び声が聞こえました。律子さんは、耳をふさぎ、その場にしゃがみこんでしまいました。

　こうした撲殺は、毛皮に傷が付かないよう、犬には多くは丈夫な木の棒を、猫には金づちを眉《み》間《けん》めがけて振り下して行なわれました。クロの叫び声はこの時のものだったのです。殺された犬と猫は、すぐに毛皮を剝がれ、死体は処分されました。

「クロ。おまえを助けることができなくて、ごめん。わたしはおまえが理由もわからず殺されたことを一生忘れないよ。おまえの死をむだにはしないからね。わたしはこれからの人生を、動物たちのためになることをしていくからね。約束するよ。」その夜、律子さんは、クロにちかいました。(…)

「今も耳に、クロの最後の声がはっきりと残っています。クロの命を救うことができなかったという後悔は、生涯消えません」。律子さんの家には、いつも一二、三匹のねこと数匹の犬がいます。律子さんは、七〇代半ばになる今も、捨てられたり、けがをして道で動けなくなっているねこや犬を助けています。「クロ、わたしはおまえにちかったことを守っているよ。不幸な動物たちを救っていくから、これからも力を貸してね。」

(井上 2008)

当時一七歳の、同じように戦争中に飼い犬を供出させられた少女が、六三年後の二〇〇八年にこう言っています。「戦争で、私の心は一回死んだの。うれしいことも悲しいことも、感じないように決めたの。苦しまずにすむから」(『毎日新聞』二〇〇八年八月一〇日)。こうした動物の虐殺を経験して、一人の少女の「心は一回死」に、律子さんは「これからの人生を、動物たちのためになることをしていく」と決心します。こどもだけでなく、天王寺動物園の飼育係の原さんは「私は、あの世に行ったらまず動物たちに謝りたい」と言います。動物の殺処分は動物に関わった人々の心に、一生の間、あるいは死んでも消えない「傷」として残り続けたのです。

こうした献納運動によって殺された犬猫の総数は、資料隠滅のため部分的にしか明らかではありませんが、北海道で飼い犬三万匹、猫四万五〇〇〇匹、神奈川県で一九四四年の七～八月で犬一万七〇〇〇匹とされます。献納の主な目的は兵士のための毛皮の調達でした。しかし、犬猫が殺されたあと、警察署の裏に毛皮が山積みになっていたという証言もいくつかあり、そのかなり多くが無駄になったのではないかと言われています（川西 2018）。

それでも、「お国のために」という官民一体となった声は、犬猫の供出を「草の根」で進行させました。「供出が「献納運動」として下から盛り上がった背景には、国民生活の逼迫もあった。どこの家も夫や息子が出征し、働き手を失って苦しい生活をしている。食べ物もない。そんな時に犬猫などを飼っているのは非国民なのである。（…）こうして追い詰められ、苦しんでいる者がさらに他の者を追い詰めたのである」[37]（川西 2018）。もちろん、犬や猫を飼っている人は自分の食べものを割いて食べさせていたのですから、他人に迷惑などかけていません。しかし、「お国のために」がすべてに優先された中で、犬猫の供出は「愛国心を証明する踏み絵」（川西 2018）となり、飼い主と犬たち猫たちを追いつめたのです。

戦争での動物園の動物や犬や猫の殺処分は、極限状況に近づく時、本当はその必要がなくても「最も弱い者」を国家や、国家におもねる一般の市民たちが犠牲にしていくことを示しています。戦争などの「非常時」になるたび、こうした事態はこれからも反復されるのかもしれません。

しかし、日本は敗戦後、今度は主に「無責任な飼い主」のために犬や猫の「殺処分」を大規模に始めました。犬猫の殺処分は一九七四年度に約一二二万一〇〇〇匹（犬一一五万九〇〇〇匹、猫六万三〇〇〇匹）、その後も一九八四年度に約一一一万四〇〇〇匹（犬八六万九〇〇〇匹、猫二四万四〇〇〇匹）と想像を絶する規模で続けられました。これは、どう考えても戦争での犬猫の殺処分数をはるかに超えています。

結局、戦争であっても平和であっても、犬や猫は人間の都合で殺されているのです。戦時に「犬やねこが消えた」ように、平時でも「犬やねこが消え」続けています。犬や猫の立場からすれば、人間の「戦争」と「平和」は違いがありません。むしろ、「戦後」の殺処分の方が、極限状態でない「平時」であるだけ、人間の身勝手さがより明白だとさえ言えます。ある意味では、「七十代半ばになる今も、捨てられたり、けがをして道で動けなくなっているねこや犬を助けて」いる律子さんは、人間ではなく犬と猫の立場に立って、終わることのない「戦争」への抵抗を続けていると言えます。

強制供出や殺処分以外にも、第二次世界大戦時、多くの動物たちが飼い主から置き去りにされ、捨てられていました。たとえば、満洲で生活していた日本人が戦後の引き揚げで帰国したとき、多くの動物が置き去りにされました。満洲の大連市で育ち、そこで一〇年間一緒に過ごした犬を置き去りにしなければならなかった女性がこう言っています。

引揚げが決まってからこのトミーのことが一番の悩みだった。残った家具全部をつけて中国人の妾となって残るすず子さんにもらってもらう事に母が決めて来た。荷作りの最中も彼

(37) 他人に迷惑をかけていないのに、「苦しんでいる者がさらに他の者を追い詰め」激しく批判するという事態は、生活保護世帯が犬や猫を飼ったり酒やタバコをたしなむだけで激しく批判される二〇〇〇年代以降の「生活保護バッシング」で反復されている。このバッシングは、生活保護費を削減しようとする国の意向を背景に、低賃金の労働者や年金が少ない人などの「自分たちは生活が苦しいのに生活保護の人間はぜいたくをしている」という偏見を煽ることによって進行していた。

は自分の箱から出て来なかった。言葉がないだけですべてを知っていたかの様に目がぬれていた。「さようならトミー」「ごめんねトミー」。私が抱き上げても私の顔をペロリと一なめして横を向いてしまった。戦争、敗戦、引揚げ、そんな事トミーにわかる筈がないよネ。「捨てられる」「飼主はどこかに行ってしまう、自分を置去りにして」そうした事しか犬にはわからないだろう。(…)六十年も七十年もたってから、そう思って泣けてくる。(…)理由はともあれ、自分達だけ嬉々として日本に帰ろうとする身勝手な人間たちを、彼はうらんだことだろう。私はそれがとても心残りだった。
(江頭静枝さん、八一歳　柏艪舎編 2007)

トミーを置き去りにしたことは、彼女にとって六〇年以上経っても消えることのない「傷」として残り続けました。そして、こうした動物の大規模な「置き去り」は、敗戦から六六年後、福島第一原発二〇キロ圏内で再び繰り返されることになるのです。

Ⅵ　震災と動物たち（Ⅱ）

二〇一一年――東日本大震災と動物たち

昨年六月。映画『犬と猫と人間と二　動物たちの大震災』の公開がはじまった頃、おじいさんとの忘れ難い出会いがありました。一九四五年、敗戦を満洲で迎えた九歳の少年が七七歳のおじいさんになり、映画を観てくれたのです。おじいさんは当時、那智《なち》という白い犬を飼っていました。日本の敗戦が決定的となり、中国大陸から命からがらの逃避行がはじまります。

「逃げる家族に那智を加えることは出来ず、玄関につないだまま置いてきてしまった。ひと月後、ふたたび家に戻ることが出来たとき、那智が玄関の前で待っていたんです。その時の那智の喜びようが、頭から離れません。」

那智は運よく、近所の人が餌をやってくれていたおかげで生き延びていたそうです。けれど、日本本土への引き上げに結局連れて行くことはできず、ついに置いてきてしまいそれっきり。「それ以来犬を飼うことが出来ません。福島の犬を観て、昔を思い出しました」。そうおじいさんは教えてくれました。

（宍戸大裕「いま、私たちの望むものは」『消費者法ニュース』第一〇二号　二〇一五年一月）

二〇一一年三月一一日一四時四六分、日本の観測史上最大の地震、東日本大震災が発生します。M九・〇のこの地震によって関東から東北に及ぶ一万棟以上の建物が全壊し、一〇〇名を超える人が亡くなりました。

そして、地震発生の数十分後、福島県、宮城県、岩手県の各沿岸で八～九メートル以上の津波が押し寄せます。この大津波により、約一二万棟の建物が全壊し、さらに、多くの人が津波に巻き込まれて溺死し、その数は死者と行方不明者、合計約一万八〇〇〇人に達しました。

この地震によって、福島県の東京電力福島第一原子力発電所の原子炉は自動的に制御棒が上がり緊急停止しました。激しい振動のため、発電所への送電線、変電所や遮断器などが故障し、さらに送電線の鉄塔一基が倒壊したため、原発は外部電源を失います。

ただちに地下に設置されていた非常用ディーゼル発電機が起動しましたが、地震の約五〇分後、一四～一五メートルの津波が原発敷地に到達し、発電機は海水に浸かって故障し、原発は全電源喪失状態に陥ります。そして、原子炉内部や核燃料プールへの送水・冷却が止まり、核燃料が溶融し始めます。史上最大級の原発事故の始まりです。

原発一～三号機は炉心溶融（メルトダウン）を起こしました。一一日一九時〇三分、日本政府は原子力緊急事態宣言を公表し、翌一二日五時四四分、半径一〇キロ圏内の住民に避難指示を発令します。この地区の住民は避難指示に従って「財布も箸も持たない」と言われる状態で家を出ることになりました。

原発一～三号機はメルトダウンの影響で水素が大量発生して一二日一五時三六分、一号機が水素爆発し、原子炉、タービン（エネルギーを動力に変換する回転式原動機）各建屋と周辺施設が大破します（一四日に三号機、一五日には四号機も水素爆発を起こす）。これによって、高い線量の放射性物質による汚染が広範囲に発生することになりました。同一二日一八時二五分、避難指示は二〇キロ圏内へ拡大され、約二万七〇〇〇世帯、七万八〇〇〇人が避難を強いられることになります。

家に住むことのできなくなった避難者は、公民館・学校などの避難所、親族・知人宅などへ避難し、その数は三二万六八七三人（二〇一二年一〇月四日）にのぼりました。避難中に体調悪化などで死亡する「震災関連死」も増え続け、震災六年後には三六七四人に達しました（復興庁二〇一七年六月）。特に、福島県内の震災関連死は原発事故の避難の影響で体調が悪化する「原発関連死」が六七％で、その数は地震や津波による直接死者数を上回り、福島県内で少なくとも一三六八人（『東京新聞』二〇一六年三月六日）にのぼることになります。

この地震と津波によって、犬や猫など多くの動物たちも命を奪われました。厚生労働省は、地震と津波によって、福島県だけでおよそ一万頭の犬が犠牲になったと推定しています。おそらく、猫も同じぐらいが犠牲になったはずです。

原発事故に伴う「ペットの置き去り」も大規模に起こりました。福島第一原発一〇キロ圏内では三月一二日早朝に、二〇キロ圏内では同日夕方に住民が避難を強いられましたが、そのさい、多くの住民が「数日で帰れるから」「避難所にはペットは連れて行けない」と言われ、ペットを家に置いて避難していたのです。また、「すぐに家に帰れると思っていた」「車がなくて連れてこられなかった」とペットを家に置いていく人もいました。

そして、避難所でも被災ペットの行き場がなくなる事態が起こっていました。特に、福島県の避難所の多くではペット禁止だったため、新潟など他県の避難所にペットを連れて移らざるをえない人も多くいました。「新潟県内にある計四カ所の避難所を取材し、ペット同伴で避難された方たちにお話を聞かせていただく中で、「福島県内の避難所はペット禁止で、犬や猫の居場所はなかった」こと、「原発が爆発し、急遽、役場のバスで集団避難することになった時も、ペットは乗せられないから、置いてくるように、との指示があった」こと、「自分は犬がいるからバスに乗れないので自家用車で逃げる。行き先を教えてほしい」と頼んでも、教えてもらえなかったことなど、ペットを連れて避難しようとしている人たちの存在や行動を真っ向から否定し、非人道的ともいえる〝ペット置き去り〟行為を促すような行政対応があったことが明らかになりました」（どうぶつ福祉ネットワーク代表・児玉小枝『動物法ニュース』第三五号）。

新潟県では、二〇〇四年一〇月に最大震度七の新潟県中越地震がありました。その時、地震発生四日目に行政が動物救済仮本部を設置し、全村避難になった山古志村に取り残された犬や猫のためにヘリコプターで餌を運び、避難所では自衛隊に依頼してペット同伴可能なテントの設置、日本獣医師会との連携による無料の医療診療、被災動物の一時預かりなどの支援を行ないました。また、すべての仮設住宅でペットの飼育が原則として可能となり、その後の災害復興住宅でも、被災動物に限り飼育を認める流れを作りました（岡田 2015）。

東日本大震災直後、新潟県には福島県から一万人近い被災者と約三〇〇頭のペットが避難しましたが、そのさい、新潟県は各市町村に避難所でペットのための避難エリアを確保するよう指示を出すなどペットとの「同伴避難」を推進しました。二〇〇四年の震災の経験が、二〇一一年の震災支援で役立てられたのです。

しかし、東日本大震災では、福島県を始め多くの被災地でペットとの「同伴避難」という原則はほとんど考慮されていませんでした。(38)

のこされた動物たち――福島第一原発二〇キロ圏内

避難指示が出された福島第一原発二〇キロ圏内では、約二万七〇〇〇世帯、七万八〇〇〇人の人々が生活していました。そこでの飼い犬の登録数が約五八〇〇頭だったことから、福島県は二〇キロ圏内に一万匹程度の犬がいたと試算しています(東京都板橋区の犬の登録率が「三分の一」というデータから一万七四〇〇匹以上の犬がいたとする試算もある)。そのうち、飼い主に同伴して避難できたのは約三〇〇匹でした。福島県は、津波や地震でペットの二六%が命を落としたと仮定し、犬は七〇〇〇匹規模、猫も同程度が二〇キロ圏内に取り残されていると想定しました(「プロメテウスの罠　いのちの記録[5]」『朝日新聞』二〇一三年三月三〇日)。

被災地で置きざりにされ、鎖に繋がれたままの犬や室内飼いの猫は、身近にある食糧が尽きると次々と餓死していきました。また、屋外で飼われていた猫、避難のさいに鎖をはずされた犬たちもエサのない無人の町で自力で生かざるをえなくなりました。

(38) 福島での対応への反省から、環境省は「災害時のペット同行避難が原則」というガイドラインを発表している(二〇一三)。しかし、避難者を受け入れる全国各地の公営住宅が「ペット入居可能」ではないなど、多くの問題が残された。

二〇一七年、環境省は改訂ガイドラインで、熊本地震の経験から、避難所でペットを保護する場合、他の被災者と分けるよう自治体に求める方針を出している。また、避難所で保護できない場合に備え、飼い主や自治体などに預け先を確保しておくよう促すとしている。

三月一五日、原発二〇～三〇キロ圏内は「屋内退避区域」に設定されます。これを受け、大手新聞社やテレビ局は二〇キロ圏内への立ち入りを自主規制し始め、現地の情報は外部にまったく伝えられなくなりました。しかし、独立系のＡＰＦ通信社の山路徹たちが二〇キロ圏内に入り、ゴーストタウンのような光景の中でやせこけた犬や猫、そして牛や豚、馬たちがさまよう光景を目撃します。

彼らは、三月二六日にインスタントラーメンと白飯を混ぜた食糧を持っていき、集まった犬たちに与え始めました。その中には首輪をした犬がいて、山路徹はツイッターにその犬の写真を投稿します。「原発二〇キロ圏内「置き去り犬」へのペットフード支援を決心しました。二〇キロ圏内への立ち入りにはリスクが伴うので、私たちが行います。皆さんにはペットフードをいただければ助かります」。

このツイートに多くの応援のメッセージが寄せられ、ボランティアも加わり、六人でエサの配布、飼い主から依頼のあったペットの救出活動を行なう「福島原発二〇キロ圏内・犬猫救出プロジェクト」が三一日に始まりました。この事態を知ったさまざまな動物支援団体や個人ボランティアも、二〇キロ圏内での救出活動を独自に始めることになります。

しかし、四月二二日、二〇キロ圏内は災害作業員など許可のある者以外は罰則付きで立ち入りが禁止される「警戒区域」に指定されました。二〇キロ圏内への立ち入りは、住人でさえ一時帰宅以外は「違法」となったのです。もちろん、動物支援団体や個人ボランティアの立ち入りは許されません。しかし、ボランティアは「違法」を承知で侵入して活動を続けました。

作家の森絵都がボランティアの一人、中山ありこさんの二〇キロ圏内の侵入に同行し、『おいで、一緒に行こう　福島原発20キロ圏内のペットレスキュー』を書いています。

中山「20キロ圏内に入るのに、ルートはいくつかあるんですけど、今回は見張りのいないラインの有刺鉄線を切って入ろうかなって」「私たちが有刺鉄線を切って圏内へ入ったあと、その鉄線を結ぶ係をやってもらえませんか。やっぱり切りっぱなしはよくないので、器物破損になっちゃうし」。森「警察に捕まったらどうなるんですか」。中山「警察署へ連れていかれて、お説教。だいたい一時間くらいで解放されます」。

ボランティアは、自費でエサを買い集め、仕事を休んで日本全国から二〇キロ圏内に通い、捕まえた犬猫たちの飼い主捜しと譲渡活動を続けました。飼い主から依頼があれば、家に行って連れ出すか捕獲機を使って動物たちを捕まえ、それができない時は餌と水をおいて次の機会につなぎます。こうしてボランティアによって保護された犬猫の数は二〇〇〇匹以上とされます（太田康介 2012）。それでも、二〇キロ圏内に犬が七〇〇〇匹、猫が同じぐらいいたとすれば、救出できたのはそのうち一四％程度ということになります。

一方、県による二〇キロ圏内のペットの保護頭数は六三七頭でした（二〇一二年一月三一日現在・環境省調べ。一時帰宅の際に飼い主が捕まえた頭数を含めた数）。立ち入り権限を持つ行政がごく少数のペットしか保護することができなかったのは、ふだんから犬や猫の保護活動を行なっている民間団体やボランティアとちがい、行政側がペット捕獲のノウハウをあまり持っていなかったためと考えられます。

本来なら、行政、警察はボランティアを取り締まるのではなく、協力してレスキュー活動を行なうべきでした。しかし、そうした協力は実現しませんでした。「四月半ば、環境省はペットを救出する目的で民間人の二〇キロ圏内の立ち入りを認められないか、ひそかに検討していた。だが、問い合わせた内閣府のチームはにべもなかった。原発事故は収束せず、地域住民の立ち入りも認めない状況だったからだ。／次に考えたのは、警察や自衛隊にペットを救出してもらう策だった。／だが、これは要請にも至らなかった。同省動物愛護管理室の室長補佐、大倉弘二《おおくらこうじ》は「行方不明者を捜索しているさなかにペットを救助することは、世間の理解を得られないと考えた」と明かす」（「プロメテウスの罠　いのちの記録[8]」『朝日新聞』二〇一三年四月二日）。

やがて、二〇キロ圏内で犬や猫の分娩が次々と始まりました。ネコは交尾すると一〇〇％妊娠し、母ネコは一回につき四～六匹の子ネコを産みます。しかも、三月一二日以降に二〇キロ圏内で生まれた子猫は「人間」の存在を知らないため極度に人を警戒し、保護はいっそう困難になります。

こうして、レスキュー活動の中でネコたちが繁殖し、保護の終わりが見えない状態に入っていきました。

のこされた家畜たち――福島第一原発二〇キロ圏内

福島第一原発二〇キロ圏内には、犬や猫などのペットの他、牛や豚、鶏などの家畜が数多くいました。

震災前の二〇キロ圏内にあった農家戸数と家畜数は、牛が約三〇〇戸で約三五〇〇頭、豚が九戸で約三万頭、鶏が九戸で約四四万羽とされます。しかし、家から放されたペットとちがい、家畜たちは基本的に牛舎やケージに閉じ込められ、そこから出ることができません。

畜舎に閉じ込められた動物たちは、次々と脱水死・餓死し始めました。数万頭の豚たちは、雑食性であるため、飢餓に迫られて衰弱した仲間の肉を食べるなど凄惨な状態となっていました。また、鶏が密集していたケージは停電したため換気扇が回らず、密室構造のため排泄物の有毒なていきました。

アンモニア濃度が上がり続けました。断水により給水器も止まり、鶏たちは脱水状態で衰弱死していきました。

牛たちも、牛舎でつながれたまま餓死していきました。

「人づてに放置されたままの家畜がいることを聞き、浪江町にある牛舎を訪ねてみることにしました。

現地に到着し、静かで不気味な雰囲気を感じながら歩を進めていくと、私の足音を察知したのか、牛たちがいっせいに鳴き始めました。中を覗いて、言葉を失いました。

そこは、地獄でした。異臭が立ちこめる牛舎では、五十頭ほどいた牛のうち三分の一はすでに息絶え、かろうじて生きている牛はみなやせ細り、私に向かってしきりに鳴くのです。足腰が弱ってへたり込んでしまっている牛もいます。

大昔から人間は家畜を飼育してきました。私も肉は食べますし、それを否定するつもりはありません。でもこの惨状を招いたのは、原発の事故なのです。

死に方で一番苦しいといわれる餓死。彼らは、訳もわからず、放棄された牛舎で糞尿にまみれ、仲間の死体を見ながら死んでいくのです。ここが地獄でなくて、なんなのでしょうか。

せめて、せめて安楽死を彼らに与えてやってほしい。自分勝手な考え方ですが、このときも、今も、そう思っています。これほどの無力感を感じたことはありません。」（太田康介 2011）。

事故以降、二〇キロ圏内の乳牛は放射性物質に汚染されていると判断され、牛乳を出荷することができなくなりました。もちろん、食肉として屠畜するはずだった豚、牛、鶏も出荷できません。

四月二四日、福島県は警戒区域内に残る瀕死の家畜を殺処分する方針を発表し、五月一二日、国も放射性物質の拡散防止のため、警戒区域内の家畜について、畜主の同意を得た上で全頭を殺処分する方針を出します。これは、行政による被曝動物の「最終解決」と言うべきものでした。「かつて私が相談した元農水省職員は、被ばく牛のことを「動くがれきだ」と言った。一刻も早く、警戒区域内の家畜を全頭殺処分したい。それが彼らの偽らざる本音なのだ」（針谷 2012）。鳥インフルエンザに感染した養鶏場の鶏を感染拡大防止のために何十万羽も殺処分することはたびたびあります。しかし、インフルエンザとちがい、被曝は感染するわけではありません。殺処分は、被曝動物の存在を「許さない」ということを意味します。

放浪している牛の殺処分は、警戒区域に柵を作り、牛を囲い込み、飼い主に同意させるという手順で行ないます。こうした被曝家畜の殺処分は、飼い主に深い傷を残すものになりました。「九月末、私は福島を訪ねました。今は仮設住宅で暮らす酪農家のご夫妻から、こんな話が聞けました。「最近、生き残った牛が次々に処分されてるんだよ。安楽死って言われてっけど、安楽死なんかじゃないよ。死にきれなくて鳴く声は、今までに聞いたことのない苦しい声だよ。その声、なんべんも聞こえてきた」。（…）口の重かった奥さんも、私が帰る頃になってようやく口を開きました。「（…）牛舎をチラッと見たらば、足広げて死んでる姿が見えて中に入られんかった。牛はなんにもしてないのに、なんにも知らないのにさぁー、なんでこんな目にあわせられたんだか……」。ご主人は、各牛舎で死んだ牛の慰霊碑を建てたいと語っていました。国は生き残った牛を養っていくことで、人間が起こした大失敗を動物の死で終わりにしようとしたあやまちを償うべきだ、と私は感じました」（阿部 2012）。

農水省によれば、震災から約一年が経過した二〇一二年一月三一日時点で、対象農家のうち半数以上が殺処分に同意しました。その時、すでに鶏と豚は餓死または殺処分によりほぼ全滅し、乳牛の大半と肉牛の一割程度は餓死していました。しかし、殺処分の決定に対して農家からの反発は強く、二〇一二年三月時点で警戒区域内で千数百頭の牛がまだ生存していました。

こうした中、福島第一原発一四キロ地点で「希望の牧場」が誕生します。

「希望の牧場」の誕生

「希望の牧場・ふくしま」は原発から一四キロ、居住制限区域と帰還困難区域の境界線上にあります。

「希望の牧場」は、もともと和牛の繁殖肥育を行なうエム牧場の浪江農場で、原発事故当時は吉沢正巳が浪江農場責任者として三三〇頭の和牛を飼育していました。

当時、二〇キロ圏内で約三〇〇戸の和牛農家が三五〇〇頭の牛を飼っていました。事故により、多くの酪農家は牛を置いて逃げ出しましたが、吉沢正巳は「牛のことが気がかりで逃げ出せずにグズグズしていた」と、毎日発電機を回して牛に水やエサを与え続けました。

しかし、被曝した浪江農場の牛は出荷先から取引を断わられ、農場の三三〇頭の牛は「経済価値ゼロ」になります。四月二二日には二〇キロ圏内が警戒区域に指定され、機動隊が来て地域全体が封鎖されます。住民は緊急避難を命じられ、地域の一五〇〇頭の牛は完全に放置されることになりました。

しかし、エム牧場は村田淳社長の「牛を見捨てられない」という判断で、牛を牛舎から放して放牧し、村田社長と吉沢正巳の二人で餌を運んで飼育を続けました。「ただし、放牧場の草は、とてつもない放射線を放っていました。六月末時点で15μＳｖ／時でしたから、事故直後は50μＳｖ／時くらいはあったでしょう。牛たちの肉・内臓・血液は、ものすごい汚染です。もちろん

売れません」（『人民新聞』二〇一四年一一月二五日）

二〇一三年一〇月中旬までに、旧警戒区域内の約一六五〇頭、地域にいた牛の半数近くが殺処分されます。しかし、この地区の一〇軒の農家は殺処分を拒否し、仮設住宅から通いながら牛を飼育し続けました。吉沢正巳たちも「絶対に国の指示には従わない」と決意し、他の農家の牛約一〇〇頭も農場で預かり、飼育を続けることになります。

「この牛たちの経済価値はゼロ、飼育する俺たちは日々被曝しています。それでも国の方針に逆らって飼育することに何の意味があるのか？　を、ずっと考え続けています。」（『人民新聞』同前）

満蒙開拓団と原発

吉沢正巳たちが被曝した牛を飼育し続けることについて、周囲から「被曝していなければ牛たちはとっくに屠畜されていた。なぜ被曝したら可哀想だと助けるのか？」「ペットとして飼うつもりなのか？」という声があったといいます。

確かに、肉牛として育てていた以上、原発事故がなければ牛たちはとっくに屠殺され食べられていました。殺すはずだった牛を「被曝したから」と生かし続ける理由は何なのでしょうか。「家畜でもなければペットでもない。それじゃ、動物園の動物なのか？　違うよね。でも、おれにもわからないんだよ。被ばくした牛の生きる意味が——そのことは、みんなにも正直に問わなければならない」（吉沢正巳の発言　針谷 2012）。

それを問い続けた彼の一つの答えは、「被ばくした牛たちは人間と同じか、それ以上の原発の犠牲者ではないでしょうか。これから十年、二十年と、彼らが生き続けることによって、この問題は長く語り継がれていくことになるでしょう。私の牧場の牛は原発事故の生きた証、絶望のなかに灯る希望の光です。私はこれからも、牛たちを生かし続けます」（針谷 同前）というものでした。国にとって汚染された牛たちは邪魔な「動くがれき」で、県は「汚染牛が生き続けることは、福島の畜産再建にとって障害になる」と言います。だからこそ、牧場にいる牛たちは、生き続けることそのものが国家による「最終解決」への抵抗となります。「そんな所に俺たちは勝手に住んで牛を飼い、移動が禁止されている汚染された牧草を運び込んでいる。やること全てが反政府的行為だ。だから、この牧場のスローガンは、「治外法権牧場」」（『人民新聞』同前）。

国家が被災者を見棄て、被曝した家畜たちを殺処分しようとするとき、吉沢正巳たちは「家畜でもなければペットでも」「動物園の動物」でもない、つまり「国家・資本・家族」のどこにも属さなくなった牛たちと運命を共に生きようとします。それは、国と東京電力という「原子力ムラ」に対して戦いを挑む人間と牛たちとの「共闘」なのかもしれません。

そして、この「反政府的行為」は、吉沢正巳の父・吉沢正三の戦争体験と重なっていました。吉沢正三は、「のらくろ」も扇動した国策「満蒙開拓団」の一人として中国東北部に渡りました。しかし、敗戦間際、日本の関東軍はソ連参戦の情報を得ると、住民を見捨てて逃げ出します。吉沢正三は、六〇万人以上とも言われる日本人捕虜の一人として、シベリアに抑留されて強制労働に従事させられました。

三年のシベリア抑留の後、日本に引き揚げてきた吉沢正三は福島県で土地を開拓し、それが現在の「希望の牧場」の基になりました。「満蒙開拓団の引揚者も、原発事故で散り散りになった福島県の被災者も、日本の国策によって生み出された存在だとおれは思っているんだ。そして国は土壇場になって彼らを見捨てた。まさに「棄民」だよ。新潟県小千谷出身の親父が、自分の食い物にも困る戦後の混乱期をくぐり抜け、開拓、開墾の末に、やっとの思いで残してくれたのがこの土地なんだ」(https://www.cataloghouse.co.jp/yomimono/150127/?sid = top_main)。

二〇一一年の原発事故は、ある意味では第二次世界大戦の反復となりました。かつて満洲を植民地化し、多くの動物たちを国策として殺処分した日本国家は、その後、原子力発電を「国策」として推進し、かつての戦争と同様、原発事故でも多くの人や動物を見捨てたのです。

「希望の牧場」は繰り返される国家と資本による「棄民」への不服従行為となりました。「不服従行為、蜂起、ゲリラ、あるいは行動としての革命といった反国家的企てが生起するたびに、戦争機械が復活し、新しい遊牧的潜勢力が出現し、平滑空間が再構成される」(ドゥルーズ&ガタリ 1994)。「希望の牧場」は国に見捨てられた被災地に「新しい遊牧的潜勢力」として出現し、牛たちとともに「国家と資本によって表現される公理系」に対する抵抗を行なっていると言えるかもしれません。

しかし、吉沢正巳の言う「反政府的行為」はある意味では後づけで、牛を生かし続ける行為は、もっと単純に、牛に対するある責任感から来ていたのかもしれません。

「聖地」の牧場

「希望の牧場」を訪ね、ボランティアに参加した木村友祐が小説『聖地Cs』(2014)を書いています(「Cs」=放射性セシウム。なお、この小説は『野良ビトたちの燃え上がる肖像』と同様、フィクションとして固有名詞を現実とは別のものに変えている)。小説の主人公は、いくつかのストレスから人材派遣会社を一年前に辞め、専業主婦をしている女性です。彼女は休業中に牧場のことを知って心を動かされ、ボランティアとしてやってきたのです。

この中で、牧場に集まった人々が牧場の意味について議論する場面があります。そこで、吉沢正巳にあたる作中の牧場責任者、仙道《せんどう》がこう言います。

「だから、おれはやめるわけにいかないんだ。なかったことには絶対しない。この牧場は、国と、あそこの発電所の、喉元に刺さったトゲなんだよ」。

主人公は「その言葉にわたしは激しく揺さぶられた」と言います。しかし、その場にいたボランティアの一人はこう言います。「でも、牛を殺すのもひとの勝手だとすれば、こんなに高い放射線に汚染されたところで生かすのも、こっちの勝手ですよね。これって、牛にとって幸せなことなんですかね」。

確かに、人間が「治外法権牧場」をスローガンに闘争したとしても、それは牛たちにとって意味があることでしょうか。人間たちにとっての「戦争」と「平和」が犬や猫にとって全く変わりないものだったように、「反政府」のために牛たちが生かされ続けることも「人間の身勝手」ではないでしょうか。

それを聞いた仙道さんは、演説とともに議論も好きなのでしょうか、「いいこと言うね」とニヤリと笑ったのでした。

「そうなんだ。どっちにしても、牛を利用してることに変わりがない。利用する範囲において、彼らはおれたちに生かされてるともいえる。でもね、それでも、おれは思うんだよ。利用できなくなったら殺せばいい、というのは、いのちに対する礼儀を欠いてるって。なんの役にも立たなくなったからこそ、利用してきたおれらは、あいつらの面倒をみる責任があるんじゃないだろうか。恩を返していく義務というか……、いや、やっぱ礼儀かな。ここがおれは大事だと思う。なんでかって、おれたち人間の、家畜のいのちに対する態度は、結局、おれたち自身にはねかえってくることなんだよ。棄民。数減らし。牛が殺処分されるように、今おれたちが同じような扱いを受けてるわけでしょ。ちがう？」

（木村 2014）

確かに、わたしたちは動物たちを生殖から飼育、屠殺、解体まで工業的に管理してきました。さらに、遺伝子レベルでその形質を作り変え、実験材料や食材や衣服、化粧品、工業製品などとして利用し尽くしてきました。そして、原発事故によって家畜が「経済価値ゼロ」になると「動くがれき」と見なし、殺処分によってその存在そのものを消そうとします。

それに対し、仙道さんは「なんの役にも立たなくなったからこそ（…）面倒をみる責任がある」と言います。家畜を「役に立たなくなった」という理由で殺処分するのは、ペットを「可愛くなくなった」という理由で殺処分するのと同じではないでしょうか。東日本大震災や阪神淡路大震災では、ペットの「家族の一員」から「社会の一員」への認識の転換が言われました。家畜動物も、ペットとはちがう形であれ、社会がその生に責任を負う共同体の一員なのではないでしょうか。

「希望の牧場」の人々は、経済価値を失い、ペットでも経済動物でもない、つまり「国家・資本・家族」のどこにも属さなくなった牛たちに直面しました。そのとき、わたしたちは牛たち家畜と人間の関係のあり方と、人間が動物に対し失ってはならない最低限度の「礼儀」あるいは「責任」を原点から問われています。ダナ・ハラウェイは「ポリティクス」という言葉について、「この語彙は、polis（ポリス）や polite（丁重で礼儀正しいこと）、つまりよいマナー（politesse）や、相手に対し応答したり、相互に応答しあったりすることと関わっているのだと思う」と言います

（ハラウェイ 2013)。「ポリティクス」（政治）や「社会」が可能であるとすれば、それは相互の尊厳を重んじて応答する「礼儀」から現われるはずなのです。被災地で、国家によって棄てられ、牛たちと人間たちが出会うとき、牛たち家畜はわたしたち人間のあり方を根本から問い返す存在となりました。わたしたちは、その牛たちに対し応答することから自身の尊厳と生を確かめなければならないのです。

仙道さんは、「牛が殺処分されるように、今おれたちが同じような扱いを受けてる」と言います。彼ら牛飼いも、原発事故によって「原子力ムラ」という国家・資本から「棄民」された存在でした。そして、小説の主人公も、牛たちが「動くがれき」と呼ばれ、生き物が「資源」と呼ばれるのを聞いて、自分がかつて勤めていた人材派遣会社を思い出します。「「人材」とか「人的資源」という言葉がふつうに使われているように、もやはヒトだって、いい意味でも悪い意味でも「資源」あつかいされている」。

多くの人が動物を単なる「肉」として食べ、工業畜産で生産された「資源」「食材」として扱う一方、彼女が言うように、自分自身も「資源」「人材」として社会からその尊厳を奪われています。レーガンは、動物園や工業畜産の中にいる動物は「痛み」や「苦しみ」を感じないまま「尊厳を剝奪」されていると言いました。それは、人間の場合、「勤めている会社に飼い慣らされてしまい自分の意思と良心を放棄し奴隷（家畜）と化した」社畜や、「会社に使い捨てされる」ことに慣れてしまった「人的資源」の状態と言えるかもしれません。わたしたちはそこで「苦しみ」を感じないまま尊厳を奪われ、あるいは、自分の現状に苦しみながら、軛《くびき》につながれた家畜のように大人しく耐え続けようとしています。

牧場の意味について議論した翌日、主人公はこう考えます。「わたしはあるひとつの考えにとらわれるのです。もしも、彼ら（牛たち）がヒトにはめられたすべての軛《くびき》を離れ、ほんとうの怒りにめざめたとしたら、と。みずからの生きる権利と尊厳のために、狂うことを選んだとしたら――。（…）そこまで追い込まれた者の怒りの表現は、はたから見れば狂ったように見えるかもしれません。でも、それでも狂わなければならないときがあるのかもしれないと、よくわからないなりにわたしは思うのです。」

そして、彼女は牛たちの糞にまみれた泥を手に取り、泣きながら「よく、見てください。これは、いのちの証しです」と言い、「うむぉぉ」と「からだの底から噴き上げるように、ふりしぼるように、息のつづくかぎり」叫びます。その異様な行動と鳴き声は、その場にいた人たちを驚かせます。

しかし、彼女の言う「狂う」は、『おはよう、水晶――おやすみ、水晶』の「私」が「狂人だといわれかねない中で、国家の嫌がる事を小説にした」ということと重なるのではないでしょうか。そして、それは「純な心」のフェリシテが周囲の人たちから「この人はもう頭がどうにかなっちまっているんだよ」と言われたことと重なるのではないでしょうか。そして彼女の叫びは、『コケコッコー！』の語り手が息の続く限り鳴き続けた姿とも重なるのではないでしょうか。「はたから見れば狂ったように見える」その叫びは、ドゥルーズ＆ガタリが「そこに同じ一つの狂乱が貫かれる」と言う「人間が動物に〈なる〉」ことの一つの姿を見せています。しかし、牧場の牛たちの糞を手に取って、「いのちの証し」と言う「わたし」、そして牛たちを見捨てられず「国と、あそこの発電所」に抵抗し続けようと牧場に集まる人々は、「動物になる」というより、「動物（の隣人）になる」ことを体現しているのかもしれません。ドゥルーズ＆ガタリの言う「動物に〈なる〉」は、国家・資本・家族に対する「人間と動物の共闘」を意味しました。それは、国家や資本に利用されて捨てられ、苦しむ他者のそばに自分の存在を賭けて近寄っていくことを意味します。犬やオオカミや猫が、障害や性暴力や自傷行為や難病に苦しみ、声をあげられない人間のそばに近寄り、力を与えようとするように、人間も、国家や資本、家族によって尊厳を奪われ苦しむ動物のそばに近寄り隣人になろうとしています。そのとき、人と動物は近づいて互いの「隣り」に立ち、生き続けるため互いに支え合おうとします。

そのとき、牛たち、猫たち、犬たち、そして人間は自らの尊厳のために力を与え合い、息の続く限り、ともに声をあげ続けようとするのです。

終章　「野生生物の天国」チェルノブイリ

ヨーロッパ最大の荒廃地といえば、ウクライナのチェルノブイリだろう。原子力発電所を中心とする立入禁止区域は、ルクセンブルクの国土に匹敵する（引用者注、神奈川県より大きい）広さだ。村や町があり、農地があって、森が広がっていたこの一帯は、一九八六年に起きた史上最悪の原発事故で人間の姿が消えた。爆発した原子炉から放出された放射性物質は、広島に投下された原子爆弾二〇個分に相当するとも言われ、ウクライナから国境を越えてベラルーシまで到達した。高レベルの放射性物質を浴びた場所は、木々が茶色くなって枯れ、「赤い森」と呼ばれた。原子炉から半径三〇キロ以内の住民は立ちのきを強制された（…）

（ピアス 2016）

二〇一一年、福島第一原発事故のあと、わたしたちは否応なく「スリーマイル」と「チェルノブイリ」を思い起こすことになりました。特に、一九八六年四月二六日に起きたチェルノブイリ原発事故は国際原子力事象評価尺度で最悪のレベル七に分類され、世界最大級の事故とされました。

チェルノブイリ原発事故により、運転員、消防士、事故の処理にあたった予備兵、軍人、労働者などに多数の死者が出ました。その後の放射性物質による汚染により、ガン、神経障害、白血病などが増加し、長期的な死者数は数百人とも数十万人とも言われることになります。

チェルノブイリ原発三〇キロ圏内は、福島第一原発二〇キロ圏内のように地域住民が強制避難させられました。牛三万五〇〇〇頭、豚九〇〇〇頭とともに住民が避難させられ、この区域は五月末までに一六〇キロにわたる有刺鉄線と監視所や監視塔に囲まれ、「ゾーン」と呼ばれるようになります。その後、さらに広い地域で避難が行なわれ、九月末にはロシア、ウクライナ、ベラルーシで住民一一万六〇〇〇人が強制的に立ち退かされました。

原発三〇キロ圏内の人間と動物たちは、凄まじい放射能汚染を被ることになりました。家畜や野生動物を検査した研究者はこう言います。「最初のサンプルを検査した結果、私たちのところに持ちこまれたのはもはや肉ではない、放射性廃棄物だということが明らかになりました」(アレクシエービッチ 1998)。

ベラルーシの猟師たちは地区執行委員会に呼び出され、汚染された土地にいる犬や猫を殺すことを命令されます。「おれたちは汚染地を二カ月間車でまわった。一日目におれたちが行ってみると、イヌは自分の家のまわりを走りながら、番をしている。人間を待っている。おれたちを見ると喜んで人の声めがけて走ってくる。家のなかや、納屋、畑で撃った。道路に引きずりだし、ダンプカーに積み上げる」。射殺した犬はダンプカーに山盛りに積み上げ、放射性廃棄物埋設地の巨大な穴の中に埋めます。「頭のいかれたばあさんがひとりで村に住んでいた。家に閉じこもってしまったんだ。ネコを五匹と犬を三匹飼っていたが、ひきわたそうとしない。ののしりやがる。おれたちは力ずくで奪いとったんだ。でも、イヌとネコを一匹ずつ残してやったよ」(アレクシエービッチ 同前)

被曝線量が極めて高かった場所では、植物の形や大きさが変化していきました。葉や花はしわでねじれて非対称になり、オークなどには巨大症が現われました。原子炉に近い木々は葉緑体が全滅して枯れて「赤い森」と呼ばれるようになりました。

事故後の数カ月に生物が浴びた放射性物質は主に外部被曝でしたが、放射線核種が土壌に入り込むにしたがって、セシウムやストロンチウムを吸収した植物が育ち、それを食べた動物たちに内部被曝が現われるようになりました。食物連鎖によって、放射性物質が生態系を循環するようになったのです。

「チェルノブイリという言葉は「そら恐ろしい大惨事」を意味し、放射能に汚染された不気味な荒野を彷彿とさせるようになった。（…）キエフの北八〇キロにある放射能の地のことを考えるのは、ブラックホールに思いをめぐらせるようなものだった」（マイシオ 2007 原書 2005）。

しかし、事故の一〇年後、チェルノブイリを訪ねた人々は、そこが「緑の地」となっていることに驚きます。三〇キロ圏内で二五〇種から二八〇種（うち四〇種は稀少種あるいは絶滅危惧種）の鳥たちが現われ、絶滅の危機にあるヒグマも姿を現わしていました。放射線量が極めて高い「赤い森」でさえ、小動物の生息数と多様性は放射能が少ない地域と変わりませんでした。

そして事故から二〇年後、三〇キロ圏内のようすはこのように語られました。「かつては五万人が暮らし、いま世界最大のゴーストタウンと化したプリピャチの通りは、放射線をまとったヨーロッパオオカミが闊歩《かっぽ》する。周辺の湿地には、ストロンチウムをたっぷり含んだキノコが生え、廃棄原子炉内をネズミが走りまわり、セシウムが染みこんだ土をイノシシが掘りかえす。（…）強い放射線の影響で、寿命が短くなる生き物もいると思われるが、総じて自然は順調にやっている。オオヤマネコ、ワシ、オオカミなど食物連鎖の頂点に立つ肉食動物は我が物顔だし、ヘラジカ、ビーバー、アナグマ、カワウソも元気だ。渡り鳥は何事もなかったようにやってくるし、ナベコウやオジロワシも繁殖を続けている。人のいない別荘は、冬の嵐が来るとシカが避難してくる。かつての集団農場は草がおいしげり、マツ林へと姿を変えた」(ピアス 同前)

チェルノブイリの比較的汚染が少ない地区で動物の生息数が増えていることについて、生態学者の意見は一致しています(汚染が最も強い地域については意見が分かれている)(トマス 2017)。ポーツマス大学のジム・スミスはこう言います。「野生生物の立場からすれば、あの事故は有益なものでした。人間が一掃されたのですから。もともと野生生物は、長生きしたあげく病気で死ぬということはほとんどありません。チェルノブイリの野生生物は、事故前より数も種類も豊富です」(ピアス 2016)。三〇キロ圏内の管理局長は「百年後のこの地区がどうなっているか」と問われ、ため息とともに「緑のオアシスになるでしょうね」と答えています(マイシオ 2007)。

チェルノブイリは、事故後、たびたび人類滅亡後の地球の姿のサンプルとして取り上げられました。日本でも、福島第一原発二〇キロ圏内について、視察した経済産業大臣が「死の街」と発言し、「不謹慎」と批判されました。

確かに、福島も、そしてチェルノブイリも「死の街」ではありません。チェルノブイリ三〇キロ圏内にはさまざま動物や植物がメアリー・マイシオの言う「ヨーロッパ最大の自然の聖域」で繁栄し、福島第一原発二〇キロ圏内でもイノシシやアライグマが駆け回り、かつて家畜だった牛や馬たち、そして猫たちが生きているからです[39]。

チェルノブイリ原発事故も福島第一原発事故も、もちろん、あってはならない「人災」です。しかし、それは結果的に人間の存在をその地から消し去りました。放射能汚染が生態系に与える影響は未知数ですが、自然の復元力は人間の予想よりも強く、人間にとって最悪の原発事故はピアスの言う「野生生物の天国」を現実化したのです。

もしも、全面核戦争や世界的な環境破壊が起こり人類が死滅したとしても、多くの動物や植物たちは、チェルノブイリでそうであるように生き延び、新しい環境に適応し、変容しながら繁栄していくのかもしれません。それは、「オーバー・キル」（資源の回復不能なまでの利用）を行ない、到達した大陸の多くの動物を絶滅させ、巨大隕石の衝突に比較されるような環境破壊を続けたホモ・サピエンスの被害を受け続けた生物たちにとって、現在よりはるかに望ましい状態なのかもしれません。

人類がすべて滅んでいくそのとき、死にゆくわたしたちのそばで、たとえばニワトリが「咽喉《のど》をぐいと反らせ、勝ち誇って、これぞ極め付けといわんばかりに、妙なる音色でひと声長々と響かせ」、生き残った人間の「霊魂に宙を飛ばせ、最高天までまっしぐらに行かせ」るのかもしれません。「亡骸《なきがら》におおいかぶさるようにして雄鶏は羽毛を震わせた、そして鳴いた」「世界と世界という船の乗客すべてが破滅の道をたどるにまかせるがよい。（…）わが身に比すれば世界など取るに足らぬ。所詮土塊《つちくれ》にすぎぬではないか。陽気にふるまうべし！」（メルヴィル 1853）。

メルヴィルの描く「東方の王とみまごうばかり」に「尊大に立っている」雄鶏は家畜のニワトリではなく、むしろ、今も東南アジアの森林で「王者らしい気取った歩きぶり」で、その羽ばたきが「宗教の極楽物語や信仰の安らぎすら醸し出す」ニワトリの原種、セキショクヤケイを思わせます。メルヴィルが描いたのは、人間の手を離れ、本来の姿をついに取り戻した動物の姿なのかもしれません。

メルヴィルが描いたこの黙示録的な光景は、野生生物にとっては「天国」すなわち「希望」と言えます。しかし、もし原発事故や大規模環境破壊や核戦争を望まず、人類が生き続けることを選ぶなら、わたしたちは「希望の牧場」がそうだったように動物たちとの関係を原点から問い直し、自らの「希望」を創り出す必要があります。

国家と資本から「棄民」され、人間と家畜の尊厳を剝奪された原発二〇キロ圏内で、「希望の牧場」は、生きる道筋を求めて人間と動物が「共闘」する場となりました。「誰もいなくなった絶望の町でも、ここの牛たちだけは元気に生き続けている。それこそが希望なんだ」(吉沢正巳)。そして、それは自分たちの都合で動物たちを利用し続け、利用できなくなると殺処分しようとする人間社会そのものを問う場ともなっています。「それからもう一つ。世の中の人たちに対して「あなたにとっての希望ってなに?」と問いかけたい気持ち、考えてほしい気持ちもあったんだ」(https://www.cataloghouse.co.jp/yomimono/150127/?sid = top_main)。

わたしたちにとって「希望」は、犬や猫などの伴侶動物、牛や豚や鶏などの家畜、そしてさまざまな野生動物と共存し、そこから「喜びに満ち、相互に高めあう」関係を創造することなのかもしれません。それは、わたしたちと動物たちが共生しつつ、今までの「国家・資本・家族」を相対化し、別の「社会」の可能性を創り出すことを意味しています。

そしてそれは、多くの動物を絶滅させ、家畜やペットを発明してその生体を作り変え、実験道具として使い、工業畜産によって大量生産・大量消費してきたわたしたちホモ・サピエンスの歴

(39) 二〇一八年、チェルノブイリ原子力発電所の立ち入り禁止区域付近には、当地の飼い犬たちの子孫など約三〇〇匹が生きている。非営利団体「Clean Futures Fund」は原発付近で暮らす犬や動物のため三つの動物病院を開設し、緊急処置、狂犬病や肝炎予防のワクチン接種、去勢手術などを行なっている。(https://www.theguardian.com/lifeandstyle/2018/feb/05/dogs-chernobyl-abandoned-pets-stray-exclusion-zone)

史をたどり返すことでもあります。この自らの歴史を踏まえ、わたしたちは動物たちとの新たな社会を作り出さなければならないからです。

わたしたちは、人間と動物の全共同体を見渡し、動物たちの「生と死」のあり方をあらためて見つめる必要があります。そして、そこに現われる動物たちの声に応答し続ける責任があります。わたしたちは、自らを含めた「いのちに対する礼儀」を、そしてそこからの人間と動物の「解放」を果たすことをいま求められているのです。

路上で暮らす野宿のOさんと猫たち（大阪市内の夜まわりの区域で筆者撮影）

あとがき

ここでは、このような本をなぜ自分が書いたかを説明するべきなのだろう。

ぼくは「群像」新人文学賞評論部門優秀作（二〇〇〇年）のキルケゴール論で文章を初めて発表し始めた。その一方、一九八六年から釜ヶ崎で日雇労働者・野宿者支援活動を続け、単行本や原稿の多くは野宿問題や貧困問題について書いてきた。その中で、『〈野宿者襲撃〉論』（生田2005）は思想的な問題と活動現場の問題の二つが合流した、自分にとって総決算的なものになっていた。

『〈野宿者襲撃〉論』が終わりかけたとき、この本は何かの「一般解」の特別な場合ではないか、つまり、ある「部分解（特殊解）」だったのではないか、という思いがしはじめていた。そこでは「国家・資本・家族の限界」と「二つのホームレス」（居場所としての「ホーム」のない少年たちと「ハウス」のない野宿者）について触れたが、より広い「革命論」と言うべきものが存在するのではないか、ということだった。

その後、一年以上かけてその「一般解」を求めてきたが、思うような結果は出なかった。そこから方向を転換し、『〈野宿者襲撃〉論』とは別の「特殊解」を追究し始め、それは次第に「動物論」という形を取るようになった。一つには、多くの動物が社会で、野宿者襲撃を思い出させるような虐待状態にある一方、動物と人間の関係が世界を変えていく可能性があることに気づきはじめたからだ。

「書ける」と決断したのは、二〇〇八年に「純な心」を一五年ぶりに読み返したときだった。六月から「間奏」にあたる箇所を書き始め、その後、「前篇」「後篇」にあたる箇所を交互に書き続けてきた。

それまで、動物についての本はあまり読んでおらず、ここに書いているほとんどの内容を初めて学びながら書き進めてきた。ただ、その作業は単行本や原稿、雑誌（『フリーターズフリー』三号）作成などのたびに何度も中断した。しかも、本の結論は書けば書くほど遠くなり、「本当に完成することがあるのか」と自分でも何度も疑う状態が続いた。ようやく先が見えたのが二〇一六年秋、結末にたどりついたのは二〇一七年二月である。その後、改稿を繰り返して二〇一八年末に完成した。多分、このような本はぼくの一生で何冊も書けないだろう。

この本の執筆は非常に孤独な作業だったが、飯田基晴さん、木村友祐さんにさまざまな点で助けていただいた。このお二人は野宿問題と動物の問題をテーマとした作品を作っていて、本質的なところで問題意識を共有していたと思う。同時代にこうした映像作家、小説家が存在したことは幸運だった。タイトル『いのちへの礼儀』は、言うまでもなく木村さんの『聖地Cs』からの借用である。あらためて感謝したい。

書き終えてあらためて思うのは、野宿問題でも動物問題でも、現場についての本はあっても理論的に突き詰めたものはほぼ存在しないということだ。動物についての本は、ペット問題、野生動物問題、畜産動物問題など多くあるが、それらを統一した「動物論」として捉えたものはほとんどなかった。この本は、それを「国家・資本・家族の変容と動物」という視点から捉えようと試みた。その結果、現代日本の「社会的問題としての動物論」の多くの論点を一貫性をもって論じえたと思っている。もちろん、ここでの主張の多くにはさまざまな立場から反論があるだろう。できれば、この本が動物についての建設的な議論の出発点になることを願っている。

この本は多様な問題を扱っているため、自分では気づかない多くの間違いがあるかもしれない(自分が長年いる釜ヶ崎についての本でさえ、間違いをいくつか避けられなかったのだから)。本書では二人の校閲者に無数の間違いを指摘していただき、「本は一人では書けない」とあらためて感じた。読者のみなさんにも、間違いに気づかれたときにはぜひ教えていただくようお願いします。

巻末の「引用文献」は、直接引用した本、あるいは引用しなくてもその内容を前提に本文を書いた(かつ題名を記した)本を挙げている。「参考文献」を挙げると、それぞれの論点についてこの数倍の冊数になってしまうだろう。たとえば、「日本近代料理の起源」は柄谷行人の『日本近代文学の起源』(一九八〇)を念頭に置きながら書いたが、直接引用していないので引用文献には挙げていない。

この本を書きながら思い出していたのは鳥取砂丘のラクダだった。小学校低学年のとき、鳥取砂丘に行って遊覧用のラクダに乗った。そのラクダは動きがにぶく、業者から(確か)鞭で何度も叩かれていた。涎をたらして歩くラクダがかわいそうで仕方なかったが、ぼくはと言えば、その叩かれて歩くラクダに乗って「遊覧」しているのだった。動物が虐待状態に置かれ、その動物を客(消費者)が利用している動物問題を書きながら、繰り返しこのラクダを思い出していた。

そのとき、小学生のぼくはラクダに乗りながら「将来、動物のためになにかをする人間になろう」と思ったのだった。現実には、その後、日雇労働者や野宿者(最近ではより広く貧困者)支援の方に行ったのだが、この本によって、小学生の時の思いをもしかしたら一部果たせたのかもしれないと思う。

『ルポ　最底辺――不安定就労と野宿』とその増補版『釜ヶ崎から――貧困と野宿の日本』でご一緒した編集者、永田士郎さんとこの本でも仕事をすることになった。このような本を出版できるかどうか不安は尽きなかったが、永田さんの尽力によってこうして実現することができた。永田さんに深く感謝する。

二〇一九年一月

生田武志

引用文献（50音順）

会田誠.（2007).『MONUMENT FOR NOTHING』グラフィック社.

青木人志.（2009).『日本の動物法』東京大学出版会.

青島啓子.（2006).「『子猫殺し』に関する感想」『動物ジャーナル』55号.

青沼陽一郎.（2017).『侵略する豚』小学館.

秋田昌美.（2005).『わたしの菜食生活』太田出版.

朝日新聞特別報道部.（2013).「プロメテウスの罠27　いのちの記録5」『朝日新聞』2013年3月30日，4月2日付朝刊.

アシオーン，フランク・R.（2006).『子どもが動物をいじめるとき──動物虐待の心理学』横山章光訳，ビイング・ネット・プレス.

東浩紀.（2001).『動物化するポストモダン──オタクから見た日本社会』講談社現代新書.

アダムズ，キャロル・J.（1994).『肉食という性の政治学──フェミニズム－ベジタリアニズム批評』鶴田静訳，新宿書房.

阿部智子.（2012).『動物たちの3・11──被災地動物支援ドキュメンタリー』エンターブレイン.

アレクシエービッチ，スベトラーナ.（1998).『チェルノブイリの祈り──未来の物語』松本妙子訳，岩波書店.

アンダーソン，ベネディクト（1987).『想像の共同体──ナショナリズムの起源と流行』白石さや・白石隆訳，リブロポート.

アンテス，エミリー.（2016).『サイボーグ化する動物たち──ペットのクローンから昆虫のドローンまで』西田美緒子訳，白揚社.

飯田基晴.（2010).『犬と猫と人間と──いのちをめぐる旅』太郎次郎社エディタス.

生田武志.（2005).『〈野宿者襲撃〉論』人文書院.

池上甲一・岩崎正弥・原山浩介・藤原辰史.（2008).『食の共同体──動員から連帯へ』ナカニシヤ出版.

池上俊一.（1990).『動物裁判──西欧中世・正義のコスモス』講談社現代新書.

池田清彦.（2012).『生物多様性を考える』中公選書.

石井敦・真田康弘.（2015).『クジラコンプレックス──捕鯨裁判の勝者はだれか』東京書籍.

石毛直道. (2015). 『日本の食文化史――旧石器時代から現代まで』岩波書店.
石田戢. (2009). 『どうぶつ命名案内』社会評論社.
石田戢・濱野佐代子・花園誠・瀬戸口明久. (2013). 『日本の動物観　人と動物の関係史』東京大学出版会.
伊勢田哲治. (2008). 『動物からの倫理学入門』名古屋大学出版会.
伊藤宏. (2001). 『食べ物としての動物たち――牛、豚、鶏たちが美味しい食材になるまで』講談社ブルーバックス.
伊藤比呂美. (2013). 『犬心』文春文庫.
井上こみち (文)・ミヤハラヨウコ (絵). (2008). 『犬やねこが消えた――戦争で命をうばわれた動物たちの物語』.
今川勲. (1996). 『犬の現代史』現代書館.
Imago 編集部. (2016). 「imago 総特集『猫！』」.
インホフ, ダニエル編. (2016). 『動物工場――工場式畜産ＣＡＦＯの危険性』井上太一訳, 緑風.
上野千鶴子. (1990). 『家父長制と資本制――マルクス主義フェミニズムの地平』岩波書店.
上野吉一・武田庄平 (編著). (2015). 『動物福祉の現在――動物とのより良い関係を築くために』農林統計出版.
鵜飼秀徳. (2018). 『ペットと葬式――日本人の供養心をさぐる』朝日新書.
打越綾子. (2016). 『日本の動物政策』ナカニシヤ出版.
内澤旬子. (2007). 『世界屠畜紀行』解放出版社.
内田百閒. (1957). 『ノラや』文藝春秋新社.
―――. (1969). 「猫が口を利いた」.
―――. (1969). 「ノラや」.
江藤淳. (1966). 『犬と私』三月書房.
江原絢子. (2012). 『家庭料理の近代』吉川弘文館.
江原由美子. (1985). 『女性解放という思想』勁草書房.
エリス, ショーン／ジューノ, ペニー. (2012). 『狼の群れと暮らした男』小牟田康彦訳, 築地書館.
遠藤秀紀. (2010). 『ニワトリ　愛を独り占めにした鳥』光文社新書.
遠藤真弘. (2014). 「諸外国における犬猫殺処分をめぐる状況――イギリス、ドイツ、アメリカ」(国立国会図書館　調査と情報―ISSUE BRIEF― NUMBER 830).

大江健三郎．(1958)．『芽むしり仔撃ち』講談社．

――――――．(2014)．『大江健三郎自選短篇』岩波文庫．

――――――．(2018)．『大江健三郎全小説1』講談社．

大島弓子．(2000)．『サバの秋の夜長』白泉社文庫．

太田康介．(2011)．『のこされた動物たち――福島第一原発20キロ圏内の記録』飛鳥新社．

――――．(2012)．『待ちつづける動物たち――福島第一原発20キロ圏内のそれから』飛鳥新社．

太田猛彦．(2012)．『森林飽和――国土の変貌を考える』NHK ブックス．

太田匡彦．(2013)．『犬を殺すのは誰か ペット流通の闇』朝日文庫．

太田光明．(2011)．「アニマルセラピーが医学に受け入れられる日は来るか」『ヒトと動物の死生学――犬や猫との共生、そして動物倫理』一ノ瀬正樹・新島典子編，秋山書店．

大沼あゆみ・栗山浩一編．(2015)．『生物多様性を保全する』(シリーズ 環境政策の新地平，第4巻) 岩波書店．

大橋絵理．(1996)．「『純な心』：草稿における登場人物の変貌」『大分県立芸術文化短期大学研究紀要』第34巻．

――――．(2004)．「『純な心』：表象としての動物」『大分県立芸術文化短期大学研究紀要』第42巻．

岡田哲．(2000)．『とんかつの誕生――明治洋食事始め』講談社選書メチエ．

岡田朋子．(2015)．「新潟動物ネットワーク (NDN) 14年間の歩み」・地球生物会議『ALIVE』113号．

岡和田晃／ウィンチェスター，マーク編．(2015)．『アイヌ民族否定論に抗する』河出書房新社．

小川彌生．(2000-2005)．『きみはペット』1-14巻，講談社．

オコナー，M・R．(2018)．『絶滅できない動物たち――自然と科学の間で繰り広げられる大いなるジレンマ』大下英津子訳，ダイヤモンド社．

落合恵美子．(2004)．『二一世紀家族へ』第3版，有斐閣選書．

オールソップ，ナイジェル．(2013)．『世界の軍用犬の物語』河野肇訳，エクスナレッジ．

片野ゆか．(2012)．『ゼロ！――熊本市動物愛護センター10年の闘い』集英社．

――――．(2013)．『保健所犬の飼い主になる前に知っておきたいこと』新潮社．

家庭裁判所調査官研修所監修．(2001)．『重大少年事件の実証的研究』．司法協会．

加藤尚武．(1997)．「完全義務と不完全義務 ── J．G．ヘルダーとの関係を中心に」『実践哲学研究』20：137-142.
カッチャーリ，マッシモ．(2002)．『必要なる天使』柱本元彦訳・岡田温司解説，人文書院.
ガーネット，デイヴィッド．(2007)．『狐になった奥様』安藤貞雄訳，岩波文庫.
香山リカ．(2008)．『イヌネコにしか心を開けない人たち』幻冬舎新書.
河合俊雄「心理療法における猫」『現代思想』2016年3月臨時増刊号.
河合雅雄・林良博編著．(2009)．『動物たちの反乱──増えすぎるシカ、人里へ出るクマ』PHP サイエンス・ワールド新書 .
川島博之．(2010)．『食の歴史と日本人──「もったいない」はなぜ生まれたか』東洋経済新報社.
川西玲子．(2018)．『戦時下の日本犬』蒼天社出版.
川端裕人．(2000)．『緑のマンハッタン──「環境」をめぐるニューヨーク生活』文藝春秋.
―――．(2006)．『動物園にできること』文春文庫.
―――．(2010)．『イルカと泳ぎ、イルカを食べる』ちくま文庫.
川村湊．(1997)．『満洲崩壊──「大東亜文学」と作家たち』文藝春秋.
カント，イマヌエル．(1979)．『実践理性批判』波多野精一・宮本和吉・篠田英雄訳，岩波文庫.
岸田秀．(2016)．『日本史を精神分析する──自分を知るための史的唯幻論』聞き手：柳澤健，亜紀書房.
北村泰一．(2007)．『南極越冬隊　タロジロの真実』小学館文庫.
木村友祐．(2014)．『聖地 Cs』新潮社.
―――．(2016)．『野良ビトたちの燃え上がる肖像』新潮社.
キャリコット，J・B．(1995)．「動物解放論争──三極対立構造」千葉香代子訳，『環境思想の系譜3　環境思想の多様な展開』小原秀雄監修，東海大学出版会.
熊坂隆行監修．(2012)．『アニマルセラピー──動物介在看護の現状と展望』本の泉社.
グランディン，テンプル／ジョンソン，キャサリン．(2006)．『動物感覚──アニマル・マインドを読み解く』中尾ゆかり訳，NHK 出版.
グランディン，テンプル／ジョンソン，キャサリン．(2011)．『動物が幸せを感じるとき──新しい動物行動学でわかるアニマル・マインド』中尾ゆかり訳，NHK 出版.

グリモー，エレーヌ．(2004)．『野生のしらべ』北代美和子訳，ランダムハウス講談社．

―――――――．(2018)．『幸せのレッスン』横道朝子訳，春秋社．

小嶋光信．(2016)．『ねこの駅長たま　びんぼう電車をすくったねこ』KADOKAWA．

小菅桂子．(1994)．『にっぽん洋食物語大全』講談社＋α文庫．

児玉小枝．(2012)．「ペット同伴避難“先進県”、新潟の取り組みをモデルにして」『動物法ニュース』第35号．

小西修．(2013)．『多摩川猫物語――それでも猫は生きていく』角川書店．

小林 照幸．(2006)．『ドリームボックス――殺されてゆくペットたち』毎日新聞社．

小林秀雄．(1929)．「様々なる意匠」．

―――．(1964)．「「漫画」1959」『考へるヒント』．文藝春秋新社．

コーブ，シェリー・F．(2017)．『菜食への疑問に答える13章――生き方が変わる，生き方を変える』井上太一訳，新評論．

小森厚．(1997)．『もう一つの上野動物史』．丸善ライブラリー．

サイード，エドワード・W．(1986)．『オリエンタリズム』今沢紀子訳，杉田英明・板垣雄三監修，平凡社．

佐川光晴．(2009)．『牛を屠る』解放出版社．

佐々木正明．(2010)．『シー・シェパードの正体』扶桑社新書．

―――．(2012)．『恐怖の環境テロリスト』新潮新書．

佐々木芽生．(2017)．『おクジラさま　ふたつの正義の物語』集英社．

サックス，ボリア．(2002)．『ナチスと動物――ペット・スケープゴート・ホロコースト』関口篤訳，青土社．

佐藤亜樹．(2016)．「ソーシャルワーカーの新しい機能：人間への暴力と動物への暴力の関連性～虐待事例の早期発見と有効なソーシャルワーク援助のために～北米における先行業績レビューを通しての考察」『松山大学論集』第27巻第6号．

佐藤衆介．(2005)．『アニマルウェルフェア――動物の幸せについての科学と倫理』東京大学出版会．

佐藤春夫．(1964)．「愛猫知美の死」．

ザラスカ，マルタ．(2017)．『人類はなぜ肉食をやめられないのか――250万年の愛と妄想のはてに』小野木明恵訳，インターシフト．

宍戸大裕．(2015)．「いま、私たちの望むものは」『動物法ニュース』第44号．2015年1月．

澁川祐子．(2017)．『オムライスの秘密 メロンパンの謎――人気メニュー誕生もの

がたり』新潮文庫.
島泰三.（2016).『ヒト――異端のサルの１億年』中公新書.
下地恒毅.（2011).『痛みをやわらげる科学――痛みの正体やその原因、最新の治療法までを探る』サイエンス・アイ新書.
正田陽一編，松川正・伊藤晃・楠瀬良・角田健司・天野卓・三上仁志・田名部雄一.（2010).『品種改良の世界史　家畜編』悠書館.
笙野頼子.（2001).『愛別外猫雑記』河出書房新社.
――――.（2006).「竜の箪笥を、詩になさ・いなくに」『新潮』2006年12月号.
――――.（2008).『おはよう、水晶――おやすみ、水晶』筑摩書房.
――――.（2017).『さあ、文学で戦争を止めよう　猫キッチン荒神』講談社.
ジョーンズ，アーネスト.（1964).『フロイトの生涯』竹友安彦・藤井治彦訳，紀伊國屋書店.
シルバーマン，スティーブ.（2017).『自閉症の世界――多様性に満ちた内面の真実』正高信男・入口真夕子訳，講談社ブルーバックス.
シンガー，アイザック・B.（2016).「手紙を書く人」若島正編『ベスト・ストーリーズⅡ　蛇の靴』木原善彦訳，早川書房.
シンガー，ピーター.（1988).『動物の解放』戸田清訳，技術と人間.
――――――――.（1991).『実践の倫理』山内友三郎・塚崎智監訳，昭和堂.
――――――――.（2005).『グローバリゼーションの倫理学』山内友三郎・樫則章監訳，昭和堂.
――――――――.（2014).『あなたが救える命――世界の貧困を終わらせるために今すぐできること』児玉聡・石川涼子訳，勁草書房.
管啓次郎.（2017).『数と夕方』左右社.
スキャブランド，アーロン.（2009).『犬の帝国――幕末ニッポンから現代まで』本橋哲也訳，岩波書店.
鈴木光太郎.（2015).『増補　オオカミ少女はいなかった――スキャンダラスな心理学』ちくま文庫.
スラッシャー，マイケル・A.（2017).『動物実験の闇――その裏側で起こっている不都合な真実』井上太一訳，合同出版.
瀬川拓郎.（2015).『アイヌ学入門』講談社現代新書.
千松信也.（2008).『ぼくは猟師になった』リトルモア.
――――.（2015).『けもの道の歩き方――猟師が見つめる日本の自然』リトルモア.

ソウルゼンバーグ，ウィリアム．(2010)．『捕食者なき世界』野中香方子訳，文藝春秋．

――――――――．(2014)．『ねずみに支配された島』野中香方子訳，文藝春秋．

ダイアモンド，ジャレド．(2000)．『銃・病原菌・鉄――一万三〇〇〇年にわたる人類史の謎』上下巻，倉骨彰訳，草思社．

高槻成紀編著／政岡俊夫・太田匡彦・新島典子・成島悦雄・柏崎直巳・羽澄俊裕共著．(2015)．『動物のいのちを考える』朔北社．

高橋敬一．(2006)．『昆虫にとってコンビニとは何か？』朝日選書．

高橋正憲．(2010)．「展示動物の本音を想う　天王寺動物園・戦争の犠牲になった動物たち」『動物法ニュース』第29号，2010年7月．

田川建三．(1980)．『イエスという男――逆説的反抗者の生と死』三一書房．

―――訳著．(2008)．『新約聖書　訳と註　第1巻（マルコ福音書／マタイ福音書）』作品社．

田河水泡．(1967)．『のらくろ漫画全集』講談社．

武井弘一．(2015)．『江戸日本の転換点――水田の激増は何をもたらしたか』NHKブックス．

タッカー，アビゲイル．(2017)．『猫はこうして地球を征服した――人の脳からインターネット，生態系まで』西田美緒子訳，インターシフト．

たなべまもる（文）・かじあゆた（絵）．(1982)．『そして、トンキーもしんだ』国土社．

谷川俊太郎．(2013)．『ぼくは　ぼく』童話屋．

ダーントン，ロバート．(1986)．『猫の大虐殺』海保真夫・鷲見洋一訳，岩波書店．

塚本学．(1983)．『生類をめぐる政治――元禄のフォークロア』平凡社選書．

――．(1998)．『徳川綱吉』吉川弘文館．

土家由岐雄．(1951)．「かわいそうなぞう」．『愛の学校・二年生』東洋書館．

鶴田真子美．(2013)．「警戒区域に取り残された動物たち (2)」『動物法ニュース』第40号，2013年4月．

ドゥ・ヴァール，フランス．(2017)．『動物の賢さがわかるほど人間は賢いのか』柴田裕之訳，紀伊國屋書店．

ドゥリトル，ヒルダ．(1983)．『フロイトにささぐ』鈴木重吉訳，みすず書房．

ドゥルーズ，ジル／ガタリ，フェリックス．(1994)．『千のプラトー――資本主義と分裂症』宇野邦一他訳，河出書房新社．

ドゥルーズ，ジル．(1992)．『記号と事件――1972-1990年の対話』宮林寛訳，河出

書房新社.
ドナルドソン，スー／キムリッカ，ウィル．(2016).『人と動物の政治共同体——「動物の権利」の政治理論』青木人志・成廣孝監訳，尚学社.
トマス，クリス・D．(2018).『なぜわれわれは外来生物を受け入れる必要があるのか』上原ゆうこ訳，原書房.
トムソン，ケン．(2017).『外来種のウソ・ホントを科学する』屋代通子訳，築地書館.
伴野準一．(2015).『イルカ漁は残酷か』平凡社新書.
ナイバート，デビッド・A．(2016).『動物・人間・暴虐史——“飼い貶し”の大罪、世界紛争と資本主義』井上太一訳，新評論.
中澤克昭．(2018).『肉食の社会史』山川出版社.
中園成生．(2006).『改訂版　くじら取りの系譜——概説日本捕鯨史』長崎新聞社.
中野孝次．(1989).『ハラスのいた日々』文藝春秋.
なかのまきこ．(2010).『野宿に生きる、人と動物』駒草出版.
ナショナルジオグラフィック特別編集．(2016).「ナショジオと考える　地球と食の未来」．日系 BP ムック.
夏目漱石．(1908).『坑夫』.
———．(1915).『道草』.
ナンシー，ジャン＝リュック他．(1996).『主体の後に誰が来るのか？』港道隆他訳，現代企画室.
ナンシー関．(2004).『ナンシー関の記憶スケッチアカデミーⅡ』カタログハウス.
仁科邦男．(2014).『犬たちの明治維新——ポチの誕生』草思社.
———．(2016).『伊勢屋稲荷に犬の糞——江戸の町は犬だらけ』草思社.
西田秀子．(2016).「アジア太平洋戦争下犬、猫の毛皮供出献納運動の経緯と実態：史実と科学鑑定」『札幌市公文書館年報　事業年報』第3号別冊.
西村貴裕．(2006).「ナチス・ドイツの動物保護法と自然保護法」．https://ci.nii.ac.jp/els/110004868271.pdf?id = ART0008053231&
ニュートンムック．(2002).「トキ永遠なる飛翔——野生絶滅から生態・人工増殖までのすべて」.
根崎光男．(2006).『生類憐みの世界』同成社江戸時代史叢書.
ノチェッラⅡ，アントニー・J／ソルター，コリン／ベントリー，ジュディー・K・C編．(2015).『動物と戦争——真の非暴力へ、《軍事——動物産業》複合体に立ち向かう』井上太一訳，新評論.

柏艪舎編集部編．(2007)．『64の犬物語――公募「犬の、ちょっといい話」入選作品集』柏艪舎．

ハウプト，ライアンダ・リン．(2018)．『モーツァルトのムクドリ』宇丹貴代実訳，青土社．

バージャー，ジョン．(2005)．『見るということ』飯沢耕太郎監修・笠原美智子訳，ちくま学芸文庫．

長谷川潮．(2000)．『戦争児童文学は真実をつたえてきたか（教科書に書かれなかった戦争）』梨の木舎．

パターソン，チャールズ．(2007)．『永遠の絶滅収容所――動物虐待とホロコースト』戸田清訳，緑風出版．

畑中三応子．(2017)．『カリスマフード――肉・乳・米と日本人』春秋社．

ハーツォグ，ハロルド．(2011)．『ぼくらはそれでも肉を食う――人と動物の奇妙な関係』山形浩生・守岡桜・森本正史訳，柏書房．

ハート，ドナ／サスマン，ロバート・W．(2007)．『ヒトは食べられて進化した』伊藤伸子訳，化学同人．

林幸治．(2007)．「『自然とかかわる保育』の実践的保育指導力の男女差について（その2）」https://www.kjc.kindai.ac.jp/library/img/report/2007-9.pdf
林良博．(1999)．『検証アニマルセラピー――ペットで心とからだが癒せるか』講談社ブルーバックス．

林良博・近藤誠司・高槻成紀．(2002)．『ヒトと動物――野生動物・家畜・ペットを考える』朔北社．

林良博・森裕司・秋篠宮文仁・池谷和信・奥野卓司編．(2008)．『ヒトと動物の関係学　第4巻　野生と環境』岩波書店．

ハラウェイ，ダナ．(2013)．『伴侶種宣言――犬と人の「重要な他者性」』永野文香訳，以文社．

――――――――．(2013)．『犬と人が出会うとき――異種協働のポリティクス』高橋さきの訳，青土社．

原田信男．(1993)．『歴史のなかの米と肉』平凡社選書．

―――．(2010)．『日本人はなにを食べてきたか』角川ソフィア文庫．

ハリス，マーヴィン．(1988)．『食と文化の謎――Good to eatの人類学』板橋作美訳，岩波書店．

ハリス，ユージン・E．(2016)．『ゲノム革命――ヒト起源の真実』水谷淳訳，早川書房．

針谷勉．(2012)．『原発一揆――警戒区域で闘い続ける“ベコ屋”の記録』サイゾー．

ハーン，ヴィッキー．(1992)．『人が動物たちと話すには？』川勝彰子・小泉美樹・山下利枝子訳，晶文社．

バーンズ，ジュリアン．(1989)．『フロベールの鸚鵡』斎藤昌三訳，白水社．

坂東眞砂子・小林照幸・佐藤優・東琢磨．(2009)．『「子猫殺し」を語る――生き物の生と死を幻想から現実へ』双風舎．

ピアス，フレッド．(2016)．『外来種は本当に悪者か？――新しい野生 THE NEW WILD』藤井留美訳，草思社．

府川紀子．(1999)．「可哀相な、おじさま」『文藝春秋』1999年9月号．

福本和夫．(1960)．『日本捕鯨史話――鯨組マニュファクチュアの史的考察を中心に』法政大学出版局．

フーコー，ミシェル．(1986)．『性の歴史Ⅰ・知への意志』渡辺守章訳，新潮社．

藤田田．(1972)．『ユダヤの商法――世界経済を動かす』ベストセラーズ．

――――．(1974)．『頭の悪い奴は損をする――ユダヤ流・金戦の哲学』ベストセラーズ．

藤森照信．(2000)．『タンポポの綿毛』朝日新聞社．

二葉亭四迷．(1907)．『平凡』『東京朝日新聞』連載．

――――――．(1908)．「『平凡』物語」．

フォントネ，エリザベート・ド．(1998)．『動物たちの沈黙――“動物性”をめぐる哲学試論』石田和男・小幡谷友二・早川文敏訳，彩流社．

ブラッドショー，ジョン．(2014)．『猫的感覚――動物行動学が教えるネコの心理』羽田詩津子訳，早川書房．

ブリュノフ，ジャン・ド．(1974)．『ぞうのババール』矢川澄子訳，評論社．

古川日出男．(2005)．『ベルカ、吠えないのか？』文藝春秋．

フロイス，ルイス．(1991)．『ヨーロッパ文化と日本文化』岡田章雄訳注，岩波文庫．

フロベール，ギュスターヴ．(1972)．「三つの物語」『新潮世界文学9　フローベール』生島遼一・清水徹・山田稔訳，新潮社．

ベンサム．(1979)．「道徳および立法の諸原理序説」『世界の名著（49）ベンサム／J. S. ミル』関嘉彦責任編集，山下重一訳，中央公論新社．

星新一．(1966)．「ネコ」『気まぐれロボット』理論社．

ボダルト＝ベイリー，ベアトリス・M．(2015)．『犬将軍――綱吉は名君か暴君

か』早川朝子訳，柏書房.
ポーラン，マイケル.（2009）.『雑食動物のジレンマ――ある 4 つの食事の自然史』上下巻，ラッセル秀子訳，東洋経済新報社.
ホロウィッツ，バーバラ・N／バウアーズ，キャスリン.（2014）.『人間と動物の病気を一緒にみる――医療を変える汎動物学の発想』土屋晶子訳，インターシフト.
本田哲郎訳.（2001）.『小さくされた人々のための福音――四福音書および使徒言行録』新世社.
マイシオ，メアリー.（2007）.『チェルノブイリの森――事故後20年の自然誌』中尾ゆかり訳，ＮＨＫ出版.
牧野恭仁雄.（2012）.『子供の名前が危ない』KK ベストセラーズ.
真嶋亜有.（2002）.「肉食という近代――明治期日本における食肉軍事需要と肉食観の特徴」『国際基督教大学学報 3-A』アジア文化研究別冊，(11).
松井浩.（1984）.「戦時中の畜犬献納運動」『世界』1984年 8 月号．岩波書店.
松井正文.（2009）.『外来生物クライシス――皇居の池もウシガエルだらけ』小学館101新書.
松浦寿輝.（2006）.『散歩のあいまにこんなことを考えていた』文藝春秋.
松浦理英子.（2007）.『犬身』朝日新聞社，連載期間は2004-2007.
松木洋一編著.（2016）.『日本と世界のアニマルウェルフェア畜産――人も動物も満たされて生きる：ウェルフェアフードの時代』上巻，養賢堂.
松本俊彦.（2009）.『自傷行為の理解と援助――「故意に自分の健康を害する」若者たち』日本評論社.
丸井英二編.（1999）.『飢餓　食の文化フォーラム17』ドメス出版.
三浦慎悟.（2018）.『動物と人間　関係史の生物学』東京大学出版会.
南川雅男.（1998）.「安定同位体で古代人の食生態変化を読む」『生命誌』(21).
宮崎駿.（1984）.『風の谷のナウシカ――絵コンテ』徳間書店.
宮澤賢治.（1934）.「フランドン農学校の豚」.
―――.（1920代）.「ビヂテリアン大祭」.
―――.（1926）.「オツベルと象」.
―――.（1927）.「なめとこ山の熊」.
―――.（1931）.「雨ニモマケズ」.
村上克尚.（2017）.『動物の声、他者の声　日本戦後文学の倫理』新曜社.
村上春樹.（1995）.『ねじまき鳥クロニクル』第3部，鳥刺し男編，新潮文庫.

村瀬嘉代子．(2001)．『子どもと家族への統合的心理療法』金剛出版．

メルヴィル，ハーマン．(2004)．『白鯨』上中下巻，八木敏雄訳，岩波文庫．

――――――――．(1991)．「コケコッコー！　もしくは気高き雄鶏ベネヴェンターノの絶唱」佐伯泰樹訳，『笑いの新大陸　アメリカ・ユーモア文学傑作選』沼澤洽治・佐伯泰樹編，白水社 u ブックス．

本橋成一．(2011)．『屠場』平凡社．

モーパーゴ，マイケル．(2011)．『戦火の馬』佐藤見果夢訳，評論社．

モネスティエ，マルタン．(1998)．『図説 動物兵士全書』吉田春美・花輪照子訳，原書房．

森絵都．(2012)．『おいで、一緒に行こう――福島原発20キロ圏内のペットレスキュー』文藝春秋．

森徹士．(2015)．「『戦時猛獣処分』の真相に迫る――戦争にまつわる70年前の動物園の悲話と実像」『日本獣医師会雑誌』68号，2015年12月号．

森裕司・奥野卓司編．(2008)．『ヒトと動物の関係学　第３巻　ペットと社会』岩波書店．

モンテーニュ，ミシェル・ド．(2010)．『エセー04』，宮下志朗訳，白水社．

矢野智司．(2002)．『動物絵本をめぐる冒険――動物‐人間学のレッスン』勁草書房．

山尾涼．(2015)．『カフカの動物物語――“檻”に囚われた生』水声社．

山川宏治．(2006)．『父が愛したゾウのはな子』現代書林．

山田仁史．(2017)．『いかもの喰い――犬・土・人の食と信仰』亜紀書房．

山田昌弘．(2004)．『家族ペット――やすらぐ相手は、あなただけ』サンマーク出版．

山室恭子．(1998)．『黄門さまと犬公方』文春新書．

ユンヒ，オ．(2008)．「韓国で今、「ペット男」&「飼い主女」ブーム　実は逆「買春」への入り口か」『朝鮮日報／朝鮮日報日本語版』2008年５月26日．

横山章光．(1996)．『アニマル・セラピーとは何か』NHK ブックス．

吉沢正巳．(2014)．「希望の牧場・ふくしま」吉沢正巳さん（浪江町）インタビュー（上）『人民新聞』2014年11月25日．

――――．(2015)．「決死救命、団結！」――希望の牧場・吉沢正巳の訴え（前編）-1読み物｜通販生活 https://www. cataloghouse. co. jp/yomimono/150127/?sid = top_main.

吉田眞澄．(2011)．「吉田先生のペットコラム」第25回「我が国のペット税論議」．

http://www.asahi-kasei.co.jp/hebel/pet/kenkyu/hinkaku/201101_01.shtml.

よしながふみ．(2000-2002)．『西洋骨董洋菓子店』1-4巻，新書館．

――――．(2007)．『よしながふみ対談集――あのひととここだけのおしゃべり』太田出版．

四方田犬彦．(2015)．『犬たちの肖像』集英社．

ランガム，リチャード．(2010)．『火の賜物――ヒトは料理で進化した』依田卓巳訳，NTT 出版．

リーバーマン，ダニエル・E．(2015)．『人体 600万年史――科学が明かす進化・健康・疾病』上下巻，塩原通緒訳，早川書房．

寮美千子著・小林敏也画．(2018)．『イオマンテ めぐるいのちの贈り物――北の大地の物語』ロクリン社．

リルケ，ライナー・マリア．(2010)．『ドゥイノの悲歌』手塚富雄訳，岩波文庫．

リンデン，ユージン．(2001)．『動物たちの不思議な事件簿』羽田節子訳，紀伊國屋書店．

リンベリー，フィリップ／オークショット，イザベル．(2015)．『ファーマゲドン――安い肉の本当のコスト』野中香方子訳，日経 BP 社．

レオポルド，アルド．(1997)．『野生のうたが聞こえる』新島義昭訳，講談社学術文庫．

レヴィ＝ストロース，クロード．(1976)．『野生の思考』大橋保夫訳，みすず書房．

レビンソン，ボリス・メイヤー．(2002)．『子どものためのアニマルセラピー』日本評論社．

ロウラー，アンドリュー．(2016)．『ニワトリ　人類を変えた大いなる鳥』熊井ひろ美訳，インターシフト．

ロジャーズ，キャサリン・M．(2018)．『猫の世界史』渡辺智訳，エクスナレッジ．

ローベル，アーノルド．(1971)．『どろんこ こぶた』岸田衿子訳，文化出版局．

ローレンツ，コンラート．(1963)．『ソロモンの指環――動物行動学入門』日高敏隆訳，早川書房．

若生謙二．(2010)．『動物園革命』岩波書店．

渡辺京二．(1998)．『逝きし世の面影』平凡社．

ワトソン，ライアル．(2009)．『思考する豚』福岡伸一訳，木楽舎．

Callicott, J. Baird. (1989). *In Defense of the Land Ethic: Essays in Environmental Philosophy.*

Courchamp, Franck. (2006).「世界の島嶼地域における侵略的外来種問題」『哺乳

類科学』Vol. 46（1）85-88.
Dufresne, Todd.（2003）. *Killing Freud: 20th-Century Culture And the Death of Psychoanalysis.*
Loss, Scott R., Will, Tom. Sara S. Loss, Peter P. Marra.（2014）. *Bird-building collisions in the United States: Estimates of annual mortality and species vulnerability.*
Regan, Tom.（1983, 1985, 2004）. *The case for animal rights.*
Smil, Vaclav.（2011）. "Harvesting the Biosphere: The Human Impact". *Population and Development Review* 37(4): 613-636. December.

生田武志 いくた・たけし

一九六四年生まれ。同志社大学在学中から釜ヶ崎に通い、現在までさまざまな日雇い労働運動・野宿者支援活動に携わる。「つぎ合わせの器は、ナイフで切られた果物となりえるか?」で群像新人文学賞・評論部門優秀賞（二〇〇〇年六月）を受賞。現在、野宿者ネットワーク、反貧困ネットワーク大阪実行委員会などに参加。主な著書に、『釜ヶ崎から』（ちくま文庫）、『貧困を考えよう』（岩波ジュニア新書）、『〈野宿者襲撃〉論』（人文書院）などがある。

いのちへの礼儀《れいぎ》

――国家《こっか》・資本《しほん》・家族《かぞく》の変容《へんよう》と動物《どうぶつ》たち

二〇一九年二月二五日　初版第一刷発行

著者　生田武志

発行者　喜入冬子

発行所　株式会社筑摩書房

一一一-八七五五　東京都台東区蔵前二-五-三

電話番号〇三-五六八七-二六〇一（代表）

印刷・製本　三松堂印刷株式会社

 ISBN978-4-480-81851-5 C0036

乱丁・落丁本の場合は、送料小社負担にてお取替え致します。